Public Administration and
Public Management Classics

CLASSIC TEXTBOOK SERIES

CLASSIC TEXTBOOK SERIES

公共行政与公共管理经典译丛

经典教材系列

Public Administration and Public Management Classics

"十二五"国家重点图书出版规划项目

公共行政学新论

行政过程的政治（第二版）

The Politics of the Administrative Process

(Second Edition)

[美] 詹姆斯·W·费斯勒（James W. Fesler）
唐纳德·F·凯特尔（Donald F. Kettl） 著

陈振明 朱芳芳 等 译校

中国人民大学出版社

·北京·

《公共行政与公共管理经典译丛》

总　　序

在当今社会，政府行政体系与市场体系成为控制社会、影响社会的最大的两股力量。理论研究和实践经验表明，政府公共行政与公共管理体系在创造和提升国家竞争优势方面具有不可替代的作用。一个民主的、负责任的、有能力的、高效率的、透明的政府行政管理体系，无论是对经济的发展还是对整个社会的可持续发展都是不可缺少的。

公共行政与公共管理作为一门学科，诞生于20世纪初发达的资本主义国家，现已有上百年的历史。在中国，公共行政与公共管理仍是一个正在发展中的新兴学科。公共行政和公共管理的教育也处在探索和发展阶段。因此，广大教师、学生、公务员急需贴近实践、具有实际操作性、能系统培养学生思考和解决实际问题能力的教材。我国公共行政与公共管理科学研究和教育的发展与繁荣，固然取决于多方面的努力，但一个重要的方面在于我们要以开放的态度，了解、研究、学习和借鉴国外发达国家研究和实践的成果；另一方面，我国正在进行大规模的政府行政改革，致力于建立与社会主义市场经济相适应的公共行政与公共管理体制，这同样需要了解、学习和借鉴发达国家在公共行政与公共管理方面的经验和教训。因此无论从我国公共行政与公共管理的教育发展和学科建设的需要，还是从我国政府改革的实践层面，全面系统地引进公共行政与公共管理经典著作都是时代赋予我们的职责。

出于上述几方面的考虑，我们组织翻译出版了这套《公共行政与公共管理经典译丛》。为了较为全面、系统地反映当代公共行政与公共管理理论与实践的发展，本套丛书分为六个系列：(1) 经典教材系列。引进这一系列图书的主要目的是适应国内公共行政与公共管理教育对教学参考及资料的需求。这个系列所选教材，内容全面系统、简明通俗，涵盖了公共行政与公共管理的主要知识领域，涉及公共行政与公共管理的一般理论、公共组织理论与管理、公共政策、公共财政与预算、公共部门人力资源管理、公共行政的伦理学等。这些教材都是国外大学通用的公共行政与公共管理教科书，多次再版，其作者皆为该领域最著名的教授，他们在自己的研究领域多次获奖，享有极高的声誉。(2) 公共管理实务系列。这一系列图书主要是针对实践中的公共管理者，目的是使公共管理者了解国外公共管理的知识、技术、方法，提高管理的能力和水平，内容涉及如何成为一个有效的公共管理者、如何开发管理技能、政府全面质量管理、政府标杆管理、绩效管理等。(3) 政府治理与改革系列。自20世纪80年代以来，世界各国均开展了大规模的政府再造运动，政府再造或改革成为公共行政与公共管理的热点和核心问题。这一系列选择了在这一领域极具影响的专家的著作，这些著作分析了政府再造的战略，向人们展示了政府治理的前景。(4) 学术前沿系列。这一系列选择了当代公共行政与公共管理领域有影响的学术流派，如新公共行政、批判主义的行政学、后现代行政学、公共行政的民主理论学派等的著作，以期国内公共行政与公共管理专业领域的学者和学生了解公共行政理论研究的最新发展。(5) 案例系列。这一系列精心选择了公共管理各领域，如公共部门人力资源管理、组织发展、非营利组织管理等领域的案例教材，旨在为国内公共管理学科的案例教学提供参考。(6) 学术经典系列。这一系列所选图书包括伍德罗·威尔逊、弗兰克·约翰逊·古德诺、伦纳德·怀特、赫伯特·A·西蒙、查尔斯·E·林德布洛姆等人的代表作，这些著作在公共行政学的发展历程中有着极其重要的影响，可以称得上是公共行政学发展的风向标。

总的来看，这套译丛体现了以下特点：(1) 系统性。基本上涵盖了公共行政与公共管理的主要领域。(2) 权威性。所选著作均是国外公共行政与公共管理的大师，或极具影响力的作者的著作。(3) 前沿性。反映了公共行政与公共管理研究领域最新的理论和学术主张。

在半个多世纪以前，公共行政大师罗伯特·达尔（Robert Dahl）在《行政学的三个问题》中曾这样讲道："从某一个国家的行政环境归纳出来的概论，不能够立刻予以普遍化，或被应用到另一个不同环境的行政管理上去。一个理论是否适用于另一个不同的场合，必须先把那个特殊场合加以研究之后才可以判定"。的确，在公共行政与公共管理领域，事实上并不存在放之四海而皆准的行政准则。按照建设有中国特色的社会主义的要求，立足于对中国特殊行政生态的了解，以开放的思想对待国际的经验，通过比较、鉴别、有选择的吸收，发展中国自己的公共行政与公共管理理论，并积极致力于实践，探索具有中国特色的公共行政体制及公共管理模式，是中国公共行政与公共管理发展的现实选择。

本套译丛于1999年底由中国人民大学出版社开始策划和组织出版工作，并成立了由该领域很多专家、学者组成的编辑委员会。中国人民大学政府管理与改革研究中心、国务院发展研究中心东方公共管理综合研究所给予了大力的支持和帮助。我国的一些留美学者和国内外有关方面的专家教授参与了原著的推荐工作。中国人民大学、北京大学、清华大学、厦门大学等许多该领域的中青年专家学者参与了本套译丛的翻译工作。在此，谨向他们表示敬意和衷心的感谢。

《公共行政与公共管理经典译丛》编辑委员会

译者前言

詹姆斯·W·费斯勒和唐纳德·F·凯特尔的《公共行政学新论：行政过程的政治》一书是20世纪90年代美国公共行政学领域中最有影响的著作和权威性教科书之一。该书的两位作者都是美国著名的行政学家和政治学家——费斯勒是美国权威杂志《公共行政学评论》的主编，耶鲁大学的荣誉教授；凯特尔是威斯康星大学政治学系和公共事务研究所的教授，美国联邦政府多家机构的顾问。《公共行政学新论：行政过程的政治》一书初版于1991年，原书名为《公共行政学》，1996年出版第二版，并改名为《行政过程的政治》（*The Politics of the Administrative Process*）。考虑到第一版的书名，同时也是为了更好地表达本书的主要内容，我们将第二版中译本的书名定为《公共行政学新论：行政过程的政治》。该书第二版对第一版进行了大幅度的修订、改写和扩充，使之更加成熟和完善。该书在美国及西方的公共行政学界产生广泛影响，被广为引证，并被许多大学的政治学系和公共管理学院指定为教材或教学参考书。例如，主译者本人2000年春季学期赴杨百翰大学（Bringham Young University）研修时，在该校书店二楼的“本学期教学用书区”发现，《行政过程的政治》被指定为政治学系本科生的“公共行政学”课程的教材。

该书第一版问世后，好评如潮。兹列举几例书评：该书“是一本非凡的教科书”（著名行政学家，雪城大学的 Patricia W. Ingraham）；“本领域可利用的最好的概述性著作”（Francis E. Rourke，约翰·霍普金斯大学）；“无疑它将成为标准的教科书”（David Lowery，北卡罗来纳大学）；“该书因其真知灼见和精辟性而迅速抓住教师和学生的注意力”（Cerald Caiden，南加州大学）；“这本综合的、精辟的当代教科书取得令人敬佩的成功”（David R. Beam，伊利诺伊理工学院）；“那些对公共行政学全然无知或知之甚少者将从本书中得到丰富而清晰的知识”（Christopher H. Foreman，Jr.，布鲁金斯学会）；“近几年出现的最好的新公共行政学教科书”（Norman C. Tomas，辛辛那提大学）；“一本优秀的著作——它的资料可靠，肯定也是本领域最具可读性的著作”（Michael D. Reagan，加州大学河边分校）。

作为一本有广泛影响的著作和教材，《公共行政学新论：行政过程的政治》一书具有视野宽、内容丰富、资料可靠、现实感强、富于创新、叙述简练和可读性强等方面的特点及优点。该书虽然沿用“公共行政学”的学科名称，但突破了传统行政学的界限，增加了大量传统行政学所未涉及的内容，包括政策分析和“新”公共管理的某些基本论题。因此，与其说该书是“公共行政学”的著作，倒不如说它是“新公共行政学”或“（新）公共管理学”的著作。

该书的主题广泛，内容丰富。全书由五篇十四章构成：导论（第 1 章）界定公共行政学的研究范围；第一篇（第 2 章）讨论政府的角色以及政府的工具问题；第二篇（第 3～6 章）探讨公共组织理论，包括组织理论原理、行政组织（行政机关）、行政改革以及其他组织问题；第三篇（第 7、8 章）是文官制度篇，讨论美国公务员制度以及高级公职的基本问题；第四篇（第 9～11 章）是公共政策篇，涉及政策的制定、执行以及财政预算等方面的主题；第五篇（第 12、13 章）讨论民主制中的行政，即立法机关和司法机关对政府行政管理的控制问题；结论（第 14 章）主要探讨行政伦理问题。由这些篇章构成了一个崭新的公共行政学的理论体系。

该书立足于当代西方特别是美国政府管理的实践，用大量现实的资料及案例来说明公共行政学的理论问题，使本书具有强烈的现实感，亦增强了可读性。这为我们了解当代西方尤其是美国的政府管理以及政府改革提供了十分翔实的资料。本书的另一个特点是富于创新，学术水平高。几乎在每一个章节中，作者都提出了自己的观点或作出了独特的分析，读后令人耳目一新，颇受启发。仅从本书的书名看，就可以发现作者独具匠心，即强调政治与行政的密不可分以及民主社会中立法和司法机关对行政机关监控的重要性。此外，本书虽然涉及广泛的议题，内容相当全面，但作者的叙述简明扼要，相当精练，结构也十分紧凑，的确称得上是一本经典性教科书。

本书由陈振明和朱芳芳主译和校译。陈振明负责组织翻译和统校工作，并翻译第 1 章（导论）、致谢和作者简介；朱芳芳协助陈振明做校译工作，并翻译第 10 章（预算）、缩语表、术语索引和人名索引。其他各章初稿的翻译者分别是：庄垂生，第 2、3 章；陈新强，第 4、5 章；蔡全胜，第 6、14 章；张永坚，第 7 章；刘慧琼，第 8 章；杨珍，第 9 章；陈琤，第 11 章；陈友青，第 12、13 章。

由于译者的学识和翻译水平有限，译文中的错译、漏译以及不准确之处，望读者不吝赐教。

陈振明

致　谢

一本关于这一领域的书的作者从许多在学术单位和政府部门任职的学者们那里受益——他们的著作充满智慧、分析和启迪。本书的引文注释显示这种受惠，并向学者和学生们表明进一步探索书中所提出的问题的另一些机会。会计总署的罗斯林·S·克利曼（Rosslyn S. Kleeman）和耶鲁大学法学院的杰里·马肖（Jerry Mashaw）友好地阅读和评论了与他们的知识领域相关的章节。

尽管这本书是一本全新的修订本，但它建立在第一版的《公共行政学》的基础上——许多同事对该书的全部或特别的章节做出了评论。借此机会再次向这些同仁表示谢忱是再合适不过了，他们是：威廉·I·巴丘斯（Willian I. Bacchus）、布鲁斯·布坎南（Bruce Buchanan）、小杰弗里·C·哈泽德（Geoffrey C. Hazard Jr.）、休·赫克洛（Hugh Heclo）、查尔斯·E·林德布洛姆（Charls E. Lindblom）、爱德华·W·巴莱（Edward W. Pauly）、哈罗德·W·斯坦利（Harold W. Stanly）和道格拉斯·T·耶茨（Douglas T. Yates）。

本书的作者也对帕特里西亚·W·英格拉姆（Patricia W. Ingranham）、米切尔·D·里根（Michacl D. Reagan）和艾伦·韦达夫斯基（Aaron Wildavsky）深表谢意，他们为查塔姆出版社（Chatham House）评审了本书稿。他们认真地审读了手稿并提出大量的问题，促使我们重新思考并彻底改写了几个专题的论述。我们感谢所有那些慷慨地评论过这本教科书的同事们，他们对我们改进本书的质量做出了贡献。当然，他们谁都无须为本书的最后结果负责。

耶鲁大学（Yale University）、弗吉尼亚大学（University of Virginia）、范德比尔特大学（Vanderbilt University）和威斯康星—麦迪逊大学（University of Wisconsin—Madison）图书馆的工作人员为本书的写作提供了极大的方便。我们特别感谢这些大学图书馆的政府文件部工作人员，在他们的指导下，我们获得大量联邦政府出版的包含丰富信息的资料。此外，我们也感谢威斯康星—麦迪逊大学的弗莱特公共事务研究所（Robert M. La Follette Institute of Public Affairs）的慷慨支持。

最后，我们向学生们表示谢意——他们多年来的有见地的问题使我们保持对重要问题的关注。我们衷心希望这本教科书能够传达由其在我们中引起的对公共行政学的热情与激动。

詹姆斯·W·费斯勒

唐纳德·F·凯特尔

目　录

第1篇　政府做什么以及政府如何做

第2篇　组织与政府结构的作用

第 3 篇 政府组织中的人

第 4 篇 政府决策——制定与执行

第 5 篇 民主制中的行政

第 *1* 章

1

导 论

本书的主题大、复杂而又重要。它包含了行动中的政府一个重要组成部分。政府在社会中的作用已变得如此广泛以及政府在如此大的程度上是行政性的，以致有人认为出现了“行政国家”(the administrative state)。有人担心我们生活的官僚体制化，结果我们在许多方面遇到行政的限制，甚至连慈善项目也陷入行政的繁文缛节之中。有人呼吁“商业式”的公共行政，并怀疑公共行政与私人行政在特征上是（或应该是）不同的这样一种说法。如果它们是不同的，且我们认为它们的确不同，那么，我们便遇到如何研究公共行政的问题。因为人们对公共行政的基本特征以及研究它的方式有不同的认识，所以，我们提供一个拼盘，以供读者选择。尽管公共行政的主题多样且研究途径不同，但有一个问题仍处于支配地位，这就是美国宪政体系中的行政责任（administrative responsibility）问题。如果这个问题能够得到令人满意的解决，那么，关于大政府、官僚（体）制（bureaucracy)、行政自由裁量（discretion）和基于商业实践的公共行政模式等方面的问题将得到比现在在公众争论中流行的看法要更准确的分析。

1.1 “行政国家”

公民对政府要求的显著增加已导致了行政机构的多样化，大量的公务员、日益膨胀的政府预算——这些预算被用于支付公民所需要的东西以及满足这些需要的行政管理工作。据说，这已经把我们带进了一个新时代——一个以“行政国家”为特征的时代。[1]这个术语意味着强调规模大，并表明行政管理者现在实施了太多的自由裁量权，破坏了宪政安排。

2 规模大的现象必须加以正确的观察，以免一种美国场景的地方性观点歪曲我们的评估。如图1—1所示，所有美国政府——联邦、州和地方的政府——的加总的美元开支占全社会的国内生产总值（GDP）的三分之一强。在列出的国家中，有12个国家的政府部门的开支超出该国的GDP的一半。[2]美国在所列出的国家中排名第18，与其他大部分国家相比，它取得“行政国家”地位的可能性更小，如果这样一种“行政国家”的地位是政府规模的结果的话。

一个分开的问题是，行政决策是否超越由宪政上授权的政府分支所做的决策以及这种超越有多远。毫无疑问，现在行政管理者实施的自由裁量判断要比在更受限制的政府责任时代大得多。然而，立法机关、法院、主要执行官和政治上被任命者对行政管理者的自由裁量实施了详细的控制，这使得“行政国家”就其主要的内涵而言，并不能准确地刻画现在的状况。

公民可能对此表示异议。他们所接触的政府主要是行政机构及其顾客。他们发现政府的行政结构实在过于复杂，以至于他们往往不知道哪个机构处理他们所遇到的问题。他们不满预算的、管制的和补助的政策和项目，并发泄对负责执行的行政机构的敌意。情况的确这样，尽管事实上立法机构——它们往往为主要执行官所推动——制定政策项目，并能够对之加以改变。我们抱怨“繁文缛节”（red tape）——这是一个来自于一条用于捆扎英国法律文件的红丝带而得名的术语。

3

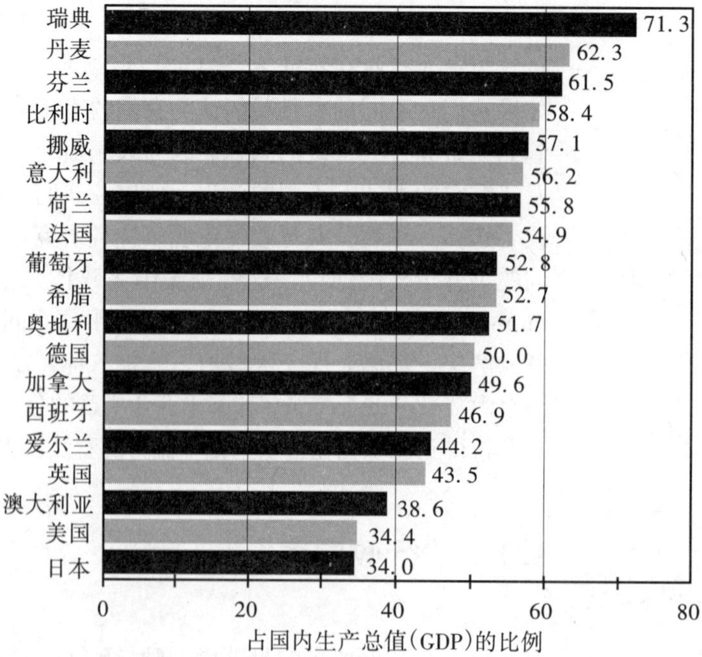

图1—1 政府部门总的开支占GDP的比例

资料来源：经合组织《OECD经济瞭望》第55期，1994年6月，表A29。数据截至1993年。

事实上，“官僚制”已经变成了一个普遍的称号，“非民选官僚”（“Unelected bureauract”）甚至更糟。公民在与政府打交道时经常抱怨官僚制。然而，我们必须依靠消防队员灭火，警官逮捕罪犯，扫雪车司机清理道路，社会保障官员处理老年公民支票，警卫维持监狱秩序。在所有美国各级政府中，民选官员形成有抱负的政策，并依靠“非民选官僚”将这种抱负转变为现实。因此，官僚制涉及更深层次的问题：政府与它为公民所提供的服务之间的关系，以及这些服务如何能做得有效果、有效率和尽可能地公平。民主与官僚制之间存在密切的关系，并且这种关系的确处于行政过程的政治的核心。探讨这些问题即是本书的使命。

官僚制问题 4

公共行政就是官僚制或官僚政治（bureaucracy），“bureau”一词起源于 14 世纪的法国。[3] “bureaucracy”一词褒义贬义兼有。巴尔扎克在 1836 年所写的一篇小说中将“官僚制”刻画为“一种由侏儒所操纵的巨大的权力”以及“一幅将所做的好事与指挥它的人隔开的重幕”[4]。

即使是在贬义上，“官僚制”也有两个相互矛盾的含义。[5]一方面，它表示倾向于繁文缛节的文官，无效率的、负面的、不礼貌的和对寻求服务的公民无所帮助的一系列现象。另一方面，它使人们联想到一种过分有效的执行机构的形象，且往往是武断决策而缺乏合适过程的权力滥用。

官僚制在行政学研究中有着中性意义甚至褒义。在本书中，我们用这个术语表示正式的、理性的组织——这种组织涉及那些被赋予行政权威的各种关系，并且配备了合格、全职、领薪金的公务员。在第 3 章，我们将更详细地考察对官僚制的这种解释。繁文缛节在中性意义上也占有一席之地。大量的繁文缛节的确是为了保证合理的决策，征求受影响利益者的意见，保护个人权力以及行政行为受到审计者、检察官、法院、主要执行官和立法机关的有效审查和控制。[6]

然而，我们必须清楚地意识到官僚制的贬义方面，不管这些贬义是如何自相矛盾的，它们的确指出了大规模行政管理存在的问题和在政治争斗者言语中的形象（吉米·卡特和罗纳德·里根都用“废除官僚制”的口号进行竞选）。官僚制也不是美国特有的问题。两个外国总理都对它持批评态度，第一位总理说：“创造一种起作用的外表，隐藏在空洞的言词背后，官僚制可能阻止经济机制的改善，抑制独立性和首创性，并为革新设置障碍。”第二位总理说：“官僚主义仍然是我们党和国家政治生活中的严重问题。政府机构冗员充塞、交叉和庞大，它们的职责不清和推诿是……官僚主义的主要原因，因此，必须从上到下对这些机构进行改革。”前者是苏联的总理，后者是中华人民共和国的总理。[7]

既然政治领导人和其他民意形成者将官僚制和繁文缛节视为罪恶，那么，人们 5
会对此感到奇怪——为什么这些位居高位者不清除这些罪恶。答案是：它们是大的组织所固有的，服务于政府的重要价值观，并且反映着对政府的最典型解释，因为政府政策包含着一个广泛规制的和令人同情目标的范围。[8]人们的不满所针对的是大的预算、大量的公务员和复杂多样的部门和机构。这些东西（即官僚制和繁文缛节）的任何实质性的削减将意味着要倒转目前人们所接受的关于政府在社会中的角色定位。这种倒转的尝试（如 20 世纪 80 年代里根政府的所作所为）仅仅取得边际上的变化。

官僚制与规模

给定当代政府活动范围，公共行政在很大程度上可以说是大规模的行政管理。其规模为何如此之大，可以说是它的最典型的特征。

美国联邦政府总的开支是 500 家销售量最大公司销售量的三分之一。[9]用同样的衡量标准，销售量最大的公司——通用汽车公司的销售量是联邦政府开支总额的十分之一。它的销售量比卫生和公众服务部、国防部或财政部的开支要小得多。雇员人数是另一个衡量标准，结果具有可比性。联邦政府执行机关的人员（包括内政的和军事人员）的总数是 500 万人；作为最大的私人雇主的通用汽车公司的雇员只有其六分之一，比国防部的非军事雇员还要少。表 1—1 和表 1—2 列出美国最大的公司和政府组织。

6 **表 1—1** **以销售量和开支排名的大组织** 单位：十亿美元

排名	组织	销售量或开支
1	国防部	307.8
2	财政部	298.8
3	卫生与公众服务部：社会保障	298.3
4	卫生与公众服务部：社会保障除外	282.8
5	通用汽车	138.2
6	福特汽车	108.5
7	埃克森	97.8
8	加利福尼亚州政府	97.1
9	纽约州政府	73.2
10	沃尔玛超市	67.3
11	美国电话电报公司	67.2
12	农业部	63.1
13	IBM	62.7
14	通用电气	60.6
15	美孚石油	56.6

资料来源：《销售量》，载《福布斯》，1994 年 4 月，第 25 期；总统执行办公室：《美国政府预算：1995 年财政年度》，62 页，华盛顿特区，政府出版署，1994；美国人口普查局：《美国统计摘要：1994 年》，306 页，华盛顿特区，政府出版署，1994。

表 1—2　以雇员人数对大组织的排名 7

名次	组织	就业人数（单位：千人）
1	国防部	982.8
2	美国邮政服务总署	792.0
3	通用汽车	710.8
4	沃尔玛超市	472.5
5	纽约市政府	441.9
6	百事可乐	397.5
7	加利福尼亚州政府	386.5
8	Sears，Roebuck	382.5
9	福特汽车	322.2
10	卡玛超市	320.0
11	美国电话电报公司	310.7
12	纽约州政府	291.2
13	IBM	278.9
14	德克萨斯州政府	266.7
15	通用电气	226.5

资料来源：《人都到哪去了?》，载《福布斯》，1994 年 4 月，第 25 期，242～256 页；美国人口普查局：《美国统计摘要：1994 年》，346 页，华盛顿特区，政府出版署，1994。

联邦政府有 2.5 亿以上的美国人民作为其顾客（不包括从对外援助项目受益的其他国家的人民）。每 10 年，人口普查局都设法获得所有人的信息。唯一可作粗略比较的是贝尔系统，在其解散之前，它有 1.5 亿部电话服务，但美国邮政服务总署每年投递 1 600 亿件邮件，国内税收服务署每年收到 2 亿份税收返还，被政府老年人、遗属和残疾人保险项目覆盖的受雇工人的数额达 1.6 亿。

了解作为美国政府最突出特征的大规模行政管理是十分重要的，由此我们可以了解它的项目的数量复杂性和多样性。总体的复杂性由这样的可能性所显示——大量的项目和机构可能具有不同的、相同的或交叉的“顾客”团体，并具有相矛盾的目标。[10]此外，各种项目需要不同的行政管理的职业的、技术的和办事的技巧的混合，并需要各种不同的有效运作程序。政府项目的规模和复杂性与甚至是最大的私人公司的项目规模和复杂性形成鲜明的对照。更重要的是，它们是关于我们在设计具有显著能力的社会制度如何取得进展的引人注目的衡量尺度。

这就是说，小规模的公共行政管理仍然是可能的。为不足千人的居民服务的 9 000 个市政府显然所从事的是小规模的行政管理。在一个大的官僚机构中，当然有可能研究该机构的一个下属单位（甚至该单位中的一个面对面的工作小组）。尽管这样一个焦点的选择是可行的，但是如果这个“小规模”行政被当作自身是完整的，而不是作为大规模行政的一个片断或部分的话，那么，分析将受到歪曲。

1.2 “公共的”和“行政”

“公共行政”并没有取得一个人们一致公认的定义。[11]公共行政的例子丰富多彩，从平常的邮件传递、垃圾收集和机动车执照发放到非同寻常的将人送到月球，向许多国家派遣维和部队和对原子能的开发与控制等。但是，再多的例子也加和不出定义来。界定一个学科就是要确定它的边界，或者边界是模糊的，就应辨别它的核心特征。但对于公共行政而言，这已被证明是一个难以处理的问题，因此，对它的学术上的研究据说面临着“认同危机”。

一种两步的途径，即先界定“行政”，然后再界定“公共的”，似乎有望解决问题，但结果失败了。词典编辑者和学者在第一步就踌躇不前了。有些学者用别的需要定义的词或过于狭窄的词来界定，说“行政就是执行”；另一些学者说行政就是一种具有高度合理性的人类合作行动，这意味着合作行动力图最大化地实现某种目标。[12]但这似乎将一个小孩说服他的两个小朋友一起玩游戏或打弹子球的行为也包括在其中了。还有一些学者从不太抽象的层面来下定义，说行政关心的是“如何”的问题而不是“什么”的问题，关心的是手段而不是目的，关心的是过程而不是实质，关心的是效率而不是价值——他们用了一系列引起争论而非解决定义问题的二分法。

鉴于“行政”是一个如此令人难以捉摸的术语，我们不应对“公共行政”迄今还没有得到令人满意的界定这一点感到惊讶。尽管在这里我们能够解释失败的原因。在所有现代国家中，公共行政被等同于执行机关这一政府分支。[13]这一分支本身就难倒了定义，正如安东尼·金（Anthony King）令人信服地证明了的。这是因为长期铁板一块的君主制政府，由于受到了来自于要求立法机关和司法机关的权力利益的压力，而转变为现代三权分立的政府，立法和司法机关都被赋予了独立的权力。显而易见，“随着时间的推移，立法和司法机构便脱离了政府的中央核心。”这种历史解释并没有“对执行机关的出现说出任何东西，正因为执行机关没有出现过；作为政府的中央核心，它们一直在那里存在着。依这种解释，执行机关本身不需要作任何说明，当立法和司法机关脱离时它就是政府中所留下的东西，不多也不少”[14]。

尽管这种历史解释提供了摆脱定义精确性的根据，但是我们仍然必须对“公共的”是什么和不是什么有一个最初的了解。有了这种了解之后，我们才能考虑如何研究这一学科的问题。

了解公共行政意义的出发点是弄清它与私人行政的区别。我们先考虑这样一个论断——行政就是行政，不管它存在于哪里，是公共部门还是私人部门；然后，我们探讨公共管理者在政策形成和政策执行——即使后者习惯上被当作行政管理的全部——中的参与；最后，我们强调在民主社会中的行政责任的极端重要性，它比私人企业中的管理责任更特殊和具有不同的特征。

公共行政对私人行政 9

公共行政是公共的，它是对政府事务的管理。然后，它也是管理——一种在所有大组织中都可以发现的活动。长期以来，人们在如何看待公共行政的问题上一直存在着争论。它的基本特征与所有类型的管理是相同的（因此它仅仅是更一般的管理问题的一个组成部分）？抑或它有某些特别的因素使它明确地是公共的并因此需要加以区别对待？

那些将公共行政包括在一般管理之中的运动的领导者是社会学家，他们是组织研究专家和商学院的管理学者。

- 在最广泛的层次上，有些组织理论家认为，行政（管理）就是行政（管理），而不管它的背景如何，对人们加以组织、领导和为他们完成任务提供资源这些事情是相同的，不管是在何种背景中。[15]
- 更多地以实践为取向的思想家认为，政治就是冲突，并且“政治冲突处于管理生活的核心”。管理基本上是对于冲突的管理。这种观点进而认为，尽管组织背景可能不同，但基本的问题都是相同的。[16]
- 从最广泛的意义上，博兹曼（Barry Bozeman）提出了这样一个论点——“所有组织都是公共的，因为公共权力影响到所有组织的某些行为和过程。”因此，组织既不是纯粹“公共的”，也不是纯粹是“私人的”，但他认为，所有组织都享有独立于法律和正式地位之外的“公共的”和“私人的”特征。[17]

事实上，英国政治家罗伯逊（William A. Robson）已注意到：“现代美国理论深深地陷入这样一种观点而不能自拔——人们能够以一种一般化的方式讨论每一种行政”。他解释说，这种努力如同“力求写作一篇有别于高尔夫、网球、足球、水球或篮球研究的关于一般球赛的论文”[18]。

的确，关于公共部门和私人部门的区别已逐渐变得模糊。正如沃尔多（Dwight Waldo）所指出的：“在美国——并且我相信在更广阔的地方——出现一种离开公共和私人严格区别，并走向两者的模糊和混合的运动。”[19]当政府日益卷入商业，并且当类似于商业的途径被结合到政府中来的时候，这种模糊是错不了的。但问题仍然是：有没有某些东西使得公共行政与私人管理明确区分开来？ 10

那些进入公共部门顶层位置的私人部门管理者对这一问题做了坚定的肯定回答，他们普遍强调两者之间的关键的差别。[20]学者们也已强调了另一些差别。[21]我们可以从两个方面来区别公共机构。首先，关键的区别是：公共组织从事公共的事业，它们执行法律；其次，特征上的差别：公共组织有着不同于私人组织在特征上不同的过程，并在不同的环境中起作用。

公共权威的关键作用

公共组织与私人之间的最基本的差别在于法治（rule of law），公共组织的存在是为了执行法律，它们存在的每一种因素——它们的结构、职员、预算和目的——都是法律权威的产品。正如戈特纳、马勒和尼科尔森（Gortner，Mahler 和 Nicholson）所指出的：公共管理者所采取的每一项行动最终"必须追溯到权威的法律授权，而私人公司不必这样"。事实上，他们指出：

> 私人公司的管理者一般能够采取任何行动，确定任何政策或采取任何不被特别禁止的运作手段。相反，在缺乏权威的特别授权情况下，公共管理者不能这样做。除非受到禁止或限制，私人组织能够行动；仅当被授权，公共管理者才能行动。正如一位有经验的公共管理者所言："对于私人组织来说，这是一件在我说停止之前一直往前走"的事；而对于公共管理者的口令是"除非我告诉你走，否则你别动"。[22]

因而公共行政的存在是为了执行法律。在美国的制度中，权威由人民流向他们选出来统治自己的那些人。当立法机关通过一项法律并由执行机关签署时，这项法律并不能自行执行。这正是立法机关授权给行政管理者的任务，并且这是一种权威链条，由那些通过选举的人流向公共管理者，这就使得公共行政明确地是公共的。对这些法律的忠实的执行是对公共管理者的最高要求和行政责任制的核心。因此，公共行政与私人管理在塑造每个行动的核心上是有显著区别的。

典型的公共过程

除了基本的法律差别之外，在公共组织和私人组织的过程之间还典型地存在着
11 不同。尽管它们不是由法律固定下来的（而且某些私人部门组织也具有这些部门的特征），但是，在公共部门行事的方式上还是有一些常见的差别的。[23]

1. 时间观点。私人部门往往由那些献身于组织的个人所领导，而公共官僚机构则往往由那些相对地是生手——他们的任期是短暂的人——所领导。例如，联邦各部的秘书助理，典型地只有 18 个月的服务期并且要花大量的时间来熟悉工作。

2. 衡量绩效。私人部门有检验其绩效的市场。相反，正如安东尼·唐斯（Anthony Downs）所说，很少有公共部门组织采用"以与产出相关的成本来评估产出的直接的方法"[24]。对于公共管理者来说，服从法律是最终的绩效衡量，但法律往往是模糊的并且没有多少指导作用。

3. 相冲突的标准。效率是私人管理最终的标准，而公共行政官员必须既有效率而又公平地进行管理。这两个标准往往是相冲突的——公平的东西往往并不是最有效率的，反之亦然。

4. 公众监督。与私人部门相比，公共管理者在更大的程度上是在公众的监督下工作的。公共管理者在特别名称的法律（如《阳光下的政府》）之下劳作，这些法律构成公众监督角色的基础，涉及政府的内部和外部运作。这种"金鱼缸效应"（goldfish-bowl effect）与私人组织形成鲜明的对照——在那里，它们所受的公众监督要小得多。与媒体打交道早就成为公共行政活动的一个特征。[25]

5. 说服。在私人部门，管理者依权威进行管理要广泛得多，他们发出命令并

期待它们被服从。相反，在公共部门，行政管理更多地依赖于说服和相互冲突的政治要求的平衡。

6. 监控。公共管理者不仅受其上级的监控，而且也受立法者和法院的监控。行政官员必须出现在立法委员会的面前，以解释他们的活动并回答由法院提出的投诉。如果私人部门只有一条底线的话，那么，公共部门有好几条底线：对于高层行政官员、对于主要执行官、对于法院和最后对于公众的责任制。

我们往往倾向于用利润动机来区分公共的和私人的活动。这的确是一种重要的差别，但它不能清楚地将这两个部门区别开来。私人组织有时将营利淹没于其他目标之中，且有些私人组织是非营利的；它们的存在是为履行服务；此外，有些公共 12
组织通过收费来刺激市场，随着改革者试图使公共组织更有效，这种策略日益增长。

然而，从最根本上说，公共组织之所以是公共的，是因为它们执行法律和因为源自于法律的非常的存在。此外，公共组织典型地在不同于私人组织的环境中运行。华莱士·塞尔（Wallace Sayre）曾评论说："商业管理和公共行政只有在所有不重要的方面才是相同的。"[26]这个陈述并不仅仅是聪明机智的产物。正如斯塔茨（Elmer B. Staats）——前美国总审计长，他长期对来华盛顿做政府工作的商人进行观察——所指出："许多来华盛顿任职的商人并没有取得显著的成功……他们平均干不到两年。他们带来经验和能力，但缺少对政府环境的了解。"并且依他的观察，对于在华盛顿取得成功的行政官员来说，许多人回到企业之后，发现"工作缺少相同的视野、挑战和公共服务的满足感"[27]。将公共行政与私人管理区别开来的正是公共服务的这种挑战。

政策执行对政策形成

政府对社会的成就依赖于它所规划和采纳的政策以及这些政策如何有效地付诸实践。公共行政对政策的形成（formation）和执行（execution）都做出了贡献。我们先来看看更熟悉的功能——执行功能。

政策执行

请考虑一下，当我们说政府已经采纳了一项政策的时候，究竟意味着什么？在美国的制度下，这通常意味着民选的政策制定者已颁布一项禁止、指导或允许社会成员以某种特别的方式行事的法律。然后，将会发生什么变化？法律只是印在纸上的东西。公共行政的任务是将法律书本上的印刷文字变成由社会成员个人变化了的行为，将文字变为行动，将形式变为实质。

这是一项复杂的任务。它意味着通过扩大政府的服务来增加某些个人的机会并对他们加以保护。它意味着通过税收规制某些个人的自由，发现并检举那些从事被禁止行为的个人，同意或否决从事某些活动的许可（如发放无线电台执照），处理 13
补助和利率的环境。政府有时也自己管理企业，或者作为私人企业的竞争者；邮政服务、田纳西流域管理、社会保障、公立学校和公立大学就是一些例子。它也管理国防设施、对外事务和在世界各地的数以百计的前哨基地。政府管理的范围是广泛的，并且管理的模式是新旧的混合。

这些政府活动的权威化，给这些活动指明政策方向以及为其取得成就提供资源都属于民选立法者和首席执行官的中心任务。但所有这些仅仅允许某事发生，并未使其真正发生。行政管理就是将这些纸上的意图宣言转变成现实——改变公民的行为以遵守法律条文，并将承诺的利益提供给预定的受益人。

政策的执行并不能看作是理所当然的，它的软弱无能和非回应性会削弱政治系统本身。例如，在许多发展中国家，主要问题并不在于政府在政治上的不稳定或没有能力为发展设计合理的项目，而在于它们没有能力将政府的决策和项目加以执行。在美国，州政府的作用在很大程度上依赖于它们所拥有的实质性的行政管理能力，与10年前相比，现在这是一种更必须满足的需要。更直截了当地说，行政管理的复杂性损害了由许多机构和项目在处理城市及其贫困问题上的协同作战。

政策形成

行政管理的次要作用发生于政策形成过程。这一作用在该过程的两个阶段来实现：(1) 在宪政上被授权的立法机构和主要执行官做出政策决定之前；(2) 在他们已颁布法令或发出执行命令并传达到行政机关对它们做理解工作之后。在第一阶段，立法或修改法令的建议有许多方面的来源，但行政机构是其中的一个最重要的来源。关于这一点的理由是显而易见的。在一个特定项目领域的机构很可能拥有大量关于这个领域的需要和趋势的信息；有做数据分析的专家职员；当力图应用经验加以检验时，已发现现存法令的缺陷；有一种强烈的为项目目标献身的精神，以便其更完满地实现。通常（虽然并不是时时如此），该机构与其他可利用的资源（如有组织的利益团体）相比，人们相信它是一种偏见较少的信息来源。

14 在当代，有两种发展趋势已强化了行政管理在政策制定的这一发起和准备阶段所起的作用。

一是立法所处理的主题技术性的日益加强，这是一种与行政机构职员的专业化能力增加相平行的现象。例如，经济稳定的政策必须由经济学家所提供的可靠的信息、分析和建议以及由民选的总统和国会议员的价值偏好和政治直觉所引导。专家的知识和建议对于国防武器、空间探索、公共卫生、研究与发展、教育、贫困、城市更新、空气和水污染以及大量其他项目领域的政策发展是十分重要的，并且大部分的政府专家集中在行政机构中。

二是主要执行官作为政府主要政策议程确立者的作用显著扩展。他发起许多引起立法机关注意的主要措施，最典型的例子是，立法项目是通过向执行部门机构的咨询而形成的。尽管这些机构不是立法者的想法的唯一来源，但它们在战略上处于发起和评论那些可能赢得其有影响力资助的政策的位置上。当然（为完成这个周期），随着公共政策问题的技术性的日益增强，他对专家帮助的需要也日益增强。

政策形成过程的第二阶段发生在法规公布之后。通常，特别是在重要和复杂的领域，法规并不能清楚地告诉我们在其执行（狭义上的）之后会发生什么。立法行为并没有遵守固定不变的模式，有时候会产生十分详细的法规措施，而另一些时候则只是导致辨认出对行政官员准备处理的问题。结果，行政官员必须制定政策。

政策制定权力的深思熟虑或不经心的授权的理由是不同的。在新的、没有或很少积累起经验的政策领域，立法机关所能做的事情，仅仅是做出某种模糊的姿态，以表明所应采取的行动方向。在那些人们期待技术或其他特征迅速改变的领域，法规必须允许行政机构采取灵活的行动，而不能要求法律返回立法机关以颁布新的规定。有些主题领域（如酒类专卖店和出租车营业执照）就不能让它们将标准具体化，以便限制行政自由裁量。[28]同样，在某些领域，可以依靠商人的机敏来规避一项法规中的任何高度具体化的禁令。因此，国会宽泛地禁止“商业活动中的不公平的竞争方法……和不公平或欺诈行为”，而让行政机构和法院去解释“不公平”和 15
“欺诈”这些含糊术语的含义。

立法过程自身往往是急风暴雨似的并充满了各种逆流，这造成被通过的法规混合了大量相互冲突的政策方针，行政机构要在这个大杂烩中理出头绪就必须作出自己的决断。有时，达成一种妥协的解决方案必要性也导致立法机关使用掩盖不一致的措辞，这些故意的含糊给行政机构留下了很大的解释空间。此外，大部分机构执行多种法规，它们是由国会（及其委员会）以不同的多数偏好而通过的。因此，协调累积起来的各种立法指示的需要迫使行政机构实施某些自由裁量权。最后，立法机关为一个机构履行法律责任而分拨不足的资金。除非立法机关作出明确的指示，否则，该机构必须决定是撒胡椒面似地花这些钱，还是（更经常地）决定哪个目标应拼命追求，哪个目标将舍弃。

从本质上说，公共行政包括向上的政策形成、制定之后的执行以及（作为执行组成部分）向下做出政策事务的决策。

政策/执行二分法

在早期的公共行政研究中，一个流行的主题是政策与行政分开。这一主题既来自于辨别一个明确的研究领域的需要，又可能是来自于19世纪末20世纪初城市政府改革以及后来的州和联邦政府改革的努力。这场改革运动的矛头指向政治腐败——这种腐败往往是地方政治机器的母奶。建立起一个中立的、由公务员法（或文官法）所保护和由商业式效率的驱动力所支配的行政领域，既抽干政治机器的恩赐泉源，又将政府的政策制定机构作为民主政治的恰当领域而保留下来。

建立一种非党派的公务员（常任文官）主体的目标是保持公务员能忠实地为有着不同政党归属的上级的继任服务，并获得有效的行政。然而，行政职员在政策形成中起作用的明显事实使许多学者拒绝了政策/行政二分法。混乱由贴上“政策/行政”二分法新标签这一公式所引起，这同样又被证明为是不正确的。在所有先进的国家，永久性职员在政策形成中起辅助作用。当涉及政治时，可以划线，但这一条 16
线是波动不定的。公务员必须尊重民选官员的政策目标并对其政策建议的内涵具有敏感性。但公务员也有其他义务，如长期目标、连续性和一致性、有效的行政管理和对腐败的抵制等。此外，他们必须在政府的偏好与立法机关和法院的法令之间保持平衡。[29]总之，公务员有一种责任制，它区别于政治上选出的官员的责任制。但是那种认为永久性职员是一种在动机与行为上与政治家无异的设想却混淆了社会中两类扮演不同角色的人群。

行政责任制

每个成熟的组织都形成了某些使下级对上级负责的制度。政府中的这种制度如此复杂和受到限制，这是任何其他组织所不能相提并论的。[30]法律法规详细说明了各种严格限制行政官员自由裁量权的程序。国会的委员会和下属委员会要求行政官员到国会作证，往往就同一件事向几个不同的委员会作证并回答对行动及建议行动的批评。大量的国会职员代表其上司紧密监控行政管理活动。为总统或在国会的指示下行事的管理和预算办公室除了评审预算要求和确定人事封顶外，还评审被提出的规章和信息收集建议。在内阁和次内阁层次上的政治任命官员指导局（司、处）的工作，并对资深职业文官的奖惩有很大的发言权。

从职业行政官员的角度看，这是一个可怕的控制系统。然而，如前所述，行政责任制远远超出这些对行为的外部控制。还有对行为的内在化指导——所谓的内在化是指行政官员自身。从一开始，行政官员就知道他们是为政府服务的，知道他们对政府其他部分的合法角色是敏感的（这些角色包括对行政行为的控制）。其次，他们必须对其机构和委托的项目保持忠诚。再次，在现有的文官队伍中有大量的专家，他们必须忠于其职业标准并为获得政府外部的职业同行的尊敬所激励。所有这些承诺建立起行政责任制，即使有时这些承诺并不是指向同一个方向。

17 一个主要的问题是如何使所谓的内在化控制最大化，以便减少由复杂的外部控制所引起的繁文缛节。为了解决这一问题，必须增强政府中的政治家层面和文官层面之间的相互信任的程度。

1.3 公共行政的研究

那么，我们应当如何思考和研究公共行政呢？对此有不少相冲突的反应。[31]沃尔多（Dwight Waldo）已经表明，我们所面对的是这样一个困难的任务，即调和希腊小城邦政治观念与罗马帝国的大规模行政管理例证（这两者都为美国的制度所继承）。[32]如前所述，处理这个任务的一个办法，是断言行政与政策（或政治）是两个分开的领域。这实质上就是 19 世纪末 20 世纪初威尔逊（Woodrow Wilson）和古德诺（Frank J. Goodnow）的论著中的观点。[33]亨利（Nicholas Henry）将 1900—1926 年确定为公共行政学发展的政治/行政二分法时期。他所追溯的后来的发展时期是：1927—1937 年为学者肯定公共行政的明确原则存在的时期；1938—1950 年：这一时期以拒绝政治/行政二分法和失去对原则的信任（以及伴随引起下一阶段的各种反应）为标志；1950—1970 年：是公共行政学重新定位于政治科学时期；1956—1970 年：这一时期出现交叉和矛盾，强调管理，往往是借用商业管理的理论和方法，同时，政策研究兴起（关注的焦点是政策目标的取得）；最后，是70年代后的自我觉醒及定位的修正，往往是立足于倾向接受管理方法的明确的公共行政学派的基础上，而且也对于政府事务管理者承诺公共利益具有敏感性。[34]

我们的研究必须面对如下三个问题：第一，公共行政是不是某种不管时间而能够加以一般化的东西？第二，它是不是可以不管地点和环境而成为一般化的东西？第三，如果我们要以有限的一般化（或概括）作为出发点，那么，应如何进行？对于这三个问题，坦率地说，需要作出如下几个令人迷惑的回答：

1. 公共行政既无时间性而又有时间界限[35]。

2. 它既是普遍的而又有文化界限并因地点而不同。

3. 它是复杂的，但只要通过简化的模式或这些模式的一步步结合，它又是可以理解的。

我们一起考虑前面两个令人迷惑不解的答案，因为时间和空间是两个相互联系 18
的变项。

时间和空间：是关键变量抑或非关键变量

与政府的其他方面相比，公共行政有更长久的历史和更广泛的空间范围。它早就成为古代帝国、君主政府、民主国家和独裁国家、发达国家和发展中国家的工具。弗里德里希（Carl J. Friedrich）令人信服地指出，西欧代议制政府的成就依赖于非民主政体先前所发展起来的有效官僚体制[36]，的确，寻求转变政府权威结构的革命同时也就是为控制官僚体制的斗争。

在美国，尽管《联邦党人文集》中提及公共行政，但在接下来这个世纪人们很少注意到或认真地注意到它。1835年，托克维尔（Alexis de Tocqueville）因为对法国行政管理十分熟悉，所以对美国忽视这一学科感到大吃一惊：

> 美国的公共行政管理，差不多全凭口述和传统进行。没有多少成文的东西，即使写过一些，也像古代女巫写在棕榈树叶上的预言，遇上一阵微风就被吹走，消失得无影无踪……行政管理的不稳定性，已渗透到人们的习惯中……，没有人在乎发生在他面前的事，没有人探究方法系统，没有人建立档案；收集文献轻而易举，但也没有人为之……。然而，行政管理的艺术无疑是一门科学，而且每门科学要取得进步，就必须将每代人的观察和发现加以总结，使之成为有机的知识体系……但是，在美国从事行政管理的人很少互相学习……因此，推进民主反而妨碍了政府艺术的发展。就此而言，与一个尚未发现公共事务的国家相比，通晓行政管理行为的国家能更好地实行民主。[37]

伍德罗·威尔逊与比较行政

威尔逊在早期的学术生涯中写道："市政府中的污浊气氛、州政府的欺诈的神秘，以及在华盛顿官僚机构中反复出现的混乱、腐败和挂名不干事，使我们不相信到目前为止，关于怎样建立起良好的行政管理的任何明确的观念，曾经在美国广泛

19 地流行过。”[38]注意到“政府的职能日益变得复杂和困难”，且数量上无限多样，威尔逊呼吁建立“一门行政科学，它将力求使政府不走弯路，使政府的事务减少不像事务的样子，加强和纯化政府组织，并使其各种职责履行都享有负责任的美名”。他说，这样一门科学在欧洲大陆上已经存在，并且人们会发现，它反映了普鲁士和法国的实践。他期待比较研究将产生“一种对于所有政府都一样的关于好的行政管理的规则，就所涉及的各种行政职能而言，所有政府都有很强的结构相似性；不仅如此，如果这些政府是同样地有用和有效率的，那么它们在结构上必须具有高度的相似性”。

从一种观点看，公共行政具有独立于时间、地点和政治系统之外的普遍性因素。许多为公共官僚机构服务的个人必须通过择优录取、给予报酬、分派具体的任务，必要时加以控制和纪律约束等等。要为他们支付报酬和支持其他政府活动（最低限度上要为军队提供给养和为公路建设提供资金），必须设计出一种税收系统，由每种预算系统分配给接受者，必须编制出会计和其他保持记录的方法。

说存在着这些普遍性的因素就意味着，政府在处理这些因素中积累起来的经验构成一个丰富的知识源泉——必须作熟练的分析，以节省各种错误的竞争所带来的浪费。正如威尔逊所指出的：“行政学研究的目的在于把行政方法从经验性实践的混乱和浪费中拯救出来，并使之深深植根于稳定的原理之上。”

尽管公共行政迄今应产生稳定的原则，这样一种期望具有合理性，但事实是，政府的行政经验并未以这样的方式——允许就公共管理所遇到的广泛的问题作出有说服力的概括——被积累和归类。关于这一点的部分理由可以在威尔逊自己的论文中找到——该文中包含着一个中心的矛盾。他的分析的基础是，将行政当作一种有别于政策、政治尤其是政体的中立的工具。这种认识似乎对于界定一个与政策和政治研究有别的明确的研究领域是本质性的。它也可能导源于文官制度的改革者的中立性学说，这些改革者于威尔逊在《政治科学季刊》上发表这篇论文的四年前，已成功地使《彭德尔顿文官法案》获得通过。

但是，对于威尔逊的论题来说，一个特别重要的假定是：“在整个政治学领域中，似乎没有一个地方，在使用历史的比较的方法上比在行政学这一领域更安全的
20 了。”也就是说，我们可以从普鲁士和法国（拿破仑的）独裁体制中学习行政管理的方法而不被它们的政治原则所感染。“如果我看到一个彻头彻尾的君主主义者管理好一个公共机构，我能够学他的办事方法而不必改变我作为共和主义者的一点一滴。”

沿这条论证路线前进将遇到两个自相矛盾的论题。一个论题是行政管理必须适应特殊国家的政治思想和宪政体系。威尔逊写道：

> 行政科学不是我们创造，它是一门外来的科学，很少使用英语或美国原则……它是由法国和德国的教授们发展起来，它的各个组成部分往往适应于一个单一国家的需要，并且是为适应高度集中的政府形式而建立起来的……如果我们要使用这一科学，就必须将它美国化，不仅仅是形式上、语言上的美国

> 化，而且要从根本上在思想、原则和目标等方面加以美国化；它必须从内心深处熟悉我国的宪法，必须把官僚主义热病从血管中排出；必须更好地呼吸美国的自由空气。

威尔逊提出的第二个论题模糊了他在别处所做出的关于政策与行政的区分。的确，这种区别可以由完完全全的起始作出，但是“将行政职能与非行政职能隔开的分界线……翻越巅峰，走下波谷，跨过令人昏眩的群峰，穿过由法规所组成的稠密丛林，并到处伴随着‘如果’、‘但是’、‘何时’、‘如何’一类的词语，直到最后在普通人的视野里消失……。”威尔逊确实也提出了“某些粗略的界定标准”：“公共行政就是公法的详细而又系统的执行”，是“一般法律的每一个特殊的应用”，“广泛的政府活动计划的详细执行”，作为有别于“一般计划”的“特殊手段”。然而，他继续呼吁授予“更大的权力和不被阻碍的自由裁量”，以作为行政责任的不可或缺的条件。

那么，如果公共行政必须根据一个特殊国家的政治思想和政府类型来解释，如果它并不是如同一把刀的中立工具或如同“机器是制造出的产品的一部分”，而是包括了有很大权力和自由裁量权的行政官员，并且如果行政管理不能现成区别于政府的非行政管理的方面，那么，追求公共行政的普遍性原则就不能产生威尔逊所追求的目标：“一种对所有好的政府行政管理都相同的规则。” 21

自从威尔逊时代以来的许多行政学文献已被威尔逊不经意确立的这个矛盾所困。理由是他所采取的每一立场都对全部真理有贡献。对所有或大部分官僚制来说，许多问题是共同的。有可能根据简单的标准考察许多这一类的问题，威尔逊用与今天行政学文献十分类似的语言表述了这一点：政府如何“用尽可能大的效率和尽可能小的金钱或能量上的代价来办事”。然而，还是存在着问题，其中的有些问题对行政学来说是至关重要的，在不相似的社会和政治系统中、在国家发展的若干阶段上、甚至在单一政府的个别机构中，对于这些问题需要有不同的标准和不同的答案。

上述存在的这些问题已被发达国家的行政官员和为发展中国家的公共行政做咨询和研究的学者的努力生动地证实了。人们已经证明，西方模式不是了解非西方政治系统的官僚制作用的非常合适的出发点。并且，就那些以西方作为样板的发展中国家而言，它们对于选择哪一类模式来遵循的需要已使人们清楚地认识到，西方发达国家中的行政系统中存在着明显的并未被充分了解的差别。

在20世纪60年代曾出现过一种重大的比较行政运动，但它被其主要的倡导者特征化为“近几年中稳定在相对低的层次上”[39]。在新近和日益增加的关于政府行政管理历史的文献中时间和空间是相互联系的。[40]

复杂性和简单性

任何现实的组织系统都是非常复杂的。因此，几乎可以肯定地说，没有人能够完完全全地刻画这种系统。但是，可以合理地假定，该系统的主要特征可以被刻画——例如，可以通过一个简化总体实在以便澄清本质的实在的单一模式来刻画。然而，这种假定也是错误的。理由有三条：

1. 任何规模组织的复杂性似乎并不是一种能被单一钥匙打开的锁。的确，有着如此之多的看待组织的方法，以至于不能期望靠单一模式能将它们包含无遗。考虑下列命题[41]：

22 （1）如前所述，一个组织既是政策—项目决策的一系列过程，也是政策—项目决策执行的一系列过程。

（2）它既是工作分工的方式，又是工作协调的方式。

（3）它既是各种办公室和组织单位之间关系的正式的、规定了的结构，又是有抱负的个人与单位力图扩展或至少维持其地位和权力的动态冲突的竞技场。

（4）它长期持续存在而不管人事上的变化（在持久的组织的场合是完全变化），又是某个特定的时间点的一群特殊的个人——他们有各自的特别的心理需要和挫折感。

（5）它既是一个由上而下的权威、遵守和服从的系统，又是一种由下而上的关于创新观念、提出的解决问题的建议、对资源的申报，以及在项目执行和内容上麻烦出现标志的报告等的向上流动的系统。

（6）它是一种信息的储存和再生的系统和交流系统，受制于信息的“超载”，信号的误导以及有非正式的“小道信息”流传的渠道和补充。

（7）它通常既指一个参谋部，又包括更广泛的服务，前者由功能所组织，后者由地理区域——一种妨碍其有效联系的特征——所组织。

（8）它的决策过程必须包括广泛的选择——其中个人偏好和官员的训练有素的猜测起着相当大的作用；它必须为其他的主要选择提供合理的数据和其他科学证据，以便澄清各项选择，并减少仅仅是突出部分的作用；它必须“制订”出有限的选择，使它能被职员日常处理，并建立自动的数据处理机制。

（9）它既向内看，又向外看，必须维持内部的效能并适应外部环境——在其中，它遭遇到其他组织所施加的压力、社会和经济的无数变化和暂时的危机，并且往往不能很好地反映它所服务的顾客的需要。

（10）它可以比作一种有如机器的物理系统，或者可以比作一种有如动物和植物的生物机体。

（11）它可以只根据它的幸存而被判断为是成功的，也可以只根据它取得了那种证明它存在合理性的目的而被判断为是成功的。

2. 一种单一的以现实为基础的模式是不存在的。因为大部分组织学家碰巧不
23 是要描绘一种特殊的组织，而是要描绘一般的组织即抽象意义上的组织。理论化已超越了具体的经验，而对组织来说更加贫乏。因此，可供利用的模式尽管通常具有智力上的吸引力，但并不能证明为适合于事实。[42]

3. 组织理论家们并不同意只有单一的理论模式。理论和组织模式是丰富多彩的。每种理论或模式通常只是被当作看待组织在本质上是什么的方式，但所选择的

只是组织的一个或几个基本特征（通常是从这些特征来判断组织）。一个组织的复杂性可以准确地由大部分模式所表达的部分真理的结合而得到准确的刻画。我们可以想象由一张透明纸所描绘出每种模式的点滴真理，将一张张纸的叠放所产生一系列的透明图比单独的一张透明图更接近于真实的组织。[43]

既然我们的道路充满这些艰难险阻，那么，我们如何前进呢？本书由如下五部分（篇）所组成：

在第一篇，我们从政府做什么以及如何做开始。公共行政的事业与政府所担负的使命密切相关。对政府行政管理的详细研究必须从政府必须执行什么开始。

在第二篇，我们进而探讨政府组织起行政管理结构的方式。我们考察传统的关于组织的各种建筑材料[44]和各种由在美国和全世界所发展出来的改革政府管理的战略战术。这一篇的结尾详细考察政府的执行机关是如何被组织起来以及伴随组织结构而产生的问题。

在建立起政府的基本结构之后，我们在第三篇中探讨组织中的人。本篇先考察文官制度——它适应于大部分的执行机关的公务员。然后考察高层公务员——政治上任命的官员，顶层职业公务员，他们为国家的行政管理定调，而不只是他们处于重要的决策地位上。

在第四篇，我们进而讨论决策过程本身。政府管理者面临制定项目并为其运行获得资金的任务。的确，预算是政府决策的最重要的例子，因为对整个社会来说，它在公共经济和私人经济之间以及各种公共项目和机构之间配置资源。很少有决策是自我执行的，它们必须经过执行。在这一篇，我们力求找出政策在执行阶段成功或失败的原因。

在第五篇，我们直接面对的问题是，在民主和法制的政府中，行政组织、个人和过程将如何运作的问题。因此，我们考虑立法控制的有效性，行政官员对被授予的规制权力的使用，司法机关在对行政官员所拥有的这些权力及其他自由裁量权的控制中的作用等问题。我们最后又以本书一开始关注的这样一个焦点问题而结束本书——如何保证忠实执行法律的责任制、回应公众意志以及公共行政官员的伦理行为这一中心问题。 24

注释

[1] 例如，参见 *A Centennial History of the American Administrative State*, ed. Ralph Clark Chandler（New York：Free Press，1987）；John A. Rohr，*To Run a Constitution：The Legitimacy of the Administrative State*（Lawrence：University Press of Kansas，1986）；Lawrence C. Dodd and Richard L. Schott，*Congress and the Administrative State*（New York：Wiley，1979）；Emmette S. Redford，*Democracy and the Administrative State*（New York：Oxford University Press，1969）. “行政国家”一词可能是沃尔多在《行政国家》一书首次使用，参见 Dwight Waldo，*The Administrative State*（New York：Ronald Press，1948；rev. ed.，New York：Holmes and Meier，1984）。

[2] 参见第7章中关于政府职员在其所在国家总劳动力中所占的比例。

[3] 在法国的审计室，领域的行政官员将他们的财政记录放在盖在一张桌子的棕色毛巾上，在那里，他们面对国王的审计员的查账。这种房间后来就称为“bureau”（局、办公室）。

[4] Honoré de Balzac，*Les Employés*. 英译本有不同的书名（e. g.，*The Civil Service*，*Bureaucracy*，and *The Government Clerks*）.

[5] 下列的这本书对这些及其他的意义有完整的分析：Martin Albrow，*Bureaucracy*（New York：Holt，Rinehart，and winston，1971）。

[6] Herbert Kaufman，*Red Tape*：*Its Origins*，*Uses*，*and Abuses*（Washington，D. C.：Brookings Institution，1977）.

[7] Nikolai I. Ryzhkov，*Speaking to the Seventeenth Communist Party Congress*，quoted in Philip Taubman，“*Soviet Premier*，*in Congress Talk*，*Criticizes Economy*，” *New York Times*，4 March 1986；赵紫阳（后来的中国共产党总书记），quoted in Edward A Gargan，“*More Change Due in China's Economy*”，*New York Time*，26 October 1987.

[8] 关于解释和捍卫官僚体制的一个很好的文献和辩论的案例，参见 Charles T. Goodsell，*The Case for Bureaucracy*：*A Public Administration Polemic*，3d ed.（Chatham，N. J.：Chatham House，1994）。

[9] 其数字分别是 1.1 万亿美元和 2.8 万亿元美元。Office of Management and Budget，*The Budget of the United States Government*：*Fiscal Year* 1990（Washington，D. C.：Government Printing Office，1989），10-19；“*The Forbes Sales* 500，” *Forbes* 141（25 April 1988）：136.

[10] 例如，政府补助烟农并促进向国外销售香烟，但要求在香烟盒上印上“吸烟有害健康”的标识并在美国登广告。

[11] 关于定义问题的完全的探索，参见 A. Dunsire，*Administration*：*The Word and the Science*（New York：Wiley，1973）。

[12] Dwight Waldo，*The Study of Public Administration*（Garden City，N. Y.：Doubleday，1955），5-6；and Herbert A. Simon，*Administrative Bebavior*（New York：Macmillan，1947；3d ed.，New York：Free Press，1976），72-73. 如何确定目标以及采取相关的理性行动，这是一个困难的问题，沃尔多和西蒙认识到了人类行为的非理性的一面。

[13] 我们在后面将说明立法机关和法院与首席执行官在指导和控制行政机构上的对立。

[14] Anthony King，in “*Executives*，” *Handbook of Political science*，9 vols.，ed. Fred I. Greenstein and Nelson W. Polsby（Reading，Mass.：Addison-Wesley，1975），5：181.

[15] 关于这些论证的评论，参见 Harold F. Gorter，Julianne Mahler，and Jeanne Bell Nicholson，*Organization Theory*：*A Public Perpective*（Chicago：Dorsey Press，1987），16；and Gary L. Wamsley and Mayey N. Zald，*The Political Economy of Public Organizations*：*A Critique and Approach to the Study of Public Administration*（Bloomington：Indiana University Press，1973），4。

[16] Douglas Yates，Jr.，*The Politics of Management*（San Francisco：Jossey-Bass，1985），7.

[17] Barry Bozeman，*All Organizations Are Public*：*Bridging Public and Private Organization theories*（San Francisco：Jossey-Bass，1987），83-85.

[18] William A. Robson，“*The Managing of Organizations*，” *Public Administration*（London）44（Autumn 1966）：276.

[19] Dwight Waldo，*The Enterprise of Public Administration*：*A Summary View*（Novato，Calif.：Chandler and Sharp，I980），164. Compare Bozeman，*All Organizations Are Public*，5；and Hal G. Rainey，Robert W. Backoff，and Charles H. Levine，“*Comparing Public and Private Organizations*，” *Public Administration Review* 36（March/April I976）：234.

[20] See Graham T. Allison，Jr.，“Public and Private Management：Are They Fundamentally Alike

in All Unimportant Respects?" in *Current Issues in Public Administration*, 3d ed., ed Frederick S. Lane (New York: St. Martin's Press, 1986), 184-200.

[21] 例如，有的理论家认为，差别建立在谁受益的基础上；公共机构是指那些其主要受益者是公众的机构。See Peter M. Blau and W. Richard Scott, *Formal Organizations: A Comparative Approach* (San Francisco: Chandler, 1962), 42-43.

另一些学者则认为，它们因谁拥有和资助而有差别。公共机构是指那些为国家所“拥有”的机构。See Wamsley and Zald, *The Political Economy of Public Organization*, 8.

[22] Gortner, Mahler, and Nicholson, *Organization Theory*, 26.

[23] 这些基于比较的差别由 John T. Dunlop 所发展，并由 Allison 在如下文章加以总结：“*Public and Private Management*,” 17-18. 也可参见 Ralph Clark Chandler, “*Epilogue*,” in Chandler, *A Centennial History* 580-586; and Rainey, Backoff, and Levine, “*Comparing Public and Private Organizations.*”

[24] Anthony Downs, *Inside Bureaucracy* (Boston: Little, Brown, 1967), 30.

[25] See Marver H. Bernstein, *The Job of the Federal Government Executive* (Washington, D.C.: Brookings Institution, 1958), 26-28; James W. Fesler et al., *Industrial Mobilization for War* (Washington, D.C.: Government Printing Office, 1947), 971-972. “金鱼缸”现象特别适应于美国，而不适应于所有地方的公共行政管理。See Harold L. Wilensky, *Organizational Intelligence* (New York: Basic Books, 1967), 116-118.

[26] Wallace Sayre, “*The Unhappy Bureaucrats: Views Ironic, Helpful, Indignant*,” *Public Administration Review* 10 (Summer 1958): 245.

[27] “*Evolving Needs in the Preparation of Future Leaders for the Federal Service*,” *address before the National Association of schools of Public Affairs and Administration*, 3 May 1974, 13-15. Processed.

[28] 法规将标准具体化（例如，没有犯罪记录和酒类专卖店不能坐落在学校附近）。但它们没有提供相关的指导，以在无数满足这些简单标准的申请者中作出选择。

[29] 所以，也必须在政治上任命机构的官员。

[30] See *Revitalizing Federal Management: Managers and Their Overburdened Systems: A Panel Report* (Washington, D.C.: National Academy of Public Administration, 1983).

[31] 关于各种不同的途径，参见 *Public Administration: The State of the Discipline*, ed. Naomi B. Lynn and Aaron wildavsky (Chatham, N.J.: Chatham House, 1990); and Chandler, *A Centennial History*.

[32] Dwight waldo, “*Politics and Administration: On Thinking about a Complex Relationship*,” in Chandler, *A Centennial History*, 89-112, at 96-104.

[33] See Frank J. Goodnow, *Politics and Administration* (New York: Macmillan, 1900). 本章后面将讨论威尔逊的观点。

[34] Nicholas Henry, “*The Emergence of Public Administration as a Field of Study*,” in Chandler, *A Centennial History*, 37-85. See also *American Public Administration: Past and Future*, ed. Frederick C. Mosher (University: University of Alabama Press, 1975).

[35] Luther Gulick, “*Time and Public Administration*,” Public Administration Review 47 (January/February 1987): 115-119.

[36] Carl J. Friedrich, *Man and His Government* (New York: McGraw-Hill, 1963, 464-483.

下文对于12—14世纪英国和法国的行政体制和方法的显著而持久的革新作了论述：James

W. Fesler, "*The Presence of the Administrative Past*," in *American Public Administration*: *Patterns of the Past*, ed. James W. Fesler (Washington, D. C.: American Society for Public Administration, 1982), 1-27, at 3-16. 下面是一本综合的行政管理史著作（涉及的内容比起书名要广泛得多）：Carolyn Webber and Aaron wildavsky, *A History of Taxation and Expenditure in the Western World* (New York: Simon and Schuster, 1986).

[37] Alexis de Tocqueville, *Democracy in America* (New York: Knopf, 1945), I: 211-212; paperback edition (New York: Vintage Books, 1954), I: 219-220.

[38] 所有语录引自 Woodrow wilson, "*The Study of Administration*," *Political Science Quarterly* 2 (June 1887), as reprinted in the *Political Science Quarterly* 56 (December 1941): 481-506. 作为第一篇催促注意公共行政学的学术论文，该文往往被描述为"学术讲座"。然而，直到 1941 年重印后，该文才被广泛阅读。关于威尔逊论文的意义的详细讨论，可参见 *Politics and Administration*: *Woodrow Wilson and American Public Administration*, ed. Jack Rabin and James S. Bowman (New York: Marcel Dekker, 1984); Daniel W. Martin, "*The Fading Legacy of Woodrow Wilson*," *Public Administration Review* 48 (March/April 1988): 631-636.

[39] Ferrel Heady, "*Comparative Public Administration in the United States*," in Chandler, *A Centennial History*, 477-508, at 496. See also Robert C. Fried, "*Comparative Public Administration*: *The Search for Theories*," in Lynn and Wildavsky, *Public Administration*, 318-344. 然而，文献在增加，参见 Ferrel Heady, *Public Administration*: *A comparative Perspective*, 3d ed. (New York: Marcel Dekker, 1984); Joel D. Aberbach, Robert D. Putnam, and Bert A. Rockman, *Bureaucrats and Politicians in Western Democracies* (Cambridge: Harvard University Press, 1981); B. Guy Peters, *The Politics of Bureaucracy*: *A Comparative Perspective*, 3d ed. (New York: Longman, 1989); Ezra Suleiman, ed., *Bureaucrats and Policy Making*: *A Comparative Overview* (New York: Holmes and Meier, 1984); Donald C. Rowat, ed., *Public Administration in Developed Democracies*: *A Comparative Study* (New York: Marcel Dekker, 1988).

[40] Fesler, *American Public Administration*. 一个很好的出发点是 Stephen Skowronek, *Building a New American State*: *The Expansion of National Administrative Capacities*, 1877-1920 (New York: Cambridge University Press, 1982).

[41] 这一列举并没有穷尽。See James G. March, "*How We Talk and How We Act*: *Administrative Theory and Administrative Life*," in *Leadership and Organization Culture*: *New Perspectives on Administrative Theory and Practice*, ed. Thomas J. Sergiovanni and Tohn E. Corbally (Urbana: University of Illinois Press, 1984, 1986), 18-35, esp. 21.

[42] 关于更广泛的批评，参见 Charles Perrow, *Complex Organizations*, 3d ed. (New York: Random House, 1986).

[43]"透明图"概念是下列著作提出的：James M. Pfiffner and Frank R. Sherwood, *Administrative Organization* (Englewood Cliffs, N. J.: Prentice Hall, 1960)。它们提出了一张由下列五个"透明图"所组成的描述权威结构的图画：人与人之间关系（因为个人吸引力而发生的人与人的接触）；功能的（由"技术专家创造关系"派生出并因为他们所具有的知识和技能而施行权力）；决策、权力和沟通。

[44] 组织是一个模糊的术语。习惯上它仅仅指行政结构，实际上的建筑设计。一个组织可以表示一整个企业，不管它是一个政府机构，一个商业公司，一个非营利企业，还是它们的下属单位（如一个局或处）和它的任何方面（不管是结构上的与否）。在新近的文献中，组织一词已在很大程度上被"行政"一词所取代，即组织理论和组织行为往往被行政理论和行政行为所取代。

第1篇

政府做什么以及政府如何做

■ 第2章　政府做什么

公共行政并不是作为一个独立的实体存在，它与所要做的工作紧密相关。换言之，不同类型的项目需要不同的行政途径。因此，我们转而探讨政府用于处理公共事业的不同途径。

第 2 章

27

政府做什么

自 20 世纪 60 年代中期以来，人们已对政府机构表现出明显的不信任。相信“政府工作人员浪费大量税款”的人数从 1964 年的 47%上升到 1991 年的 75%。[1] 同时，我们多数人仍然期望政府提供范围广泛的服务。我们期望政府保持环境清洁和向老年人提供充足的医疗保健。我们期望政府研究治疗疾病的方法，并提供国防。事实上，当重大问题与灾难降临时，从飞机坠毁到石油泄漏，我们的第一个反应通常是：“为什么政府不能防患于未然?”紧接着的第二个反应通常又是：“政府怎样才能避免悲剧重演?”

另一个悖论是，美国人仍然相信他们的政治制度提供了可能是最好的治理（governance）手段。他们珍视诸如分权（the separation of power）和政府开明（access to government）之类的基本原则。当一个政府部门监督其他部门，当一个部门停下来倾听公民的呼声时，政府的效率便会受损。政府的回应性（responsiveness）不是免费的，它的成本通常朝着更加模糊不清的目标而缓慢地攀升。

然而，与此同时，公民业已形成对政府有效性（effectiveness）的深深怀疑。五角大楼购买价格昂贵的铁锤和咖啡壶、联邦住房补助金（housing grants）的浪费和整个政府绩效问题之类的传闻令我们愤怒不已。有时，这些问题是我们无休止地追求回应性的结果，有时它们是管理不善的产物（但是，即使对于经验丰富的观察者，判断这种差异通常也是相当困难的）。自 20 世纪 60 年代以来，美国人倾向于认为，“制度是好的，但执行得不怎么样，因为负责人的愚蠢无能和不值得信任。”确实，“公众怀疑不受监督的权力会被自私自利的掌权者滥用。”[2]

28 在旋涡般纷纭复杂问题的中心是公共行政人员。对政治候选人来说，竞选反对华盛顿及其官僚已成为一个不可错过的竞选策略。然而，虽然竞选反对政府及其官僚机构易于博取公众的支持，但一旦官员当选，他们不得不同这些恰恰是他们竞选反对的机构一道工作。接着，因为新的候选人竞选反对他们，它又变得富有吸引力。在贬抑轻蔑的不断往复中，只会加深公民的冷嘲热讽。

所有这些问题深深地关系到公共行政研究。在美国的政治文化中，无个性官僚的自私权力是最强烈最消极的形象之一。而且，人们强烈地感受到政府正在变得庞大，随着规模的增长，问题也在扩大。在公众看来，“大”和“坏”与公众对集中的政府权力的恐惧紧密联系在一起。[3]与此同时，即使行政耗费更长的时间并且有效性受损，我们仍然要求官僚机构开明与回应迅速（responsive）。

许多这样的印象与争论是建立在对政府行为性质的深深误解之上的。引用福音书中圣·约翰所说的，两位研究美国公共行政的学者曾警告说：“不要根据表象作判断。”[4]在考察美国公共行政时，这一忠告千真万确。我们追寻对美国公共行政回应性与有效性的理解首先取决于认真探究两个重要问题：

1. 政府做什么？
2. 政府如何做？

2.1 政府职能

思考下列问题：

社会保障管理局（the Social Security Administration）每月邮寄 4 200 万份支票，主要是给退休人员。人口调查局的一项研究估计，1986 年这些支票养活了 1 510 万贫困线上的人们。[5]

1989 年，曾因在银行窗口贴上标签承诺向每个账户提供 10 万美元保险金额而闻名的联邦储蓄保险公司（FDIC）接管了 200 家资金困难的储蓄贷款机构的管理工作。在此过程中，联邦储蓄保险公司发现自己拥有达拉斯牛仔足球队 12%的股份。[6]

1989 年 3 月食品和药物管理局（the Food and Drug Administration，简称
29 FDA）的检察员被警告恐怖分子可能企图向进口水果下毒，他们果然成功地发现两箱葡萄——在装船的 364 000 个板条箱中——已被注射氰化物。

联邦政府是国家中最大的债权人。1989 年单就直接贷款业务合计 2 220 亿美元，比美国最大的商业银行的贷款资金还多出 61%。[7]

美国政府活动的范围并非不引人注目。从控制大气安全到研究艾滋病，从保护食品供应到保护国家财源，政府机构监督着种类惊人的服务。公共行政是所有这一切活动的中心。

政府的增长

有关政府做什么以及公共行政人员如何做的任何讨论必须从概览政府如何发展变化开始。不管怎样衡量，在 20 世纪，政府显著增长。1902 年联邦、州和地方政府总共开支 16 亿美元，而这个数字在 1950 年上升为 703 亿美元，在 1992 年上升为 25 000 亿美元。

不过，这些年来政府中的变化随政府级别的不同而存在很大差别。

联邦政府做什么

联邦开支中明显无误的趋势是预算中日益占据支配地位的只是少数几项开支。在刚过去的 30 年里——从 1962 年到 1993 年——权利津贴（Entitlement）开支从 30%增加到 54%（权利津贴是诸如社会保障和医疗保险之类由法律赋予个人权利的项目。法律规定谁有资格享受这些项目并从中获得多少津贴）。虽然国防开支与权利津贴背道而驰、此消彼长，但仍是联邦开支的第二大项：从 1962 年占联邦总开支的 49%降到 1993 年仅有的 21%。伴随国家债务的增长，国债利息增加了两倍多，从占联邦总开支的 6%上升到 14%。仅这三项开支就占联邦总开支的 89%。其余的开支——从联邦补助金（grants）到建设公路到对外援助、联邦监狱到艾滋病研究——构成剩余的部分。的确，正如图 2—1 所示，联邦开支的近况是把更多的款项集中在更少的项目上，这是由权利津贴开支的巨大增长所引起的。

30

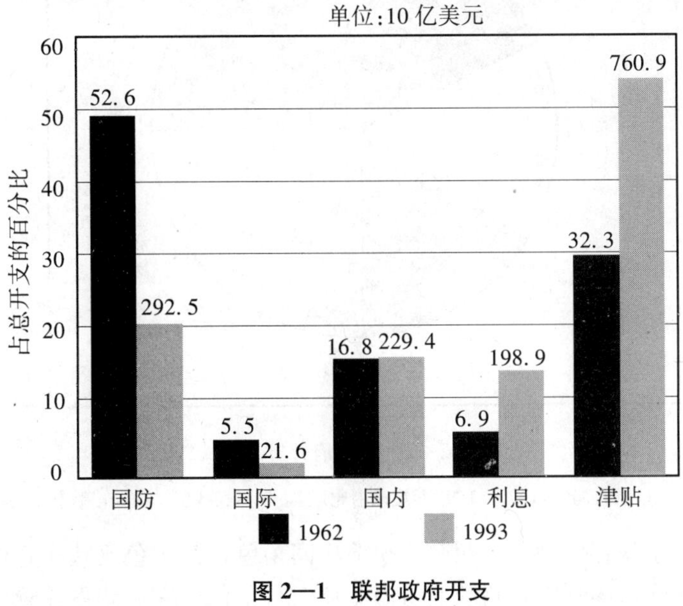

图 2—1　联邦政府开支

资料来源：国会预算局：《经济和预算展望：1995—1999 财政年度》，92、94 页，华盛顿特区，政府出版署，1994。

这些数据令绝大多数美国人感到惊讶。事实上，1994 年选举前夕进行的一项民意测验表明，30%的公民认为国防是最大的开支项目，27%的人认为是对外援助（实际上它只占总开支的 1.5%），15%的人认为是社会保障（这是政府唯一一项最大的开支项目——1994 年为 3 020 亿美元，占总开支的 21%）。[8]

联邦预算中的这些巨大变化对项目管理有两层重要含义：首先，大部分联邦预算（超过三分之二）仅仅被用于填写权利津贴项目和国债利息的支票（其中绝大多数返还给美国公民）。然而，相当少的联邦职员从事这些项目。其次，超过三分之二的联邦职员为管理剩下的三分之一联邦预算而工作，他们是监狱警卫、联邦调查
31 局调查员、办理护照的官员、病毒研究人员、国家公园管理人员和使联邦项目得以运作的数百万计的其他工作者。联邦预算描绘了政府做什么而不是如何做。它无法从根本上清楚地描绘出绝大多数联邦职员做什么。

州政府做什么

比较联邦政府和州政府所做的两个结论是显而易见的。第一，州政府的直接职能（direct function）与联邦政府迥然不同。州政府集中在教育、福利、道路建设和信托基金（trust funds）（主要为退休的州政府职员而设）。见图 2—2。

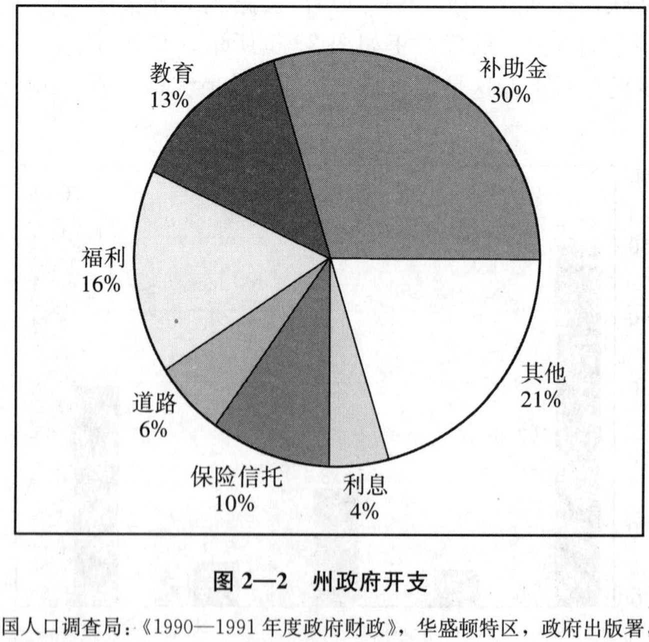

图 2—2　州政府开支

资料来源：美国人口调查局：《1990—1991 年度政府财政》，华盛顿特区，政府出版署，1992。

第二，在国家联邦体制中，州政府扮演中间角色，其角色反映在它们的开支之中。事实上，在联邦体制中，州政府扮演主体银行角色。它们获得并管理联邦补助金，用于公路建设、社会服务到医疗补贴和福利等范围广泛的服务。它们还筹集收
32 入并将之转交给地方政府用于教育。事实上，将近 1/3 的州政府总开支用于此类教

育补助金。1992 年，州政府筹集 110 亿美元用于教育，但它们自己只花费 40%（主要用于学院和大学），其余的转交给地方政府用于中小学。[9]

第三，尤其是与联邦开支比较，长期以来州政府开支模式保持相对稳定。在 20 世纪 50、60 年代，州际公路系统建设时，公路建设开支增长。接着，在 70 年代后期公路建设开支萎缩，福利开支的增长取而代之。然而，自第二次世界大战以来，州政府开支模式要稳定得多。虽然州政府支付款项给个人——主要是福利——但是，一般说来他们发挥再分配的作用比联邦政府要小得多。

地方政府做什么

任何一位地方行政模式的观察者注意到的第一件事是地方行政模式的种类繁多令人难以置信。绝大多数州被划分为县（county），县依次划分为市（city）、城（town）和镇（township）（然而，康涅狄格州没有县政府，弗吉尼亚州的县与市是完全分离的）。此外，还有种类惊人的特区政府，从地方学校和水质区（Water-quality Districts）到机场和交通当局。

如果说概括地方政府特征很困难，那么，计算地方政府数量至少是可能的：1992 年有超过 86 000 个地方政府，其中一半以上是学校和特区。第二次世界大战前开始地方政府的数量大量减少，主要是因为学校区数量的锐减。然而，其他特区数量迅速增加，从 1942 年到 1992 年增加了近 3 倍（见表 2—1）。 33

表 2—1　政府单位种类的数量

	1942 年	1962 年	1982 年	1992 年
总量	155 116	91 237	81 831	86 743
联邦政府	1	1	1	1
州政府	48	50	50	50
地方政府	155 067	91 186	81 780	86 692
县	3 050	3 043	3 041	3 043
市	16 220	18 000	19 076	19 296
镇	18 919	17 142	16 734	16 666
学校区	108 579	34 678	14 851	14 556
特区	8 299	18 323	28 078	33 131

资料来源：美国人口调查局：《美国统计摘要：1994 年》，华盛顿特区，政府出版署，1994。

尽管地方政府数量与种类多得惊人，但它们有一个共同的目标：与美国其他各级政府相比，地方政府独自致力于提供产品和服务（见图 2—3）。1991 年地方政府花费的 6 220 亿美元中，教育——绝大多数用于中小学——占 37%，地方政府还致力于修建道路、以警察与消防服务保护公民、在一些管辖区内提供从水、公交到煤气和电力的公用事业。此外，地方政府管理范围广泛的其他事业，包括卫生、医院、自然资源、公园、娱乐和雇员的退休。

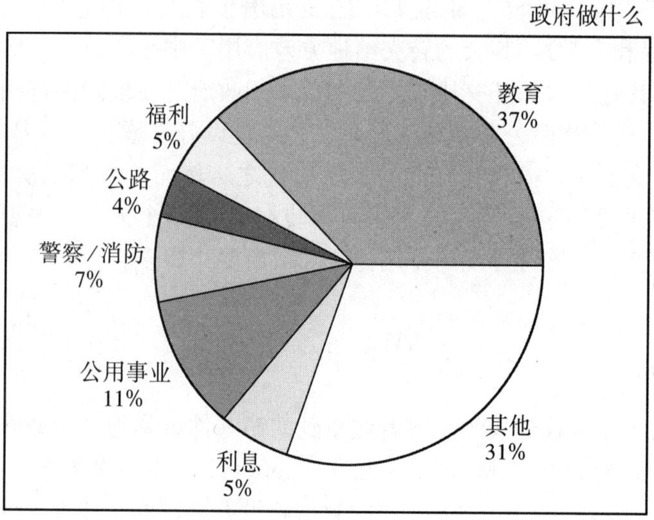

图 2—3　地方政府开支

资料来源：美国人口调查局：《1990—1991 政府财政》，华盛顿特区，政府出版署，1992。

34 地方政府开支模式差别惊人。一些州，如阿拉斯加、特拉华、夏威夷、罗得岛和佛蒙特，州政府进行绝大部分政府活动，地方政府开支占总开支的 40%以下。在其他州，地方政府占超过 60%的总开支：亚利桑那、加利福尼亚、科罗拉多、佛罗里达、佐治亚、堪萨斯、明尼苏达、内华达、纽约和德克萨斯。[10]一些州政府为绝大多数地方教育提供资金，而其他州则允许地方政府筹集绝大多数款项。

因此，全国的地方政府有一显著特征：与其他各级政府相比，它们更多地致力于服务的直接提供。但是，共同特征掩盖了它们在如何发生上存在显著差别以及州在为它提供资金中扮演什么样的角色。这些差别是宝贵的联邦主义结构和美国政治传统的一部分。

表象对现实

因此，“不要根据表象作判断”是至理，联邦政府的开支增长，但增长主要表现为转移支付。从征收的税收判断，联邦政府拿走了国民经济中更大的份额。然而，从它购买的产品和服务看，联邦政府占经济的份额实际上已变小。最终是州和地方政府占用了大部分的政府开支，但州政府承担许多中间职能（Intermediary Function），而地方政府则致力于服务的提供。

同样，每级政府的职能也有显著差别。看待美国联邦体制的传统方式是把它看作职能分类的“分层蛋糕”。其他分析家认为职能分工不是截然分开而是复杂交错的，像大理石蛋糕。[11]然而，美国政府事实上既不是分层蛋糕也不是大理石蛋糕——或根本不是任何一种蛋糕。相反，各级政府致力于各种不同的服务。美国各级政府并非平等地分担这些职能，而是专心致志于执行不同的职能，如表 2—2 所示。例如联邦政府独立负责国防、邮政服务和太空探险，它用于退伍军人服务、自然资源保护和信托计划（例如社会保障）的开支比其他两级政府的总开支还多。州政府主要负责高等教育、福利、公路、改造教养（包括监狱），公共安全检查和烈酒类存储（一些州烈酒的销售由政府垄断）。最后，地方政府主要负责基本服务，如消防、警察、初等和中等教育。在少数几项服务上——卫生和医院——是在各级政府间均衡责任。

表 2—2　　政府开支的集合各级政府所具有的主要责任*

联邦	州	地方	混合责任
国防	高等教育	初等教育	卫生
邮政服务	福利	图书馆	医院
太空	公路	警察	
退伍军人服务	改造教养	消防	
自然资源	检查	公园	
退休	烈酒存储	住房和社区发展	
		公共卫生	
		公用事业	

* 该级政府为履行该职能花费了超过 50%的政府直接开支。

各级政府的行政工作相应地也有差别。各级行政人员承担着有效、高效和回应迅速地执行公共项目的工作，但他们执行的项目却大相径庭。令人惊讶的是，公共行政差异并没有与美国共和政体的差异相一致。

2.2　政府的工具

做政府工作需要一系列广泛的行政工具。事实上，理解政府工作的一个有效途径不是把公共行政仅仅看作部、局和机构的集合，而是看作基本工具的集合，正如克里斯托弗·C·胡德（Christopher C. Hood）所言：

> 我们可以把政府看作一系列行政工具——好比木匠业和园艺业的工具或你喜欢的任何其他事物，政府行政是关于社会控制而不是木匠业和园艺业。但正如任何其他事物，政府行政也有一个工具箱。在许多不同的团体与环境中，政府对我们（其国民或公民）所做的是尽力通过运用一系列行政工具塑造我们的生活以迎合各种目的。[12]

政府的工具箱中有一系列广泛的工具，接下来，我们依次考察的是：直接行政、补助金、合同、管制、税式支出和贷款项目。

直接行政

当人们考虑公共行政时，绝大多数人想到的是直接行政。从警察到消防到空中交通控制和食品安全检查，行政人员提供范围广泛的政府服务。然而，正如我们所看到的，这样的服务代表的仅仅是一部分——联邦政府的小部分——政府活动。事实上，联邦政府开支可以划分为三类：权利津贴（54%）如社会保障、医疗保险项目，只要个人达到合格的标准便被合法地赋予这些权利；国债利息（14%），其中绝大多数归美国公民；机动支出（38%），总统和国会议员有更大控制权（见图 2—4）。绝大多数公民也许会惊讶地发现，权利津贴是这么大份额的开支，而机动支出的份额却如此之小。国际项目，包括对外援助，仅占联邦总开支的 1%。国防仅占 21%，而机动支出仅占总开支的 16%，1993 财政年度，所有联邦福利项目（包括食品券、补充保障收入、家庭援助和儿童营养）总计仅 690 亿美元，不足联邦总开支的 5%。[13]

37

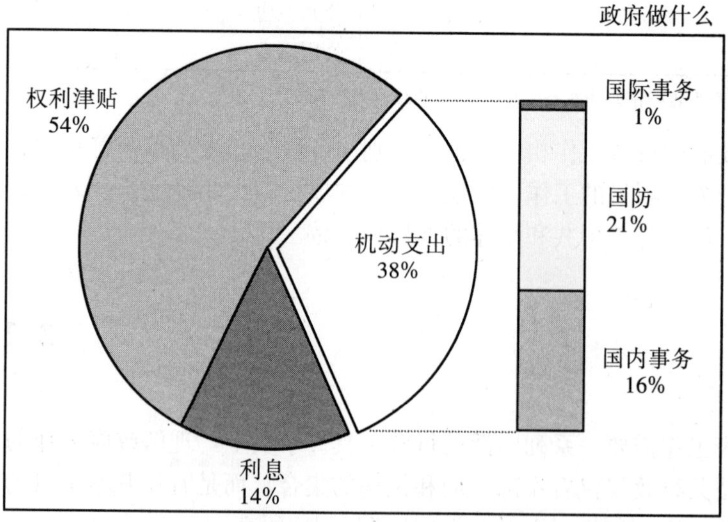

图 2—4　联邦开支

资料来源：国会预算局：《经济和预算展望：1995—1999 财政年度》，华盛顿特区，政府出版署，1994。
注：总数加起来超过 100%是因为补偿收入和净储蓄保险流入量包括在内。

另一件令人惊讶的事是，联邦政府的绝大多数开支是通过合同、补助金和对个人的转移支付等方式间接开支的。事实上，只有大约 12%（1993 财政年度）的联邦总开支用于联邦政府自身实施的活动，而其中许多用于装备武装力量。[14]

州和地方政府的类似统计数据无从获取，但地方政府直接提供服务项目占更主要的支配地位不失为合情合理的猜测。他们把绝大多数款项用于教育、警察、消防上，并由地方政府雇员亲自提供服务。州政府介于联邦政府和地方政府之间。因此，政府级别越低，就有越多的政府行政人员参与服务的直接提供。反之，政府级别越高，就有越多的公共行政人员会参与管理其他政府工具。因而，公共行政的特性随政府级别的不同而有显著差别。

补助金

此外，许多政府活动介于各级政府之间。有时，某级政府希望向另一级政府提供财政援助。正如我们所看到的，许多州政府提供大量的地方学校费用。有时，某级政府想要引导另一级政府以特定方式提供某种服务。例如，联邦政府创立州际公路系统以鼓励州政府修建现代高速公路。联邦补助金始于 1787 年法令——宪法草案颁布之前——向州政府提供土地补助金用于教育。正如唐纳德·海德（Donald Haider）指出的："联邦补助金是联邦政府可用来执行公共政策的最古老、运用最广泛、可能也是最容易被理解的工具。"[15] 38

在第 2 章中我们重提补助金在执行公共项目中的作用。同时，我们注意到补助金行政与直接行政截然不同。一级行政人员必须监督另一级行政人员，前者不能直接控制后者的行为，但他们必须尝试通过补助金制度施加影响。这实际上需要不同的行政技巧。

合同

当政府一直依靠合同——来给养和装备军队，例如——第二次世界大战以来，合同的运用显著增加。正如我们在本章所看到的，政府日益增长的复杂性使政府更多依赖私人部门的专家和外部组织。在合同中，政府行政人员与私人部门签订正式协定，协定体现了交换条件：政府同意支付一定款项来换取某种产品或服务。

因此，合同行政需要政府雇佣官员设定合同标准、以低价位协商有效项目和监督承包商履行合同的结果。报纸关于五角大楼合同丑闻的报道提醒我们不要忘记联邦合同的范围以及管理好合同是多么困难，但它们也掩饰订立合同时各级政府是多么值得信赖。从联邦办公大楼的自助餐厅管理到地方政府的道路建设，承包商在政府机构的许多方面扮演重要角色。合同的有效管理向公共行政人员提出越来越大的挑战。

管制

预算开支测度的只是政府活动的一部分。既然只有少数政府管制人员能颁布大量成本高昂的法规，因此，在花费比较少的情况下，管制项目能显著拓展政府的权力。即使关于管制的书籍——联邦管制法典中超过 200 卷的联邦政府法规的概略——没有真正提供有关规模和范围的好标准。法规范围包括：20 卷关于农业的法规、18 卷涉及国税局的税收条例及 1 卷关于巴拿马运河。

即使我们偶然考察一下也会发现各级政府的管制是多么广泛和重要。联邦食品

39 专家发现受污染的葡萄，州管制人员审查许多银行和保险公司的经营管理。地方检查员确保杂货店用于称量食品和索价的秤准确无误。从我们所开的轿车、所穿的衣服、所用的银行、所吸的空气、所吃的食物和所乘的飞机，一切都在管制之中——由公共行政人员起草和执行。在第 5 章和 13 章中，我们将重新讨论管制机构。

税式支出

各级政府运用税收法典中规则的多样性，在纳税时给个人和纳税人特别的利益。这些规则不止是减轻纳税人的负担，它们还激励推进许多不同的社会和经济政策，鼓励纳税人做一些事情而避免做另外一些事情。纳税利益有多种名称——减免税赋、税收漏洞（loopholes）、税式支出（我们用于强调与常规开支的关系）。税式支出减少房主的成本，因而鼓励纳税人买房而不是租房。例如，对抵押利息和地方财产税的联邦税收扣除使家庭能更便宜地拥有房产。它相当于每年花费 550 亿美元的联邦津贴项目。[16]其他税式支出对纳税人从州和地方借款中获得的利息免征所得税，因而减少了州和地方政府的举债成本。它们准许石油和天然气勘探享受特殊减免税，从而鼓励更多的勘探。州政府，甚至管理所得税的地方政府也运用税式支出，但最充分利用这一工具的是联邦政府。[17]许多地方经济增长项目包括“企业开发区”需要特殊的减税以使贫困地区的投资更具吸引力。[18]

税收开支的支持者常常标榜税收开支是“免费”的项目。政府不必给该项目拨任何款项却能够提供实质性的帮助。当然，这样的项目不是免费的。

正如我们在第 10 章将看到的，在计算赤字时，如果项目增加开支或减少收入并无多少区别，即使费用是相同的，但行政结果却有天壤之别。税式支出要求税收行政人员起草和执行法规，这通常是复杂的。[19]

贷款项目

正如我们在本章开头所看到的，联邦政府已变成国家中最大的债权人。从担保
40 学生贷款到贷款给农民，联邦政府通过一系列广泛的项目提供财政援助。其他各级政府管理更多的小额借贷项目，但在政府贷款项目中联邦政府扮演最重要的角色。联邦政府贷款开始于大萧条时期，但在 20 世纪 70 年代末 80 年代初迅速扩张。当预算赤字膨胀时，国会议员寻求向联邦项目提供资金的新途径，贷款提供了方便之门。正如众议员小威利斯·D·格雷迪森（俄亥俄州的共和党议员）指出，联邦贷款是“预算紧缩时期用于干好事的一项技术，其成本直到后来才会显现”。

虽然联邦政府支配政府信贷政策，但是贷款项目仍以高度分散的方式进行管理。例如，大学生贷款和房产抵押贷款由受州和联邦机构监督的地方银行管理。特别是自 1945 年以来，政府贷款项目是在美国体制中成长起来的行政战略的微妙复杂的公私混合体的一部分。

对公共行政的启示

贯穿政府做什么和如何做的讨论中的诸多线索共同揭示了三个广泛的启示：

1. 政府工作随政府级别变化。地方政府倾向致力于直接提供产品和服务。州政府也直接提供许多产品和服务。但他们在美国联邦体制中扮演一个关键的中间角色：将款项转移支付给地方政府（主要用于地方学校）；管理来自联邦政府的款项（主要用于福利和医疗保险——向穷人提供医疗保健的补助金）。相比之下，联邦政府的绝大部分行政力量致力于国防和转移支付职能。

2. 政府工作随政府职能变化。转移支付职能的扩张同样强调不同种类的政府项目需要不同的行政途径。从教育到国防，提供产品和服务需要敏锐的专门技能。行政人员努力发展最好的技术：培训教师的最佳设施、优良的视听教学设施、既不提倡旧习也不提出错误价值观的教科书和能最适当衡量学生成绩的测验。在产品和服务的直接提供中，绝大多数行政行为对政府官僚机构来说是内在的。

相比之下，管理转移支付项目包括对政府官僚机构来说是外部的广泛的行政活 41
动。政府不邮寄福利与社会保障支票，相反，政府能直接提供服务：为买不起房子的人们提供政府举办的庇护所和为买不起食物的人们提供政府举办的食堂等等。转移支付既让政府行政工作变得更加容易，又维护了接受者的尊严与自由选择。它们也从根本上改变了行政工作。政府尝试确定法律赋予接受者支票的数目而不是提供服务，与直接提供服务相比，那是另一种截然不同的政府与公民的相互作用，它需要不同的行政技巧集合。

3. 政府工作随产品和服务最终供给者变化。相关问题是，即使以前由政府直接提供的服务现在正通过合同、政府间补助金、税式支出和贷款项目提供。正如在转移支付项目中，对政府官僚机构而言，大多数行政工作是外在的。当承包商为国防制造武器或收集地方垃圾，政府官员“处在他们无法真正控制却又对项目负有责任的尴尬境地”[20]。

简而言之，在通过制定项目和支付费用来提供服务者与通过实际管理服务来提供服务者之间存在差别。[21]当政府变得更加庞大，越来越多的政府增长来自提供更多的服务，来自依靠非政府的个人和组织——或者有时是其他级别政府——生产服务。

因此，这样的“委托代理政府”——利用第三方代理人交付政府资助的项目——不同于转移支付项目，因为政府官员的责任远远超出仅仅保证支票的准确寄出；也不同于直接管理项目，因为政府官员不能控制最终提供服务者。为了适应项目体现的特定问题与需要，每种项目需要不同的行政途径。在第 12 章中我们将更深入地探讨这个问题。

2.3　结　　论

如果确实存在对美国政府的“信任危机”，那么它的根源不一定在于“大政 42

府”。虽然政府毫无疑问地变得更加庞大，但它没有变得更加集中。相反，“信任危机”的核心问题源于政府日益增长的复杂性。政府项目越来越依赖各级政府之间或者政府与私人承包商或其他代理商之间的复杂关系。而且，政府资金的筹集和政府支出之间的裂缝日益扩大。那些负责政府绩效的人或组织并不总在同一级政府里。所以，一如所料，责任更加难以保证。

的确，从填写所得税纳税申报表到通过学生贷款借款再到作为政府承包商进行工作，政府项目的绩效逐渐地越来越依赖我们大家。公共职能与私有部门更加复杂地混合交织在一起，这种混合交织给政府行政带来新的复杂性。如果政府既依赖公共价值又依赖私人价值，谁的价值在不可避免的冲突中将占上风？谁会想出解决这些冲突的办法呢？

这些基本问题强调公共行政中责任和绩效的关键问题。在我们探究公共和私人管理的传统理论的价值时，当我们审视延续公共行政观念与美国民主价值的新途径的挑战时，这些问题将伴随我们贯穿全书。

注释

［1］See Seymour Martin Lipset and Willian Schneider，*The Confidence Cap*：*Business*，*Labor*，*and Government in the Public Mind*，rev. ed.（Baltimore：Johns Hopkins University Press，1987），1；Karlyn H. Keene and Everett C. Ladd，“What the Public Says，”*Government Executive*，January 1998，14；and *Washington Post*，3 November 1991.

［2］Lipset and Schneider，*Confidence Gap*，378，380.

［3］Ibid.，380.

［4］John7：24，quoted by Frederick C. Mosher and Orville F. Poland，*The Costs of American Governments*：*Facts*，*Trends*，*Myths*（New York：Dodo，Mead，1964），1.

［5］Robert Pear，“U. S. Pensions Found to Lift Many of Poor，”New York Times，28 December 1988，A1.

［6］*Wall Street Journal*，17 March 1989，A1.

［7］Office of Management and Budget，*Budget of the United States Government*：*Fiscal Year* 1990，*Special Analyses*（Washington，D. C：Government Printing Office，1989），F-1.

［8］Robin Toner，“Pollsters See a Solent Storm That Swept Away Democrats，”*New York Times*，16 November 1994，A13. Budget figures from Congressional Budget Office，*The Economic and Budget Outlook*：*Fiscal Year* 1995-1999（Washington，D. C.：Government Printing Office，1994）.

［9］U. S. Bureau of the Census，*Government Finances in* 1986-1987（Washington，D. C.：Government Printing Office，1988），12-13.

［10］Ibid.，23. 全国平均水平是州一级支出占 41.2%和地方政府一级支出占 58.8%。

［11］关于“大理石蛋糕”观点的经典阐述，参见 Morton Grodzins，*The American System*：*A New View of Government in the United states*，ed. Daniel J. Elazar（Chicago：Rand McNally，1966）。

［12］Christopher C. Hood，*The Tools of Government*（Chatham，N. J.：Chatham House，1983），2. 关于公共行政“工具”途径的其他例子，参见 Donald F. Kettl，*Government by Proxy*：（*Mis?*）*Man-*

aging Federal Programs (Washington，D. C.：CQ Press，1988)；Lester M. Salamon，ed. *Beyond Privatization*：*The Tools of Government Action* (Washington，D. C.：Urban Institute，1989)。

[13] Congressional Budget Office，*An Analysis of the President's Budgetary Proposals for FY* 1995 (Washington，D. C.：Congressional Budget Office 1994)，43.

[14] Frederick C. Mosher，"The Changing Responsibilities and Tactics of the Federal Government，" *Public Administration Review*. 40 (November/December 1980)：541-548，esp. 542.

[15] Donald Haider，"Grants as a Toll of Public Policy，" in Salamon，*Beyond Privatization*，93.

[16] Office of Management and Budget，*Budget of the United States Government*，*Fiscal Year* 1995 (Washington，D. C.：Government Printing Office，1994)，77. 数字开支与 1995 财政年度相等。

[17] 在安排税式支出中，联邦政府支配地位增强是因为绝大多数州和地方所得税依赖联邦法律对收入和基本扣除项目的界定。

[18] 里根和布什政府都强硬地支持"企业开发区"，在其中，经济上萎缩的领域被选择出来进行专门的政府援助，包括放松管制和有利的税收待遇，以刺激经济增长。

[19] 关于税式支出的观点，参见 Stanley S. Surrey and Paul R. McDaniel，*Tax Expenditures* (Cambridge：Harvard University Press，1985)；John F. Witte，*The Politics and Development of the Federal Income Tax* (Madison：University of Wisconsin Press，1985)；and Paul R. McDaniel，Tax Expenditure as Tools of Government Action，in Salamon，*Beyond Privatization*，167-196.

[20] Lester M. Salamon，"Rethinking Public Management：Third-Party Government and the Changing Forms of Government Action，" *Public Policy* 29 (Summer1981)：260.

[21] Ted Kolderie，"The Two Different Concepts of Privatization，" *Public Administration Review* 46 (July/August 1983)：285-291.

第2篇

组织与政府结构的作用

几个世纪以来,组织结构已成为政府行政管理的基础。关于如何最好地构建组织的思考有着漫长的历史。改革组织结构的努力同样具有悠久的历史。每种结构选择代表对某些价值的重视超过另一些价值。没有什么价值选择是永恒不变的。随着价值改变,我们安排组织结构的方式也会发生改变。在这里我们考察组织理论的基础、改进它的新近努力、组织结构对行政机关行为的影响以及长期以来改革者与之斗争的老问题。

第 3 章

组织理论：基本原理

大规模的行政部门都有其结构，这种结构乃是一种从事行政事业（administration enterprise）的个人与团体的关系的模式化（patterned）安排。这既明显又有问题，因为它隐瞒了组织理论家的诸多争论。有些理论家的观点以整个组织和组织内的主要单位（units）和下属单位（subunits）之间相互联系的模式为出发点。值得一提的是，如果他们的兴趣集中在公共行政，他们必须努力解决权威（authority）及其依次对部门领导和下属授权的经典问题。换言之，他们的模型是等级制的。权威概念的含义更充分地体现在两种模型之中：古典模型和官僚制模型，其主要支持者是卢瑟·古利克（Luther Gulick）和马克斯·韦伯（Max Weber）。系统理论家选择一个不同的起点，他们试图把所有组织一般化，不管是公共组织还是私人组织。不过，系统理论具有“整个组织”途径的一些主要特征。

三种主要理论向等级权威模型提出了挑战。第一种理论根植于人际关系的动力学，它责难官僚等级制的非人格化，从而求助于组织的人性化。第二种理论根植于政治生活的现实，提出了一个多元主义模型。第三种理论表明政府授权给其他政府、私人组织和公私混合企业是何等广泛，它要求一种第三部门行政模型。

我们考察组织理论发展的各种途径。

3.1 大型组织的结构途径

假定人们希望研究大型行政事业的一般模式——政府行政机关、主要行政部或
46 大型局。在这一点上社会学家要研究成千上万人之间的关系模式，他关注的不可能是每一个单独的职员或每个同事组成的小团体。相反，社会学家要么从整体再到它的主要部分和次要部分进行分析，要么把次要部分作为基础以此来建构出模式化的整体。因此，这种途径被称为是正规和非人格化的，所以，设计重大重组的分析者经常被指责为“仅仅在组织图表上四处挪动箱子”。

我们需要明确职位和任职者之间的差别。任何使用组织结构途径的人们真正关注的是最高行政长官（the chief executive）、部长（the department heads）、局长（the bureau chiefs）、处长（the division directors）、科长（the section chiefs）之间的关系。但是，分析者懂得结构模式存在于这些级别与级别之间，不管个人如何变化，他们通常根据职位而非暂时的任职者进行分析。[1]尽管在美国政府中担任总统一职的人最能给人留下印象，但是，我们仍毫不迟疑地把总统说成是拥有某些权力和对预期行为有合理决断范围的职务，这与在任的总统本人无关。

从现行的任职者分离出来的行政职位概念与运用于社会学和心理学的角色概念极其相似。虽然这些精深的学科期望角色的作用由“邻近”同事（包括同级、上级和下级）的预期来界定，但预期实质上反过来又源于组织中角色的正规职位。

组织职位的角色关系引起了社会心理学家丹尼尔·卡茨（Daniel Katz）和罗伯特·L·卡恩（Robert L. Kahn）的注意，他们写道：

> 在任何组织中，我们能够在包含在组织内的一系列总的不间断的关系和行为中寻找每个个体，这里的关键概念是职务（office）〔即职位（position）〕，它表示组织空间里特定的点。空间又依次根据相关职务的结构和与之相关的活动模式来界定。与每个职务相关的是一系列活动或预期行为，这些构成的角色的活动大致可由得到职位的任何人履行……
>
> 在相当程度上，角色预期……是由更广泛的组织背景决定的。组织的技术、
> 47 系统的结构、正规政策和奖惩在很大程度上诠释了特定职务的内容。组织结构的内在功能是如此之稳定以致它们被认为独立于角色系列中特定人物之外。[2]

正规组织解释了人们在行政活动中大部分的行为模式，进而也解释了人类配备相互联系的公共机构的人员的方式。在政府中，结构安排正规化一直有着特别重要的意义，因为安排根源于政治社会的基本哲学和法学思想。如果我们准备将民主选举团和多元代表制的立法机构突变为像是行政官僚制的权威主义结构的东西，我们就需要注意到这一点。下列结构途径不存在重大突变，我们在后面部分看看为什么会这样。

权威和等级制度

政治社会的中心问题是权力的分配与构造。在宪政体制中，政府是法定范围内授予的合法权力（legitimate power），也就是说这是宪法赋予的权力。由于是合法赋予的权力，政府有“权”期望公民遵从它的决策。这意味着不管公民对政策的特定内容同意与否，不管对不服从者的惩罚轻重与否，绝大多数公民能自动遵守。总之，一个具有合法性（legitimacy）的政府即被认为拥有权威，即宪法规定范围内决策的权力，并预期获得广泛的遵从。[3]

政府权威由机构及其人员行使，因此权威的特定要素被授予指定的主要机构和职务（如立法机关、法院和最高行政长官）。分配权威的宪法限制着分配给每个机构和职务的权力的种类和范围。各主要机构和官员对宪法规定条款的遵从是其决策合法性所必需的。

我们简要回顾了政府权力合法性的概念和它的主要内涵，因为行政机构行使的权力源于高级掌权者，并由高级掌权者界定。行政权力是合法性观念的进一步延伸，它是授权权力。但是，注意在这一点上这个观念有两个推论（application）。行政机构期望大多数公民服从它的行政决策，因为在它活动范围之内行政机构被授予合法性；此外，立法机关、法院、最高行政长官期望对他们决策的遵从，因为他们 48
具有更高的合法性。现在把这两个推论结合起来，结论是只有在要求公民服从相关宪法、法律、司法和行政的限度和程序的范围之内，公民应服从行政机构。

显而易见，行政中权威的结构强调连接权力和合法性，它的理论和历史渊源在于诸如此类的重大政治问题，如“国家”的性质、政府自身的合法性、权力的限度以及革命和公民反抗的权利。我们得到的这个答案为关于权力的授予、政府行政长官和机构对公民所犯的错误负有的法定责任和公务员揭发不法行为、集体罢工的个人“权利”等复杂原则提供了前提。作为采取行动的政府，公共行政如果不关注它与重大政治、理论和道德问题的联系，就难以得到理解。

行政的启示

冒着稍微简单化的危险，让我们列举从公共行政作为权威结构的观点中推导出来的六个基本命题：

1. 公共行政“机构”依法正式建立——通常依立法机关的专项行动，但是有时依宪法规定，有时依宪法或法律授权的最高行政长官。顾名思义，行政机构是建立它的首长的代理人，服务于首长的命令和利益。

2. 这样的机构被依法赋予活动的特定领域和一系列责任（例如，特定法规的实施）。

3. 行政机构具有在各局之间（不管它的主要单位叫什么）或更进一步在单个职位之间划分责任的内在结构。

4. 行政机构具有一系列确认其单位和在职者在机构业务流程中以什么次序做事情的程序。

5. 行政机构拥有官员和雇员，人们期望他们增进指派给机构的活动和专门责任的绩效。虽然全体职员频繁进出，但是，这不会改变对成员贡献性质的稳定
49 预期。

6. 政府的其他部分（如，立法机关、行政首脑和司法机关）有权废除行政机构，有权继续、扩展或收缩活动和责任领域的范围，有权决定使用款项的数量，有权任命部分职员并说明其他人应如何被选拔，有权对组织与运作提出结构与程序上的要求。

这些论述排除或严格限制组织理论中发现的一些观点，这些观点漠视权力的合法性问题。行政机构不是自发地发展存在，而是由合宪的机构或官员正式创立。行政机构不能自由地选择自己的目标，只是被期望在有限主题范围内执行和完成外部权威指派给它的责任。行政机构不简单的是一种从谁喜欢谁或谁取得和掌握权力发展起来的社会模式，而且具有试图说明谁应做什么和谁有权支配谁的正式组织结构。它的官员和雇员不应该为与其法定责任不相容的私人集团利益服务、不应该动员同事背离机构的目标或者以权谋私。相反，他们会依照他们向行政机构及其目标提供的服务得到评判。行政机构不是促成和听任自己继续作为一个独立的“封闭组织”或者与称为“环境”的一系列模糊力量斗争，而仍然是特定环境如政府的一部分，其合法权力拥有者有权评估绩效、决定资源投入和改变它的使命与活动。

这些建立在权威结构基础上的论述没有认为任何指定的程序和行为会执行良好或无懈可击。立法机关可以建立一个并不需要的行政机构。行政机构活动范围和系列责任的匹配也许是模棱两可的，也许会与其他行政机构重叠。行政部门的内在结构也许会设计得很糟糕，合法性权力模型的特色也许会由于模型本身没有考虑到的发展而被破坏。这样，行政机构中富有进取心的个人和团体会获取或逐渐扩大权力以致权力的正规结构被破坏。行政机构造就这样的内在动力和一系列如此强大的联
50 盟以致上级掌权者会毫不犹豫地向机构中的独立行动挑战。或者上级掌权者会促使行政机构做出决策以服务于私人经济利益、政治利益或与更大公共意志相违背的个人利益。虽然这些理论和其他实践上的可能性需要我们的关注，但是，它们并没有破坏我们建立在权威结构基础上的理论的效用。

两种模型

合法的权力是发展公共行政结构起点的前提，也是 20 世纪上半叶发展起来的两大行政思想流派的前提。他们假定行政机构的存在和权力有一个更高的权威来源，他们把组织问题看作是建立内部单位和从属单位的问题，每一个单位承担着由指派责任支持的机构活动的特定部分。这是自上而下的途径，易于被批评是“权威主义”，因为它当然地假定下级对上级单位的服从——经常不幸地被称为“指令链条”——官员和雇员的服从也被称为“顺从”或“唯命是从”。

古典和官僚制思想流派公开表达了一些除合法性之外的价值观，其中，理性是首要的。这部分是因为两个流派都把组织仅仅看作是旨在为实现现代国家统治者选

择的政策目标（也就是价值）的中立工具。因此，除了具有与效率相提并论的理性价值外，这些模型应该是价值中立的（value free）。

古典模型

古典组织理论在20世纪30年代达到鼎盛阶段。当时卢瑟·古利克（Luther Gulick）出版了最有说服力的论著。[4]至今它仍广为流行。古典理论强调在最高职位中建立权威和责任的受限制的管辖范围，以次类推，直接在高级职位之下和往下各个行政级别的职位中对权限进行划分和再划分。效率是首要价值。职能的差别（也就是专业化）和协调是蕴含在效率中的孪生要素。组织的“目标原则”为如何组织提供指导。

古典流派的具体原则包括以下六点：

1. 组织的基础有四种：

（1）目标（如国防、教育和犯罪控制）。

（2）过程（如会计、管理、打字、采购）。

（3）顾客（如印第安人、孩子、退伍军人、老人）。

（4）领域（如田纳西河流域、新英格兰、密西西比河、拉丁美洲）。

2. 对于组织模型的每个特定选择，这些基础是相互排斥的，其中一个必须赋 51
予优先地位。但如果组织建立在一个基础之上，“它迫切需要承认其他基础在建构第二和第三工作机构中的优先地位。”[5]

3. 政府行政机关在最高层次上应按主要目标（不是按其他三个基础中的一个或多个混合）组建起来。每个部应该包含一切有助于实现组织目标的活动。

4. 因为任何行政官员仅仅能够有效地监督数目有限的直接下属，最高行政长官下属部的数目、部首长下属局的数目等等不应该超过行政长官的“控制范围”（即他能有效监督下属的数目）。

5. 行政权威和责任应该授予单一行政人员而不是多成员（“同僚权力平等的”）机构，如董事会或委员会。在后一种安排下，关于承担错误的个人责任的确定相当困难，多人做出清晰明确的决策比模糊的妥协少得多。

6. 垂直领导活动和参谋活动应被严格区分开来。垂直领导活动是与行政机构的主要目标直接相关的管理，即通过服务和管理公众或其中的一部分人来实现公共目标。相比之下，参谋活动是旨在促进条条管理工作的辅助职能，例如研究、政策和项目分析、计划、预算、人事行政和供应采购。实质上，垂直领导的行政长官运用行政决策和命令的权力，而参谋官员限于——或者应该限于——提供建议。

古典组织理论与非结构行政思想紧密相关，如按功绩甄选合格者的文官考试制度、整个行政机关的预算体制以及理性决策过程。通过理性决策过程，上级官员利用下级官员的专门知识，下级决策者按标准行事并受到控制以确保与上级政策一致。

官僚制模型

马克斯·韦伯（Max Weber，1864—1920），德国社会学家，官僚制模型的理论教父。众多的社会学家只是这一理论的解释者和提炼者。官僚制理论与古典理论

极其相似。尽管官僚制理论按照不同的研究途径得出结论，第二次世界大战以后官
52 僚制理论在美国获得突出的地位[6]，并且不同流派的学者亦对之加以阐释。韦伯研究的重要部分集中在为什么人们感到有义务服从命令而不是根据每个命令内容的价值来确定自己的态度。他认为稳定的权威系统不可能依靠下级的纯物质利益需求、对个人好处的计算或者情感动机（例如上级的爱好或羡慕）和思想动机。相反，稳定的服从模式必须依赖权威系统合法性的信念和对系统中命令来源的服从。

韦伯认为根据合法权威的三种“纯粹”类型或模型进行思考是有所裨益的。（1）传统型；（2）魅力型；（3）合法理性型。传统型权威依靠对古老传统（在实际上、传说中、推测里一直存在的）神圣的普遍信仰和对凭借传统方式取得首领地位的个人的忠诚。魅力型权威依赖因某人的超凡神圣、英雄主义或者模范品质的而产生的私人效忠。两种类型的权威可以被合法却专横武断或随心所欲地运用，所以两种权威都缺乏理性。

比较而言，理性—合法权威（韦伯有时用“理性的”有时用“合法的”作为该类型权威的特征）依赖“合法固定的非人格化规则”。服从的应该是“那些仅仅依照命令的正式合法性和在职务权威的范围之内行使职权的人”[7]。“官员的职责依理性建立的标准、法令、法规和规章来确定。在这一点上，权威的合法性变成了按正式适当标准特地设计、制定和颁布的一般规则的合法性”[8]。法人团体中的个人“就它们服从掌权者而言，并不是服从个体而是服从非人格化的规则”[9]。韦伯谈论的是法治的政府而不是人治的政府。韦伯把这一观点运用到行政组织、职员和方法之中：“最纯粹的合法权威的运用方式是雇佣官僚行政职员”[10]。

在韦伯看来，理性意味着效率（前面述及古典理论的基本假设）。他写道：

> 经验普遍倾向于表明，行政组织的纯粹官僚制模型源自一个纯粹技术观点即能够获得最高效率，在这个意义上，就形式而言，它是实施对人类强制控制
> 53 的已知最合理的方法。它在规章制度的准确性、稳定性、严厉性和可靠性方面优于其他任何形式，从而使组织领导和与组织相关的人有可能获得特别高的测算结果的能力。[11]

正如韦伯所言，官僚制的组织必要条件很简单并与古典组织理论阐明的大体一致。首先，法律和行政规章建立“固定和正式的权限领域”作为劳动系统性分工的一部分，每个领域被指定“作为职责的职业活动”以及“发布命令履行这些职责所需的权力”（取决于为赢得服从而确定采取强制手段的规则）。其次，“职务等级制和权威级别的原则意味着一个稳固的井然有序的上下级系统，其中，上级官员监督下级官员。”[12]

与古典理论家一样，韦伯为组织的必要条件补充了正式理性官僚制的其他特征。他特别说明官员必须是建立在技术合格基础上的全职的、拿薪的和甄选的官员。但是又与古典理论一样，组成“官僚机器”的人们似乎被剥夺了差异性。“个体无法摆脱被束缚其中的囚笼……职业官僚被束缚在其根据完全现实与理想的行为

之中，在大多数情况下，他仅仅是规定基本行进路线的永动机上的一个齿轮”。[13]

行政研究历史上存在一个怪诞的现象是，无视两种理论的相似之处，古典组织理论受到众多现代行政学学者的严厉批判，而官僚组织理论继续博得他们的尊敬。韦伯也确实受到过批判，但他的构想仍在现代官僚组织的社会学分析中处于中心地位。[14]

3.2　系统理论

系统理论是尽可能地把一切组织——公共的和私人的，大的和小的——一般化。事实上，系统理论的范畴不仅仅限于此，“系统”可以是任何相互联系的部分的总和，无论是宇宙、太阳系还是分子。因此，系统理论在组织上的运用是采用物理和生物现象的类推。[15]

一个系统既可以是封闭的又可以是开放的。封闭系统理论家们把组织与自身运作大体不受环境影响的物理系统如机器作类比。一个普通的例子是房子的加热系 54
统：自动调温器被调至给定的室温，当室温下降，自动调温器打开火炉恢复室温；当恢复室温完成，自动调温器关闭火炉（室温是影响自动调温系统活动时间的环境因素，但系统自身运作的效率是不受外界影响的，一旦设定，它“阅读”温度变化和执行自身功能）。

开放系统理论家把组织与生物有机体作类比，如生活在环境之中并与环境进行交互作用的动植物。一个普通的例子是人体 98.6℉（华氏）的正常体温，它也许会由于受到他人疾病的感染影响上升，人体自身反射作用或医生必须努力恢复正常体温。系统理论家迷恋于机械地和静态地恢复均衡与常态的自然过程的结果是，他们的模型倾向于持保守的偏见、炮制静态而非动态的模型。

多数组织系统理论家运用系统途径把组织看作一个开放的系统，即系统与环境相互作用。其精髓可以阐明扼要地加以阐明。组织是一个系统，它接受资源输入（如设备、存货、雇员的能量），经过生产、转换产出输出（产品或服务）。（然而，一些输入的资源被消耗在维持组织系统本身即经常性开支）这样的一个系统也形成一个反馈循环：它提供消极反馈，把阶段系统的输出错误或偏离常态反馈给输入以便系统进行纠正，如图 3—1 所示。

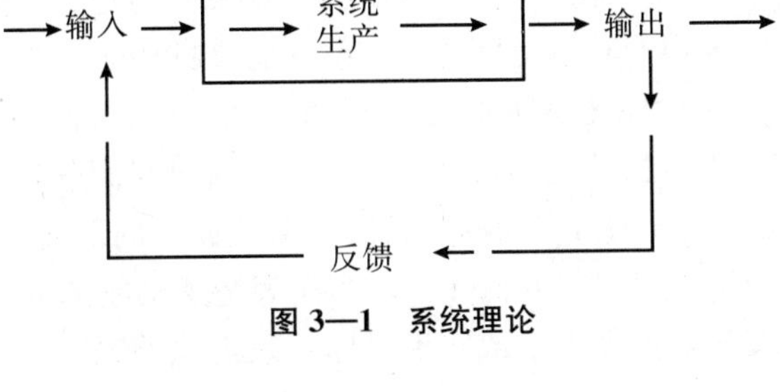

图 3—1　系统理论

55 虽然组织通常被看作开放系统，但是封闭系统并非毫不相干。大型组织的一个普遍趋势是通过在系统内塑造许多环境因素来努力减少对不确定环境的依赖。制造公司兼并竞争对手，通过发展和获得投入来源与批发零售经销商实现纵向联合。政府各部和局寻求甄选雇员、采购和评估项目产出方面的自治。总之，开放系统通过朝着封闭系统方向的发展来努力减少风险。

古典理论和官僚制理论中两个若隐若现的要素在系统理论中得到最清楚的表达。在前一理论中它们被描述成机构权限和机构目标。在后一种理论中，它们作为系统边界和系统目标展现在人们的面前。

系统边界

不管古典理论还是官僚制理论都强调界定管辖权的必要性以便每个部和局的职权和责任清晰明了。系统也必须有边界以便可以告诉人们什么在系统之内和什么在系统之外。这种内—外的区别因两个原因而显得重要：（1）系统理论家需要确定"环境"对系统的投入与系统对环境的输出，而这些交易发生在系统的边界；（2）系统理论要区分系统继续的两个必要条件——它控制和适应外部环境的能力以及制止和缓解内部威胁的能力。

把一个商业公司看作是边界清晰的组织系统很容易，但分析者在公共部门将遇到困难。当然，有人能形式主义地简单断定农业部是具有精确边界的独特系统，政府内外的其他一切事物仅仅是部的环境。[16]不过，相比于公司所要求的，法律、政治和组织实体赋予农业部的自治权小得多，边界更不清晰。农业部是行政机关的一部分[17]，许多重要决策需要其他部、总统和中央机构（例如行政管理与预算局）的合作。的确，直接影响农业的决策事实上取决于其他部或总统。决策权力的积极分享者不可能被相类似地比作商业公司的竞争对手、供应商和顾客。毫无疑问，农业部在行政机关里的确有其特殊的身份，但它的身份在于其利害格局的中心而不是它的边界。

56 系统目标

提起古典理论，你会回想起其建议行政机关首先要以主要目标组织起来。系统理论走得更远，它断言每个组织系统都有一个目的、目标或宗旨。社会学家中最重要的系统理论家塔尔科特·帕森斯（Talcott Parsons）写道："实现特定目标的最初方向被看作是组织区别于其他类型的社会系统的自身特征。"[18]

这一陈述使我们幸运地超越了通常遇到的观点，即系统的目标仅仅是为了生存。[19]这一观点与生物有机体类推紧密相关，虽然这也与商业公司的目标在于盈利（不然就死亡）的假设十分吻合。为此，长寿是系统成功的尺度。相反的观点认为，不像多数生物有机体而像亚型（subtype），如作为情感动物的人类，组织寻求服务于超越系统自身的目标，即使追求或实现目标导致组织的毁灭。——路德·阿什比

(Lord Ashby) 把大学当作组织，明确指出：

> 在有生命的有机体中假定首要的功能是为了生存……在社会组织中，人们不能简单地作同样的假设。生物的类比土崩瓦解。它不足以说明大学的功能是为了生存，它有超越生存之上的功能：换言之，它的目标……不像生物学家，大学的行政人员不能回避目的论（teleology）；它必须坦然地面对这样的事实，大学不像水仙花、麻雀和耗子那样仅仅为了自身利益而存在，它们有目标。[20]

但是，对系统和组织具有目的的界定回避了许多有待商榷的问题。首要的困难是组织的目标令人困惑不解，如果组织有几个目标，困难更加复杂难解。当然，政府机构亦不例外。

农业部的目标是维护美国农民利益或是确保农业部促进国家经济的稳定与增长？还是服务顾客需求、适应世界贸易条件和美国对外政策、放弃危害公众健康的产品和服务？它的目的是服务大规模商业农场公司的利益还是减少小规模农民和流
浪农场工人的贫穷？美国国会没有现成的答案可供参考，因为国会指派给部多重目 57
标，它们通常莫名其妙地交织在一起并带有无足轻重的意味。总统没有提供现成答案，尼克松总统说：(1) 他要他的农业秘书“代表农民向总统报告”而不是“代表总统向农民报告”[21]；相反 (2) 当任何部或机构开始代表地方和部利益，其建议和支持对必须服务于全体人民的总统来说，用处不可避免地变小。[22]

适应系统理论的一系列目标也不可能从对部自定的目标测验中推导出来。[23]这些是部绩效的组成部分，是矫饰的繁荣以获取内外支持。系统理论需要清楚地阐明组织目标以便根据阐明的目标测量组织绩效，间接的推导毫无帮助。

那么，缺少特定目标和明确宗旨显然没有使组织变得界限不清，至少对政府机构而言是真的。我们假设的是一个机构在一个活动领域中的运作，例如农业、国防、交通或公共卫生。机构无法垄断领域，领域的界限并不清晰。机构所追求的目标、它们的优先次序随着行政和立法机关政治控制的变化而变化（只谈众多因素中最明显的因素）。这些现实世界的特征要与在某个活动领域定位组织并把这当作利害关系的核心相协调，就需要放松对系统理论的要求——即每个组织系统准确描述边界和目标。

3.3　人道主义的挑战

迄今描述过的模型和理论有如此之多的共同点。所有这一切提供了关于组织的相当正规和抽象的观点，它们认为组织自身有清晰边界，并且完美地由边界清晰的单位和下属单位组成，这种安排提供了一个权力的等级结构，通常被描绘成金字塔。[24] “教科书模型”已遭到来自三个方面的攻击。人道主义指责该模型的权威主义，它窒息了受雇于组织的个人的创造性和全面发展。其他两个方面认为该模型

（除了系统理论版本）无视政府组织的环境，多元主义指责古典和官僚制模型无视
58 政治系统，给行政机关以不真实的描绘，并与民主价值相冲突。间接行政方面的挑战是那些模型无视任何美国政府为行使公共管理职能而依赖其他政府、私人组织和公私混合组织的程度。

人道主义对正规结构模型提出的挑战是其自身内定的。它关注的是组织内具体每个工作者的生活。既然与之相关的推论和研究主要涉及工业和其他商业企业，我们的讨论就来反映那样的事实。

工作、生产率和快乐

长期以来，工业管理认为商业组织的绩效依赖其具体每个工人的生产率。影响工人生产率的重要因素是工作设计和所有工人遵从的工作程序。“科学管理”运动发展了工业工程师这一职业，它可以追溯到20世纪早期，当时弗雷德里克·W·泰勒（Frederik W. Taylor）进行单个工人的时间—动作研究，他创造了工作专业化和标准化的模式，设计了引导工作流程的程序。[25]对效率的单一追求从那时起就被认为没有人性。[26]刚好在人道主义途径达到全盛之前，心理学家寻求阐明引导个体加入特定组织、生活在组织中、工作得更好以及离开组织的动机。[27]金钱因素有助于解决这个问题，但它并没有充分解释在公司之间或者一个公司中工作团体之间的变化。

“人际关系”运动在20世纪50年代以及60年代晚期的反正统运动时期达到了鼎盛。“人际关系”运动与管理途径有关。两者都关心工人的生产率以及像长期旷工和工作完成量之类相关的事情。[28]人道主义者认为快乐的工人有更高的生产率，不快乐工人的生产率更低，他们早期的研究证实了这一点。如同通常所说的，快乐或者满意不是金钱或晋升回报的问题，而是在同事和直接上级这种范围面对面团体中的人际关系。在人道主义者看来，满意—激发或假设高效的氛围不是等级结构决定的，而是通过工人民主参与决策来培育的；管理监督人员不是专横独裁指手画脚的，而是不拘礼节、善于咨询、信任他人，并且关心团队成员的福利。

唯一的难点是成堆的证据表明：（1）这些条件使一些工人快乐一些工人不快
59 乐；（2）快乐的工人不必然是更高生产率的工人。[29]虽然许多关于工作满意度的研究不断表明“工作满意度与旷工和工作完成量相关，它们同样不断印证满意度与绩效和生产率之间微乎其微的关系”[30]。这就打破了与管理途径的联系以及对提高生产率方式的共同关注。

意识形态

剩下要探讨的是一个规范性的承诺，即个人“自我实现”机会（创造性、自我指导、人类潜能的充分实现）和人人平等（最小限度服从上级命令和最大限度参与决策）。人际关系运动成员确信具有等级权威结构的大规模正规组织是压制性的。克里斯·阿吉里斯（Chris Argyris）写道：组织设计者

假定效率随着固定的权威等级提高，高职位的人被赋予特定的权力去雇佣、解雇和奖惩下属以使雇员为组织目标而工作。

这种设计特色对人性的影响分明是使个人被动地顺从地依赖领导，结果显然减少了他们对自己的控制缩短了他们的长期眼光……迫使个人从积极走向消极，从具有长远意识到变得短视。这四方面的结果是使雇员从成熟倒退到幼稚。[31]

人际关系学派已引起激烈的争议，批评的观点从四个方面来说明。[32]（1）代表该理论经验证据的多数早期研究由“真正的信任者”引导，其他学者发现它存在严重缺陷。（2）糟糕的官僚组织与理想的人道主义组织之间的全面比较被过分夸大，并停留在主观臆断而非对组织的科学研究上。许多作者照本宣科地接受道格拉斯·麦格雷戈（Douglas McGregor）关于X理论（等级权力）组织和Y理论（人道主义）组织的对比。[33]近来的研究否定如此简单的对比，相反，环境变量的多重性存在于各种组合之中，轻重不一。它要求改变领导和参与风格与特定环境相适应。[34]然而，这一深受欢迎的发现妨碍对作为理论精华的一般化观点的探求。（3）虽然该学派承诺促进“整个人”的发展，但工作仍被看作是整个生活。批评家明确指出，在具有有限工作日和工作周的社会中，大多数工人从工作之外获得重要的满足，尽管只是对工作的社会心理属性的温和满足，高水平的快乐还是可以得到。（4）学派的规范性承诺没有认识到合格的领导需要的是去领导而不仅仅是“侍 60
者之一”。令人惊讶的是，亚伯拉罕·马斯洛（Abraham Maslow），一位深受人道主义者尊敬的心理学家尖锐地指出：

支持新管理风格的作者倾向于沉迷在某种民主管理的虔诚和教条之中，那通常与环境的现实形成鲜明对照。

教条占据首要位置，人际关系理论回避真正上级老板的问题也就不足为奇。参与式的管理中下级努力工作以获得解决问题的好办法。对上级老板来说，参与式管理通常是不合适的。他易于焦虑与愤怒……相反，较不聪明的下级也深受其害。当他们知道上级在任何时候都能在3分钟之内解决问题时，为什么还要他们用3天时间汗流浃背苦干想出解决特定问题的办法。

如果我们现实对待的话，老板与他也许不得不命令、解雇和惩罚的工作人员之间的关系不是平等的友好的关系。这一残酷的现实影响着民主管理的参与理论。[35]

敏感性训练①和组织发展

人际关系学派的许多成员断言除非大型组织和它的中高级官员改变他们的行为

① 敏感性训练（sensitivity training）：一种集体疗法，通过无议题或议题自由集体讨论增进参加者对人际关系问题的敏感性并改善其人际交往能力。——译者注

模式，否则朝着他们理想方向的改变不会到来。如果高级执行官具有更“可靠”的人际关系——放松对权力结构相关中等级和竞争性职务的警惕，清楚自己的身份不过是与他人发生相互作用的人——整个组织的心理氛围就能够得到改变。为实现这一点，行政长官需要以新的态度接受训练。商业公司采用了这种方法，它甄选的行政长官用一至两周参与“敏感性训练”、“T—团体”（“T”代表训练）或者“实验室训练”（因为这种方法众所周知）。通常团体中的参与者是彼此陌生的，团体的领导或训练者是人际关系学派的成员，扮演非命令角色。这是参与人际动力学接受极端坦诚特性训练的团体成员所关注的东西。两项评定敏感性训练的研究又与关于
61 “交心治疗小组”① 的评估合在一起，后者在问题重重的 60 年代曾盛行过。[36]

对该途径的客观评价认为它缺乏可靠证据来支持它的主张[37]。即使参与者们重视这种经验并回到工作后改变他们的行为，但新行为既可能提高也可能降低他们在各自组织中的效用。训练的作用通常在几个月后烟消云散，参与者的组织依旧没有改变。[38]

对这些问题的一个回应由一场称为组织发展（OD）的运动引导，这场运动明确地寻求改变组织。[39]组织发展不企图通过将陌生人集中在“临时拼凑的团队”并用新行为训练他们，然后让陌生人重返未受训的同事中，它致力于把经营企业的关键角色团结在一起来改变整个组织。敏感性训练途径得到了应用，但是一些组织发展顾问继续监视组织中的行为，当旧的途径威胁到组织的重建时，他们便插手提供“经验援助”。

人际关系学派反官僚的抨击对公共行政产生实质性的影响，它在理论上指向所有大型组织，但首先集中于公司的背景。国务院着手“在联邦政府采取第一场重大组织发展的努力”，它为高级部门官员（包括大使）提供了敏感性训练和团队发展专题讨论会。[40]这项计划聘请 20 位最著名的 T—团队训练者，但仅两年后计划被终止。它所阐明的目标“至多只实现冰山的一角”。[41]然而，许多联邦部门都采取组织发展计划，敏感性训练到 1989 年成为政府资深官员培训中心即联邦行政学院课程的一部分。[42]20 世纪 80 年代晚期，随着全面质量管理（TQM）从私人部门渗透到政府，组织发展衰退了。全面质量管理运动获得许多热心的支持者，培育了一场广泛的横跨 90 年代的公共项目的“持续改进”运动。

3.4 多元主义的挑战

多元主义对正规结构模型的挑战是从外部导入的。因为它强调的是政府组织对社会上政治活跃的利益集团的回应。

62 多元主义模型假定社会是以寻求自身利益至上的集团的政治斗争为特征的，它

① 交心治疗小组（encounter groups）：一种精神病集体疗法，鼓励患者与其他人进行身体上的接触并自由表现情绪，以增进对他人的敏感性，产生自我意识及相互了解。——译者注

把行政看作一系列战场，利益集团从选举、立法竞技场一直斗争到行政领域。[43]它察觉到零碎的行政结构是与零碎的国会联系在一起的。上级命令微弱。总统缠身于政策和政治领导、国防和其他需要他努力的地方以致他仅仅能够部分间断地关注其首席行政官职位行政权力的最大化。他任命的部首长，如同候鸟一般，很难对他们负责的局取得有效控制。行政机关远非匀称的金字塔，而只是一堆杂乱的石头，偶然在特殊引力（也许是国会的草率）支配下随意地排列。至少在最高层次上行政的任务与政治的任务是一样的——促进和平解决与社会集团间权力分配相适应的利益冲突。

根据多元主义模型的观点，行政组织自身是利益冲突与协调的产物。[44]它们作为个体机构存在依赖于动员充分的外部支持以承受来自反对利益的攻击。它们的高级官员维护自身权力仅仅是因为它们能调整权力的用途以迎合支持集团的偏好，或者成功获得其他集团的支持以摆脱原先的支持者。总统自己在这一模型中也不再是以“全民”意义上的国家代言人的姿态出现，相反他是使他获得权力、使他保持和运用权力资源的联合势力的代言人。从某种意义上说，他仅是另一个选手，与其说他是一位拥有有效权力的人，不如说他是一位有影响力的人。为了生存，行政机构必须对国会，特别是对国会委员会及其领导人作出回应，因为主要权力和拨款来自国会。这对倾向于依靠总统作为单一指导的行政人员具有发人深省的影响。

组织文化

多元主义途径的变体强调组织文化的多样性。[45]机构在许多方面迥然不同，事实上任何权力结构一般化的观点都受到了质疑。有些机构拥有利益集团如此的支持以致它们希望在行政机关进行实质性的自治；有些机构希望这样的支持得以维持而不用去创造或变动；其他一些机构则培育创立和谐组织。有些机构有献身公共利益和职业标准的记录，它们抵制利益集团和有政治动机的行为的干预。其他一些像是 63
暴风雨中的孤儿，成为不和谐的利益集团、政客和兄弟机构随便的牺牲品。在一座建筑中合为一体的机构与那些总部单位和工作人员分散在许多建筑或分散在首都市郊与远方城市的机构截然不同。[46]

组织文化的概念强调在机构之间这些和许多其他差异。人们进入州烈酒精控制机构或者竞技管制机构能感受到一种不同于在银行或保险部门或劳动部门的气氛。在华盛顿，“人们只有走进古老的财政部大厦才能感受到传统财政机构的氛围”[47]。对独立的联邦储备委员会更是如此，联邦储备委员会特别可以说明存在一种文化的可能性，其中一个下属机构（纽约联邦储备银行）在各个时期一直统治该系统。[48]在不同的部中，森林服务和国家公园服务机构可能永远不会合并，因为它们不可能忘记本世纪早期令人不快的争论。森林服务机构以一种职业团队精神、分权制的习惯和系统的社会化的森林管理员来对抗那种代之以集权的机构标准。[49]其他机构通常难以维持士气和对本专业机构雇员的有效控制。

等级和多元主义模型对我们具有不同的作用。多元主义模型得出一个更加现实的关于行政和政治发生什么的描述和解释。但是，如我们有机会表达爱憎或施加影响，被描述和甚至推崇为美国政治系统特征之一的“碎片化”（fragmentation）很少或者没有提供方向指引我们应往哪里走。因此，即使推崇多元主义的这一模型滑过了描述性和规定性的分界线，划分了是什么和应该是什么，但它没有帮助那些偶然面临改变组织的人们。多元主义理论的组织文化变量甚至表明变化是虚无缥缈的，因为文化深深根植于变化缓慢渐增的特定功能与历史。

相比之下，等级模型具有对一种广泛赞同的信念的操作性的意义。监视整个联邦行政的每个重组委员会或明或暗地支持这一模型。近几十年，许多被广泛认为是国家行政的重大进步，最好被理解为企图将等级行政模型包含的安排应用于多元主
64 义政府。不管怎样，政治人必须按照这样的建议行事。多元主义模型确定的权力集团力量和组织文化通常阻碍了那些设计用来加强等级行政的改革。

两种模型之间的紧张状态决不简单地存在于意味着现实和未经证明的信念之间。因为社会力量及利益集团的多样化和对政府优惠的激烈竞争强调了无政府状态是不可接受的和行政组织与过程是必需的。这是为了促进理性和秩序而非意外和迷茫，是设计来寻求普通利益而不是仅回应特殊私人（一般是自私）利益，确立长远目标而不是短视的权宜之计。民主国家中的政府作用总是为广泛的共同目标而集中各种力量，不论是为国家安全反对敌人、为维护法律制度还是为经济和社会福利的正增长。改进政府及其行政的努力应强调等级模型中存在的协作、理性和合法性，而这样的努力必须与利益集团、国会委员会和政府机构的多样性相容，而他们的竞争性利益正是多元主义模型的核心。对此我们丝毫不应感到诧异。

3.5 第三部门行政的挑战

我们讨论过的所有理论假定政府项目由政府自己的雇员实施。如果事实不是这样，又会是什么样的呢？可以假设有许多政府工作会承包给了其他政府、私人组织或通过公共和私人混合控制使之置身于行政等级之外的实体，实际上，这个假设是正确的。弗雷德里克·莫舍（Frederick Mosher）估计“只有15%～20%的联邦财政开支直接用于联邦政府自身执行的活动（除了支付或监督支付给他人的部分），并且其中只有不到一半用在联邦政府自身执行的国内活动（而不是陆海空三军）。其余的款项用于基金的直接转移支付（例如社会保障和公债利息）、对州和地方政府的财政补贴、支付私人组织和个人的补助金和合同，以及执行一切联邦发起和支持的项目。”[50]

这要求对组织理论进行反思。(1) 联邦机构比以往更多地处于复杂的环境中运
65 作，一大批寻求资助或更多慷慨资助的候选人遍布其中。这一现象不在内容上却肯定在程度上是崭新的。(2) 许多联邦行政是第三行政——“代理政府”。[51]这意味着古典和官僚制模型不再适应现实世界（除了政府自身）。当政府官员处置州和地方政府以及私人组织事务时，他们已再用不上雇佣、解雇和直接管理工作这些等级

权力。(3) 在政府签订合同或发放补助金时，它可以附加条件。理性化意味着政府希冀这样的条件运用于它自己的机构和雇员中，意味着服从是"自愿的"，因为没有人需要接受带着不受欢迎条件的补助金或合同。不过，有条件的补助金和合同不等于项目的等级命令。而且，政府不可能轻而易举地监视组织之外的所有代理商，它也不能在没有损害其项目和所服务的公众的情况下，因违反规定条件而取消大量的补助金和合同。

一些学者认为建立在组织网络之上的途径也许有助于更好地解释这些问题。[52] 尤金·巴达克（Eugene Bardach）解释说，"这样的网络由一系列行动者之间的工作关系组成，以致任何关系都可能以一种有效的方式引出行动和交流信息。"[53] 这一途径是实用主义的，它探究拥有共同背景——使命、顾客和目标——的组织如何协调它们的工作。这一途径在寻求解释公共项目的管理和发现现行理论不足的行政学者的工作中得到了发展。例如，他们发现大多数社会服务项目通过复杂的网络运作：成串的联邦补助金（通常由州补助金基金追加）转移给地方政府和通过政府组织和营利性或非营利性承包商管理。这些项目依次与地方学校、警察部门、反毒品项目、教堂和自愿者组织及其他组织管理的项目相联系。

网络分析围绕着两个问题。一方面，网络途径是重要的，因为它既不是建立在对组织传统的等级控制的基础之上，也不是建立在组织之间的市场交易的事务之上。组织互助是因为它们发现协作同样推进它们的目标。另一方面，这种相互依赖逐渐限定更多的政府项目。传统行政从国会授权政府机构管理项目的工作的假设起步。网络分析则以发现项目之间的相互关系、政府机构分享项目和接受者的方式，以及组织之间的相互联系如何决定项目的运作开始。一些网络在单个部中联系不同 66
的机构；州公众服务部的绩效通常依赖联系儿童福利、健康和社会服务机构的网络。一些网络，特别是联邦补助金计划，联系着不同级别政府的不同部。最后，许多政府组织的绩效依赖它们与私人非营利性承包商的联系。

网络分析处在相对不成熟的时期。它的支持者认为，不管它是广泛运用的理论或只是一种有用的途径，但在推动超越传统等级理论和探究管理者发展实用战略上来处理第三部门行政的问题的实用战略中，网络分析对看待政府显露出的问题提供了新的视角。

3.6　结　论

乍看起来，理论家研究组织现象并得出如此不相关的解释似乎是不大可能的。[54] 悖论肯定存在。但是那些寻求逃避失败主义的人们可以思考三个策略：(1) 我们能够合乎情理地断定每一途径都包含了关于政府组织的重大真理。(2) 仅作为一般的常识，这些途径的错误是过于一般化，不是所有的组织都一样，不是所有的小集团都一样，不是所有的工作都一样。因此环境变量必须加以考虑。有忠告建议为研究定一个议程，虽然这样做会冒着失去一般化的能力的危险，而一般化正是理论的精髓。(3) 与刚才表明的观点无关，我们能够进行大量理论建立工作，避免支持两项合适却可能更有效的事业。一个是对现实的直接研究——这个问题包括公共行政机构的实际结构和环境背景；另一个是“中间领域”(middle range) 理论的公式化——即试图仅解释有限领域现象的理论（例如哪一个组织安排看起来最可能把受规章限制的机构从被那些应该管理的人的支配中解救出来？复杂计划要素的协作更可能置于等级权力安排或机构间委员会的约束之下？什么是政府执行官、文官和顾客所遭受的重大挫折？这些挫折能否得到显著的减少和如何减少?)。

如果本章我们已提出并评论过的每种途径能得到一些真实的东西，那么，它们也会一起被认为是丰富了我们的认知。

67 第三部门行政的增长是不争的事实，促成了从依赖等级权力到琢磨交易谈判技巧的转变。然而，因为承包商和接受补助金组织的承包工作的履行易受腐败和其他滥用权力的影响，政府官员需要去设计激励措施以保证诚实的执行，还需要监控他们的行为以及运用制裁手段。

多元主义途径充分强调了有权势的利益集团干预行政以实现它们的目标的社会和政治环境，这样的集团通常的狭隘利益如何在不需要牺牲更大公共利益的前提下得到关注是一个问题，这一问题倾向于改变对等级责任作用的注意力。

人道主义途径虽然在几个方面都有破绽，却非常有用地提醒我们每个工人的激励和团队精神对行政成效的重大意义。

系统途径，无论如何轻描淡写，事实上运用起来是复杂的。与多元主义一样，它的贡献在于它强调行政系统与环境之间的相互作用。此外，它对“反馈”的关注提醒我们组织要学习过去的经验。

结构途径，从一开始就回复到关于政府的首要原则，认为权威——合法权力——是事物的关键。行政机关各部是拥有授权的代理人，它受到国会、总统、法院等其他宪政要素的制约。依此类推，每个这样的机构都组织等级制以进一步授予和限制权力，并促使下级考虑此类权力的运用。

我们相信朝向权力的首要原则是理解组织结构、雇员、制定和执行政策、预算和官僚责任的履行这些基本要素。其他途径是对这一原则的补充，要么显著地加强，要么缓和它的理论攻击力。

我们将发现，容忍组织理论的模糊与暧昧是可能的。长期以来，物理学家无视其相互矛盾而让光的波动理论和光的粒子理论共处。这样看来，我们的问题麻烦会更少些。

注释

[1] 本书的说法不是对一切现行重组的描述。虽然通常意味着建立长久的结构，重组的设计经常受到主要职位在职者的能力、无能力或潜在反对因素的影响。

[2] Daniel Katz and Robert L. Kahn, *The Social Psychology of Organizations*, 2d ed. (New York:

wiley，1978)，188，196. 然而，注意警告："角色预期决不仅限于工作的描述，因为它可能由组织的领导产生或精通人事的一些专家筹划，虽然这些个体可能是组织中许多人角色集合里有影响的成员。"

[3] 这里我们仅仅罗列政府行政的结构途径的根据。关于权威的复杂问题更实质的分析，参见 Carl J. Friedrich，*Man and His Government*（New York：McGraw-Hill，1963)；and Charles E. Lindblom，*Politics and Markets*（New York：Basic Books，1977)，17-32.

[4] Luther Gulick，"Notes on the Theory of Organization，" in *Papers on the Science of Administration*，ed. L. Gulick and L. Urwick New York：Institute of Public Administration，1937)，1-45. 关于对该论文的攻击，see Herbert Simon，*Administration Behavior*（New York：Macmillan，1947，and later editions)，20-44. 关于这场争论的观点，see Alan A. Altshuler，"The Study of Administration，" in *The Politics of the Federal Bureaucracy*，2d ed.，Alan A. Altshuler and Norman C. Thomas（New York：Harper & Row，1977)，2-17：Vincent Ostrom：*The Intellectual Crisis in Public Administration*（University：University of Alabama Press，1973)，36-47；Brian R. Fry，*Mastering Public Administration*：*From Max Weber to Dwight Waldo*（Chatham，N. J.：Chatham House，1989)，73-97；Thomas H. Hammond，"In Defense of Luther Gulick's 'Notes on the Theory of Organization，'" *Public Administration*（London）58（summer 1990).

[5] Gulick，"Theory of Organization，" 31.

[6] 韦伯的观点通过其部分著作的两个译本变得易为未掌握德语的美国读者接受。它们在 1946 年和 1947 年出版并随以后的平装本重印：*From Max Weber*：*Essays in Sociology*，trans. and ed. H. H. Gerth and C. Wright Mills（New York：Oxford University Press，1958)，and The Theory of Social and Economic Organization，trans. A. M. Henderson and Talcott Parsons（New York：Free Press，1964)。

[7] Weber，*Social and Economic Organization*，328.

[8] Weber，*From Max Weber*，209.

[9] Weber，*Social and Economic Organization*，330.

[10] Ibid.，333.

[11] Ibid.，337.

[12] Weber，*From Max Weber*，196-197.

[13] Ibid.，228.

[14] 对韦伯的理性合法官僚制模型最经常的批评是，他强调的等级权力与他也认识到的专业化职业知识和技术能力之间未被了解的冲突。他没能解释授权给拥有专门能力的下属。Talcolt Parsons 把韦伯对职业权威的忽略以及他对等级制度的强调解释为"反对普遍乌托邦主义的健康反应"。"普遍的乌托邦主义"倾向于使权威、强制权力和人类事务中自然力量的重要性最小化。Parsons 有关对韦伯的介绍，参见 *Social and Economic Organization*，56，58-60n.

[15] 系统理论及其组织渊源在 Katz 和 Kahn 的 *Social Psychology of Organization*，17-34 中得到充分的探讨；and Chadwick J. Haberstroh，"Organization Design and Systems Analysis，" in *Handbook of Organizations*，ed. James G. March（Chicago：Rand McNally，1965)，1171-1211.

[16] 另一种选择是把部门及其压力集团和国会的农业委员会看作一个系统。

[17] 一般系统理论考虑到中等系统中较小系统的"构筑"以及更广泛系统中的中等系统的"构筑"。不过，组织系统理论家忽视了行政机关。相反，他们把部或局同组织或系统等同起来，也许是因为它的规模使它成为商业公司最贴切的类比物，也许是因为它的行为使它成为险境中面临生存挑战的生物有机体的最贴切的类比物。

[18] Talcott Parsons，"Suggestions for a Sociological Approach to the Theory of Organizations，" *Administration Science Quarterly* 1（June and September 1956)：64.（Emphasis in original.）

[19] 关于组织的生存是自然选择过程而不是努力实现目标的幸运结果。See Herbert Kaufman, *Time, Chance, and Organizations: Natural Selection in a Perilous Environment* (Chatham, N. J.: Chatham House; 1985).

[20] Sir Eric (later Lord) Ashby, *Technology and the Academics* (New York: Macmillan, 1958), 67-68.

[21] 当选总统尼克松宣布内阁成员的组成，引自 *Congressional Quarterly Weekly Report* 26 (13 December 1968): 3263.

[22] 尼克松总统 1971 年 3 月 25 日的国会咨文，见行政管理与预算局，总统行政办公厅的 *Papers Relating to the President's Departmental Reorganization Program* (Washington, D. C.: Government Printing Office, March 1971), 7.

[23] 1973 年有关目标和职能的官方声名（修订以来）极度不坦诚："农业部（USDA）依法有权获得和传播最广泛意义上的关于农业对象的有用信息。为实现这一目标，农业部在研究、教育、保护、销售、管制工作、农业调整、过剩处理和乡村发展等领域执行职务"（补充强调）。See *United States Government Manual* 1973/74 (Washington, D. C.: Government Printing Office, 1973), 94.

[24] 各系统理论对权威的关注差别很大，关于论述合并权威及其系统框架中的等级结构的著作，see Katz and Kahn, *Social Psychology of Organizations*, esp. 199-222.

[25] Frederick Winslow Taylor, *The Principles of Scientific Management* (New York: Harper & Brother, 1911; Harper & Row, 1947; Norton, 1967). See Fry, Mastering Public Administration, 47-72.

[26] 泰勒不无遗憾地写道，因为工作压抑的单调无味，"一个适合把处理生铁作为日常职业的人的首要条件之一是他应是如此的愚蠢和懒惰以至于他几乎在心智上更像头牛而不是其他什么。" Taylor, *The Principles of Scientific Management*, 59; See also 61-62.

[27] 该文献的早期讨论见 James G. March and Herbert Simon, *Organizations* (New York: wiley, 1957)，但令人困惑的是，这些结果与该书后来对组织结构和过程的关注没有关联。

[28] 从传统管理分析转到关注工人行为的最早重大研究在 20 世纪 20 年代晚期和 30 年代的西部电气公司的霍桑工厂进行。关于这些结果的评价和研究报告，参见 George C. Homans, *The Human Group* (New York: Harcourt Brace Jovanovich, 1950); and H. M. Persons, "What Happened at Hawthorne?" *Science* 183 (8March 1974): 922-932.

[29] "团体成员在适度结构下比在过度结构或完全没有结构的环境下感到更满意。但他们更喜欢过多结构而不喜欢根本没有结构。在结构化环境中比起在没有结构化的环境中，团体倾向于更具生产率和凝聚力。正规结构并不一定妨碍自治和自我实现需求的满足。一定的结构对于追随者需求的满足是必需的。" Bernard M. Bass, *Stogdill's Handbook of Leadership: A Survey of Theory and Research*, revised and expanded ed. (New York: Free Press, 1981), 588-589.

[30] Edwin A. Locke, "The Nature and Causes of Job Satisfaction," in *Handbook of Industrial and Organizational Psychology*, ed. Marvin D. Dunnette (Chicago: Rand McNally, 1976), 1297-1349, *at* 1332. 正如洛克指出的，人际关系主义者的因果之箭也许指错了方向，即高生产率可能是高满意度的原因。

[31] Chris Argyris, "Being Human and Being Organized," *Transaction* 1 (July 1964): 5. See also his "Some Limits of Rational Man Organization Theory," *Public Administration Review* (33 May-June, 1973): 253-267, esp. 253-254, 263-265.

[32] 关于人际关系模型的全面描述与批评，See Charles Perrow, *Complex Organizations* 3d ed. (New York: Random House, 1986), 79-118. See also H. Roy Kaplan and Curt Tausky, "Humanism in Organizations: A Critical Appraisal," *Public Administration Review* 37 (March-April 1977): 171-180.

[33] Douglas McGregor, *The Human Side of Enterprise* (New York: McGraw Hill, 1960), 33-57.

[34] Lawrence B. Mohr, *Explaining Organizational Behavior: The Limits and Possibilities of Theory and Research* (San Francisco: Jossey-Bass, 1982), 125-153; Bass, *Stogdill's Handbook of Leadership*, passim.

[35] Abraham H. Maslow, "The Superior Person," Transaction1 (May 1964): 12-13. 关于在公共行政中"参与假设"的主要测试，参见 *Government Reorganizations Cases and Commentary*, ed. Frederick C. Mosher (Indianapolis: Bobbs-Merrill, 1967).

[36] Kurt W. Back, *Beyond Words, The Story of Sensitivity Training and the Encounter Movement*, 2d ed. (New Brunswick, N. J.: Transaction Books, 1987); American Psychiatric Association Task Force on Recent Developments in the Use of Small Groups, *Encounter Groups and Psychiatry* (Washington, D. C.: American Psychiatric Association, 1970). 后者的报告说，"'交心治疗小组'一词在西方较为流行，在东方用得更多的是'敏感性'团体或'T—团体'"。

[37] Bass, *Stogdill's Handbook of Leadership*, 560-565.

[38] 错误在于忽视一个普遍的问题。一个具有革新建议单一个体难以从习惯于组织运作的标准模式的同级和上级那里获得支持，最终屈从于组织运作的标准模式而不是为改革而与之斗争。

[39] OD途径的充分描述与评价，see Robert T. Golembiewski, *Humanizing Public Organizations* (Mt. Airy, Md.: Lomond, 1985).

[40] Michael H. Harmon, "Organization Development in the State Department: A Case Study of the ACORD Program," in Commission on the Organization of the Government for the Conduct of Foreign Policy, *Appendices* (Washington, D. C.: Government Printing Office, 1975) 6: 65. 同样的观点 see Donald P. Warwick, *A Theory of Public Bureaucracy: Politics, Personality, and Organization in the State Department* (Cambridge: Harvard University Press, 1975), 228.

[41] Harmon, "Organization Development in the State Deparment," 77.

[42] Ibid., 76. 人际关系学派的意识形态要素在 20 世纪 60 年代晚期的"新公共行政"运动中十分引人注目。*Toward A New Public Administration*, ed. Frank Marini (Scranton Pa.: Chandler, 1971)。and *Public Administration in a Time of Turbulence*, ed. Dwight Waldo (Scranton, Pa.: Chandler, 1971). 关于反对的观点，see *Public Administration Review* 49 (March/April 1989): 95-225, esp. H. George Frederickson, "Minnowbrook Ⅱ: Changing Epochs of Public Administration," 95-100.

[43] 在说明公共行政的多元主义途径的许多著作中，三部杰作是 David B. Truman, *The Governmental Process*, 2d ed. (New York; Knopf, 1971), esp. 395-478; J. Leiper Freeman, *The Political Process: Executive Bureau-Legislative Committee Relations*, rev. ed. (New York, Random House, 1965); and Francis E. Rourke, *Bureaucracy, Politics, and Public Policy*, 3d ed. (Boston: Little, Brown, 1984).

[44] Rourke, *Bureaucracy, Politics, and Public Policy*.

[45] 好的介绍 see J. Steven Ott, *The Organizational Culture Perspective* (Chicago: Dorsey Press, 1989). See also Edgar H. Schein, *Organizational Culture and Leadership* (San Francisco: Jossey-Bass, 1987); and Michel Crozier, *The Bureaucratic Phenomenon* (Chicago: University of Chicago Press, 1964).

[46] 关于空间的关系极少在文献中涉及。一个有价值的例外，见 Frederick C. Mosher, *A Tale of Two Agencies: A Comparative Analysis of the General Accounting Office and the Office of Management and Budget* (Baton Rouge: Louisiana State University Press, 1984), 87-98。整本书富有成效地比较了

两个行政机构的组织文化。

[47] Harold Seidman and Robert Gilmour, *Politics, Position, and Power: From the Positive to the Regulatory State*, 4th ed. (New York: Oxford University Press, 1986), 167. See pp. 166–194 on "The Executive Establishment, Culture and Personality."

[48] Donald F. Kettl, Leadership at the Fed (New Haven: Yale University Press, 1986). 主要问题的讨论见 30～32 页和 85～88 页。

[49] Herbert Kaufman, *The Forest Ranger: A Study in Administrative Behavior* (Baltimore: Johns Hopkins University Press, 1960).

[50] Frederick C. Mosher, "The Changing and Tactics of the Federal Government," in *American Public Administration: Pattern of the Past*, ed. James W. Fesler (Washington, D.C.: American Society for Public Administration, 1982), 198–212; quoted passage at 201. see also Lester H. Salamon, "Rethinking Public Management: Third-Party Government and the Changing Forms of Government Action," *Public Policy* 29 (Summer 1981): 259–278.

[51] Donald F. Kettl, *Government by Proxy: (Mis?) Managing Federal Programs* (Washington, D.C.: CQ Press, 1988).

[52] See, for example, Howard Aldrich and David A. Whettan, "Organization-Sets, Action-Sets, and Networks: Marking the Most of Simplicity, in *Handbook of Organizational Design*, vol. 1, *Adapting Organizations to Their Environments*, ed. Paul C. Nystrom and William H. Starbuck" (New York: Oxford University Press, 1981), 385–408; W. W. Powell, "Neither Market nor Hierarchy: Network Forms of Organization," in *Research in Organizational Behavior*, ed. B. Staw and L. L. Cummings (Greenwich, Conn.: J AI Press, 1990), 295–336; Robert Agranoff, "Human Services Integration: Past and Present Challenges in Public Administration," *Public Administration Review* 51 (1991): 533–542; H. Brinton Milward and Keith G. Provan, "Services Integration and Outcome Effectiveness: An Empirical Test of an Implicit Theory," 论文提交在公共政策分析和管理联合会 1993 年年会上；Fritz W. Scharpf, "Coordination in Hierarchies and Networks," in *Games in Hierarchies and Networks: Analytical and Empirical Approaches to the Study of Government and Institutions*, ed. Fritz W. Scharpf (Boulder, Colo.: Westview Press, 1993), 125–165; Eugene Bardach, "Generic Models in the Study of Public Management," 论文提交在公共政策分析和管理联合会 1993 年年会上。

[53] Eugene Bardach, "But Can Networks Produce," 论文为"公共项目中的网络分析与创新"会议做准备。La Follette Institute of Public Affairs, University of Wisconsin-Madison, 1994, 2.

[54] 关于我们讨论过的理论的综合性评论和其他更多的评论（加强不相称的印象），参见 Jeffrey Pfeffer, "Organizations and Organization Theory," in *Handbook of Social Psychology*, ed. Gardner Lindzey and Elliot Aronson (New York: Random House, 1985), 1: 379–435.

第 *4* 章

组织理论：行政改革的战略和战术

68

在行政管理世界中，变化是最习以为常的。[1]代表工业化国家的经济合作与发展组织在 1993 年的一份调查中，发现它的 24 个成员国都处于行政改革的浪潮中。[2]不过，这些改革差别很大，常常有着多样性的特征。它们带来内在的冲突，这些冲突通常深藏于最先引起改革的混乱的政治现实中。

工业化国家的公共行政改革具有三个典型特征：重建，来自私人部门对重建组织过程和组织结构的努力；不断改进，来自质量运动；精简，来自世界范围内缩小政府规模的举措。许多国家的主要行政创新常呈现出多个……有时是全部……的这些特征。事实上，因为在重新设计政府时存有一种强大而又无法拒绝的诱惑，重新设计出来的政府既要更廉价又要回应更迅速。然而，这些大胆的设想是极难实现的。原因一是在于这项工作本身很艰巨；二是在于行政改革经常陷入互相冲突的方向之中。

4.1 美国的改革

三个重要的事实刻画出美国公共管理改革的特征：(1) 许多
69 其他工业化国家……尤其是英国、瑞典、澳大利亚和新西兰……超前美国许多年。它们比美国早很多年就遇到了预算紧缩、纳税者反抗以及对更好服务的需求。结果是，有十年的国外经验可供指导美国的行动。(2) 在美国，许多最具创新的行政思想发生于私人部门。急于省钱和提高服务提供水平的公共管理者竭尽全力去寻求一切办法，这往往引致他们的共同战略和战术。尽管私人部门的方法和公共部门问题之间的联结往往并不十分理想，但这并不妨碍公共部门官员借助任何可能被证实为不错的方法。最后，绝大部分美国政府的改革趋向于从州和地方政府自下而上，而不是从联邦政府自上而下，联邦政府一般成为改革的最后一环。在相互追逐中，联邦政府实施的差别很大的项目……如食品券和社会保障项目……往往证实与某些创新方法很不相配，而这些方法是用于州和地方的垃圾收集和公园维护等项目的。

4.2 冲突理论

尽管不同层次的政府官员必须解决各自特殊的问题，但在三个基本途径上却有着惊人的趋同。精简、重建和不断改进这类术语已经迅速进入世界各地行政管理者的词汇中。这些术语本身就激动人心，它们道出了管理者和公民共同的渴望。几乎无人希望公共部门变得庞大，所以“精简”，缩小政府迅速获得支持；很少有人支持政府的现状，所以“重建”组织富有吸引力；没人相信传统官僚制度的激励会产生合适的动机来帮助官僚轻易地调整以适应变化迅速的世界，所以“不断改进”看起来是一项不错的改革。

在改革的这三大方面背后，却是华而不实的复杂观点。正统的旧官僚制度建立在传统的权力和等级制度基础之上，它形成了一套简明、浅显和一般化的原则：专门技术基础上的权力代表，通过等级控制的民主负责制。而驾御官僚制度改革的新观点既不正统、不简明也不普遍。另外，这些理论的核心是那些至关重要，却又经常被人忽略的自相矛盾之处，它们威胁行政改革的成功，正如美国最近的实践所展示的那样。

70 精简

精简非常简单。它的战略有一个简单的目标……缩小公共部门，还有一套简易的战术……尽可能地减少政府机构的数量。这差不多是该运动所蕴含的最复杂的东西了，实际上也不需要其他的内容。该理论不过是做任何政治上可行的事情，武断地给税收和职员在数量上封顶，承诺遍及各部门的裁减，或减少官僚机构环节。事实上，愤怒的纳税人愿意挥动利斧进行裁减，只要能如他们所愿，哪怕是那些好的项目或关键管理者被剔除。

在美国，虽然减少地方政府课征的财产税最常成为愤怒的州投票人的目标，但这种不利索的精简却发端于州一级政府。这场运动从 20 世纪 70 年代中期开始，当时通货膨胀抬高了房地产价格，而扶摇直上的房地产价格又提高了财产税。新泽西州的立法者在 1976 年开始立法将支出增长限定在人均收入增长以内。加利福尼亚州的投票人在 1978 年吹响了最嘹亮的号角，他们通过了一项州法修正案，即第 13

号声明。该声明把财产税减至市值的 1%，并将未来财产税的增长率限制在按 1975—1976 年度税基计算得出的财产税总额年均增长 2%。马萨诸塞州的投票人提出了“21/2 声明”，即每年减少财产税 15%直至达到整体市值的 2.5%（21/2)，这是它们必须保持的（因此以 21/2 为名）。[3]在接下来的 10 年时间里州立法者通过了许多其他税收限制法案或特别税收停止法案。[4]仅仅从 1976 年到 1982 年，就有 19 个州的立法者和投票人同意限制政府收入或者开支。[5]

1994 年两个州进行了新奇的改革。密歇根州的投票人赞同把数目庞大的用于教育的地方财产税收入转移到州税上，与此同时威斯康星州的立法者投票决定用州政府削减开支提供资金的州补助来取代绝大部分用于学校的地方财产税。在这两个事件中，两个州的州政府官员首先加入到广泛的财产税减免改革之中……而没有决定如何达到它。其实，为了拿出以承诺的补助，这个战略引起了州立法机构中疯狂的讨价还价。

当时几个调查所揭示的问题，并不在于市民们对他们所接受的服务不满意。相反，他们相信公共部门根本就没有效率并且能轻易地用更少的钱提供相同的服务。[6]民选官员发现减少“浪费、欺诈、滥用”这非神圣的三位一体的举动得到投票人的强烈共鸣。不管是好还是坏，民选官员和投票人都渐渐认识到公共的无效率 *71*
是如此之严重，以致政府开支和收入都可以大大削减，并且不影响公共服务的质量。税收和开支的限制会迫使政府官僚机构不再浪费。E. S. 萨瓦斯（E. S. Savas）指出公众“对民选政府在削减开支方面的能力和决心失望之极，从而事态发展成公众直接插手削减开支，就像一个家长责备大手大脚的孩子时减少他的零花钱一样”[7]。

精简运动的浪潮在 20 世纪 80 年代中期涌向联邦政府，却带来很不稳定的结果。1984 年，在总统的私人部门成本控制调查中，以其主席 J·彼得·格雷斯 (J. Peter Grace) 为名的被人熟知的格雷斯委员会提出了2 478 条建议，报告指出这些建议在三年内可以节约 4 244 亿美元。该委员会指出联邦政府正“遇到一个管理既无效率又无效益的危急关头”。只有更实事求是的实践，尤其是大量削减政府项目才能够减少赤字漏洞。[8]学术批评家认为该报告大部分建立在意识形态、亲商业、反政府基础之上。他们断言该报告包含了不恰当的陈述，按该报告中的建议行事实际上会损害联邦政府的事业。[9]控制国会的民主党对报告持怀疑态度，视其为共和党总统罗纳德·里根（Ronald Reagan）的一种党派花招，这场争斗最终使该报告的绝大多数建议胎死腹中。

无论如何，格雷斯委员会的报告确实已经在联邦层次上推动了精简运动。它有助于 1985 年《平衡预算与赤字紧急控制法》的出台，这更多地是以其两个关键负责人的名字命名为格拉姆—拉德曼法。(我们会在第 10 章中充分探讨格拉姆—拉德曼法的内容)。在格拉姆—拉德曼法的众多重大影响中，其中之一是迫使国会和总统、民主党和共和党达成共识，开始着手控制不断扩大的联邦赤字。精简成为美国各级政府政治生活中无法回避的一部分。

在 20 世纪 90 年代早期，税收和开支限制运动助长了总统竞选中独立候选人 H·

罗斯·佩罗特（H. Ross Perot）的士气。佩罗特出人意料的支持率迫使比尔·克林顿（Bill Clinton）总统必须去应对迫在眉睫的难题，所以他在入主白宫之后就让副总统阿尔·戈尔（Al Gore）着手“再造”联邦政府，以使它运行得更好，而成本更低。“再造”一词来自 1993 年由戴维·奥斯本（David Osborne）和特德·盖布勒（Ted Gaebler）合著的一本最畅销书《政府再造》。[10]戈尔在《国家绩效评估报告》中向投票人承诺到 1999 财政年度将节约 1 080 亿美元。这些节约部分将来自已
72 经着手进行的改革，而其余部分将自己提议的政策变动和对联邦机构中专门职位的裁减。这些裁减的绝大部分将出自对联邦公务员队伍的大量削减，5 年内减少 12%，总计减少 252 000 个职位，自 1967 年以来首次使公务员人数低于 200 万人。副总统戈尔在报告中承诺削减联邦官僚机构中不必要的层级：

> 绝大部分的裁员都会集中在调整过度控制和微观管理的结构，因为它们已经束缚了联邦政府的手脚：监控者、总部全体人员、人事专家、预算分析师、采购专家、会计师、审计师。这些中央控制机构不仅窒息了基层管理者和员工的创造性，而且每年在工资、奖金和行政管理成本上要花费几十亿美元。额外的裁员将会促使每个机构重新启动它的基本工作程序，以较低的成本获得较高的生产力——削减不必要的管理层级和次要的职员。[11]

该报告承诺它所提议的许多改革措施，从规范采购程序到给予管理者更大的决策灵活性，而不是无休止的交叉核对，都将提高政府效率。它还指出这种效率将有可能剔除联邦官僚机构的一些功能和层级，由此可以节省几十亿美元的费用。理论上，新的高效率将带来节约，而实践中，节约几乎完全独立于行政改革。该报告认为官僚机构内部的战略性谋划将决定裁员从何处入手。当各部的负责人开始履约裁减时，在任何与谋划有关之处裁减进展甚微。实际上，绝大多数部准备向雇员提供一揽子“买断”条件来达成目标，如果雇员早早退休就用这些条件给予他们资金上的激励。[12]

作为一种政治手段，通过裁减公务员队伍来“再造政府”的承诺对克林顿来说似乎万无一失，且举手之劳就吸引了许多投票人，尤其是那些在 1992 年总统竞选中愤怒地投票给独立候选人大工业家 H·罗斯·佩罗特的投票人，克林顿班子相信他们的支持将决定下一届总统竞选的结果。[13]为美国有线新闻网/今日美国进行的一次盖洛普民意测验认为，克林顿在削减政府方面已全力以赴。有 68%的反馈者说即使削减触及他们自身的领域，他们也愿意支持联邦的行为，而持反对意见者为 21%。也许令人奇怪的是，有 66%的反馈者还压倒多数地认为“必须确保政府项目
73 达到预定目标”比“为纳税人节约用钱”更重要，持相反意见的人有 26%。[14]

州和地方的税收限制运动，连同克林顿政府对再造联邦政府的努力，蕴藏着一系列有关精简运动的重要观点。首先，虽然它不时地建立在不同的理论根基上，如“再造政府”[15]和官僚机构行为效用最大化[16]，但运动本身大多与理论无关。一套实用主义原则已指明：提高政府效率的唯一途径是逼着公共管理者采取限制税收

和开支的办法。纳税人的愤怒推动了一场削减任何可能之处的运动。事实上，在 1995 年初比尔·克林顿总统为了能连任总统而答应削减中产阶级税收时，曾承诺通过更进一步削减政府官僚机构的开支来为此提供资金。

其次，虽然经常有关于仔细规划以决定哪里可以削减的大胆言论，但是从总体上来看，规划趋向于落在事实之后。民选官员和管理者同样力争在短期内应付这种局面，长期规划则可望而不可及，那是事易时移的政治系统绝不允许的。精简使政府官员的注意力集中在应对制定长远绩效策略时的直接压力。

再次，当精简真正限制了美国政府的开支和税收增长时，它对服务质量和行政效率的影响却一点也不清楚。实际上，美国各级政府已经潜滋暗长地拓展了他们对政府采购质量的理解。[17]为了安抚怨恨深重的投票人，民选官员变得厚颜无耻，在宣称他们领导的政府重病在身的同时却推进使它的病情雪上加霜的政策。

因此精简几乎成为一种象征性的伎俩。它给了民选官员一种回应投票人所关心的问题的方式，而没有直接解决使政府更好运转的难题。公共部门官员，包括民选的和委任的，为了这一目的已经替代性地向重建和文化转变。

重建

很少有这方面的管理类书籍能进入最畅销书行列，但是哈默（Hammer）和钱皮（Champy）的《重建公司》却在该行列内呆了好几个月。[18]他们描述了许多既面临新挑战又受到生存威胁的公司。他们指出为了成功，甚至为了生存，商业领导 74
必须跳出以往增量提高的圈圈，重新彻底检查公司的运营。他们认为全新的工作流程和组织结构会在绩效上产生量的飞跃。这一论点在私人部门已如一言九鼎，它的影响也已波及政府。[19]

哈默和钱皮所主张的重建始于把一切东西摆上桌面。它“意味着通过非连续性思考，彻底从头开始”[20]。他们相信管理者总是在必须从头开始之际试图力挽残局。这一新的流程让管理者们考虑“3C”原则：顾客（customers）、竞争（competition）和变化（change）。新局面的根基建立在顾客的“谁知道他们需要什么，为此他们宁愿付出什么，如何满足他们的需求”之上。成功属于那些以满足顾客需要为目的进行运营的公司。更加激烈的竞争意味着那些不将这套技术引入运营的公司将被淘汰。由于变化常在，只有那些立足自己，应变快速的公司才能繁荣发展。

重建要求对工作流程重新进行翻天覆地的设计。事实上，流程是重建的基石。有效的管理者在他们组织内重新设计流程以确保顾客的需求得到满足。他们引进最先进的技术，尤其是信息技术，以便从运营中争创额外的效率。哈默和钱皮坚持认为重建和精简并不一样，它不是由于绩效的提高而带动的。它与行政的重新组织也不一样。因为重建认为流程比结构重要得多。它也不同于全面质量管理（TQM），该方法通过不断改进力求在现有的流程内提高质量。相反，重建不是寻求利润增长而是寻求突破性战略。重建并非寻求把一项工作做得比原来好 10%，它寻求的是能把工作做得比原来好 10 倍，甚至百倍的战略。[21]

当私人管理者正风行重建时，公共管理者也发现这场运动不可抗拒。举例来说，马萨诸塞州重建了它的儿童——抚养费代收系统。在此之前，抚养费代收有赖于配偶中抚养方对非抚养方的抱怨。社会工作者通过劳动密集型系统锲而不舍地追踪违反法律的当事人并进行干涉以获取抚养费。州政府开始改进计算机去寻找有类似特征的案例，搜寻拖欠抚养费的父母的资料并发出信件坚持要求支付抚养费。两年后根据一份报告，85%的抚养费代收在没有社会工作者介入的情况下发生。代收
75 抚养费案件的数量递增了 30%，自觉支付抚养费的比例也从 59%跃升至 76%。在加利福尼亚州的马西县，为个体工作站设计的新软件取代了用来审查福利合格声明的粗线条计划。用这种方法之后，从开始申请到面谈的时间由四周减少为三天甚至更短。[22]与此同时，得克萨斯州也通过几项主要创新来改进本州的税收行政管理系统，支持者相信由此每年可以获得 5 100 万美元的额外收入。[23]

并非所有公共行政学的学者都同意顾客服务途径是正确无疑的。以 H·乔治·弗雷德里克森（H. George Frederickson）为例，他断言“政府并非市场”而且“公民不等于是顾客，他们是主人”[24]。批评家添油加醋地认为使政府更加企业化的大规模改革运动是危险的。他们指出，即使企业化行为是个好主意，这个观念也不可能适用于政府。在绝大多数公共领域很少存在私有竞争。[25]尽管如此，再造论者反驳道：精力充沛、能解决问题的管理者将比那些植根于标准操作程序和组织结构的传统官僚做得更好。

进一步讲，即使公民很清楚政府是“民有”的，许多改革者仍认为把公民当作政府项目中的“顾客”并不违背民主政府的基本前提。比如说威斯康星州的摩托车工业部，安置使驾照更容易获得的新系统：采用一些能告诉公民需要等多久的机器，使等候者最少化的新系统，以及在购物大厅设立附属办事处，夜间和周末也开放，让公民有了新选择。该州的税务署开发了一套新的快速退税系统，它可以在两周之内让纳税人拿到他们的所得税退税单。在俄勒冈州，该州的颁发驾照当局对公民进行调查以决定他们最需解决的问题。通过调查得到的回答是公民常年必须携带的驾照照片很低劣。于是，该州安装了一套新的电子系统，让公民选择可以匹配驾照的相片，公民对他们的这项服务甚感满意。

政府的顾客服务取向运动正处于萌芽阶段。从识别顾客这类初级难题到实施新激励促使政府雇员更好地为顾客服务这类较深入的难题，可以说有大量的问题必须加以解决。正是这些所谓的政府战略和战术进一步使这些问题复杂化。就如我们在第 2 章看见的那样，许多政府项目通过转移支付、补助金和合同间接实施。绝大部
76 分政府雇员远离第一线，疏远他们项目的最终顾客。这并不意味着顾客服务途径是无效的。不管怎样，它确实说明了政府管理人员必须在工作中进一步发挥创造性以确保整个系统中的管理人员能聚焦于公共项目的最终目标上。在诸如俄勒冈等州中以及在联邦层次上，绩效管理者的发展对再造整个系统的激励机制已是至关重要。

至于重建者，他们标榜自己的主张新颖神奇。当然，最有益的是可以提升书本的销量以及咨询合同量。事实上，他们对顾客、激烈变化、迅捷组织以及信息技术的关注代表着一种有创意的组合。在上一章我们已经看到，组织理论传统上关心的

是组织目的以及如何使效率最大化。在20世纪30年代，对许多组织理论来说流程才是核心。在亨利·法约尔（Henri Fayol）的著作中更是如此。[26]当然，信息也是如此。正如L.厄威克（L. Urwick）所说的“任何旨在科学的精确性和可靠性的行政管理形式的潜台词肯定是调查或研究以得出信息。”[27]事实上，卢瑟·古利克（Luther Gulick）为布朗洛委员会（Brownlow Committee）所写的建议富兰克林·罗斯福（Franklin Roosevelt）总统重组机构的著名文章《组织理论》已经明确地谈到“主要流程组织”的问题。在文中他还指出以流程为基础的组织的关键问题：“尽管流程组织可以为我们带来效率，但是除非协调的补偿结构建立起来，否则这种效率不可能实现。”[28]

第二次世界大战后的几十年中，组织理论家特别是公共组织理论家在组织流程方面的兴趣大为减少。绝大多数有关流程的讨论围绕着正当流程和保障公民平等待遇而展开。[29]詹姆斯·Q·威尔逊（James Q. Wilson）光彩夺目的《官僚制度》一书谈及“程序组织”作为一种组织“管理者可以观察他们的部属正在做什么而不管那些努力所得到的结果”（如果有的话）。[30]这就陷入了僵局。威尔逊假定了一种管理者不能决定部属会得到什么样结果的情况，对他来说，政府管理者经常无法理解，更不用说去控制他们项目的结果。相反，重建论者则断言通过控制流程来改进结果对更好的行政举足轻重。实际上，组织流程在绝大部分现代公共组织理论家的论著中是不言而喻的，但是几乎对任何事物它都不是核心（除了前面提及的在保障公平待遇方面）。[31]重建试图在管理者心目中重新树立组织流程，并且把它提升至比它在第二次世界大战前的黄金时期更高的水平。

重建论者的执著是他们的最大优点，但也是他们的最大缺点。哈默和钱皮不自 77
觉地将1776年亚当·斯密（Adam Smith）的《国富论》作为自己著作的渊源。他们写道：“我们确信商业重建原理的应用将会像斯密创建的工业组织原理一样带来巨大而惊人的影响。”[32]与绝大多数现代组织改革畅销书的作者一样，哈默和钱皮毫不羞愧地表现出对自身观点的狂热并且不遗余力地兜售它的好处。而且他们强烈认为不彻底的手段总是无法令人满意。（那当然是一种寻找绝佳的借口。如此一来，任何失败都可以最终归于完全彻底重建的失败。）不过这种建议为应付充满不定前景的环境提供了不充分的指导。当问题出现时，除了更努力的尝试以外，它提供了模棱两可的该如何去做的建议。此外，它还为如何在长期变革中坚持下来直至变革结束，并开始新阶段提供了含糊的建议。

但是，这种妄言却影响广泛，尤其是对副总统戈尔的政府再造任务小组更是如此。确实，该报告承诺克林顿政府将“重建政府事务，充分利用计算机系统和通讯设备来革新输送服务的方式。”[33]副总统的再造论顾问指出，必须消除或合并过时的和重复的组织结构，用改进的技术替代政府单位并把他们更好地连接在一起。不过，副总统的任务小组却陷入政府内部重建时常见的困境。重建理论家明确指出战略必须驾御战术，特别是精简必须作为行政改革的结果而不是目标。但是，在构建该报告的过程中精简却成为中心目标，而其他一切则变成次要的。

这种矛盾远远不是理论性的。重建论者承诺会有丰硕的成果，但是他们也声明这个流程需要巨大的操作空间和时间来达到那些成果。他们强烈认为自己不能被草率的目标束缚住手脚。副总统的任务小组因此处于一种窘境：为了使联邦政府首先达成草率的精简目标，再造论者推翻了可以达成这些目标的流程。这场运动的政治理论基础难推其咎。短期内的大标题就是精简，但是，短期收益的长期成本必将破坏本可以取得突出改革成果的流程。

不过这种窘境并没有消磨对政府重建的热情。各地的改革者已经采用它，起码
78 当夸大其词时是这样的。但即使是它的最忠实拥护者也承认流程重建是一种高风险的行动。有些报告表明高达 70%的私人部门重建计划失败了。“相比之下，在公共部门”，一位专家写道：“只有更少的改变动机，却有着更多的结构障碍。”所以成功的机会可能还达不到这种程度。[34]反之，政府减少成本和改进服务的压力是如此之严峻，以至于管理者，不管是公共的还是私人的，经常愿意去博这些机会。虽然重建顶多只是作为一个口号进入公共行政的视野，但它的许诺却是有诱人的。更重要的是，它已经树立起一面战旗，在其指引之下改革大军正阔步前进。

不断改进

另一批行政管理改革者却沿着一个非常不同的方向前进。取代重建论者倡导的非持续性、自上而下的运动。在过去的 10 年里，这场运动与W·爱德华·戴明（W. Edwards Deming）发起的全面质量管理（TQM）联系最为紧密，但是，它的根源实际上可以追溯得更加深远。[35]其他理论家已经调试 TQM 以驾御一场面向持续组织改进的广泛运动。

TQM 建立在“产品质量最重要”这样一种理念之上。戴明宣称随着质量的提高成本将会下降。“更好的质量带来更低的成本和更高的生产力。”一位崇拜者这样解释：“对于单个公司来说，不断提高的质量会带来更高的生产力、更低的成本、更高的利润、更高的股价，而且对公司的每一员——经理、工人，以及业主来说都有更多的保障。”[36]产业不应该为决定如何进一步榨取利润而求助一个组织，相反，它应该为提高质量而前瞻，利润就会自动生成。以利润动机主宰的工人趋向于持不乐意态度，而追求质量的雇员则会对自己的所作所为更加满意，会觉得更安全，也就更有干劲。因此，根据 TQM 运动，管理者必须关心的一切事物的根本在于这个组织对事物质量的不断追求。

在某种层次上，这似乎与重建论者的战略大同小异，因为他们也深切关注质量。但是，重建论者相信基本的流程经常阻碍质量的获得，只有对那些流程进行彻底变革才能改进结果。相反，全面质量管理者却认为需要“从小处着眼”，按从组
79 织基层到顶端这样的顺序推进。[37]在全面质量管理中，无论是政府还是私人部门，工人本身就是专家，他们最清楚如何解决问题、服务顾客以及改进工作。[38]

另外，全面质量管理视重建仅仅为行政改革的一部分。在该运动支持者看来，仅仅改变流程是不够的。全面质量管理者的一个重要论调是，流程只不过是支持管理改革的五大支柱之一（还有产品、组织、领导和责任）。重建论者宣称只有大规

模、根本性的改变才有效；全面质量管理者恰恰相反，他们鼓动管理者从小处着眼不断改进以寻求发展。[39]

全面质量管理在美国政府中运用得更为广泛，部分原因在于它的规范，部分原因在于它作为一种理念已经存在较长时间。环保局运用该项技术改进有关处理地下储油池渗漏项目的管理，而空军后勤指挥部则把战斗机的备机率从 40%提升至 76%。纽约市的卫生部门用全面质量管理帮助解决工会的问题。美国退伍军人事务部费城地区办事处运用全面质量管理改进对退伍军人申请贷款的服务。[40]实际上，两位研究这一流程的学者总结道："质量改进方案已经节省大笔成本，改进了对机构顾客的服务，雇员的道德水准和生产力有了可观的提高。"[41]

质量运动孕育出比重建运动更大规模的成果。一些倡导者把"全面"从名称中去掉以远离将一部分管理者从全面质量管理者中离间出来的狂热。其他人则倡导一种质量改进的更宽泛的手法，此种方法建立在不断改进以帮助组织学习和让个人假定必须对组织成果负责的基础之上。全面质量管理和它的追随者关注人胜过关注组织。[42]他们受到流水线工人的鼓舞更胜过受到上层领导者的鼓舞，并且更加坚信工人在改进自身工作时有改进组织获得成功的能力。

事实上，这种途径是建立在组织理论的漫长传统之上的，从玛丽·帕克·福利特（Mary Parker Follet）开始[43]，接下来是亚伯拉罕·H·马斯洛（Abraham H. Maslow)[44]，一直到更现代的激励基础上的理论家。该传统已经指出个人因素从激励到个人满足，在决定组织成果时与结构和流程是并驾齐驱的。该传统总是有影响力，但是从来不曾成为组织理论的核心。它并没有像重建那样宣称可以在短期内产生奇迹。实际上它的基本箴言是一旦启动质量运动，那将永不停止。没有哪一 80
种质量水平是充分的，只有对质量的永恒追求才能够确保一个组织和它的员工脱颖而出。

毫无疑问，这些主张在美国行政改革中引起了强烈反响。不论是副总统戈尔的再造任务小组，还是州和地方政府的种种努力。戈尔的报告承诺"给顾客一个发言权和一种选择"并且"把公民置于第一位"。雇员将"有权了解结果"。实际上这份报告背后已经借助了全面质量管理理论。可以说，不断改进运动在驾御戈尔报告方面胜过其他任何一套思想。类似的以顾客为基础的持续流程也已经驾御了州和地方层次上的改革，不管是明尼苏达州以州为基础的政府再造举措还是俄勒冈州的全面战略规划。[45]不过，有关不断改进的讨论和有关精简及重建的讨论同等重要。不断改进的倡导者振振有词地说，当管理者的工作最受关注时是不可能期望他们去冒险的，重建也不能包括使任何组织更好运转所需改革的全部范畴。不管是戈尔的任务小组还是全国的其他改革举措，结果都是种种思想的艰难撮合。

改革评价

对精简、重建和不断改进这三种改革思想的相应比较，使它们之间的差异一目了然。请参见表 4—1。它们寻求的目标、实现的方向、驱动的方法、奉行它们的管理者的中心着眼点以及达成的行动都体现了出来。

81 **表 4—1** 美国的主要行政改革

	精简	重建	不断改进
目标	开支减少	效率	回应性
方向	从外到内	自上而下	自下而上
方法	目标明确	竞争	合作
中心着眼点	规模	流程	人际关系
行动	非持续	非持续	持续

□ 精简。由愤怒的公民从外到内施行，寻求更少的政府开支，它的方法就是目标直率，假设政府有极大的浪费因此必须削减。精简者试图通过战略性干预缩减政府规模，事实上是通过凶猛的炮轰来标榜自己对已有的政策制定者和管理者的藐视。

□ 重建。试图通过对组织流程的激进变革来寻求更高的组织效率。高层领导者凭着对组织发展方向的战略感知，极力利用竞争和服务顾客的迫切性，转变他们的组织。

□ 不断改进。通过启动一道持续的程序改进组织产品的质量从而寻求对顾客需求的更大回应。不断改进的倡导者相信职员最清楚如何解决组织的难题，所以与重建不同，不断改进是自下而上塑造起来的。职员间的合作取代了必要的竞争，而且雇员间更紧密的联系比组织结构和流程更重要。

每种运动的基本主张都与另外两种运动针锋相对。精简运动始于假设只有大场面的举动才能引起公共管理者和政策制定者的关注；相反，重建论者和不断改进论者则相信更高的效率和更小的组织是行政活动的结果而不是原因。重建致力于通过高层的政策大变动来转变低层职员的行为；不断改进则主张高层管理者的工作是改进环境从而允许低层职员参与组织转变。精简论者只追求更小的政府，重建论者专
82 注于流程，而不断改进者则聚焦于人。重建论者推动竞争来改变行为，而不断改进论者则认为竞争会破坏质量所需要的人际合作。

对这些行政改革方法起推动作用的是一些理念，而对这些理念之间的冲突进行评价本身就是一个重大的难题。我们不知道究竟哪一种最佳。下结论是不可能的，不仅因为政府在项目评估时明显地投资不足，而且因为没有一个组织完全只采用一种改革形式。民选官员和管理者很少在改革理念元素中选择最吸引他们的部分。因此，管理者经常发现他们自己在尽力达到外在的精简目标时会自上而下地重建他们的流程并且鼓励他们的雇员自下而上地改进质量。每种方法的倡导者都对这种混乱很吃惊。推动竞争与合作、自上而下和自下而上的领导关系、流程与人际方法、不断改进与间断改进，之间极少能很好地磨合。它们向职员发出了矛盾的信号并且造成相互冲突的结果预期。不过，这些矛盾很少阻止公共管理者和政策制定者接受那些基本理念。可以说名称本身就有强大的象征性吸引力。另外，每种技术的整体目标都是无懈可击的。公民和民选官员都觉得，以更好流程运转并对公民和质量有更

多回应的更小政府这一承诺有着更大的诱惑力。行政改革理念的矛盾不但基本无法解决，而且在政治上不可避免。

4.3　全世界是一个舞台

全球关于公共行政有两个不可否认的事实。[46]其一，行政改革是各地政府不变的目标。事实上，关键在于政府比任何其他人从中分享更多东西。那些刚刚冲破苏联主宰时代的国家正千方百计地赶上潮流。从创建一套新私人部门可借以成长的公法到修订税收制度以更好地资助公共项目都是他们所面临的任务。发展中国家正忙于经济现代化。重建他们的政府是这一战略的关键部分。较发达国家正极力再展雄风，在公共部门中消除浪费使政府项目更有效率。总之，行政改革成为世界舞台上众人瞩目的焦点。

其二，除了改革的普遍性之外，没有任何一套理论可以单独驾御它。公共行政 83
改革变化多端，有多少国家尝试就有多少种形式。正如鲁比克魔方（Rubik Cube）当中的彩色方块一样，尽管它们以一系列奇特的方式组合在一起，但只有少量的方法有助于图案的形成。

行政改革的战略

经济合作与发展组织 1993 年对其成员国（世界上最发达的国家）公共行政发展的调查强调了以上两点。它的成员国在促使公共服务更具回应性的同时尽力节省了公共部门的成本。[47]它们的战略可以分成三类：

首先，许多成员国正凭借精简去压缩它们的公共部门。绝大部分成员国更多的是依赖于使用者付费，以及订立合同之类的市场机制。一些国家，尤其是荷兰、葡萄牙、英国和新西兰，甚至把公营企业卖给私营业主。对于没有出售公营企业的国家像比利时、芬兰、加拿大和瑞典等则重组企业并引进私人部门的激励机制。纳税人的抗议导致了对公共部门规模的限制，尤其是对政府雇员和他们工资的限制。以意大利为例，只有 25%的地方政府退休职员由新人接任。芬兰、日本以及荷兰已经确立了更小文官系统的目标。

其次，几乎所有成员国正通过彻底转变公共组织的运行方式来重组公共部门。绝大部分经济合作与发展组织的成员国正在改变它们的管理中枢。对绩效衡量和策略规划的重新关注正取代对行政活动的详尽控制。特别是法国和日本，已经积极探索从中央政府分权并且赋予地方政府更多的责任。另外一些国家，尤其是英国、加拿大和丹麦，正试图赋予政府“机构”全新的定义，给予管理者在换取绩效标准更大责任方面更多的操作灵活性。

最后，许多国家正采用不断改进策略，在政府官僚机构内部分给级别较低的官员更多的权力。政府官员逐渐认识到，太多的权力太长时间以来一直滞留在高层官员手中。要想使公共服务更具回应性，就必须给予基层政府官员更多的决策权力。

84 虽然每个国家的行政改革途径是单一的，但是这几乎席卷全球的改革战略浪潮是令人印象深刻的。当然，共同主题的重视也是如此。这没什么好惊讶的。政府官员和紧紧跟踪政府运行的评论家，正逐步相互联系，共享指导公共行政的新理念。实际上，20 世纪 80 年代晚期澳大利亚和新西兰的行政改革，更确切地说是那些改革的理念——大大促进了副总统戈尔“政府再造”的创举以及美国各州和其他地方的其他改革。[48]

行政改革的战术

在鲁比克魔方中，相同的颜色将会有规律地出现，但它们经常混杂在一切使分类相当困难。精简的目标很简单：尽可能地压缩公共部门，要么采用卖掉公营企业，一直采取公共供应的服务，则用合同承包出去；要么制定限制措施限制公共部门未来的成长。这个目标虽然简单，但它已经支配了全球一场重大的运动。

重建途径采用了程序性和分析性战术。许多国家已经发展了新流程来更好地连接操作单位。比如说，新西兰正在培训上层管理者拓展有关管理跨越部门界限的新技术。法国分权运动的目标之一是把地方层次上所有那些类似的难题并在一起。与此同时，20 世纪 80 年代的放松管制运动正持续发展。这些国家还靠信息和分析技术增加对行政官员行为的杠杆作用。西班牙更多的是依靠信息技术作为联结政府单位的纽带。20 世纪 90 年代的最新改革发展了绩效管理系统。其中操作管理者被赋予了更大的自由裁量权，对上层管理者负责绩效而不是负责同意基础上的指示。许多国家将绩效衡量与财政管理系统改革连接在一起以促进计划和成本控制。澳大利亚、芬兰、冰岛、新西兰、英国以及美国都已经从成本转向（有些国家比其他国家更深入而且更渴望）权责发生制会计以增强责任感。

同时，许多国家在致力于改变官僚文化时都借助于更好的衡量手段和培训系统。绩效衡量系统设计成管理者关注成果和产出而不是预算和投入。这些国家努力
85 改变职业道路前景和加强管理者领导能力。无论是荷兰还是美国都致力于把决策推向尽可能低的层次。许多国家还使公共服务变得更加“以顾客为中心”。以加拿大来说，公共官员正在“共同确定”相关的服务，这样需要公共服务的公民只要去一个地方而不需要在政府机构间奔波。日本已经开始了使项目更加以顾客为取向、对公民更加透明化的运动。

整个世界无疑是行政改革的大舞台。实际上，改革的范围和种类在上一轮是没有先例可循的。第二次世界大战之后并非马上就有如此之多的政府尝试着如此激烈地再造它们办事的方式。上一轮改革主要集中于建立合适的结构，根据已有的正统行政理论组织起来帮助政府最高效率地管理项目。这些改革持续了相当长的时间，直到 20 世纪 70 年代末期，事态发展表明他们已经播下了失败的种子。创建强大的官僚机构以解决战后难题的早期战略逐渐导致官僚机构经常超大规模、专横并且失去控制。全世界的公民都在抱怨他们缴纳给政府的税收要远远高于他们从中获得的

收益。同时，次发达国家和新独立国家正奋力地追赶上来。

4.4 结　论

以此来看待工业化国家的行政改革，有一种结论非常突出。尽管有如此之多的理念驾御行政改革，尽管这些理念有些内容相互矛盾，改革者们仍不分青红皂白地混杂了这些理念而很少注意到它们之间的矛盾。另外，这些混合物往往以非常不同的形式糅合在一起，所以改革模式很少重复。这就很难确定行政改革是否有效，一些理念是否比其他的更有用，或者哪一个理念在什么地方最有用。改革者能够并且确实从他们所关注的任何积极变化中获得荣誉。改革理论家也依葫芦画瓢，在解释任何问题时同样会毫不犹豫地指出那是由于他们的理论未被充分地运用。

实际上，也可以用这种解释得出一个更概括的、有讽刺意味的结论：行政改革
只不过是明智运用的象征性政治。是否有任何真实的事情发生呢？那种讽刺性的解 86
释居功至伟，因为它提及了行政改革的一项重要特征。撇开行政改革取得的任何其他成果，它已经发展出一套强大而有吸引力的词汇来理解官僚制度的病理学，并用来开解决问题的药方。行政改革理论在激励行动方面有重大的象征性价值。不过，若建议事态就此终止那可就太具讽刺性了。美国政府再造的努力程度还不足以清晰地描述它的结果。[49]然而，其他国家的努力已经产生了明显的结果：行政改革产生了效率更高、更有效的政府。显然，管理非常重要。它提供了一套理解政府行动的符号性语言，以及改进结果的战略和战术。这看起来或许是不够大胆的声明，但它却往往被低估。

同等重要的第二个结论是管理的重要性只限于政治上的重要性。期望公共行政能够独立于政治，或者说期望它的最基本含义是行政而不是政治的想法是不现实的。绝大部分行政改革努力的内在理论矛盾比一个事实更次要，即矛盾本身常常看起来有重要政治价值这个事实。

这有两种重要的暗示。第一，公共管理者必须对调解这些冲突的和矛盾的需求有准备。如果他们可以只追求单一的行政途径，那他们的生活将会简单得多。依此类推，如果他们可以自由地按照自己的想法行事，不受制于由民选官员或根据公民的要求制定的政策，那他们的生活也将更加简单。但那可不是他们受雇后所要做的（指按自己的意愿行事）。在民主社会中，公共管理者的根本任务是调和那些不可调和的需求。20 世纪末的工作已变得日益艰难，因为在资源减少的同时预期却在膨胀。这在意味着公共管理者面临前所未有的挑战的同时，也意味着对好的公共管理者前所未有的需求。

第二，行政理论家也许面临着更大的挑战。从很大程度上来说，公共行政的中心思想来源于私人管理者。行政理论已经大大落后于（私人部门）那些令人吃惊的变化。但是，公共行政的任务和环境是如此的不同，因此不管私人部门改革有多大的借鉴意义，它们是不可能给公共部门提供明确的指导的。比如说，“顾客服务”

运动已经席卷西方世界，但却很少仔细推敲谁是政府的顾客，如何重构政府活动以
87 推进顾客服务，怎样去平衡政府的多种顾客之间经常冲突的预期，以及在此进程中其他哪些重要目标必须作出牺牲。

进一步讲，行政理论家面临着一个相当突出的任务，即调解政治现实强加给简洁的组织理论的矛盾。往往是，像公共管理者埋怨说如果民选官员停止干预他们的工作的话，那他们的工作会更加容易一样，理论家抱怨民选官员相互矛盾的信息弄脏了简洁的理论。问题更多的是理论而不是实践。全球行政改革的步伐表明了着手解决这些问题是多么重要。

注释

[1] 本章的部分内容来源于在澳大利亚布里斯班召开的由澳大利亚公共部门改革研讨会赞助的会议。以“新思维，更好的政府”为主题的本次会议于 1994 年 6 月 23—24 日召开，由格里菲斯大学（Griffith University）澳大利亚公共部门管理中心组织。我们对会议组织者，格林·戴维斯（Glyn Davis）和帕特里克·韦勒（Patrick Weller）充满感激、感谢他们对该项研究的支持以及允许本章使用会议的资料。

[2] Organization for Economic Cooperation and Development，*Public Management Developments*：*Survey* 1993 (Paris：OECD，1993).

[3] Roy Bahl，*Financing State and Local Governments in the* 1980*s* (New York：Oxford University Press，1984)，184-185.

[4] Irene Rubin，*The Politics of Public Budgeting*；*Getting and Spending*，*Borrowing and Balancing*，*2d ed*. (Chatham，N. J.：Chatham House，1993)，51-52.

[5] J. Richard Aronson and John Hilley，*Financing State and Local Governments*，4th *ed*. (Washington，D. C.：Brookings Institution，1986)，223-224.

[6] See Bahl，*Financing State and Local Government*.

[7] E. S. Savas，*Privatizing the Public Sector*：*How to Shrink Government* (Chatham，N. J.：Chatham House，1982)，16-17.

[8] President's Private Sector Survey on Cost Control (Grace Commission)，*A report to the President* (Washington，D. C.：Government Printing Office，1984)，Ⅱ-1.

[9] Charles Goodsell，“The Grace Commission：Seeking Efficiency for the Whole People，” *Public Administration Review* 44 (May/June 1984)：196-204.

[10] David Osborne and Ted Gaebler，*Reinventing Government*：*How the Entrepreneurial Spirit Is Transforming the Public Sector*，*from Schoolhouse to Statehouse*，*City Hall to the Pentagon* (Reading，Mass.：Addison-Wesley，1993).

[11] Al Gore，*From Red Tape to Results*：*Creating a Government That Works Better and Costs Less* (Washington，D. C.：Government Printing Office，1993)，iii-iv.

[12] General Accounting Office，Federal Employment：*The Results to Date of the Fiscal Year* 1994 *Buyouts at Non-Defense Agencies*，GGD-94-214，September 1994.

[13] Jack Germond and Jules Witcover，“A Political Elixir for the President，” *National Journal*，Ⅱ September 1993，2211.

[14] Gallup Organization，CNN/USA Today poll，September 1993 wave.

[15] Osborne and Gaebler, *Reinventing Government*.

[16] William Niskanen, *Bureaucracy and Representative Government* (Chicago: Aldine Atherton, 1971); Savas, *Privatizing the Public Sector*; and Andre Blais and Stephane Dion, *The Budget-Maximizing Bureaucrat: Appraisals and Evidence* (Pittsburgh: University of Pittsburgh Press, 1991).

[17] Donald F. Kettl, *Sharing Power: Public Governance and Private Markets* (Washington, D. C.: Brookings Institution, 1993).

[18] Michael Hammer and James Champy, *Reengineering the Corporation: A Manifesto for Business Revolution* (New York: Harper Business, 1993).

[19] J. Mechling, "Reengineering Part of Your Game Plan? A Guide for Public Managers," Governing 7 (February 1994), 41-52; Russell M. Linden, *Seamless Government: A Practical Guide to Re-Engineering in the Public Sector* (San Francisco: Jossey-Bass, 1994); and Sharon L. Caudle, *Reengineering for Results* (Washington, D. C.: National Academy of Public Administration, 1994).

[20] Hammer and Champy, *Reengineering the Corporation*, 2, 3.

[21] Ibid., 47-49.

[22] Mechling, "Reengineering."

[23] General Accounting Office, *Management Reforms: Examples of Public and Private Innovations to Improve Service Delivery* AIMD/GGD-94-90BR (1994), 37-38.

[24] Frederickson, "Painting Bull's Eyes Around Bullet Holes." *Governing* 5 (October 1992): 13.

[25] Ronald C. Moe, Edward Davis, Frederick Pauls, and Harold Relyea, "Analysis of the Budget and Management Proposals in the Report of the National Performance Review," Congressional Research Service, Washington, D. C., 21 September 1993, 4. Photocopied.

[26] Henri Fayol, *General and Industrial Management* (London: Pitman and Sons, 1925).

[27] L. Urwick, "The Function of Administration," in *Papers on the Science of Administration*, ed. Luther Gulick and L. Urwick (New York: Institute of Public Administration, 1937), 124.

[28] Luther Gulick, "The Theory of Organization," in ibid., 25.

[29] Michael M. Harmon and Richard T. Mayer, *Organization Theory for Public Administration* (Boston: Little, Brown, 1986), 42-47.

[30] James Q. Wilson, *Bureaucracy: What Government Agencies Do and Why They Do It*, (New York: Basic Books, 1989), 163.

[31] For an excellent survey, see James L. Perry, ed. *Handbook of Public Administration* (San Francisco: Jossey-Bass, 1989).

[32] Hammer and Champy, *Reengineering the Corporation*, 6.

[33] Gore, *From Red Tape to Results*, 94.

[34] Mechling, "Reengineering," 50.

[35] See W. Edwards Deming, *Out of Crisis* (Cambridge, Mass.: Massachusetts Institute of Technology Center for Advanced Engineering Study, 1986); and Rafael Aguayo, *Dr. Deming: The American Who Taught the Japanese about Quality* (New York: Simon and Schuster, 1990).

[36] Aguayo, *Dr. Deming*, 19.

[37] Bill Creech, *The Five Pillars of TQM: How to Make Total Quality Management Work for You* (New York: Dutton, 1994), 27, 54.

[38] Steven Cohen and Ronald Brand, *Total Quality Management in Government: A practical Guide for the Real World* (San Francisco: Jossey-Bass, 1993).

[39] Creech, *The Five Pillars of TQM*, 78.

[40] Cohen and Brand, *Total Quality Management in Government*, 175-197.

[41] Ibid., 197.

[42] Peter M. Senge, *The Fifth Discipline: The Art and Practice of the Learning Organization* (New York: Doubleday, 1990); and Donald F. Kettl, "Learning Organizations and Managing the Unknown," in *Rethinking Public Personnel Systems*, ed. Patricia W. Ingraham and Barbara S. Romzek (San Francisco: Jossey-Bass, 1994), 19-40.

[43] H. Metcalf and L. Urwick, *Dynamic Administration: The Collected Papers of Mary Parker Follett* (New York: Harper & Brothers, 1942).

[44] Abraham Maslow, "A Theory of Human Motivation," *Psychological Review* 50 (July 1943): 370-396.

[45] See, for example, Michael Barzelay with Babak J. Armajani, *Breaking Through Bureaucracy: A New Vision for Managing in Government* (Berkeley: University of California Press, 1992); and Harry P. Hatry and John J. Kirlin, "An Assessment of the Oregon Benchmarks: A Report to the Oregon Progress Board," June 1994. Mimeo.

[46] 有关全世界行政问题的两份精彩调查，请参见 *Randall Baker, ed., Comparative Public Management: Putting U. S. Public Policy and Implementation in Context* (New York: Praeger, 1994); and B. Guy Peters, *The Politics of Bureaucracy*, 3d ed. (New York: Longman, 1989)。经济合作与发展组织还出版了有关公共行政改革最新进展的常规报告，参见 OECD, *Public Management Developments: Survey* 1993 (Paris, OECD, 1993).

[47] OECD, *Public Management Developments: Survey* 1993.

[48] 有关澳大利亚改革的研究，参见管理改进任务小组的 *The Australian Public Service Reformed: An Evaluation of a Decade of Management Reform* (Canberra: Australian Government Publishing Service, 1992).

[49] 有关早期的调查，参见 Donald F. Kettl and John J. DiIulio, Jr., eds., *Inside the Reinvention Machine: Appraising the National Performance Review* (Washington, D.C.: Brookings Institution, 1995).

第 5 章

行政机关

组织至关重要。一些“现实主义者”认为组织并不重要，他们对组织摆手称不，并说：“重要的是人。合适的人可以使任何组织起作用；不合适的人可以使任何组织失效。”或者他们说：“所有管理皆政治——说服、倡导、冲突、谈判、妥协。”要想完全了解组织的重要性，我们既不能轻视人也不能小看政治。个人的才能及其运用劝诱政治的熟练性确实会影响决策，然而他们的作用很大程度上取决于他们在组织设计中所处的位置。根据米勒定律（Miles's Law）“你的立场取决于你的地位”[1]。因此国防部长不会倡导大幅度削减军费开支，农业部长关心农民收入甚于关注消费者生活费，而财政部长则是财政审慎的保护人，这些皆官僚政治的性质使然。

组织并不会使事情发生。它只是提供了行政机关内部关系模式，这些模式会增大或减小妥善设计和执行政策的可能性。[2]如1966年以前政府对运输系统的关注细分至若干独立机构，每一独立机构关注一种运输形式——铁路、航空、公路、水运、地铁，由此形成一个完整协调的全国运输政策的可能性大大减少了。如若自1966年起，政府把这种关注集中于国家的交通部，则上述可能性会大大增加。然而，综合潜能的获得取决于部门内部组织如何分权以及该部如何妥善处理与特定产业及国会之间的关系。

组织并不简单，它相当复杂。也许政府对运输系统关注不应该只集中在单一部门。值得一提的是，城市公共交通系统应该由住房及城市发展部管理规划，而运输公司的线路、费率及安全管理应留给独立的管制委员会而不是由政治内阁成员来完成。正如一些人所讨论的那样，交通部长对单一产业单位的干预可能是过度的，并可能对公众利益产生副作用。[3]

为了阐述国家政府组织的复杂性，我们先从对行政机关的概述着手。在第 6 章我们会集中研究至关重要并顽固存在的组织问题。

5.1 行政机关的组成

局

政府的主要运作组织是局等行政机构。这是一个总称性术语，它包括机关内许多组织，不论其称谓如何——例如矿业局、国税局、地质勘探局、反托拉斯司、联邦公路局、能源研究办公室。这些运作单元在联邦行政管理中是如此重要，以至于人们可能会望文生义地把行政机关看成是“官僚机构”——即由局构成的政府——而把各部和总统这些层级仅仅看成是上层建筑而不予考虑。这当然是一种不准确的看法。局是更大一级组织的隶属单元，是构建各部及其他主要机构的基础。

局等行政机构迥然不同。表 5—1 表明了 14 个内阁部及最大的行政机关机构和局的规模。一些局有悠久的历史根源——往往比其目前所在的部的历史更为悠久。公共卫生局系统可追溯到 1798 年，当时国会授权海事医院照顾商船海员。4 年后国会建立了陆军工程兵，并且不久以后让其负责提高河流和海港的民用和军用航运能力。商业部人口普查局在 1789 年宪法条款中发现了其存在的理由，该条款要求每十年进行一次人口普查，但该局仅始于 1902 年，在此以前人口普查由美国各州执行官在国务院监督下进行，1850 年以后由内政部接管。土地管理局的前身为 1812 年成立的局。该局的一些土地档案中有乔治·华盛顿（George Washington）及托马斯·杰斐逊（Thomas Jefferson）的签名。[4]许多其他局以其足够悠久的历史而形成了特色文化——组织制度生活观念及它们全体人员所奉行的教条与传统。局在短期的现任总统及内阁成员的训谕下并未迅速抛弃这些承诺。

90 **表 5—1** **1993 年联邦政府文职雇员**

部或机构	雇员（千人）
总计	2 134
行政各部	1 931
国防部	931.8
退伍军人事务部	234.4
财政部	161.1
卫生及公众服务部	129.0
农业部	113.4
司法部	95.4

续前表

部或机构	雇员（千人）
内政部	76.7
交通部	69.6
商业部	36.1
国务院	25.6
能源部	20.3
劳工部	19.6
住房及城市发展部	13.3
教育部	4.9
其他机构	203
陆军工程兵	28.4
国家航空航天总局	24.9
联邦储蓄保险公司/信托公司	21.6
国家行政总局	20.2
环境保护署	18.3
田纳西流域管理局	17.3
其他小型机构	16.4
巴拿马运河委员会	8.5
美国新闻署	8.3
人事管理局	5.9
史密森机构	4.5
国际开发局	4.1
小企业管理局	3.9
核管制委员会	3.4
就业机会均等委员会	2.8
证券和交易委员会	2.7
联邦紧急事件处理署	2.6
国家档案局	2.6
国家劳工关系委员会	2.1
铁路职工退休委员会	1.8
国家科学基金会	1.2
和平队	1.2

资料来源：总统行政办公厅：《1995 财政年度美国政府预算》，178 页，华盛顿特区，政府出版署，1994。
注：1994 年国会通过了把社会保障管理局从卫生及公众服务部划分出来的立法。

于是，不管这些司（局、处）如何命名，它们在各部门的监督之下进行行政机 91
关的绝大部分运作。它们的规模大小及重要性差别很大，许多局的历史长达一两个世纪，并且部分是由于这个原因，许多局拥有珍贵的并且可以抵制各部首脑和总统所进行的变革的体制文化。

各部及主要机构

上述及所包含的局是各部及所谓的独立机构，后者仅指独立于各部之外的机构。这些部的文职雇员占行政机关文职雇员总数的90%（总数中不包括美国邮政管理局，它是一个从正规的政府公务雇员中分离出来的政府公司）。

如果以开支金额来衡量，如表5—2所示，我们发现14个内阁部实际上花完了全部开支。四分之三以上的开支，由三个部即卫生及公众服务部、国防部和财政部所开支。

92 **表5—2** **1993财政年度部及机构开支**

部或机构	开支（百万美元）
总计	1 408 205
行政各部	1 462 932
国防部	307 840
财政部	298 804
卫生及公众服务部：社会保障	298 349
卫生及公众服务部：除社会保障以外	282 779
农业部	63 144
劳工部	44 651
退伍军人事务部	35 487
交通部	34 457
教育部	30 290
住房及城市发展部	25 181
能源部	16 942
司法部	10 170
内政部	6 796
国务院	5 244
商业部	2 798
其他机构	69 996
人事管理局	36 794
国家航空航天总局	14 305
总统专用基金	11 245
环境保护署	5 930
小企业管理局	785
国家行政总局	743
总统办事机构	194
其他政府机关	5 034
司法机关	2 628
立法机关	2 406

资料来源：总统行政办公厅：《1995财政年度美国政府预算》，62页，华盛顿特区，政府出版署，1994。
注：因有未分配的补偿收入，各项汇总并未相加。

不管是以雇员数还是以开支额作为判断的准绳，行政机关并非如通常所描绘的那样是各部与机构杂乱无章的集合体，且其中的大多数谴责总统作为行政首脑这一角色的无能。相反，总统只要通过 14 个内阁部及邮政管理局就可以对涉及 95%文职雇员的活动和开支施加潜在影响。更为引人注目的是，仅通过五个内阁成员——国防部长、退伍军人事务部长、财政部长、农业部长、卫生及公众服务部长——四分之三以上的非邮政雇员及预算开支总额就要被置于总统的审查之下。总统并不缺少领导机会。 93

直至 1950 年，联邦政府行政机关的总纲领一直很稳定。现在运作的 14 个行政部中，3 个始于 1789 年（国务院，国防部[5]和财政部），第四个部（司法部）当时作为一个独立办公室成立起来，虽然直到 80 年以后它才取得完全的部的地位。这四个部的部长现在仍被视为“内层内阁”，在本部管辖权之外的众多问题上作为总统的顾问。在“外层内阁”中，内政部和农业部均有一百多年的历史，商业部和劳工部则始于 1913 年。

六个较新的“外层”部从 1950 年起才出现：卫生、教育及福利部成立于 1953 年（现改名为为卫生及公众服务部），住房及城市发展部成立于 1965 年，交通部成立于 1966 年，能源部成立于 1977 年，教育部成立于 1979 年，退伍军人事务部成立于 1989 年。[6]

美国及其他现代国家经历了同样的四个行政管理发展阶段。某些职能对于任何国家而言都是最基本的，所以在第一个历史阶段，部的地位通常依据：(1) 征收岁入、开支及债务管理（财政部）；(2) 国内法治的维护（起初通过法院体系，后来由司法部或者在中央集权国家中由内政部）；(3) 国防（或单独的军事和海军防御）；(4) 外交事务、邮政管理局和工程建设局（公路、桥梁、水路及公共建筑）也较早出现，虽然没有必要的部的地位。

在第二个历史阶段，绝大部分现代国家围绕农业和商业（或“贸易”）建立了各部，这些国家把不适合已有模式但正在蓬勃发展的其他职能归入综合部（通常是内政部）。在第三个阶段，自 19 世纪下半叶开始，以前的次要职能从综合部及早期的职能部门中分离出来，凭自身能力取得部的地位。这些总体上反映了政府在诸如劳动条件、社会保障、教育、公共卫生及住房这些领域所承担的公众福利责任。第 94
四个阶段看来随着给予科技、能源、环境和经济计划组织上的认可正处于发展之中。

独立管制委员会

机构的相对重要性可以通过雇员数和开支金额粗略地反映出来。如果权力可以衡量的话，那么它可能产生等级差异令人吃惊的机构。

独立管制委员会就是一个主要的例子。国会意欲确保这些委员会独立于总统的控制。[7]它要求它们绝大多数在成员资格上是两党制的，委员会委员的交替任期比总统的行政任期要长，国会允许总统只能以“在职期间效率低，失职或渎职”为由（例如，不能以和总统的政策有差异为由）[8]撤换委员会委员。这些要求赋予“独立”以一个不同的含义，这种含义与独立于各部之外但在总统控制之下的机构的所谓独立的含义是不同的。

这些委员会平均只有大约 1 200 名雇员和 7 000 万美元的支出。[9]然而它们对美国经济的重要部门拥有广泛的自由裁量权。这 11 个委员[10]会通过各种方法（例如许可证、规定费率、终止命令及安全条例）管制了运输、通讯、电力生产及分配、金融、公司证券的发行、商品及证券交易、不公平及欺诈性商业行为、消费品的安全和劳资关系等的主要特征。并非只有这些委员会才拥有对经济部门的管制权。“独立机构”同样也行使这种权力（也就是说不是各部内的机构但也不独立于总统）：许多常规部的局——例如食品和药品管理局（卫生及公众服务部）和职业安全与健康管理局（劳工部）——也管制私人部门。1975 年至 1980 年的放松管制运动剥夺了一些委员会对卡车、航空运输及电话通讯的许多管制权限[11]，但绝大多数委员会仍是强有力的管制者。联邦储备委员会主席被评为美国第二位最有影响力的人物，仅次于总统。[12]

在最近几十年里，独立于总统的传闻保证已经垮了下来。[13]总统在任期内所任
95 命的委员会大多数委员均与其有着相同的政策目标。最重要的是，他委任的每一个委员会主席通常都控制该委员会。[14]总统的行政管理和预算局审查各委员会的预算，司法部控制各委员会准备向最高法院提起上诉的案件，各委员会在与国会打交道时往往依赖总统的支持。

结果是委员会对总统政策的利害关系很敏感。[15]几乎每一任总统都考虑过要求国会改变联邦储备系统的结构，联邦储备系统的州长董事会及其公开市场委员会被认为可能是所有管制委员会中最独立的。然而，“当总统们知道什么样的货币和财政政策组合是他们所需要的时候他们通常已经得到它了……联邦储备委员会的历史就是一个很少与总统政策步调不一致的机构的历史。”[16]

当委员会做出一项又一项决策时，其依附性与独立性之间存在什么样的差异？因为这个程序类似法院，所以总统或其助理的干预被认为是不合适的。固然，即使委员会的决策本质上具有准司法性，它也可以确立与总统不一致的政策路线，不过，总统可以选择委员会委员，尤其是委员会主席，这必定会产生影响。

政府公司

政府公司是一系列各种各样的联邦机构（数目介于 31 与 47 之间）[17]，主要从事贷款、保险及其他业务性运作。熟悉的例子有公共广播公司、联邦储蓄保险公司、法律服务公司、全国铁路乘客公司（Amtrak），田纳西流域管理局和美国邮政管理局。自 1960 年以来政府公司的数目翻了一番。[18]这些公司其实迥然有别，一些为政府完全拥有，一些为政府与私人合资的混合企业，还有一些只由私人提供资金。这意味着一些公司以营利为目的，而其他公司则是非营利组织；一些公司靠自己的收入维持运转，另一些公司则全部或部分依赖拨款；一些公司整合进入常规部门，另一些公司则自由浮动。在遵从人事标准、预算标准、审计实务及控制方面这些公司差异很大。

国会试图凭借通过 1945 年《政府公司控制法案》在这些混杂的公司中建立一定的秩序，最重要的是通过预算和审计控制把这些公司拴在创立它们的政府上。但

国会经常使新公司免受法案各项条款的约束。关于其本身性质的争论视以下两种观点的冲突而定：一种观点认为每一个政府机构都有必要被纳入行政机关的责任结构中；另一种观点则认为业务性运作需要充分的自主性和灵活性。就这方面而言，政府公司在类别上不同于那些全部或主要依靠拨款的常规机构。争论远未结束。[19]同时，非业务性机构若命名为“公司”，声言自己有对与争论无关的自主权。 96

总之，与通常印象相反，行政首脑只通过他的五个内阁成员就可以指挥除邮政管理局之外的四分之三行政机关的资源（雇员及拨款），甚至连管制委员会免于总统控制的独立性也在很大程度上丧失了，只有政府公司仍声称具有某种程度的独立性。正如后面将讨论的那样，州长对行政机构的控制通常远远地少于总统对行政机构的控制。

地方办事处

至此我们一直关心的是位于华盛顿的行政机关的“总部”组织。其实联邦运作的主要部分是在地方完成的。只有大约13%的联邦文职雇员在华盛顿特区这个大都会工作；其余的联邦文职雇员在50个州的22 000个地方办事处工作。[20]地方办事处人员的职责是在其被委派的地域内实施法规使其适用于当地情况，并收集信息为其华盛顿总部机构提供建议。

在联邦政府历史上的绝大部分时期，各部或机构可以自由建立自己的地方组织及程序。这意味着各部可以独立决定行政区及行政区以下的区域数目、它们的边界以及作为行政区及地区总部的城市。更通俗地讲，一个部抛弃了其统一的部门系统，从而让其每一个局建立自己的地方行政管理系统。即使少数几个部统一的行政区及各部的地区主管也只授予少量或根本未授予这些主管运作局项目的权力。

这些特征表明我们的地方行政管理实施的是职能制。也就是说，专职各部和司（局、处）可以选择他们认为适合自己特定职责的地域及权力模式。这与其他许多国家在地方行政管理中用的“地区区划”或者常被称为“层级制”的模式形成鲜明对照。在这种制度中，国家被划分成单一的一套行政区域或地区，在每一个区域或地区内，单独一个国家官员（在某些国家称作“行政长官”）代表整个行政机关， 97
从而意味着对该区域内的所有地方办事处人员可以直接运用权力，而不管它们的部和司（局、处）的附属关系。[21]由拿破仑首创的法国层级制是被广泛效仿的典范。[22]

在联邦政府中，在同一地区或同一大都会工作的许多部、机构和局地方职员之间一直缺乏获得有效的政府范围内协调的途径，尽管他们是为同样的大众服务，与同样的州政府及地方政府打交道，管理互补或重叠的项目。州和地方政府自身面临着同样的困难。[23]尝试过的补救措施证明是令人失望的，或者即使是成功的，也会中止。[24]后一种情形确有其事，1943年至1953年预算局的几个地方办事处进行地区协调，而当时国会却禁止地方办事处继续进行这种协调。令人失望的结果的一个例证是尼克松政府确立了十个标准联邦行政区及其总部城市，每一个行政区均设有联邦地区委员会，包括绝大部分国内各部的地区代表。委员会由于结构松散，于1983年被废除。[25]

于是，留给我们的是职能分裂从华盛顿延伸至地方，并且行政区与地方社区缺乏有效的机构间协调。后果之一就是，向麻醉品开战这项重要的事业因麻醉品管制局（属司法部）、海关总署（财政部）、海岸警卫队（交通部）及国务院之间在毒品走私问题上缺乏合作而受挫。[26]

几个研究该问题的学者建议总统在各区设有一个总统代表，其在华盛顿的附属机构是行政管理和预算局或行政办公厅里的一个平行机构。[27]约翰逊总统负责的政府组织的任务小组这样描述这个角色：

> 作为总统代表，他们有权主动地介入部门间及政府间的争端。总统期望他们通过说服及调停手段解决地方上任何时候可能发生的项目冲突，并把那些要求行政办公厅主任裁决的问题或那些对总统个人来说具有敏感的政治内涵的问题提交给华盛顿。[28]

98 这不是层级制，“介入”、“说服”、“调解”和“提交”不是权力动词，然而全职总统代表能够改善地方上各部间的协调。

总统及其白宫助理，还有行政办公厅里的各个组织试图对局、各部及其他主要机构的活动施加一定秩序并且提高它们对总统政策目标的回应性。他们取得了多大的成功以及成功的代价可能是什么，是本章其他部分的焦点。

5.2 行政机关的领导

国会缔造了所有行政部及各部以外的绝大部分机构。国会、法院和总统对它们握有控制权。这在本书后面部分有充分的阐述。正如我们忘记了国会通常被认为是世界上最强大的立法主体这一事实后而易于低估它一样，我们对把机构从总统身边拉走的离心力印象是如此之深，以至于我们低估了总统在控制这些机构方面的比较优势。总统的优势使许多州长和市长的优势黯然失色。在一些州和地方政府里，行政机关与其说是机关，不如说是一堆枝干。在绝大部分州政府里，州长只是五或六位民选行政官员之一，部及机构的行政长官通常由立法机关或董事会和委员会（其成员的任期可交替）而不是由州长来选择。一般而言，州长任命少于一半的州行政官员（不管是否得到立法批准）。[29]在所谓的弱市长制中一些市长也面临类似的障碍。更令人吃惊的是，正如我们在第2章中所提及的，甚至那些在强市长制中的市长们（和城市行政官们）也发现许多职能被赋予了其他地方政府——单一职能特区，例如学校的职能。

在这种背景下，“行政机关”可被视为联邦政府中一个具有相当内容的术语。总统及副总统是仅有的民选行政官员。宪法赋予总统“行政权力”，命令总统“负责使法律得以忠实执行”，并授权总统“要求行政各部的主要官员就任何有关其各自机构职责的事情，提交书面意见”。宪法授权总统提名，并经过咨询参议院并取得其同意，任命所有未由宪法另行规定任命权的高级“美国官员”。国会可以将低 99
级官员的任命权授予“总统一人，法院或各部部长”。总统可以撤换行政官员。[30]

当然，总统的正式权力还仅仅是一个开始，但这些权力能使总统有别于绝大多数美国政府主要行政长官，使总统对国会过分干预的抵制合法化，并且引导法院诠释总统的权力。

考虑到总统的任命权、罢免权和他负责忠实执行法律的一般授权，总统也许有望确保行政机关的有效管理。但这种期望很少如愿，这可用以下事实来解释。

第一，总统并非因其管理才能而当选，很少有总统对行政管理事务有强烈的兴趣，总统把他们的主要精力都完全奉献给了外交和国内政策决策、解决危机和对国会、主要利益集团和舆论的影响。总统知道历史不会以其行政管理业绩来评价他们。行政管理引起总统的兴趣主要是当他发觉行政管理对其政策及权力目标的达到具有有用的价值的时候。[31]

第二，当总统依靠内阁成员（及非内阁机构的首脑）来确保获得行政效用时，他往往会大失所望。当然，实际的管理工作是在各部及机构里完成的。但问题也随之而来了。总统任命的人员，包括部长、副部长及助理部长的任期很短：平均两年，三分之一的人任期不超过十八个月，只有三分之一的人任期长达三年之久。[32]另外部长很少有空召集下属。总统任命制集权于白宫，这样，部的副部长、助理部长甚至更低级官员的任命独立于部长或者是在激烈的谈判协商之后。这样的谈判协商经常用部长对管理能力及预先了解与职务有关的重要问题的愿望与白宫迥然不同的目标相抗衡。这些包括希望配备个人效忠于总统及其理念的职员，奖赏总统竞选活动中的政治贡献，给予重要参议员恩惠，安抚竞选公职失败的候选人。其结果是，尽管有值得注意的例外，但部长们难以成为有效的行政官员并由此驳斥了他们是权力链条中最薄弱的环节这一由来已久的指责。

第三，部与部之间的摩擦点增多。按职能划定的部长期以来与其他部就一些逾
越既定管辖权的问题发生争执，最近出现这类越权问题增多的现象。该现象的发生 100
有以下三个原因：(1) 政府牵涉的经济及社会问题扩大；(2) 国内和外交政策问题之间的相互影响增加；(3) 对解决每一个这种问题有影响的因素之间的相互依赖性被更加广泛地认可。这会产生两种结果：因为一个部自身所承担的“整体事情相对越少，则让单个部长对事情结果负责就越困难；共同分担一件事情的几个部遇到无法在它们之间解决的问题的时候，这些问题必须通过总统这一层次的协调来加以解决”。

总统无法确保有效管理的第四个原因是，考虑到总统在行政管理问题上受到时间限制并且缺乏兴趣，因此最高层协调的任务就落到了总统助理及办公机构的肩上。但实际上，他们倾向于削弱各部及机构首脑，而自身对改善行政管理又少有兴趣[33]，所以总统的职责，自然而然就分散到政府中缺乏经验的许多助理身上，但是这些助理与总统少有直接联络，彼此间缺乏协调。

当我们审视总统职权制度化的不断增长时，在行政机关的整个管理中的所有三种主要参与者——总统、总统助理及办公机构，各部及机构首脑——其各自不同且有争议的角色变得更加清楚了。

行政办公厅和白宫

早在1973年，在总统行政管理委员会（布朗洛委员会）向国会呈交的报告中，罗斯福就写道：

> 委员会并未让我轻松，他们说出了20年来众所周知的状况，总统不能充分地履行其职责，总统工作过度，在我们现有体制下，让总统充分履行其作为最高行政长官的宪法上的职责是非人力之所及的，尽管我的前任们这样讲了一遍又一遍，我还是深感内疚。
>
> 一个显而易见的事实是，政府行政机关目前的组织及设施使“只有一个负责的最高行政长官根据国会制定的法律协调和管理各部及其活动”的宪法含义失效。[34]

101 在1939年重组法案通过之后，罗斯福立即成立了总统行政办公厅，把预算局从财政部转至其名下，并且为行政办公厅设立了其他机构，其中就有白宫办公厅。

行政办公厅从1939年只有相对适中的570名雇员开始，到1992年已经扩展至约1 800名雇员，其中390人在白宫办公厅。[35]此外，行政各部选派了约110人到白宫，其中许多人在部的名册上就是指派专门为白宫服务的。[36]托马斯·克罗宁（Thomas Cronin）将它称为“总统职权的膨胀”[37]。这并不仅仅是数量上的变化，白宫办公厅总统助理的行为已发生了质变。布朗洛委员会在1937年提议给三个白宫“秘书”（处理与国会、公众及媒体有关的事务）增添六个总统助理。将近年来总统助理强有力的地位与委员会对所提议的助理的角色规定比较如下：

> 这些助理，也许人数不超过六个……自身无权决策或下达指示。他们不会介入总统及其各部领导之间。他们无论如何不会成为助理总统……他们将留在幕后，不能下达任何命令，不能做任何决定，不能发表任何公开声明……他们应该是总统个人可以信任的人，他们的品格及态度应该不会企图以权谋私。他们应该拥有高超的才能，充沛的体力并甘当无名英雄。[38]

令人吃惊的是，从艾森豪威尔总统到卡特总统的八位前任办公厅主任以强调语气认可了这些关于总统助理角色的描述。[39]

现在白宫全体人员人数如此庞大，等级如此之多，分工如此之细以至于白宫自身也难以协调。[40]卡特总统的一个助理说，长此以往的一个后果就是“甚至连那些最高级别的人——助理、副助理、特别助理——一周也见不到总统一次或者一个月也不会有一次以任何独立方式与总统谈话的机会”[41]。工作人员之间为争取总统对自己的注意而展开的内耗使现代每个总统都感到厌烦。

在近年来的行政机构中，颁布命令的总统助理及其下属通过预先占有各部领导的决策权，贬低他们在部中全体人员和它所服务的选民心目中的印象来削弱他们的作用。内阁成员抱怨同一天收到了来自中央办公厅不同机构的相互矛盾的指示，每 102
个都声称是代表总统的。总统的主要助理绝不是默默无闻的，他们在新闻报道中比某些内阁成员还更加显要。他们绝不仅仅是提供“参谋协助”（本章后面将对它加以讨论），他的助理还参与操作性活动。考虑到他们含糊不清的角色、人数、白宫官僚机构的复杂性以及优先解决日常遇到的难关，一个总统在他执政之初就需要一位办公厅主任。这是一些总统逐步总结出来的经验。[42]反之，办公厅主任如果发现自己一开始就已经得其所，那么他将会从中受益，而且小型常设的职业文官秘书处可以成为一个政府向另一个政府过渡的桥梁，“提供一种制度性评价，建议……在标准操作程序和行政程度方面，协调文件的流向……去向或来自椭圆形办公室，……确保本来给总统的材料格式正确，确保让合适的人看到它们，确保它们及时地被提交，确保总统的决定或行动可以有效地传达到那些对它们的执行负有责任的人员手中。”[43]

白宫办公厅的运转不善是否可以通过削减它的规模得以补救，这还是有争议的事情。国家公共行政学院的一个专门小组竭力主张削减。[44]其他人则把人员的增长看成是总统领导责任增长的不可避免的结果，这归因于对国会领导力量和政党的削弱、总统运用公共关系技术的提高以及其他因素。“与其祷告它消失”，塞缪尔·克内尔（Samuel Kernell）说：“不如承认庞大、复杂的人员现状是既定的并且直截了当地提出它的问题……总统必须给予全体成员清晰的方向并且警惕地监督其运作。”[45]

白宫与各部领导的关系模式趋于遵循一种熟悉的套路。尼克松、卡特、里根和克林顿总统一开始都投身于对内阁成员发挥强有力的作用以指引各部的运作，部分原因在于总统想更好地控制各部，部分原因在于白宫人员更愿意亲自为总统卖力。里根总统高度集中对内阁成员主要部的下属的任命，减少非职业雇员，并且扩大行政办公厅对各部和机构所提议的政策执行行动进行审查。

总统行政办公厅（EOP）除了白宫办公厅和行政官邸办公室之外，还包括以下
机构（雇员的数量在括号里表示出来）[46]： 103

副总统办公厅（20）

行政管理和预算局（586）

行政办公室（247）

经济顾问委员会（34）

除了较不重要的行政办公室之外，这些都是跨越整个政府或其主要部分的，与基本政策有利害关系的机构。在绝大多数情况下，它们必然定期要引起总统的关注。它们的存在实质上遵照一种观念，即行政办公厅各机构必须为总统提供制度性支持，为他收集信息，接受他的咨询，监视操作各部执行总统决策的情况以及促成

机构之间的合作。[47]但这些并非一成不变。操作机构和其他具有有限合作任务的机构在过去是被安置在行政办公厅里面的，现在却不是了。

在总统行政办公厅的主要机构中有三个必须引起我们特别注意，它们分别是：行政管理和预算局、国家安全委员会和政策发展办公室。

行政管理和预算局

1921 年在财政部建立的预算局，在 1939 年成为新总统行政办公厅的一部分。1970 年尼克松总统把它重新命名为行政管理和预算局（OMB），旨在强调它的行政管理职能，但 OMB 没有达到这一目标。长期以来它是行政办公厅中最大的一个单位，现在其雇员数量已超过行政办公厅雇员总数的三分之一。

在 OMB 对于总统的价值以及在它与各部和机构关系方面的决定性因素是权力（就如同先前的预算局一样）。[48]它的权力核心在于每年度它为了供总统审核而且呈送国会而草拟政府预算时，对所有机构的开支建议进行审查的职能。后面我们会细细考察预算程序。这里我们只需指出三个事实。第一，显而易见的是，因为资金是机构项目的血液，所以各个机构非常关心 OMB 如何看待他们的开支建议。第二，较不明显的是预算实际上是行政机关中唯一的全面决策驱动程序，绝大部分决策在范围和强度上是零零碎碎的、不连贯的以及起伏不定的。第三，通过它对预算的审查，OMB 是唯一掌握有关行政机关边边角角的全面信息的总统下属机构。把这些事实放在一起意味着预算是政策的一个主要工具。在这个程序中 OMB 的强大作用
104 是派生的。它所拥有的这些正式权力是总统的，但他已经将这些权力授予 OMB。年度预算就是他的预算，OMB 草拟预算是为了表达总统知名的政策观点，而强有力的决策则由他作出。[49]

OMB 与总统如此密切的关系也刻画出它的非预算职能：

1. 各机构必须把它们有关新法规和修正案的提议在呈送国会之前先提交给 OMB，OMB“立法批准”的作用是决定和告知各机构和国会那些提议是否“与总统的计划一致”。

2. OMB 负责对每个经国会通过并送交总统批准或否决的议案进行争分夺秒的审查。它快速地细察所有有关机构的正确行动的看法，确保总统在作出决策时对那些看法一目了然，并且经常建议他必须采取什么行动。

3. OMB 审查各机构提议颁布并对公众产生影响的主要法规，这是最近的强有力的政策及管理工具（在第 13 章我们会加以讨论）。

4. OMB 致力于改进行政机关中的行政组织、管理和协调，这意味着它是协助总统履行作为最高行政长官的职责。

5. 附带在其他职能上的是，OMB 职员在各主要机构的走廊上漫游而且每天通过电话和便函与它们打交道，因此 OMB 可以作为总统的一个大量情报来源，告诉他“外面”那些各种层次的政策制定和项目管理情况。

在预算局（BOB）半个世纪的历程中，它形成了一种利用自己的资源服务于总

统的长期机构和短期的现任总统的传统。这是一种困难重重的组合。休·赫克洛（Hugh Heclo）通过强调“中立能力”是根本的定性因素[50]，而最接近地达到调和这两方面的目标。绝大部分职位配备以事业文官，并且利用它的威望来吸引其中最有能力的人，这足以说明这一因素在政府机构中的支配作用。更高的职位多半是晋升上去的，所以在职者对政府机构的工作得心应手且适应机构的中立能力标准。他们经常是在几任总统手下任职。他们的这种工作时间长度可以让他们回顾所走过的路，如此提供了一种那些只围着一个总统转的人所缺少的体制性记忆[51]，并且 105
可以用比四年政治日程表更有远见的眼光展望前方的道路，因为四年政治日程表会限制白宫人员的眼界。

BOB 和 OMB 对现任总统和总统机构的服务在 20 世纪 60 年代之后受到削弱。20 世纪 60 年代白宫人员的增加、专门化和他们的果断减轻了总统对庞大而又能干的 BOB 专职人员的依赖。白宫助理们既有机会又倾向于绕过这个机构（BOB）去与行政各部打交道。随着政治因素在总统决策中的分量逐渐加重，白宫助理们吸取了部分先前由非政治机构执行的咨询职能，放手让该机构运作程序机制和提供仅限于非争议性的机构立法提议和国会法令的建议。

20 世纪 70 年代尼克松时期的 OMB 过分简单化地只服务于现任总统，因而破坏了许多已经在中立能力传统中取得的成果，也破坏了对总统更长期机构利益的服务。尼克松政府的 OMB 局长和副局长是政治活动家，他们起草政治演讲稿，在国会听证会上倡导尼克松政策以及保护巨大的扣押款项直到一些法院裁定他们是非法的。一批新的政治任命官被安插在局长和职业文官之间。1974 年 OMB 将近三分之二的主要机构和审查分支机构的负责人只有一年甚至更短的岗位工作经验（对比 1960 年的十分之一）。[52]

20 世纪 80 年代 OMB 沉浸在权力的巨浪之中。里根的第一任预算局长戴维·斯托克曼（David Stockman）领导了削减国内项目开支的管理最优先政策，集中了该机构的决策，很少有其他机构的介入。[53]同时在其他职能上，部分通过法规和行政命令得到提高，OMB 与总统的政治目标如此协调一致，以至于它夺回了早先被白宫人员夺走的职能。大约 12 个在 OMB 工作了一至三年的高水平政治任命官员确信政治倾向会占上风。

OMB 改进行政管理的责任已经成为它在预算和与日俱增的政治倾向上的主要利益的牺牲品。从一种角度来看，“管理主要是最近政治问题的特别、短期反应。管理‘优先’配合那些承诺快速政治报酬或者对预算‘支出’有益影响的潜力的活动”。[54]由于对令人鼓舞的 OMB 管理工作的失望，国家公共行政学院的一个专门小组竭力主张把这项工作转交给行政办公厅中新的联邦管理办公室。[55]当编制预算与改善管理同属一个机构时，编制预算肯定占优势，因为它更直接地涉及到政策，给各机构提供更大力量，并且它的成果也更容易看到。

1994 年，预算局长利昂·帕内特（Leon Panetta）（后来成为克林顿总统的办公厅主任）在 OMB 内部施行了一套命名为“OMB2000”的重组方案。从许多方面来说，这次重组是 OMB 自成立以来最重要的一次变动。帕内特认为由于更多的联邦预算是“自动引导”的，OMB必须抛开越来越无意义的常规预算审查。不过，他说OMB应该“更好地结合我们的预算分析、管理审查和政策发展作用。”[56]重组实际上已经排除了该机构现有的管理范围。它把这些职能与预算审查纳入新的“资源管理办公室”。这些新的办公室负责制定和审查联邦预算，评估项目的效益和效率，引导长期政策分析，并且在从采购到财政管理的领域内贯彻整个政府范围内的政策。

一些长期赞成建立一个独立的联邦管理办公室的评论家指责这种合并而且认为它会威胁到中央管理审查更进一步的削弱。[57]然而，OMB官员只有两种选择。他们可以试着组织OMB把预算和管理审查结合起来，但是必须冒着对短期预算的关注会减少对长期管理问题的注意力的风险；或者他们可以成立一个独立的联邦管理办公室，但也必须冒着由于预算问题的影响力而使独立的管理审查变得软弱无能。帕内特和他的继任者艾丽斯·里夫林（Alice Rivlin）选择了前者。他们计划采用强有力的绩效评估新工具（在第10章中讨论）把管理和预算更有效地结合起来。这种多方面尝试的成功将决定OMB将来所扮演的角色。重组和它的反对者的批评，展示了诸如OMB这样的中央预算办公室一直发现它们自己处于尖锐的困境之中：长期和短期、管理和预算、投入和绩效之间的紧张关系。

国家安全委员会

国家安全委员会（NSC）于1947年依照法令成立，它是“为了在有关国家安全的外交和军事政策的结合上给予总统建议……”[58]，它的法定成员包括总统、副总统、国务卿和国防部长。另外作为法定顾问参加会议的还有参谋长联席会议和中
107 央情报局局长，总统还可以邀请其他人参加会议。[59]精心构建的跨机构委员会审查外交、国防、国际经济和情报政策问题以及对危机情况的预期和应付。[60]有关政策问题的建议必须提交NSC。由于NSC的作用是咨询性的，总统必须负责决策。

虽然这种正式的委员会结构和程序很重要，但也会误导我们。更重要的是，自从1947年以来NSC人员的增长以及由它的负责人总统国家安全事务助理（更经常地称为国家安全顾问）争取到的支配作用。现已有190名成员（包括在行政办公厅之外的各机构中的85名在职人员）。[61]与国务院的组成人员一样，这些人组成10个地区性和职能性委员会。其中大约三分之一的成员是来自军队、国务院、中央情报局（CIA）、大学以及智囊团的专家。因此有人察觉美国有两个国务院也就不足为奇了。[62]

国家安全顾问扮演突出角色有几个原因。NSC是行政办公厅下的一个单位，然而顾问在白宫内部是总统助理。[63]他有接近总统的机会，每天早晨向总统简要汇报情况并且立即可以进行磋商。由于他的下属成员在所有NSC跨机构委员会工作，并对来自海外的海底电缆通讯进行监控，这使他在发现问题和即将发生的危机上比各部和各机构中的任何人都有更全面的了解。国务院与国防部之间经常的机构间冲突，使他成为总统不在时的唯一权威人士。他没有部门忠诚义务，他声言主要效忠

国家利益和对现任总统的忠实服务。另外，利用短期人员、亲自挑选的任命人员，他能够更迅速准确、更周全地推进总统的短期目标，这是拥有经验丰富的外交官和文官以及外交政策长期目标的国务院所做不到的。他还拥有比国务卿更大的自由，因为与国务卿不一样，他是由总统任命的，不需经参议院批准，并且一般不须向国会委员会汇报或接受其质询。在一些行政事务中，总统对一些人如国务卿缺乏充分的信任或者鄙视国务院及其外交人员的胆小。在此种情况下，国务卿不可能有顾问那样的影响，因为顾问向来博得总统的信任并且没有常设官僚机构来限制他。

如果说这些因素可以解释国家安全顾问及其职员权力的提升，那么他们并没有好好把握。在里根执政的八年中，有六位国家安全顾问（但只有两位国务卿，其中第二位在位超过六年）。该机构成员重大的变动使得制度性评价很微弱。[64]在1985年和1986年，一些成员从事秘密的操作性活动。他们通过向伊朗提供武器来交换人质（违反了对伊朗的军事援助法定禁令和反对有关恐怖分子的国家政策），当法令禁止政府运送武器时，他们却私下安排给尼加拉瓜反叛者提供武器，并且用对伊朗的武器销售利润来为尼加拉瓜反叛者的军事装备提供资金。[65] 108

提议的补救措施连锁起来了。其一是限定国家安全顾问的角色为“忠实的经纪人”，负责征询和协调相关各部和机构的政策观点，汇总一致和不一致的部分，并把赞成者和反对者的意见连同各部和机构的立场直接提交总统。他的忠实经纪人角色将适当地延伸至监视各机构在履行总统决策方面的进展情况。这种描述符合对总统助理角色的经典定义，从更一般意义上说，也是对政府中所有助理人员的角色定义。它排除了直接参与操作。

第二个补救措施与第一个保持一致，即重新使国务卿成为政府的首要外交政策官员。更有甚者，让他实际上取代现在的NSC顾问，监督国防、情报、国际经济还有政治事务。第三个补救措施与前两个保持一致，即缩减NSC的规模。可以推测的结果是对国务院地区性和职能性专家越来越多的依赖，他们的职责现在正被NSC的成员全盘照搬。最后，极少数人对操作活动不属于白宫，而属于对国家和总统负有责任的各部和机构持有异议。持异议者可能包括总统及其随行人员，他们假定总统的助理人员将比各部“笨重”的官僚机构行动更迅速、更忠诚。

政策发展办公室

总统们曾试行过各种各样有关制定和协调国内政策的安排。尼克松率先尝试通过建立内阁层次的国内委员会使事务正规化，“协调国内领域的政策制定，这……在很大程度上相当于国内的国家安全委员会。”[66]它的成员由总统的两个主要助理中的一个领导。从那以后，总统保有一套制定国内政策的班子，最近称为政策发展办公室（OPD），但是他们已经改变了内阁层次的参与模式。卡特依靠这个班子而取消了该委员会（国内委员会）。福特和第一任期内的里根紧紧依靠有关特殊政策领域的更小的跨机构内阁层次团体。[67]里根在他的第二任期内不再依靠这类团体，而是像布什和克林顿那样，都转而依靠两个有特别广的权限的内阁层次委员会，即 109

经济政策委员会和国内政策委员会。

政策发展办公室从未扮演过强有力的角色，部分原因在于负责人的快速更替（里根执政八年中就有四位），部分原因在于 OMB 强大的政策作用，尤其是因为其他白宫助理在国内政策影响力方面与 OPD 负责人相互竞争。[68]这个系统不够规范。未经委员会和办公室的批准，其他行动者就率先行动了。

国内政策领域与 NSC 的国家安全领域并不相同，因为它的环境更加复杂、更具政治性和强制性。关心国内事务的选区比那些关心外交事务和军事领域的选区麻烦得多，几个关心国内事务的选区甚至在白宫办公厅公共联络办公室还有指定的倡导人。[69]政策发展办公室的人员有太多“灭火”工作必须做，解决日常遇到的难关和快速对总统和他的助理的要求作出反应。结果是忽视了政府政策的长期和中期规划，这种规划特别是制度化了的办公厅各机构的一项责任，因为它不是仅凭白宫自身的个别助理就能完成的。

总统决策程序的正规组织为以下两方面建立了不同的途径。一方面是外交、国防、情报和国际经济政策分析；另一方面是国内政策分析。不过，与日俱增的是外交事务和国内事务互相影响。最明显的一个例子是对外贸易问题——是外交政策与个体国家、美元国际汇率、我们政府的预算赤字、美国工农业生产率、国内与国外产品的比较质量以及美国和外国政府的进口限制、出口控制和国内补贴的混合。调节这种相互影响的组织手段并不清楚。虽然里根和布什把握机会在国内政策委员会
110 和国家安全委员会外又设立了一个经济政策委员会，但那并不是解决问题的办法。委员会及其人员之间的交叉重叠非常严重。布什通过指派一个助理专门负责经济（包括国际方面）和国内政策，同时由另一个权力相当的助理监视各委员会，从而缓和了这种状况。克林顿政府则按照 NSC 所推崇的模式，建立了国家经济委员会。

行政机关的最高层提出两个使我们对组织的所有讨论变得困难的困境。其一是每一事物间的相互联系和将整体分成若干管理部分的需要之间的矛盾。正如我们所见到的，这折磨着白宫和行政办公厅，它作为一个整体还延伸至行政机关。另一个困境是“专业”官员的决策角色和办公厅官员与单位的提供建议角色之间的矛盾。这里，白宫给出了一幅政府普遍存在的一个问题的微型缩影。下一章将集中讨论这些困境。

注释

[1] Rufus E. Miles, “The Origin and Meaning of Miles' Law,” *Public Administration Review* 38 (September-October 1978): 399-403.

[2] This Proposition is persuasively demonstrated in Thomas H. Hammond, “Agenda Control, Organizational Structure, and Bureaucratic Politics,” *American Political Science Review* 30 (May 1986): 379-420.

[3] 一个临时委员会以种种理由建议联邦航空管理局（FAA）脱离交通部；航空公司和航空飞行员协会对此表示支持。Laura Parker and Martha M. Hamilton, “Major Overhaul of Airline Regulation

Urged," *Washington Post*, 19 April 1988. The FAA 的雇员数占该部雇员数的四分之三。

[4] 有关1922年以前的组织历史，参见 Lloyd M. Short, *The Development of National Administrative Organization in the United States* (Baltimore: Johns Hopkins University Press, 1923)。

[5] 在这里战争部被视为1949年建立的国防部的前身，战争部管辖海军事务，直至1798年海军部成立。

[6] 这六个中的三个大体上是由原先建立的、住房和家庭财务局（1947）和退伍军人管理局（老兵管理局）（1930）转变过来的，至于最迟建立的两个部的情况，参见 Beryl A. Radin and Willis D. Hawley, *The Politics of Federal Reorganization: Creating the U. S. Department of Education* (New York: Pergamon Press, 1988); Terrel H. Bell（教育部首任部长），The Thirteenth Man: A Reagan Cabinet Memoir (New York: Free Press Macmillan, 1987); and *Evaluation of Proposals to Establish a Department of Veterans Affairs* (Washington, D. C.: National Academy of Public Administration, 1988).

[7] See "The Independent Status of the Regulatory Commissions," in U. S. Senate Committee on Governmental Affairs, Study on Federal Regulation, vol. 5, *Regulatory Organization* (Washington, D. C.: Government Printing Office, 1977), 25-81.

[8] 对总统撤换权力的限制在 *Humphrey's Executor v. United States*, 295 U. S. 602 (1935) 中得到确认。最高法院把联邦贸易委员会描述为"与行政机关毫无关联"，而是"立法和司法机关的一个机构"，国会企图使其成为"独立于行政当局（选举除外），可以不受任何其他官员或政府部门的同意或妨碍就可以自行作出裁决"。

[9] U. S Senate Committee on Governmental Affairs, *Organization of Federal Executive Departments and Agencies* (Washington, D. C.: Government Printing Office, 1990). 平均数不包括不具有代表性的核管制委员会。

[10] 商品期货贸易委员会、消费品安全委员会、联邦电讯委员会、联邦能源管制委员会（属能源部）、联邦海事委员会、联邦储备系统（州长委员会）、联邦贸易委员会、州际商业委员会、国家劳工关系委员会、核管制委员会、证券和交易委员会。

[11] 有关放松管制如何出现的有洞察力的描述，参见 Martha Derthick and Paul J. Quirk, *The Politics of Deregulation* (Washington, D. C.: Brookings Institution, 1985).

[12] Donald F. Kettl, *Leadership at the Fed* (New Haven: Yale University Press, 1986), 1.

[13] William E. Brigman, "The Executive Branch and the Independent Regulatory Agencies," *Presidential Studies Quarterly* Ⅱ (Spring 1981): 244-261; David M. Welborn, *Governance of Federal Regulatory Agencies* (Knoxville: University of Tennessee Press, 1977).

[14] 主席任命和监督工作人员、分配工作任务、划分资金。常常有几位委员会成员是经指派任命的，以确保听从主席的领导。有关对从1949年到1974年间任命质量的令人泄气的评估，（尤其是对联邦电讯委员会和联邦贸易委员会），参见美国参议院商业委员会的 *Appointments to the Regulatory Agencies* (Washington, D. C.: Government Printing Office, 1976).

[15] 情况并不总是如此。1937年布朗洛委员会认为管制委员会是"政府的一个无头的'第四'部门，一个不负责任的机构和不可协调权力的随意设置"。President's Committee on Administrative Management, *Report with Special Studies* (Washington, D. C.: Government Printing Office, 1937), 40.

[16] Kettl, *Leadership at the Fed*, 205-206.

[17] 由于没有可被接受的政府公司定义，数据各有不同。所引用的数据分别来自 Ronald C. Moe, *Administering Public Functions at the Margin of Government: The Case of Federal Corporations*, Report No. 83-236 GOV, processed (Washington, D. C.: Congressional Research Service, 1 December 1983); and General Accounting Office, *Congress Should Consider Revising Basic Corporate Control Laws* (Wash-

ington，D. C.：Government Printing Office，1983)。这两份报告都是对政府公司地位和问题有价值的评论。

[18] 州际、州和地方政府公司的数量在 1978 年至少有 7 000 个，现在早已成倍增长。Annmarie Hauck Walsh，*The Public's Business*：*The Politics and Practices of Government Corporations*（Cambridge，Mass.：MIT Press，1978)，6.

[19] 有关那些"政府扶持的企业"，借贷资金（经常很不商业化，以至于有时只借给那些被私营贷款机构拒绝的贷款者)，参见行政管理与预算局的《1991 财政年度美国政府预算》（Washington，D. C.：Government Printing Office，1990)，229-246.

[20] U. S. Bureau of the Census，*Statistical Abstract of the United States*：1994（Washington，D. C.：Government Printing Office，1994)，347.

[21] 有关职能制和地域划分制，参见 James W. Fesler，"The Basic Theoretical Question：How to Relate Area and Function，" in *The Administration of the New Federalism*，*ed. Leigh E. Grosenick*（Washington，D. C.：American Society for Public Administration，1973)，4-14.

[22] 在法国，和其他国家一样，中央各部的职能压力迫使其偏离该模式，阶段性地伴以重建它的纯粹形式的努力。

[23] John Mudd，*Neighborhood Services*：*Making Big Cities Work*（New Haven：Yale University Press，1984).

[24] 有关对一般问题的评论，参见 James W. Fesler，*Area and Administration*（University：University of Alabama Press，1949，1964).

[25] 有 50 年的时间，机构之间的委员会存在于主要城市中，但它们很少获得来自华盛顿的支持，几乎未曾在项目协调中被提上议事日程，参见 General Accounting Office，*Federal Executive Boards Contribute to Improved Field Management but Future Is Uncertain*（Washington，D. C.：Government Printing Office，1984).

[26] 作为形象的描述，参见 Turf Wars in the Federal Bureaucracy，*Newsweek*，10 *April* 1989，24-26。在 20 世纪 80 年代的大部分时期，由全国毒品执行政策委员会负责协调反对毒品的斗争，但它在处理机构间争端方面却没有效果。1989 年任命了一个毒品"沙皇"。

[27] Advisory Commission on Intergovernmental Relations，*Improving Federal Grants Management*（Washington，D. C.：Government Printing Office，1977)，181-199；James L. Sundquist，Making Federalism Work（Washington，D. C.：Brookings Institution，1969)，272-275.

[28] President's Task Force on Government Organization，"The Organization and Management of Great Society Programs，" 15 June 1967，8. Processed. Available at the Lyndon B. Johnson Presidential Library，University of Texas，Austin.

[29] Advisory Commission on Intergovernmental Relations，*The Question of State Government Capability*，prepared by Mavis Reeves（Washington，D. C.：ACIR，1985)，130-133.

[30] Constitution of the United States，Article 11；*Myers v. United States*，272 U. S. 52（1926)，as modified for quasi-judicial officers by *Humphrey's Executor*（1935）and by Weiner v. United States，357 U. S. 349（1958).

[31] See Peri E. Arnold，*Making the Managerial Presidency*：*Comprehensive Reorganization Planning*，1905-1980（Princeton，N. J.：Princeton University Press，1986)，361-364；and，more generally，Richard P. Nathan，The Administrative Presidency（New York：Wiley，1983)；and Colin Campbell，*Managing the Presidency*：*Carter*，*Reagan*，*and the Search for Executive Harmony*（Pittsburgh：University of Pittsburgh Press，1986).

［32］*Leadership in Jeopardy*：*The Fraying of the Presidential Appointments System*（Washington，D. C.：National Academy of Public Administration，1985），4－5.

［33］一个引人注目的例外是 Edwin Meese，Ⅲ，里根总统的顾问，后来成为司法部长，他作为管理与行政内阁委员会的主席，对管理改革尽了自己的力量。

［34］President's Committee on Administrative Management，*Report with Special Studies*，*iv*（Washington，D. C.：Government Printing Office，1987），40.

［35］Herbert Emmerich，*Federal Organization and Administrative Management*（University：University of Alabama Press，1971），199；U. S. Bureau of the Census，*Statistical Abstract of the United States*：1994（Washington，D. C.：Government Printing Office，1994），346. Here and later in this section，official data are presented；however，their accuracy has often been questioned. For the varying counts，see John Hart，*The Presidential Branch*，2d ed.（Chatham，N. J.：Chatham House，1995），42－46，112－125；Gary King and Lyn Ragsdale，*The Elusive Executive*（Washington，D. C.：CQ Press，1990），tables 4. 1 and 4. 2；Office of Personnel Management，Employment and Trends；and Office of Administration，Executive Office of the President，Aggregate Report on Personnel Pursuant to Title 3，U. S. *code of Federal Regulations*，sec. 113（annual）．Processed.

［36］General Accounting Office，*Personnel Practices*：*Detailing of Federal Employees to the White House*（July 1987）and Personnel Practices：Federal Employees Detailed from DOD to the White House（March 1988）（Washington，D. C.：Government Printing Office，1987 and 1988）.

［37］Thomas E. Cronin，"The Swelling of the Presidency：Can Anyone Reverse the Tide?" in *American Government*：*Readings and Cases*，9th ed.，ed. Peter Woll（Boston：Little，Brown，1984），345－360.

［38］President's Committee on Administrative Management，*Report with Special Studies*，5.

［39］Samuel Kernell，"The Creed and Reality of Modern White House Management，" in *Chief of Staff*：*Twenty-Five Years of Managing the Presidency*，ed. Samuel Kernell and Samuel L. Popkin（Berkeley：University of California Press，1986），193－222.

［40］有关白宫工作人员全面和令人羡慕的描述参见 Bradley H. Patterson，Jr.，*The Ring of Power*：*The White House Staff and Its Expanding Role in Government*（New York：Basic Books，1988）.

［41］Greg Schneiders，"My Turn：Goodbye to All That，" Newsweek，24 September 1979，23. Cf. "哪怕是一周工作 70 小时，总统也见不到他的大部分白宫办公厅人员，或大部分内阁成员。"卡特花了三分之一的时间会见高级工作人员，六分之一的时间会见内阁成员和其他官员。Richard Rose，*The Postmodern President*：*The White House Meets the World*（Chatham，N. J.：Chatham House，1988），151－152.

［42］Kernell and Popkin，*Chief of Staff*，229－231.

［43］*The Executive Presidency*：*Federal Management for the* 1990s（Washington，D. C.：National Academy of Public Administration，1988），7. Former President Ford and Carter's Domestic policy chief，Stuart Eizenstat，have also proposed a permanent secretariat.

［44］Ibid.，6. See also Stephen Hess，*Organizing the Presidency*，2d ed.（Washington，D. C.：Brookings Institution，1988），172－174.

［45］Samuel Kernell，"The Evolution of the White House Staff，" in *Can the Government Govern*? Ed. John E. Chubb and Paul E. Peterson（Washington，D. C.：Brookings Institution，1989），235.

［46］U. S. Bureau of the Census，*Statistical Abstract of the United States*：1994 346.

［47］因为贸易代表办公室有不适合 EOP 机构咨询参谋角色不成比例的操作功能，于是呼声再度响

起，要求把它归入商业部或者新成立的国际贸易与工业部。

[48] The best comprehensive review of the OMB is U. S. Senate Committee on Governmental Affairs, *Office of Management and Budget: Evolving Roles and Future Issues* (February 1986), 99th Cong., 2d. sess., S. Rpt. 99-134 (Washington, D. C.: Government Printing Office, 1986). For its and the Budget Bureau's history, see also Larry Berman, *The Office of Management and Budget and the Presidency*, 1921-1979 (Princeton, N. J.: Princeton University Press, 1979); and Frededdrick C. Mosher, *A tale of Two Agencies: A comparative Analysis of the General Accounting Office and the Office of Management and Budget* (Baton Rouge: Louisiana State University press, 1984).

[49] 在参与预算程序时各个总统表现不同。像尼克松和里根，把职权授予其他人，他们不喜欢在预算局长对各机构领导申诉作出裁断时弥漫在周围的火药味。

[50] Hugh Heclo, "OMB and the Presidency-The Problem of 'Neutral Competence,'" *Public Interest* 38 (Winter 1975): 80-98.

[51] 对某些人来说这似乎并不重要，他们没有注意到由新任职的高级官员热情推崇并采用的"新"想法的频率，这些官员没有意识到相同的观念，或者一种近似的想法，早就被采用过而且已经失败了。

[52] Hugh Heclo, *A Government of Strangers: Executive Politics in Washington* (Washington, D. C.: Brookings Institution, 1977), 80-81.

[53] See David A. Stockman, *The Triumph of Politics: The Inside Story of the Reagan Revolution* (NewYork: Harper & Row, 1986; paperback ed., New York: Avon Books, 1987).

[54] Ronald C. Moe, "Assessment of Organizational Policy and Planning Function in OMB," in U. S. Senate Committee on Governmental Affairs, *Office of Management and Budget*, 147-167, at 163. See also General Accounting Office, *Managing the Government: Revised Approach Could Improve OMB's Effectiveness* (Washington, D. C.: Government Printing Office, 1989).

[55] *Revitalizing Federal Management: Managers and Their Overburdened Systems* (Washington, D. C.: National Academy of Public Administration, 1983), 10-13. 反对者认为这样的办公室缺少对OMB商讨中的各机构的权力。

[56] Office of Management and Budget, Memorandum, 94-96, 1 March 1994.

[57] See Alan Dean, Dwight Ink, and Harold Seidman, "OMB's 'M' Fading Away," *Government Executive* 26 (June 1994): 62-64.

[58] 50 *U. S. Code* 401. Reorganization Plan No. 4 of 1949 placed the NSC in the Executive Office of the President.

[59] 里根总统扩充了参加人员，包括司法部长、财政部长、预算管理局长，以及驻联合国总代表。

[60] 有关机构委员会建构和国家安全顾问在1985—1986年伊朗门丑闻前后所扮演角色的详情，参见 Robert C. McFarlane, Richard Saunders, and Thomas C. Shull, "The National Security Council: Organization for Policy Making," in *The Presidency and National Security Policy, ed. G. Gordon Hoxie et al.* (New York: Center for the Study of the Presidency, 1984), 261-273; and Colin L. Powell, "The NSC System in the Last Two Years of the Reagan Administration" in *The Presidency in Transition*, ed. James P. Pfiffner and R. Gordon Hoxie et al. (New York: Center for the Study of the Presidency, 1989), 204-218. McFarlane and Powell were national security advisers. The Bush administration Simplified the interagency committee structure. Bernard Weinraub, "Bush Backs Plan to Enhance Role of Security Staff," *New York Times*, 2 February 1989.

[61] Patterson, Ring of Power, 340.

[62] Bert Rockman, "America's Departments of State: Irregular and Regular Syndromes of Policy

Making," *American Political Science Review* 75 (December 1981)：911-927.

[63] 国家安全委员会成员的组织状况含糊不清。它的 15 个成员是总统的特别助理，因此他们介入白宫办公厅，其中 9 个是下属单位的领导（比如亚洲事务、非洲事务、国防政策、情报项目）。The Capital Source，Spring 1996，11-12.

[64] 奇怪的是，Lieutenant Colonel Oliver North，这位暗地里行动的黑社会老大，"在五年内为四任国家安全顾问服务，并发现几乎每年一变的领导和不断更新的工作人员都对他很有利。前任的和现任的该委员会成员说他就像国家安全委员会的制度性存储器，产生了一种连贯性以至于他差不多是不可或缺的。" Keith Schneider，"North's Record：A wide Role in a Host of Sensitive Projects，" *New York Times*，3 January 1987.

[65] *Report of the Congressional Committees Investigating the Iran-Contra Affair*…，100th Congress，1st sess.，Union Calendar No. 277，S. Rpt. 100-216，H. Rpt. 100-433（Washington，D. C.：Government Printing Office，1987）.

[66] Reorganization Plan No. 2，and Message of the President，in 5 U. S. Code of *Federal Regulations*（1982 ed.），Appendix 1129-1132.

[67] The experience of President Ford's most active council is related by its executive secretary，Roger B. Porter，*Presidential Decision Making*：*The Economic Policy Board*（New York：Cambridge University Press，1980）. Few of the other cabinet councils were more than marginally active. James P. Pfiffner，"White House Staff Versus the Cabinet：Centripetal and Centrifugal Roles，" *Presidential Studies Quarterly* 16 (Fall 1986)：666-690，at 682-683. Reagan had seven cabinet councils in his first term. Collectively they held nearly 500 meetings. Ralph C. Bledsoe，"Policy Management in the Reagan Administration，" in Pfiffner and Hoxie，*Presidency in Transition*，54-61，at 59.

[68] 有关里根时期及早期国内政策办公室和委员会，参见 Margaret Jane Wyszomirski，"The Role of a Presidential Office for Domestic Policy：Three Models and Four Cases，" in *The Presidency and Public Policy Making*，ed. George C. Edwards et al.（Pittsburgh：University of Pittsburgh Press，1985），130-150.

[69] 该办公室由尼克松创立；在卡特手下，各成员被分派管辖劳工、商业、消费者、妇女、老年人、犹太人、葡萄牙或西班牙人、白人天主教徒、越南战争退伍军人和同性恋者。John P. Burke，"The Institutional Presidency，" in *The Presidency and the Political System*，2nd ed. Michael Nelson（Washington，D. C.：CQ Press，1988），355-377，at 364.

第 6 章

111

组织问题

不同风格的文献对组织的基本问题进行了分析，其中一些分析源自第 3 章探讨过的理论。对美国行政历史的两种考察清楚地揭示了这种联系，即分析方法与行政机关的建构直接相关。杰克·H·诺特（Jack H. Knott）和加里·米勒（Gary Miller）对经典的行政改革信条提出了挑战，认为“制度选择天生是政治性的，我们必须询问‘谁’从制度安排中‘得到了什么’?”[1] 赫伯特·考夫曼（Herbert Kaufman）认为三种核心价值或单独或以不同的联合方式在历史上居支配地位，并都力争成为描述组织的措辞。这些价值是中立能力、行政领导权和代议制。[2] 运用到本章的主题，这些价值意味着：实现中立能力要求我们运用学到的有关有效行政的知识，并由此关注对专业机构及其专家的政治侵犯最小化的问题；树立行政领导权需要经由政治选举产生的强有力的总统、强有力且忠诚的部领导和确保下级组织单位服从总统的命令和政策重点的严格的等级制。实行代议制要求组织安排一旦建立，就能回应国会的利益，回应最易受机构决策影响的特定委托者。这些内涵明显是相互冲突的。

首先，我们将关注源自中立能力的问题，这些问题使追求有效组织的努力受挫，在与经典行政理论相似的“中立能力”模式中得到大量的阐述。我们须记住，总统的组织、政治决策常引发某些问题，国会在委托人群体的推动下常关注“谁得到什么”的问题。其次，我们关注总统和国会的重组努力，总统常试图提高
112 其行政领导权的地位（第 5 章的探讨清楚地揭示了这一点），国

会则常试图在影响与控制官僚组织时发挥更强有力的作用。组织安排可能是政治选择的产物，是总统和国会各自权力发生制度性抗衡的结果。

6.1　追求有效的组织

组织的基本问题在大多数机构与不同层次的政府和行政各部中经常再现。因为以前经常遇到这样的问题，所以替代的回应办法及其后果也常为人知晓。然而，在有些情况下，行政官员会发现要么找不到解决办法，要么最好的可用的备选方案会导致其他问题，要么备选方案是如此平分秋色以致难以抉择。当然，这些可能性有助于解释这些问题反复出现的原因。如果找到了永久的解决方案，组织问题将不再是问题。同时，行政官员会因知道他们面对的是普遍性的组织问题，知道问题无法解决，不得不忍受这些问题的压力而受益。那些不清楚这些令人安慰的真理何时有用的人，会为一个问题所困扰：他们假定自己的行政活动是独一无二的，并为他们无力设计解决方案而感到内疚。

我们认真思考一下在中立能力框架内普遍出现的顽固的组织问题：(1) 良好组织的标准的选择；(2) 机构间的冲突；(3) 机构间的协调；(4) 在支持和控制组织活动时工作人员的作用。

组织的标准

任何人都可以列出组织标准的清单，这一清单将引导我们选择备选的组织结构。跨机构任务小组提出的清单，就是一个好的例子：

□ 公众认同：公众对系统在输出信息和决策时的正直、公正和明智的信任程度。

□ 适应能力：系统对 (1) 技术革新；(2) 主要公共政策转变；(3) 国际发展；(4) 州—联邦关系和 (5) 经济条件变化的快速与积极的反应能力。

□ 决策的连续性：系统保持决策连续的水平。 113

□ 职业能力：系统吸收高质量职业人才和有效利用他们才能的水平。

□ 参与、代表和多样性：系统为政府决策提供多样化公共输入的能力。

□ 有效的资料库：系统产生、核实并运用可靠、完备的资料的能力。

□ 成本与时限：系统输出决策所须花费和时间的合理性。

□ 私人效率的提高：系统避免在私人决策者进行技术、市场……和其他选择时盲目施加压力的程度。

□ 对总统的责任：系统清楚界定行政当局权责的程度。

□ 对国会的责任：系统为国会的议政提供准确信息，以及为执行国会命令提供清晰责任章程。

□ 与州规章的相容性：系统有效促进州—联邦关系的水平。[3]

不管我们按照这一清单还是自己设计的标准进行探讨，正像任务小组申明的那样，关键的出发点是“每一标准都很重要，但这些标准无法同时满足”。例如，一个决策迅速并且只需最低行政成本的系统，不应该按照重视公众信任和公众参与的标准进行最佳系统的评比。简言之，任何系统的设计……都要求在合意的条件下进行妥协和权衡。[4]

因为既不存在一般情况也不存在特定情况下指导妥协和权衡活动的公式，我们看来像漂流在充满不确定性的海洋中。不过，这种说法夸大了困难，那我们只好将理性最小化，既然因为我们无法实现理性的最大化。有关组织结构的许多低劣决策（即使没有政治压力）就建立在预感或简单类推的基础上。那些没有政府工作经验，又提议在政府机构中复制公司或大学组织安排的任命官常犯类推的大错误。美国总
114 统不像公司的总经理，国会不像公司董事会，各部和各局也不像生产产品、受短期盈利能力影响的利润中心。学究们关于大学教职员组织的文章，认为大学里的关系是同事、个人自治和那些行为更像主席而非行政领导的管理人员之间的关系，这种观点可能出自潜意识的偏见。[5]没有一套十分清晰的组织标准，就有可能忽略一些重要的应考虑的因素，对结果的失察将导致组织难以胜任其任务。当我们自觉考虑所有重要的因素时，政策制定会更理性，即使我们舍弃了那些相对不重要或无力适应特定环境的因素。

机构间的冲突

我们所引用的任务小组的标准忽略一个组织是如何与同一层次的其他组织相适应的问题。然而，组织间冲突常常深植于选定的结构图式中。维多利亚女王宫殿的窗户很少有干净的时候，因为林地和森林部（Woods and Forests department）负责外层的清洁工作，清洗内层则是掌权大臣（Lord Chamberlain）所在部的责任，而这两个部的工作安排不一定一致。[6]

机构间冲突对高级官员，尤其是总统、各部和机构首长施加了压力，他们必须调节所负责的组织的活动。被经典组织理论视为组织基点的目标、过程、顾客和地点的不匹配会引发一系列的冲突，建立在某一基点上的组织将与建立在其他基点上的组织不太协调。当一些组织以目标为基点，另一些则以顾客为基点；一些以领域为基点，另一些则不同时（不管是以目标、顾客为基点，还是以过程为基点），这种情况都会出现。即使所有的相关组织建立在相同的基点上，仍会产生另一些冲突。

目标对委托人

卫生及公众服务部（Department of Health and Human Services）基本上是个以目标为基点的组织，它通过卫生调查与卫生体系资金筹措、福利项目和食品与药品管制以及行使其他功能服务大众。退任军人管理局与印第安人事务管理局（归属内政部）则是顾客导向的组织。实际上，这些仅以顾客为基点的组织向特殊群体提供了众多服务，否则卫生与公众服务部就得在国家总体项目中向他们提供服务。

115 如果一些机构以目标为基点，另一些以顾客为基点，就会出现下面的情况。卫

生及公众服务部无法主张统一的卫生或福利政策，也无法宣称在确保政策执行的平等和连续性方面拥有协调的权力。许多可怕的行政情况——两或三个机构在一个只需建立一家医院的地方建立了多家医院，以目标为基点的联邦调查局的特工在印第安人保留地被杀害，由以顾客为基点的印第安人事务管理局负责处理——就是以目标为基点和以顾客为基点的组织之间管辖权混杂的结果。

当一个顾客导向的机构追求已证明与其不相匹配的目标时，就会出现相反的情形。以行业为顾客的机构可能同时要承担促进和管制行业活动的责任。[7]过分强调促进会损害其管制职能，原子能委员会和矿业局都有这种情况。由于原子能委员会忽视对大众健康和安全的保护，国会将管制职能赋予新的核能管制委员会，将推进核能事业赋予新的能源部。[8]内政部矿业局的目标是“以保护公共利益的最佳方法鼓励私人行业生产来满足大部分国家矿业的需求”[9]，同时，通过检查矿井和采取强制行动，它也是保护矿工健康和安全的机构。矿井灾难及随之而来的公众抗议活动使得国会将内政部的保障职能转移给劳工部新成立的矿工安全与卫生管理局。在有关核能与煤矿开采的案例中，促进工业发展和通过实施健康与安全标准限制其发展的活动证明了一个机构同时承担了不匹配的任务。

功能对领域

在各部中，功能（无论是目标，顾客还是过程）和领域（即地点）这些组织冲突基点所产生的压力很少得到解决。国务院的传统组织结构是按照区域设置的。但是，它同时是关注政治军事事务（如控制军备）、人权与人道主义事务、海洋与环境等科学事务、经贸事务、难民项目和国际组织的功能性官僚机构。

正如我们在第 5 章所看到的，同一些国家相反，美国政府没有在全国各地设立协调各部和机构开展活动的组织。然而，问题加剧了。除了缺少政府一级的地区性协调外，更显露的问题是，一个部对各局在不同领域的活动也缺乏协调。功能性（局主导）组织的基本构成要素在这两个案例中是一样的：地区边界和地区中心城 116
市的不一致，综合的地区协调者力量薄弱甚至缺乏，并且分权化存在各种程度的变异——总之，功能权威超过了领域权威。图 6—1 表明了两种主要备选系统中行政当局的权力线。当然，这些路线并不排斥遵循不同路线的非正式交流（信息、技术建议、协商）。此图也表明折中方案有助于建立双重监控系统，在这些系统中，局里从事不同领域工作的官员既受本局和某一领域协调者的领导，又对他们负责。表面上，这一折中方案混乱不清。实际上，按功能原则运行的中心局居支配地位，特定领域的协调者只限于处理公共关系、管理常规行政细节。

约翰逊总统的任务小组建议总统“加强对那些有较高级别、能力突出但对部长和总统不够忠诚的部的地区行政官员的控制，以领导内阁部长统一各领域的运转活动”[10]。不过，统一行动并没有实现。虽然如此，地区领导者基本上从公务员变为政治任命。在国内事务各部，职能局要求对其领域的代理人进行直接控制，而地方行政长官则坚持认为，协调部在各领域的活动并使它们适应当地环境要求他们对代理人也进行控制。在国务院和国内各事务部中，职能组织和领域组织相冲突的诉求发生着摩擦，并常要求部长们进行裁决。

117

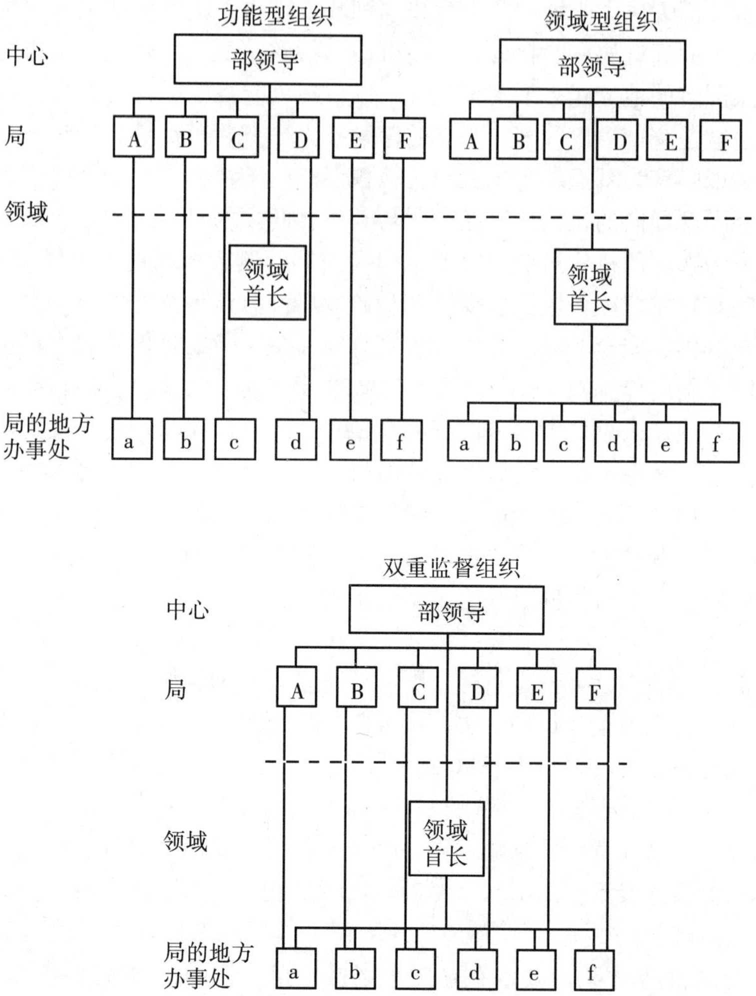

图 6—1　领域行政模式

目标导向型机构间的冲突

众所周知，以目标为基点的各部间也会出现冲突。为理解这种冲突，我们需要借助前面章节所阐明的观点。部的称谓通常更能表明其活动领域的特征，而不是为了确保目标的坚定。在大多数以目标命名的国内事务部创建的初期，有个爱打趣的人用“不重要的卫生、教育和福利部部长”作为文章的大标题。最古老的行政各部很少作出明确的目标承诺，而是作为政策制定者在大致限定的活动领域内保证实现工作目标。国务院、财政部、国防部和司法部并非目标清楚、单一和连续的机构，但这些机构不需要太多针对相反目标的结构调整就能在处理冷战与缓和、通货膨胀与反膨胀、进攻与防卫、强
118 硬或柔和地执行反托拉斯法案和民权法案等方面起作用。

除了把各部视为有特定活动领域和不关注明确与连续目标的组织外，我们可以进一步放宽和谐一致的限制条件，强调这些部承担着核心活动而非在

固定的管辖边界中活动。[11]由于难以精确界定边界，便出现了边界冲突。行政机关的大范围重组可以重新勘定地域，但扩大边界的做法，不管是新的还是旧的，都将引发组织间的冲突。对于这些机构，管辖边界不仅仅是个边缘利益的问题。

1988 年，纽约市警察和消防委员会成员差点在市长面前打起架来，因为这两个部在处理危机事件和营救工作中长期竞争，最近在河里寻找直升飞机事故幸存者的行动中，纽约警察又阻止了消防部门中那些穿戴水下呼吸器的潜水员参加营救。警察扮演着保护者的形象，而不仅仅是逮捕者。因为火灾在 10 年中减少了 40%，纽约市的消防队员只有部分得到雇用，他们害怕失去工作，试图在处理危机时获得与其他城市消防部门相同的责任，并承诺危机发生时将做出比警察局目前更快的反应。最后，一位新市长在 1990 年任命委员会成员就详细的司法协议进行谈判。[12]

组织间协调

行政长官借助多种手段来缓和机构间的冲突。严格地讲，协调要求有协调者和垂直关系。虽然如此，这一术语仍得到了宽泛的使用，包含有机构间水平方向合作的意思。

水平方向的合作

大多数的合作手段有赖于机构与另一机构进行协调并达成协议的意愿。主要有四种方式：

1. 利益相关的机构通过协商达成数千个机构间的协议，以建立特定边界，明确在没有其他机构干涉情况下特定机构的工作任务。

2. 在共同参与的领域，内阁、非正式顾问团和官僚机构中的上百个跨机构间的委员会推动着合作。

3. 在领导机构准则下，一个机构被指定来领导、协调特定范围内所有机构的活动。[13]

4. 通过批准程序将机构水平地联系在一起，这要求其他利益相关的机构，不管以评议、正式认可或是投票的形式，来审议主要问题领域内由某一机构提出的 119
决议。[14]

这些手段用起来并不能令人放心。众多微小的问题在一致同意商定中会被忽略，但机构不会在与其他平等机构谈判时就重大问题轻易作出让步，缺乏弹性的决议是无法制定和达成的。

国防部参谋长联席会议（Joint Chiefs of Staff of the Defense Department）到 1986 年时还仅是一个跨机构的委员会，尽管责任重大，却软弱无能。其组成人员包括主席、副主席（从 1986 年起）、陆军和空军总参谋长、宇航局总参谋长和海军舰队司令。四项由总统（肯尼迪、尼克松、卡特和里根）发起的调查已直率地抨击了参谋长联席会议，认为作为国防部长、国家安全委员会与总统的建议者[15]和作为监督地区联合指挥部执行军事活动的机构，该委员会令人震惊地失职了。[16]主要问题是，军队总参谋长们更关心部队的利益，而不是共同的防务。1978 年提交卡特总统的报告说：

> 组织的特性排除了在部队中解决分配资源等问题的有效对策……除非同意部队不用考虑资源的约束而得到增长……
>
> 在其他引起争议的问题中，重要的部队利益和特权被危险地引向缓慢的解决。这些问题包括战略之基本途径、军队的角色和使命、联合指挥部的组织编制，共同的准则以及参谋长联席会议的决策程序和文件……对这些引起争议的领域进行变革很勉强，变革会被尽可能地推迟。[17]

只要成员间地位相互平等，且通常未达成一致同意（跨组织委员会的共同特征），就不可能有解决方案，尽管涉及利害关系。这里有一个喜剧式的例子：在入侵格林纳达的1983年，因为军队沟通系统不协调，美国陆军无法从附近的海军舰队那里获得空中援助，直到一个军官用美国电报电话公司的信用卡致电肯塔基州的福特大本营，并通过它请求空中援助。

最后，国会1986年改革了这个系统，紧接着重组了总统国防管理委员会。[18]
120 新任命一位副主席，作为联合指挥部的代表。主席代替了参谋长们，成为总统的首席军事顾问和国防部长。参谋长经由特殊挑选和训练的军官担任，处于主席的牢固控制中。

毒品控制工作说明了当水平合作与垂直调节看来都不可能是解决方法时的一般情况。里根政府在“反毒品战役”中主要依靠的是多个机构的委员会及其努力。[19]国会清醒认识到这种做法是不力的，在1988年的反毒品滥用法案中授权一个“沙皇”来协调控制毒品的活动，布什总统任命了第一位官员。[20]大范围的自愿合作不是答案，通过高层的反毒品领导者转而借助垂直协调也不是解决办法。如同沙皇那样的直接权力凌驾于反毒品机构之上，将与各部首脑的权威发生冲突。这些机构中的大部分承担着与控制毒品无关的中心职责（例如，文化部、海岸警卫队、联邦调查局、移民与户籍局和中央情报局）。沙皇主义是流行和最新的观点，它被当做是治疗妨碍应对艾滋病危机的机构破碎分离这一情形的方法。[21]

垂直调节

等级制的基本功能在于为多个机构或大量具有共享利益的下级单位提供垂直调控，它是虚弱、不可靠的水平合作的强烈对立物，两种模式相去甚远。在垂直调控模式中，由共同的组织上司（而非特殊的“沙皇”）来惩处两个斗争对立的机构，此人拥有强制决策和监督机构是否顺从的正式权威。虽然受多种因素影响，上司运用权威的意愿可能会减弱，但他在致力于项目的有效运作的激励下会增强解决纠纷的动机。

垂直调节不仅仅涉及对管辖权争议的仲裁。总统和各部首脑需要对下级机构从事不受其他机构管辖权质疑的主要活动的关注，与对下级机构从事受争议、可能更边缘的活动的关注一样多。然而，上司遇到这两种类型的情况就要采取不同的方式。水平合作无法解决的冲突自动地提交给共同上司。但是，没有好办法保证下级

单位会将应由更高层机构决定或指导的问题提交给上司，即使这些问题属于下级的 121
正式管辖范围。这种保证机制不完美，不是源自组织结构，倒更像来自受约束的权力的小心下放和规定的审议过程。例如，审议过程使行政管理与预算局可以检查、询问、推迟和有效地对机构的信息收集活动和规章创议权进行投票。

等级制的水平和垂直尺度互相作用。如果行政机关在大体平等的层次上有100个部，估计会出现三种结果：更宽范围的争端增多，将超出总统的仲裁能力；单个部和机构接近总统的途径将减少；内阁和附属内阁委员会将因过于庞大而无法进行有效的讨论和决策（或向总统建议）。因而，任何政府都倾向于将主要的部和机构的数量定在10个～30个的范围内。[22]这是有效的。此外，虽然每一个部不仅是无需多少理由就能实现相互作用的局的集合，但也需要成为有充分理由与其他各部的局相互作用的集合。假如各局同属一个部，局与局之间的大多数的裁决纠纷和政策纷争可以控制在“家庭内部”，部领导将成为仲裁者。这解释了研究各部组织原则的原因，也是重组行政机关、将特定局从一个部转移到另一个部的理论基础。

限定部的数量，或者在一个部的范围内限定部领导以下单位的数量，以保持总统或部领导合理的“控制幅度”，需要付出代价。等级中每一层级的单位数越少，等级的层数越多。等级金字塔越陡峭，层级越多；金字塔越扁平，层级越少。国务院是陡峭的金字塔结构。负责美国与加拿大事务的外交部副部长要通过另一位副部长向部长报告工作。[23]层级的增多拉大了“开展工作”的执行层和高层决策者的距离。一个结果是向上流动的建议可能在更多地方受到堵塞，信息受到扭曲，向下传递的指令可能变得模糊不清，失去效力。另一个结果是信息延误，仅仅是由于经过更多机关传递和考虑信息的时间将比经过更少机关来得长。在此，我们又一次面对权衡的境况，即不存在提供解决办法的一般公式。

国家与州政府的重组计划近来朝着“超级部”的方向发展。华盛顿的国防部确 122
立了这种组织模式：将一个内阁成员分为陆、海、空军三部；到1986年军队比以前更加服从改革后的参谋长联席会议。超级部的概念形成于教育部、卫生部和福利部（现精简到卫生及公众服务部），这也是州政府人力资源部的现实或倡议中的选择模式（不含教育部）。约翰逊不成功地尝试将商业部和劳工部合并，尼克松雄心勃勃的计划试图建立庞大的经济事务部。这些运动的提议者从相近的假设中展开论证：（1）通过一个共同上级和一个内阁成员将有关联的活动集中在一起进行等级协调；（2）从而，这大大减少了必须由其他单一的共同上级、总统、行政长官解决的问题；（3）因而，减少了总统或州长助手进行干预的机会，以及配置这种助手所需的大量人力。中央政府必须考虑的重大问题是，部领导和总统应为其决策向国会负责，这种责任恰好是总统助手努力逃避的。

不管这些优点显得多么吸引人，然而，人们在实践中通常很难认识到这些优点。就如我们看到的，作为参谋长联席会主席的国防部长，同其下属的陆军、海军和空军“各部”相比，权力就比较小。州政府人力资源部的领导一般都无法满足几个特殊群体（例如，公共卫生和社会工作专业人员）及其选区导向的亚群体提出的自治要求。[24]这些事例提醒我们，组织结构可以揭示在其他方式下不存在的可能性，但是，它需要非结构化的方式来实现最初的设想。

参谋的作用

目前为止，本章主要关注业务机构和部及其领导。也就是说，我们已涉及到了受权威等级制直接约束和控制的单位和人，即那些负责完成直接服务或管制公共事物项目的组织和人员。还有其他类型的行政工作支撑着机构的功能。这些工作的标准术语叫做参谋活动，是与专业或业务活动相对的。[25]参谋——专业的冲突是长久
123 的组织问题［不应将这里的“参谋”（staff）同一个机构的雇员（staff）相混合］。

当我们谈及参谋活动（有时称为纯参谋活动）、辅助活动和控制活动时，这三者因相差太大而无法集合在参谋这单一的术语中。前两者，纯参谋活动和辅助活动意味着推进运行的活动。因为他们在这些活动中的表现只是集中在支持作用，所以，经典理论认为他们没有权力命令专业官员。第三种活动非常不同，因为控制活动涉及限制专业官员自由的强制要求。这暗示着我们已经分析性地提到了管理活动和非组织性地提到了行政单位。我们的问题的一个方面是，起促进作用的参谋和辅助单位朝着实现控制活动的方向发展。

纯参谋作用

助手们向官员提供参谋帮助（在纯参谋的意义上），就如同官员的眼睛、耳朵、辅助的大脑和时间的节约者。他们向他提出观点；收集、筛选并评价别人的观点；为官员决策提供整理过的信息；并跟踪相关机构执行其决策的情况。政府外交政策执行组织委员会的报告很好地说明了参谋支持作用的本质。它说，总统的参谋必须：

□ 界定可能需要总统注意的问题。

□ 将问题条理化，以使总统充分理解和有效决策——确保可以获取相关的事实，提供充足的备选方案，正确地摆正机构的位置。

□ 保证适当的程序，为每个利益相关的部提供阐明其情况的机会。

□ 确保相关当事人被明确告知已采取的决策，并指明它们自己在这些决策中的职责。

□ 监督总统决策的执行情况。

□ 评价决策实施的结果，从评价中推导出未来行动的方向。

界定这些任务的特征，是因为它们体现了参谋的责任，而不是专业权力。他们帮助总统，而不是为部门官员指明方向，他们只是传达总统的命令。白宫里只有一个官员负专业责任，那就是总统自身。[26]主要的专业官员都需要参谋的帮助，特别
124 是部、局领导和总统，因为这种帮助拓展了他们在收集信息、预测问题、合理决策和跟踪决策实施进展情况方面的能力。

参谋的作用不仅仅是个人决定的，它更像一个行政组织被制度化了。正如我们已看到的，总统除了在白宫里有直接助手外，在总统行政办公厅中还有大量的参谋机构，这些机构负责向总统提供信息、帮助和建议。部领导、局长不仅有自己的助

手，还有帮助项目分析、计划和调查的组织单位。至少在部这一级中，参谋单位承担着大量的任务，如立法事务、国际事务、政府内务、公共事务（媒介关系）、人权与少数民族事务、小工商业和消费者事务。在一些部，所有或大部分的助理部长主要起到了沟通厅局机构的参谋作用，相反，在其他部，作为专业官员，他们监督着一群厅局机构。

当然，更高层的行政官员直接从下属的业务官员那里获取信息和建议，而不是仅从参谋助手或参谋单位。这种区别有两种表现：(1) 下级业务单位的领导倾向于为组织的局部利益说话，因而，他们可能是狭隘的倡导者，相反，参谋助手和单位被认为会从上级专业长官的组织视野看问题；(2) 下级业务官员倾向于将主要精力集中在日常业务问题上，因此目光短浅，而参谋单位——尤其是那些从事项目分析、计划和调查的单位——被认为会自主地用长远的眼光看问题。[27]

辅助与控制作用

辅助活动是政府或部的集中采购局、会计署、程序规划局、图书馆、新闻发布局和出版单位的普通服务。“行政支持”、“机构的”或“家政的”服务很好地概括了这些服务的特征。

控制活动关注绩效的监督以及有关政府、部和局的标准与程序的强制实施。现在，大多数的部都有总监，他有权调查并向部长和国会报告被怀疑有欺诈、浪费和管理不当的问题。还有，人事局和预算局增强了文官法、规章、拨款条例和其他限制性规定对开支与计划的约束。技术上，可以论证控制活动不是专业权力的运用， 125
因为控制者只是实施已规定的强制力。但是，业务官员厌恶控制者的“干预”活动，尤其是当控制者过于专注对繁琐要求的服从而分散了业务官员在实现雄心勃勃公共项目所需精力的时候。

构筑权力的癖好

被委派从事“非业务”或“非直线指挥”的个人或单位在实践中希望获得很难与命令权相区分的权力。所有这样的单位和人都掌握着稀缺的资源。[28]参谋助手接近领导就是这样一种资源，凭借这一资源，他们可能对领导的决策产生相当大的影响。所以，较低层的业务官员会试图了解参谋助手的观点，且不会随便向上级领导提出任何可能与其助手意见相左的建议。通常，高级官员也会要求参谋助手处理涉及下属专业机构的问题，而后者可能会认为参谋助手是高级官员决策时的知己。白宫参谋助手们引人注目地扮演了指挥者说明角色转变是件容易的事。

或以辅助单位为例。流到这种单位的工作量是如此之大，以至于它的领导必须决定哪一个业务机构的工作应享有优先权。[29]这就是权力。较少得到优先考虑的专业机构可能会在完成自己和上级规定期限内工作上遭受严重挫折。

同一组织单位将参谋、辅助、控制和命令功能正式结合在一起的趋势加剧了这一问题。部采购局不仅负责满足业务机构对大量供应和装配项目的需要（辅助活动），还有权了解并在数量上和质量上修改业务官员所需物资的明细表（控制和命令活动）。无论业务官员不能自由采购其想要的东西这一点多么明白，辅助功能和控制功能的混合都会造成严重的组织问题。很少有像采购局雇员过多干预业务项目需要哪些物资供应的事情，更令业务官员烦恼了。[30]

多数的参谋、辅助和控制活动在众多等级层次中重复进行着。随之而来的网络加强了其成员的权力。每个部都有总的法律顾问，由总法律顾问委任的从事律师工
126 作的所有律师（即非在职的、大多数涉及非专业法律工作的人）成为法律部这一参谋机构的成员。大多数成员被分配到部里的业务局和其他业务单位。因而，分布广泛的法律参谋是确保向部里所有官员提供统一法律建议的整体。如果下级业务员提议的行动违反了委派法律顾问的意见，那么，后者可以逐级向法律部报告。然后，相应的上级法律顾问可以采取行动阻止这一行为——通常敦促局长、部领导命令直接下级放弃计划的行动。除了严格履行法律控制职能，法律部也建立使其成员与总法律顾问熟悉政策及其在部中执行进展情况的交流网络。影响公众的多数实体性或程序性提议要么应包含法律的东西，要么须以法律形式进行起草。有了这种保险的入场券，机构的法律顾问既知晓又影响着这种提议的分析和形成。这种共享的信息使得总法律顾问成为受部领导重视的建议者，部领导需要它来补充和纠正局长汇报的信息。

还有另一种网络，与法律服务的特点相比，这种网络的范围较窄，相矛盾的看法更多。这是因为分散的参谋—辅助—控制人员通常并非核心工作人员，而是业务官员的下属，业务官员在等级制中是他们的“老板”。尽管如此，每个网络的成员是遍及业务层级的利益共同体，他们经常接触加强联系，他们有着共同的义务，即防止业务官员们违反法律法规的抄近路行为。

我们已经看到，参谋活动不同于专业（或业务）活动的方面在于，他们是业务官员的助手之一，而非控制者。然而，帮助和控制的界限常被打破，“纯参谋”作用常掺杂着发布命令和提供建议的成分，甚至辅助单位的明显谦虚也会被认为是权力的运用。控制作用虽建立在已存在的法规规章的基础上，但在牺牲项目管理人的情况下会被放大。将不同行政层级中有共同目标的参谋助手和单位联结起来的网络使得这种趋势成为可能。

解决办法

如果很容易找到解决办法，那么类似参谋—专业之间冲突的组织问题就不会反
127 复出现，持续不断。纯参谋活动（先别谈辅助和控制活动）看似几乎有自己明确的解决办法，所需要的是让参谋助手、参谋单位和他们的上级业务官对参谋的作用有明晰的看法。这意味着参谋须自律，能抵制在决策和发布指令时为自身利益考虑的诱惑。对于习惯当主角或参与游戏、而不愿以教练或推动者身份发挥幕后作用的参谋来说，这种约束不易实现。虽然参谋的界定不像区分思想家和实践家那样简单，但是，完全适合参谋工作的人通常来自从事分析性、非执行性工作的职业群。

辅助机构看来不可避免地履行着特殊的控制职责，这大部分是因为高级行政官员不想因“家政”纠纷而干扰自己的工作。然而，项目管理者不得不与外部的、对项目完成不很用心的辅助机构在一起，共同行使控制功能。[31]克服这种沮丧的努力要求授予项目管理者行动权力，中央辅助机构虽已放弃处理每件事务的共享决策权，但是，他们仍保留着对授权的完整运用作总审计的权力，当权力滥用时，仍会收回授权。

6.2 重 组

奇怪的是，为什么通过整顿行政机关的组织安排无法解决或至少缓和常遇到的组织问题？主要原因在于，行政重组不仅仅只是使组织结构匀称地布局安排、对组织活动的合理分类、总统或部长控制幅度的缩减、行政效率的提高和行政协调的增强。这些大都局限在组织的“中立能力”方法中。[32]重组是政治性的。一个项目放在什么地方会引起多少政府关注很重要。假如它由不赞同或不关心这一项目的部来处理，那么其部长就不会尽力为它争取足够的财政拨款和工作人员，项目将可能贫血。如果由等级很低的单位处理，其领导接近部长的通道将不够畅通，中间层级可能堵塞或改变他的建议。当那些在部中直接负责项目的人喜欢没人要的项目时，他们会到处寻求支持、资金、人员和项目自由权，使他们能够享受这一项目。试图扩大行政领导权的总统和关心自身利益与委托人利益的国会议员都期待、鼓励并为所 128
有这样的结局而努力奋斗着，他们感兴趣的是为实现代议制的价值而工作。

重组行政机关及其组成机构的权力分布广泛，自1980年中期以来，关键的游戏者和总统的作用已受到明确的约束。国会可将它想要的任何重组计划合法化，它可以建立部、局、甚至是总统行政办公厅的单位。在另一端，部和主要机构的领导拥有影响内部变革的大量权力。

过去的大半个世纪里，总统有向国会提出新建、更名、巩固、调换整个机构（而非内阁各部或独立管制委员会）和它们的组成单位等重组计划的法定权力。经过聪明的“法定否决”安排，如果参众两院都没有通过反对议案，那么总统的计划在60天后自动生效。不过，最高法院在1983年裁决了上百个法令中出现的违宪的法定否决条款，包括重组法案（见第12章）。[33]现在，一项总统重组计划要生效，它必须得到两院在接到提案的90天内做出的一致通过决议，并须由总统签署（或者因需要修正被国会否决或搁置一边）。[34]力量对比现在发生了变化。1983年以前，国会的引擎闲置在中立的空档上，这对总统有利。现在，则对总统不利，他需要参议院和众议院的配合并推动对他有利的活动。国会的迟钝不再是他的同盟。即使他的提案通过的可能性更大，国会也可以在两年会期的任何时候批准它，而不用必须在90天内通过它。

总统作用削弱前的一个统计数据反映了重组权威分散化的情况。除了国防部，几乎所有的400个行政各部的主要下级机构中，大约40%是依照法令建立的，10%是按总统的重组计划与行政命令建立的，50%是各部指令的结果。[35]

总统可以选择策略。他可以对行政机关进行全面的重组。他还可以选择其他方案，只改革部分机构和局。第一种选择，即全面的重组，虽然很吸引人，但它可能遭到现有机构和利益集团的反对，即使不会，人们也会对改革中可预测到和不可预测到的结果表示担忧。另一选择，孤立渐进的改革，虽较少受到挑战，却更容易实行[36]，但它无法将特定行动与总统有关行政机关组织的大战略（如果真有这个战 129

略）结合起来。

大范围的重组

从胡佛到克林顿，11 位总统有 7 位支持对行政机关进行全面大修整。[37]既然受到反对，为什么他们还会不辞劳苦地进行改革？一些总统在就职时许诺要发动一场“整顿华盛顿政府混乱局面”的战役。一些总统——胡佛和卡特——成为整修政府这架机器的工程师，一些总统因致力于改革政府机构而得到了广泛的信任。对这种表面努力的信任大多出自政治性的原因，而非取得的实际成就，人们很少花费精力去了解实际成就。像前参议员杜鲁门、尼克松和约翰逊等人非常了解华盛顿政府，认为现有行政机关组织在实现国家利益方面绩效平庸，提议投入政治资本进行结构改革。但政治资本是很珍贵的，可能流失或转而用于紧急的政策创新中。[38]

除了杜鲁门，没有一个总统获得他们想要的大多数东西。罗斯福的众多提案远未实现，国会开始时只通过两个提案。[39]由赫伯特·胡佛任主席的两次国会—总统联合的政府行政机关组织委员会对 1949 年到 1955 年的情况进行了记录报告。[40]第一次胡佛委员会（First Hoover Commission）的一多半建议得到采纳，主要是因为杜鲁门的支持和大量公共关系活动。第二次胡佛委员会的主要精力不放在重组活动上，而放在政策问题和程序性技术上——尤其是减少政府与私营企业的竞争及对其的管制上。不过，“作为这项大型调查的结果，没有一个重要的永久项目因多年的萧条、复苏、战争和改革而被废除。”[41]

1971 年，尼克松总统计划对行政机关进行剧烈的重组。[42]这一重组计划本想只保留四个其领导进入过乔治·华盛顿政府内阁的部，废除四个部（商业、劳动、运输和农业部），并将它们的主要工作都纳入新成立的经济事务部。新命名和重新组建三个部——自然资源部、人力资源部和社区发展部——将取代内政部、卫生部、教育部、福利部和住房及城市发展部。但国会拒绝批准执行这项计划。[43]

卡特总统在行政管理与预算局中进行了一项大幅精简人员的研究。与他的抱负
130 相比，成果有限。成功之处在于，建立了教育部（履行了竞选誓言）和能源部，将公共服务委员会一分为二，对总统行政办公厅进行了重组。[44]里根总统徒劳无功地试图废除卡特建立的教育部和能源部，但他建议不要对行政机关的结构进行彻底整修。[45]他以内阁会议协调跨机构利害关系，并倚重于对机构行为的集中控制、程序变革和政治任命。[46]国会中的共和党在 1995 年再度发难，提议废除商业部。

州政府的大范围重组掀起过四次高潮，最近一次集中在 1965 年到 1978 年，共有 21 个州重组行政机关。通常，由州长发起这一运动，并且已得到宪法修正案、法令或二者的共同批准。[47]

重组的障碍

重组观点繁多，但相对来说，很少有转变为实践的。那些希望得到特别关注的观点，

认为发现的绩效失败是滞后组织的产物，这些观点要么拥有充分的利益承诺而能动员政治支持，要么毫无问题以至于受到冷落。一些观点最终得以施行，是因为它们在岁月中反复出现，以至反对理由不再成立。[48]

稳定、不流动是行政机关的组织特点。[49]我们如何解释这一特点？很明显，大多数部和局抵制职能的削减，“保护自己的地皮”。当一个机构决心像帝国主义般扩张领域时，它更多地采取了这种行为而非改革推进策略。[50]问题是，这些机构如何集中政治支持来阻止甚至挫败政治资源并不薄弱的总统和各部领导发动的重组活动。答案在于有国会委员会和强有力的利益集团，集中它们的力量反对重组活动并不困难，它们经常自发地采取行动。

国会委员会有自己要保护的管辖范围。国会不支持尼克松重要的重组努力的一个原因是，这可能对立法委员会产生影响。平均而言，超过九个现有委员会对四个新成立的部拥有或多或少的管辖权。可供选择的办法是重组委员会的权限，以适应这些部的要求。这并不会令那些在意管辖权废除与丧失的委员会领导成员们高兴。 131

认为重组活动会对其成员造成潜在损害的利益集团，会通过他们的游说力量反对。他们同受影响的部或局，和同情他们的国会委员会结成联盟。在政府的很多活动领域，结果是一个“铁三角”或“可怕的三位一体”，它认为重组活动威胁着成员的共同利益而抵制重组。

实际上，克雷格·W·托马斯（Craig W. Thomas）有关政府重组的重要研究指出了几条重要的教训。首先，虽然我们关于重组的话说得很多，但实证却非常少。相比较，我们对政府变革是否提高了效率了解甚少。其次，许多通过重组提高政府效率的努力令人大失所望。如果变革开展得很好，订立合同和实行政府合作的做法可以提高效率，而一般的方法、权力的集中通常不能提高效率。再次，尽管通过重组政府机构来提高行政效率的话不断地重复，但是，“重组政府很复杂，毫无疑问是政治性的活动，我们必须充分认识这一点。”[51]如果改革者们推动重组政府想建立更有效率、更有成效的政府，他们虽并不能确保实现他们想要的结果，但是，他们确信可以激发起对政府计划中的结构和信条的深层政治争议。

假如理论和经验为我们指明了组织行政机关或部、局的最佳方法，那么我们更容易克服消极影响的政治压力。困难是，当询问那些熟知行政管理的人如何组织时，他们很可能答道：“视情况而定。”这并不意味着任何事都有可能。正如我们看到的，这意味着存在着顽固的组织问题、几种备选的解决问题的方法和在特定环境下不同办法的不同优势。这还意味着，众多的因素决定着实现重组目标的承诺，以至于无论是理论还是经验都无法确保承诺的实现。

6.3　结　　论

回应组织问题通常要提升中立能力、行政领导权和代议制的价值。这些回应很可能源自“谁得到什么”的政治关注。我们看到，这是真实的，甚至在对中立能力

132 模式的反映上，行政官员（包括职业文官）都偏爱维持自身单位权力和确保控制下级单位的安排。

我们已经发现，组织问题并非偶然或单独发生的事件。相反，它们已模式化，不仅持续不断、反复出现，而且非常明显地出现在所有层级中，包括总统的、部的、局的和各个行政领域。即使把中立能力当成了目标，为什么冲突看起来还是结构性的，事情会出错？原因在于，组织者没有考虑到一些重要的标准，活动相互关联的组织单位的结构基础不相容，管辖范围界限不清晰，自发的水平合作乏力，垂直的等级制协调有限，以及参谋、辅助的助手与单位的控制活动使业务官员遭受挫折。

虽然组织结构看似被动的，但有一点很清楚，组织结构既是组织冲突动力的原因，又是结果。这些动力是政治性的，反映了总统和国会各自追求行政领导权和代议制价值的诉求，也反映了利益集团的冲突。

正如后面章节所揭示的，不管公共组织在抽象概念中被定义得多么消极，一旦把公共组织看作是一群人的集合（包括公务员和政治任命官），以及当作界定政策问题的搏斗者与争取预算资金的战斗者，努力执行工作任务与管制目标远大却又矛盾重重的项目代理人和使自己在行政、立法与司法的监控下活动的官僚时，公共组织就会恢复生命力。

注释

［1］Jack H. Knott and Gary J. Miller，*Reforming Bureaucracy*：*The Politics of Institutional Choice*，(Englewood Cliffs，N. J：Prentice Hall，1987)，274.

［2］Herbert Kaufman，"*Emerging doctrines of Public Administration*"，*American Political Science Review* 50 (December 1956)：1059-1073. 他认为三种价值在历史上相对居支配地位的顺序是：代议制、中立能力和行政领导权。

［3］Federal Regulation Study Team，*Federal Energy Regulation*：*An Organizational Study*，April 1974 (Washington，D. C.：Government Printing Office，1974)，appendix D，D1-2.

［4］Ibid.，D2.

［5］这种偏见在人类关系学派的成员中表现得最明显（见第3章）。但当这个学派的领袖获得作为组织领导的经验时，他们的观点变了。See Douglas McGregor，"On Leadership，" in *Leadership and Motivation*：*Essays of Douglas McGregor*，ed. Warren G. Bennis and Edgar N. Schein (Cambridge，Mass：MIT press，1966)，60-70；and Warren G. Bennis，*The Leaning Ivory Tower* (San Francisco：Jossey-Bacs，1973). McGregor 是 Antioch 学院 1948 年至 1954 年的院长，Bennis 是 Buffalo 大学 1967 年至 1971 年的教务长和副校长，Cincinnati 大学 1971 年至 1977 年的校长。

［6］E. S. Turner，*The Court of St. James's*，(London：Michael Joseph，1959)，305-306.

［7］注意问题在于是按顾客（行业）、按目标还是按过程（推动、管制）来建立组织。

［8］有人怀疑核能管制委员会是否能充分地保护公众的健康和安全，也许是因为它只关注某个行业，或因为许多原子能委员会的雇员转到核能管制委员会工作，或两者兼有。

［9］*United State Government Organization*，1977/78，312.

［10］President's Task Force on Government Organization，"*The Organization and Management of Great Society Programs*，" 15 June 1976，5（original emphasis omitted）. Processed. Available at the Lyndon B. Johnson Presidential Library，University of Texas，Austin.

［11］在Morton H. Halperin看来，核心活动的概念类似"组织本质"的概念，"*Bureaucratic Politics and Foreign Policy*"（Washington，D. C.：Brookings Institution，1974），28-40。他坚定地认为一个组织必须有力地维持组织的核心或本质。但国内各部之间的管辖范围之争的强度似乎与他的观点相左，一个组织"经常"或"时不时"倾向于排斥不属于本质的功能或对它们漠不关心。

［12］Todd S. Purdom，"Scuba Feud Pits Idled Brayest Against Prideful Finest，" *New York Times*，5 May 1988；Ari L. Goldman，New Rules Set for Handling Emergencies，*New York Times*，5 July 1990.

［13］颇具讽刺意义的是，虽然领导机构方式在联邦政府中运行得并不好，但州政府在开展由联邦补助金资助的项目时都要求运用这种方式。

［14］Allen Schick，"The Coordination Option"，In *Federal Reorganization*：*What Have We Learned*? Peter Szanton（Chatham，N. J：Chatham House，1981），85-113，尤其是95-99.

［15］William J. Lynn，"The Wars Within：The Joint Military Structure and Its Critics，" in *Reorganizing America's Defense*：*Leadership in War and Peace*，ed. Robert J. Art，Vincent Davis，and Samuel P. Huntington（Washington，D. C.：Pergamon-Brassey's，1985），168-204，尤其是174-183.

［16］美国参议院、军事委员会大量分析并阐明了这两个缺陷，*Defense Organization*：*The Need for Change*：*Staff Report*；99th Cong，1st sess.，16 October 1985，S. Rpt. 99-86，Washington，D. C.（re Unified Command）：Government Printing Office，157-179（re Joint Chiefs）and 302-324。注意联合指挥部部队对地区指挥官问题是我们前面探讨的功能—领域冲突的例子。

［17］*The National Military Command Structure*：*Report*，by Richard C. Steadman，July 1978（Washington，D. C.：Department of Defense，1978），52，55.

［18］President's Commission on Defense Management（by David Packard），*A Quest for Excellence*：*Final Report to the President*，June 1986（Washington，D. C.：Government Printing Office，1986）35-7；Department of Defense Reorganization Act of 1986，100. US. Statutes 1005.

［19］有关机构间毒品控制纠纷的详细内容参见W. John Moore，"No Quick Fix"，*National Journal* 20，（21 November 1987）：2954-2959；"Turf Wars in the Federal Bureaucracy，" *Newsweek*，20 April 1989，4-6.

［20］102 U. S. Statutes 4181. "沙皇"是国家毒品控制政策的正式领导者。

［21］Sandra Panem，*The AIDS Bureaucracy*（Cambridge：Harvard University，1988）.

［22］Jean Blondel，*The Organization of Government*：*A Comparative Analysis of Government Structures*（Beverly Hills，Calif.：Sage，1982）.

［23］*Strengthening the U. S.-Soviet Communications Process to Reduce the Risks of Misunderstandings and Conflicts*：*A Report by a Panel*，（Washington，D. C.：National Academy Of Public Administration，1987），39-40. 这个小组赞成建立由助理部长领导的苏联与远东事务局。有关国务院组织改革的其他建设，参见Christopher Madison，"Avoiding the Ax"，*National Journal* 20，（16 January 1988）：118-122.

［24］有关最雄心勃勃的重组活动之一，参见*After a Decade*：*A Progress Report on Organization and Management of the Florida State Department of Health and Rehabilitative Services*，（Washington，D. C.：National Academy of Public Administration，1986）。有关这种重组以及较温和的水平协调努力的尖锐性批评文章，参见Janet A. Weiss，"Substance vs. Symbol in Administrative Reform：The Case of Human Service Coordination，" *Policy Analysis* 7（Winter 1981）：21-45。A full bibliography is in General Accounting Office, *Welfare Simplification: Projects to Coordinate Service for Low-Income Families*, August 1986 (Washington, D.C.: Government Printing Office, 1986), 50-61.

[25] 广义上的参谋，参谋单位数目众多。1973年，行政各部（除了国防部）所有局和从各局抽调人员组成的单位中，58%是直线机构，38%是参谋机构，4%是直线和参谋混合的机构。Herbert Kaufman, *Are Government Organizations Immortal?* (Washington, D.C.: Brookings Institution, 1976), 38-39。自1973年以来，部领导的参谋助手增多，由此所导致的同种抱怨增多。

[26] Commission on the Organization of the Government for the Conduct of Foreign Policy, Report (Washington, D.C.: Government Printing Office, 1975), 32-33. (Emphasis in original.)

[27] 第二点并不完全适合参谋助手，因为大量介入帮助上级处理危机事件，他们可用的时间经常被缩短。实际上，参谋单位因其上级的紧急要求或想证明自己"很有用"而要承担被放到短期工作中的风险；这就会无意中忽略了长远的分析——忽略的代价可能是昂贵的。

[28] Robert T. Golembiewski, *Organizing Men and Power: Patterns of Behavior and Line-Staff Models* (Chicago: Rand Mcnally, 1967), 62. 第60—89页提供了专业活动同参谋—辅助—控制活动之间紧张关系的确切分析。

[29] Herbert Kaufman, *The UN publications Board*, Interuniversity Case Program, Case No. 11 (Washington, D.C.: 1952; currently distributed by the inter-university Case, Syracuse, N.Y.)

[30] 大学里的读者可向学科院系的教学人员询问，以核对是否属实。

[31] 主要问题是辅助单位将大量规则和审查要求强加在项目管理者身上，参见 *Revitalizing Federal Management: Managers and Their Overburdened System* (Washington, D.C.: National Academy of Public Administration, 1983).

[32] 有关"中立能力"途径的主要评论，参见 Knott and Miller, *Reforming Bureaucracy*; *and Organizing Governing Organizations*, ed. Colin Campbell and B. Guy Peters (Pittsburgh: University of Pittsburgh Press, 1988); See also Harold Seidman and Robert Gilmour, *Politics, Position, and Power: From the Positive to the Regulatory State*, 4th ed. (New York: Oxford University Press, 1986); James G. March and Johan P. Olsen, "Organizing Political Life: What Administrative Reorganization Tells Us about Government," *American Political Science Review* 77 (June 1983): 281-96; Terry M. Moe, "The Politics of Bureaucratic Structure," *Can the Government Govern?* Ed. John E. Chubb and Paul E. Peterson (Washington, D.C.: Bookings Institution, 1989), 267-329.

[33] Immigration and Naturalization Service v. Cbadba, 462 U.S. 919 (1983). See Barbara Hinkson Craig, Cbadba: *The Story of an Epic Constitutional Struggle* (New York: Oxford University Press, 1987); paper ed., Berkeley: University of California Press, 1990).

[34] 98 U.S. Statutes 3192 (8 November 1984). 总统无法以这种方式建议在现有部或机构之外建立一个新机构。

[35] Herbert Kaufman, *Are Government Organizations Immortal?* 24, 42. 从1939年到1973年，美国总统向国会提交109项计划，而国会只通过86项，许多计划都值得一提，一些计划还创立了新的机构。Office of Management and Budget, "President's Reorganization Authority," April 1977, appendix 3, p. 4 (processed); Harvey C. Mansfield, "Executive Reorganization: Thirty *Years* of Experience," Public Administration Review 29 (July-August 1969): 332-345; reprinted in American Public Administration: Patterns of the Past, ed. James W. Fesler (Washington, D.C.: American Society for Public Administration, 1982), 215-235.

[36] 采纳的容易程度差别很大。一些局（署）及其功能在面对建议转变的长期历史中仍然不变。

[37] 肯尼迪、福特和里根是个例外。有关总统重组努力的全面描述和分析参见 Peri E. Arnold,

Making the Managerial Presidency：*Comprehensive Reorganization Planning*（1905－1980），(Princeton，N. J.：Princeton University Press，1986).

［38］尼克松雄心勃勃的计划没有得到国会的支持，水门丑闻进一步耗尽他的政治资本。在 1967 年至 1968 年，约翰逊总统由于越南战争而丧失了政治资本，既不允许发表，也不提倡采纳总统的政府组织任务小组的建议。

［39］然而，其他提案引出了后来的改革，参见 James W. Fesler，"The Brownlow Committee Fifty Years Later，" *Public Administration Review* 47 (July/ August 1987)：291－296.

［40］Ronald C. Moe，*The Hoover Commissions Revisited* (Boulder，Colo.：Westview Press，1982).

［41］Herbert Emmerich，*Federal Organization and Administrative Management* (University：University of Alabama Press，1971)，127.

［42］Office of Management and Budget，*Papers Relating to the President's Departmental Reorganization Program*，March 1971 (Washington，D. C.：Government Printing Office，1971). See also the revised edition of February 1972.

［43］国会拒绝通过使尼克松的计划受挫，他准备在 1973 年以授权命令的形式开展国会依法不让他开展的计划。四名内阁成员额外地进入白宫，成为总统的高级顾问，每个人具有在计划成立的各部范围内管理现有各部的权力。1973 年 3 月，随着水门事件被揭穿，尼克松放弃了这个"超级部"计划。

［44］文官制度改革是声称的主要成果，但这几乎是以非组织化的方式进行的。

［45］里根支持建立退伍军人事务部，它在国会中的成功已成定局。

［46］有关里根策略的成功之处，参见 *The Reagan Legacy*：*Promise and Performance*，ed. Charles O. Jones (Chatham，N. J.：Chatham House，1988)，尤其是第 1 章和第 4 章。

［47］James K. Conant，"In the Shadow of Wilson and Brownlow：Executive Branch Re-organization in the States，1965 to 1987，" *Public Administration Review* 48 (September/October 1988)：892－902. One state，Iowa，reorganized in 1985－1986.

［48］March and Olsen，"Organizing Political Life，" 288，292.

［49］See Herbert Kaufman，*The Limit of Organizational Change*，(University：University of Alabama Press，1971)；and idem，*Are Government Organizations Immortal*?

［50］对扩展趋势的经典分析，参见 Matthew Holden，Jr.，"'Imperialism' in Bureaucracy，" *American Politics Science Review* 60 (December 1966)：943－951.

［51］Craig W. Thomas，"Reorganizing Public Organizations：Alternatives，Objectives，and Evidence，" *Journal of Public Administration and Theory* 3 (1993)：457－486.

第3篇

政府组织中的人

组织结构为在其中工作的人提供了框架。长期以来，民主政府依靠文官制度来尽量减少政治对行政程序的拙劣修补。然而，如何调整文官制度，使为了短期的政治利益而滥用这一制度的可能性最小化，同时，如何使之最大化地符合民选官员的需要，这被证明是一个永恒的问题。在本篇中，我们将考察文官制度的基础和指导它的政治领导制度。

第 7 章

文官制度

第一位登上月球的人是一位文官，他是国家航空航天总局的雇员。为示庆贺，总统把登月的这一天定为政府雇员的一个假日。这意味着绝大多数政府雇员这一天必须上班的话将会得到额外的报酬（其总额是他们平时工资的两倍）。但是，尼尔·阿姆斯特朗（Neil Armstrong）在这天工作却不能享受这一待遇，因为他的职位只是一般行政 16 级（GS—16）。国会规定，如果政府雇员当时的总工资水平超过一般行政 15 级（GS—15）的最高工资，就像尼尔·阿姆斯特朗一样，那么他就不能得到这种额外报酬。所以，因为他这一天登上月球而给他这种额外报酬是非法的——虽然在过去的 8 年中为使人类登月成功已花费了 250 亿美元。[1]

这一明显特别的事例事实上说明了正规文官制度的特征。首先，在职位分类系统（classification system）中，文官的职位是被归类和分级的。[2]在联邦政府，一个由国会建立的一般行政级别工资表（GS）包括了大多数不同级别的白领职位，每一个级别对应着一定的工资幅度。阿姆斯特朗具有航空工程专业的学士和硕士学位，又有飞行员的经历，所以他达到了一般行政 16 级（GS—16）。其次，与这个制度有关，国会能够制定各种法律以适用于所有级别的公务员。同样，它也可以就其他类别——如所有退伍军人或是所有少数种族成员——进行立法。再次，无论是法律还是行政法规，这些覆盖全面的措施的运用，都趋向于忽略个体的差异性，它被认为与这种分类制度和其他类别无关。最

后，政府中的白领雇员从一个办事员到一个知识专家——航空或其他领域的技术工
136 程师、科学家、经济学家、律师、物理学家、会计师、计算机专家等等——的转变，强调了适应个别需要的待遇的重要性。

此时，我们面临着一个权衡取舍的问题。公共职位的规模不可避免地要求采取广泛可行的人事政策和系统化的人事管理程序。如果设计得好，诸如功绩评价（而不是根据党派和个人喜好）、同工同酬、适当的处罚程序，以及无性别和种族歧视等政策与程序就蕴含着重大的价值。然而，持久的士气和高水平的绩效是一种个人的属性，它需要通过承认个体的特殊性的组织激励来加强。把一个人当作同一级别上毫无区别的成千上万雇员中的一员，会浇灭个人追求最佳业绩的热情。因此，如何平衡一般化的分类管理和激发个人积极性这两者的需要，成为文官制度的一个核心问题。

我们的首要任务是考察大规模公共职位的范围。同时，我们不仅要说明一般性职位分类（作为立法和行政规则的焦点）的必要性，还要阐明一些已被讨论过的问题，即美国官僚机构的发展和功能。

7.1 公共职位

1994 年，美国政府的雇员人数为 1 800 万，而在 20 年前，这一数字为 1 200 万。[3]尽管这两个数字相比看起来区别似乎很显著，但是没有给我们提供评价的基础。因为我们需要知道国家的劳动力增长了多少，美国模式与其他现代民主国家的模式比较起来怎样，以及政府雇员如何分布于各级政府和各个职能领域。

从 1946 年到 1993 年，美国就业总数增加了 43%，而美国政府工作职位的增长却相对落后，只有 38%。[4]因此，美国政府——至少根据其所雇佣的人数看——没有膨胀到与私人部门不相称的地步。而且，在世界主要发达国家里，美国政府中的工作人员数量也只是居于中等水平（见图 7—1）。可见，美国在其政府雇员所占比例方面，并没有什么明显、特别的地方。

138 当我们问及公共雇员分布于哪里和发挥什么作用时，我们会发现，答案与我们普遍所持的看法之间有着很大的出入。

在全部的公共职位中，州与地方政府占 82%，而联邦政府只占了 18%。近 20 年来，州与地方政府的职位增长飞快，增长了 62%；而联邦政府只增长了 3%，事实上，它每年的总雇员数都只在 280 万至 310 万之间徘徊（见图 7—2）。[5]

首先，这表明人们在倾向于攻击“膨胀的联邦机构”时需要区别政府是因为做得太多的事情而膨胀，还是随时间推移自然而然地膨胀这两种概念，但后者从来没有发生过。其次，它表明那些被公共雇员的全面“膨胀”所困扰的人们应该特别关注州和地方政府，因为州和地方政府占全部公共雇员的绝大多数，并且增长最快。要使这一问题简化，我们必须弄清楚到底是政府的哪些职能领域雇用了这么多的公共雇员。

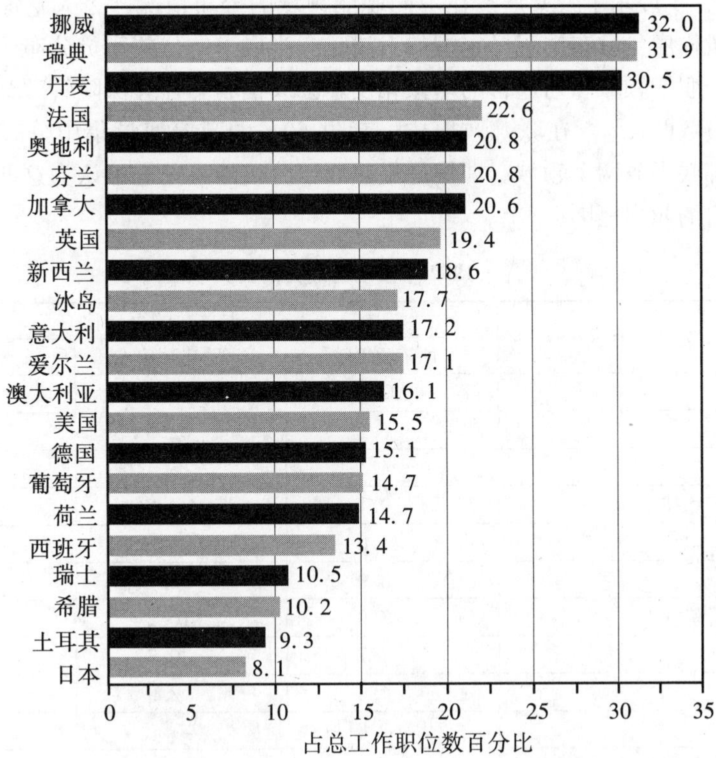

图7—1 政府工作职位占全国总工作职位数的比例（1990）

资料来源：经济合作与发展组织：《公共管理发展：1993年概览》，11页，巴黎，OECD，1993。

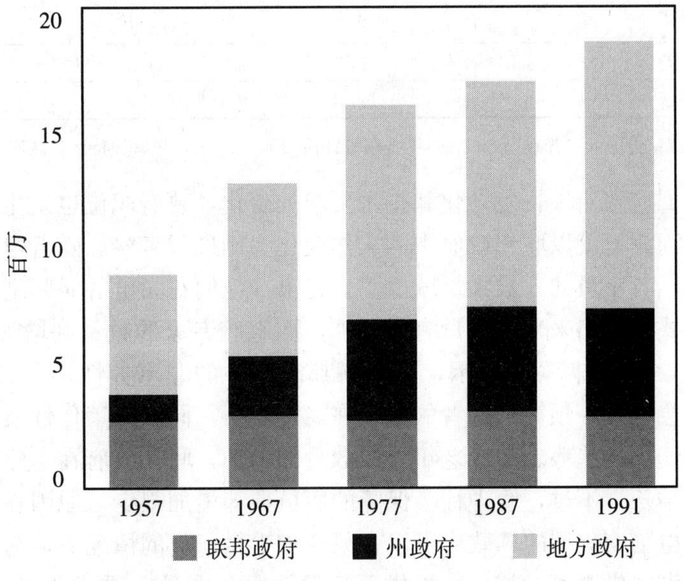

图7—2 公共职位

资料来源：美国人口普查局：《1991年的公共职位》，表6，华盛顿特区，政府出版署，1992。

139 表 7—1 展示了公共雇员在不同职能领域的分布情况。令人吃惊的是人们普遍对官僚机构雇员分布情况已定型的看法。一半以上的公共雇员分布于教育和健康与医疗两个职能领域。与通常的印象相反，公共福利和社会保险管理却仅占州和地方政府雇员数的 4%。在联邦政府中，超过 60%的政府雇员集中分布于国防（含外交）和邮政服务两个领域。即使是最热心于分权的人士也不认为这两个领域是州和地方政府的职责范围。

表 7—1　　　　1992 年按功能划分的公共职位

功　能	占总数的百分比		
	所有政府	联邦政府	州和地方政府
总数	100.0	100.0	100.0
国防	5.2	32.3	0
邮政	4.1	25.4	0
太空研究和技术	0.1	0.8	0
教育	44.0	0.5	52.4
公路	3.0	0.1	3.6
卫生和医院	9.9	10.2	9.8
公共福利	2.7	0.3	3.2
警察保护	4.6	2.9	4.9
消防	1.8	0	2.2
环境卫生和废物处理	1.3	0	1.6
公园和娱乐	1.8	0.9	2.0
自然资源	2.3	7.6	1.3
财政管理	2.6	4.5	2.3
其他管理	2.1	1.0	2.4
司法和立法	2.0	1.7	2.1
其他	12.3	11.8	12.4

资料来源：美国人口普查局：《1994 年美国统计摘要》，319 页，华盛顿特区，政府出版署，1994。

140 为了回应政府项目复杂化和技术要求的变化，政府职位也发生了微妙而重要的变化。下面我们就以联邦政府中的工作变化为例进行考察。随着电脑在联邦政府的广泛运用，打字员的人数大量减少了，秘书（他们花大量的时间把各种文件用一个统一的格式整理出来）的数量有所增加，而电脑专家的数量则增加迅速（见图 7—3）。而且，正如图 7—4 所示，虽然联邦政府中的非事务性工作人员仍然相当多，但律师、会计师、预算管理者的数量在稳定增长。同时，工作性质也能深刻地影响政府职位变化的趋势。随着老年公民数量的增加，联邦政府在老年人工作方面的投入也快速增长。不过，管理社会保障的雇员数却增加很少，原因在于这种管理过程是信息与电脑密集型的，政府可以在只增加少量雇员的情况下，为大量增加的社会保障受益者提供服务。相反，提供医疗保健服务则是一项劳动密集的工作，因此，联邦政府在医疗保健领域的政府雇员人数（主要集中在退伍军人事务部医院）比社会保障领域雇员数量的增加要迅速得多（见图 7—5）。

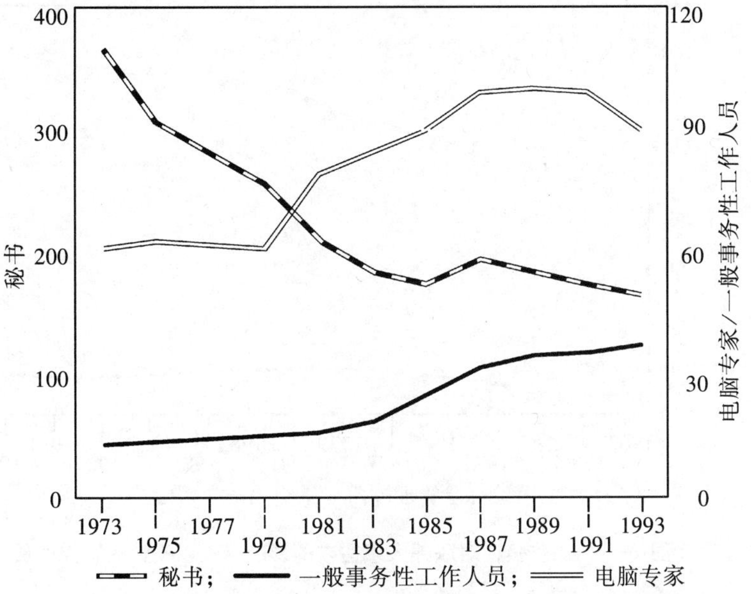

图7—3　技术对联邦人事需求的影响（数以千计的联邦雇员）

资料来源：美国人事管理局：《联邦职员文摘》，第六卷，第4期（1994年9月），5页。数据来源于人事管理局全日制雇员的调查。

注：一般事务性工作人员包括所有系列的初级雇员，但不包括秘书（GS—318）和电脑助理（GS—335）。电脑专家属于GS—334。

141

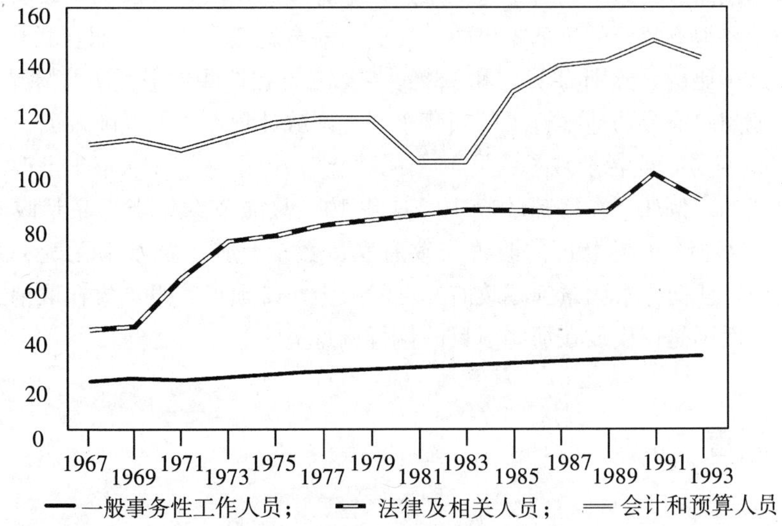

图7—4　工作复杂性对联邦人事需求的影响（数以千计的联邦雇员）

资料来源：同图7—3。

注：一半以上的人员（GS—200S）工作于国防部（DOD）。国防部占了会计与预算职位（GS—500S）的39%，财政部占了35%。卫生及公众服务部、司法部、财政部和退伍军人事务部（依次）总共占了68%的法律及相关人员（GS—900S）。

142

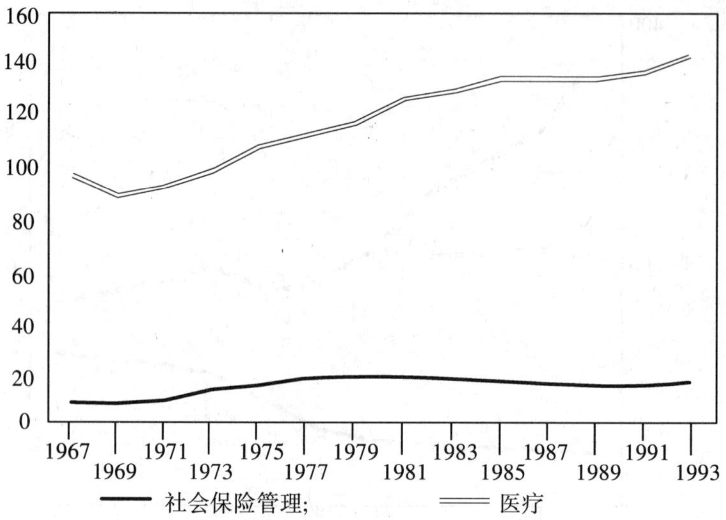

图 7—5 工作负荷对联邦人事需求的影响（数以千计的联邦雇员）

资料来源：同图 7—3。

注：所有的社会保险管理人员（GS—105）都为卫生及公众服务部工作。医疗职位的雇员（GS—600S）有 73%为退伍军人事务部工作。

公共雇员的工资与福利需要花很多钱。一个普遍的看法是：如果雇员的数量或其报酬能够被削减，那么财政预算问题就能够得以缓解，甚至彻底解决。对此，我们应该记住两点：第一，对于这一观点，地方政府比联邦政府和州政府承受着更大的压力，在地方政府的全部支出中，雇员的薪金就占了 42%，而在联邦政府和州政
143 府中，这一比例只分别为 11%和 18%。[6]第二，在这些数字不变的情况下，即使联邦政府或州政府成功地推行了一项薪金开支削减计划，比如说削减 10%（或者解雇了 10%的雇员，或者削减了雇员 10%的薪金），也还是难以从根本上改善现有的财政预算状况。例如，在联邦政府中，减薪 10%只能节约相当于联邦政府总支出的 1.1%。[7]显然，预算状况的改善与政府雇员数量及其工资水平无疑关系不大。它只是表明，任何寻求大量削减政府开支的人士，必须把着眼点放在取消或减少政府项目上，而不是仅仅放在那些项目的执行者身上。

7.2 管理制度

文官制度有着许多的管理者。其中，立法机关有着最广泛的权力（当然，它要服从于宪法以及城市宪章的规定）；首席行政官通常有权制定与相关法律相一致的规则，并做出例外规定。预算机构则在工资水平以及各机构编制规模方面有着很大的发言权。中央人事机构——文官委员会或是一个首长负责制的人事办公室——则负责组织和管理公务员的考试工作，它的目标是作为监督者保证各个机构在人事任命、晋升、解雇时坚持功绩原则；它或者是另一独立的中央机构则关注劳工关系，

负责与文官工会进行谈判，并执行集体谈判所达成的协议。此外，每一个部或较大的机构都有它自己的人事办公室。

对一个局长或是一个特定项目的主管而言，所有这些都是上层建筑而已，他们虽然尊重立法机构和首席行政官的作用，但又觉得法律和规章注重的是强求一致，而事实上要处理的人事问题却各不相同，对此他们颇有微词。更经常的是，中央和各部人事机构的工作人员常被视为讨厌的家伙，因为他们并不清楚具体项目及其人事需要，却总是找出各种各样的理由来否决有关的提议。

联邦政府设立了多个中央机构负责文官管理。从 1883 年到 1978 年，这主要由两党成员共同组成的文官委员会来负责。然而，1978 年的文官制度改革法撤销了这一委员会，并建立起三个机构来代替它。[8] 其中，人事管理局（OPM）负责实施、管理和贯彻有关文官的法律、法规和规章；并准备和组织联邦各机构一般性职位的竞争性考试。而对于某个或某些联邦机构的特殊职位，它可以授权（但不是一定要）这些机构自己组织考试。由两党成员组成的功绩制保护委员会负责处理政府 144
雇员对违反人事政策措施的申诉，审查人事管理局的规章是否符合功绩制原则，以及指导有关文官制度的研究。而联邦劳工关系局则负责保护政府雇员法定参加或不参加劳工组织和选择自己集体谈判代表的权利，避免不公正的劳动事件的发生。

1978 年的文官制度改革法还带来了组织以外的革新。它在法律上加强了联邦政府雇员组织起来进行集体谈判的权利。它重新强调或特别引用了公平就业的法律条款，以便保护联邦政府雇员免于种族、性别或是其他形式的歧视。它要求建立绩效评估制度和中级管理人员功绩工资制，以强调功绩制原则。我们将在本章后面讨论这些规定。最重要的是，该法建立了一个由接近顶层的政治官员和技术官员混合组成的高级行政官制。对此，我们将在第 8 章作进一步的考察。

文官制度改革法为文官管理各职能组织进一步提供了管理公务人员职权的独立性。行政管理与预算局不仅通过对机构拨款的限额提出建议，而且通过实行人事最高工资（这剥夺了各机构把其他方面资金转移到人事待遇上去的自主权）来限制机构雇员数量。最后，在近来的行政管理实践中，白宫的总统人事办公室一直谋求对被建议任命或提升的各部或各机构的高级文官进行审查，这不仅是把文官转向政治任命官，也是为了确保所选择的文官能够为白宫所接受。

联邦政府的文官制度也为过分的标准化、集权化，以及程序的复杂烦琐所困扰。美国法典中记载的有关文官制度的法律条文部分厚达 790 页，而整理出的贯彻执行这些法律的规章则达 900 页之多[9]，在更为详细的联邦人事手册（Federal Personnel Manual）中，其相关部分更是达到上述这一数字的 7 倍左右。政府部门每个雇员所拥有的人事专家数是私人部门的 3 倍。[10] 虽然各机构的首长拥有任命、提拔和解雇的权力，但是人事管理局（OPM）制订了许多具体的程序，并且经常性地要求各机构提交的计划和具体措施要征得其同意。因此，OPM 与各机构项目主管之间的紧张关系就这样产生了。OPM 主张集权运作和细节控制，它认为只有 145
把政府看作是一个单一的雇主才能实现政府的公正和坚持功绩制。项目主管则主张对机构授权与分权，他们认为政府是由多个不同雇主组成的，其中每一个雇主都有各自完成项目目标的职权，以及各自不同的人事需要。他们的目的并不只是要把人事权力从 OPM 转移到各机构的人事办公室（它与 OPM 一样都坚持文牍主义），而是主张把人事管理权从人事专家手中转移给具体项目主管。[11]

时常围绕所有这种对抗与相应处理方法的问题是要求避免政府顶层以下的职员政治化。这一要求适用于政府中级和中级以上的文官，他们具备专业知识和管理能力，并且他们被认为具有充足的任期来提供制度记忆、项目管理的持续经验，以及顺利适应新出现的优先项目。传统上，这一要求被认为最好是由一个或是几个中央机构来保证，它们既要监督各机构是否坚持功绩制，又要主持大部分文官系统的考试，审查报酬系统，以及听取那些自认为遭到不公正解职的政府雇员的申诉。在这里假定：由政治任命官领导的机构或部门是不值得依赖的。但是问题并非这样简单。例如，尼克松政府时期的文官委员会漠视对广泛而又系统存在的滥用文官制度现象的调查，并且自身也参与其中。第一届里根政府中，他的一位竞选领导人被任命为人事管理局局长，他把原来 OPM 中政治任命官的人数扩大了 3 倍多，从原来的 8 人增加到 32 人以上[12]，在他的四年任期结束时，因为预期自己将遭到参议院的否决，他便从里根的再次任命提名中退了出来。

在华盛顿（或者是州政府与市政府），在集权与分权之间建立起一种适当的平衡的做法是众所周知的。这一做法如同适用大多数积极领域一样也适用于人事管理领域。当然，这首先要求具备一个受尊敬的中央机构，这在里根的第二任期中通过 OPM 得到实现，并在布什时期得以延续。有了这个令人满意的条件，这一方案还要求：中央机构设定准则；授予项目机构以操作权力；中央机构监督各机构执行准则的情况，以及中央机构有权对那些轻视准则的机构撤回授权。

在 1989 年，全国公职委员会（沃尔克委员会）发表了一份重要报告，该委员会由 36 位杰出的非政府人士组成，由保罗·A·沃尔克（Paul A. Volcker）这位联
146 邦储备系统州长委员会前主席担任主席。按照这份报告的观点，它建议：

> OPM 当前的职责……应该分散给联邦政府所属的各机构和部，以使它集中精力负责以下五个方面的工作：（1）为人事准则及其实践提供政策指导；（2）监督各部和机构执行这些准则与实践的情况；（3）为需要帮助的各部和机构提供技术上的支持；（4）承担有关提高政府效率与业绩的方法的研究任务；（5）预测未来政府工作人员的发展趋势。[13]

作为其“政府再造”设想的一部分，克林顿政府多次抨击文官制度的集权化管理。在喝彩声中，人事管理局局长詹姆斯·金（James King）把联邦人事手册倒进了垃圾堆，并且废除了令人十分厌恶的 SF—171——联邦政府无所不包的个人履历表，代之以将大量对人事系统管理的职责授权给联邦各机构。这一系列的改革受到了广泛的欢迎，事实上，没有人会喜欢极其复杂的联邦人事手册或者是由它产生的各种各样的履历表。而且，OPM 将职权分散转移给联邦政府各机构，也得到了沃尔克委员会建议的响应。事实上，詹姆斯·金也经常将他自己的履历表举在头顶

上，以示有关他的各种表格堆起来比他自己 6 英尺高的身材还要高。但是，也有许多批评者担忧，OPM 如何应对这一转型，如何建立起完成其新使命的能力？要知道，这一新使命在许多方面与先前的操作方式有很大的不同。

7.3 职位分类

对于文官系统（以及大多数大公司）而言，设计一张根据所需要的专业知识的异同，工作的难易和责任的大小，以及任职条件的不同，将所有职位进行划分与归类的分类表，是它们得以有效运作的基础。这就是职位分类系统。大多数其他的人事管理动作也都是以此为基础的。例如，整个政府的工资率与其有着紧密联系，各种考试也是根据特定的职位分类来专门设计的。

联邦政府有 30 多个付薪系统，涵盖了联邦政府中 900 多种不同的文官职位，其中主要有 3 个系统：一般级分类和工资系统主要适用于白领职位（它占了全部政府职位的 75%）；联邦工资系统主要适用于蓝领工人，其大多数受雇于五角大楼（它占全部政府职位的 16%），以及邮政工资系统（在这一独立的工资系统中包括了 147
75 万邮政工人）。[14] 其他一些特殊的付薪系统总共只占全部雇员的 9%。[15] 本文把重点放在一般级分类和工资系统上。

职位分类系统要求每一个职位的职责都得由任职者自己（如果可能的话）和其上司先列出来，最后也是最有权威的，还是由中央人事办公室的职位分类专家来确定。然后，所有职责相似的职位被归在同一个级别，每一级都能根据其专业类别（如打字员、工程师）、任职资格和责任大小用等级来表示（如 GS—5，GS—15），并找到它在整个职位分类系统表中的位置。联邦政府中大约有 400 多种白领专业，自 1978 年的改革法允许更高级别的公务员加入到新的高级行政官职位以来，就主要剩下一般行政级的 15 个级别适用于这些专业了。表 7—2 列出了这些级别，以及每一级别所对应的工资幅度和职业角色，它对本章是一个非常有用的参考资料。

表 7—2　　**行政等级工资表**

一般行政等级	最低工资（美元）	最高工资（美元）	典型角色
1	11 903	14 891	一般新进入人员和前专业化人员
2	13 382	16 843	同上
3	14 603	18 986	同上
4	16 393	21 307	同上
5	18 340	23 839	中级办事员和初任专业和行政人员
6	20 443	26 572	同上
7	22 717	29 530	同上
8	25 159	32 710	高级办事员
9	27 789	36 123	中级专业和行政人员

续前表

一般行政等级	最低工资（美元）	最高工资（美元）	典型角色
10	30 603	39 783	高级专业和行政人员
11	33 623	43 712	同上
12	40 298	52 385	同上
13	47 290	62 293	同上
14	56 627	73 619	行政官员
15	66 609	86 589	同上

资料来源：美国人事管理局：工资表 94—GS。

148 **问题**

职位分类系统虽然必不可少，但在实际运用过程中问题很多。首先，该系统非常容易过时，因为管理者总是不断地增加或减少其下属实际的职责和任务。

其次，该系统容易诱使各机构大量增加其高级管理职位或者让专家去做行政管理工作，从而导致健全组织的扭曲。这样做是为了提高其职位级别，但实际上这也提高了工资，并且有助于挽留或延聘有才能的行政人员或优秀的科学家以及其他方面的专家。职位分类专家对于职位的等级层次、总的职员规模、职位任职者管理的直接下级的人数有着深刻的印象。但当预期好处足够多时，机构负责人就会不顾这些而重塑组织关系。同样地，他把职业和科学专家提升到行政或上级职位借以付给他们比搞个人研究更高的待遇，而事实上，这些专家并不一定具备相应的才能。[16] 1950 年至 1983 年间总体平均级别从 GS—5.4 提高到 GS—8.3 的人中有 30%是靠这些组织扭曲和错误安排达到的，而其余 70%的情况也反映了从办事人员偏多到专业的、科学的和行政管理人员占优势的总体变化。随着信息自动化程序引入和政府管理领域在如原子能、太空科学、环境保护、卫生研究与保护，以及契约合同监督等方面的迅速扩大，政府对于初级职员的需求量下降了，而对于受过职业训练的专家的需求量增加了。我们在关注职位分类系统运作的同时，却忽视了导致政府级别不断提升的主要原因，即联邦政府中的白领职位的工资无法跟上私人部门相似职位的工资。[17]

再次，政府雇员构成本身的变化突出了职位分类系统的一个弱点。这一系统具体客观地描述了大量容易标准化的职位，例如，打字员、档案管理员和接线员，但对于更高级专业职位和政策管理职位，它就难以描述清楚了。因此，专业化也许使个人职位界限分明（如，不仅仅是一位采矿工程师，而且是一位熟知南非采矿业的采矿工程师）[18]，或者相反，也许是人确定工作，而不是工作限定人。

改革

有一套改革方案主张对职位分类系统进行彻底的改造，将原有的 15 个 GS 级压缩成 4 至 5 个宽泛的工资段。这就不用再依赖那些精于此道的官僚们对极为细致的
149 职位区别作出微妙的解释。现在，几个普通的词汇都会带来成百上千美元的薪水差别，因此，对于“专门技术、监督或行政管理性质”的职位，联邦政府主管在拟定具体工作说明时就必须格外小心地使用下列措辞：“非常的”和“高度的”困难和责

任（表示 GS—9 和 GS—10 级）；“显著的”、“非常高的”、“不寻常的”、“特别的”和“突出的”困难和责任（表示 GS—11、GS—12、GS—13、GS—14 和 GS—15 级）。[19]

如果这一改革方案得到采纳，那么每位主管就只要准备简明职位说明，再把各职位归入到更宽泛的工资段中去。同一工资段中不同级别个人的工资水平，应该反映其工作业绩评价。这个建议是以两个海军研究实验室对政府雇员为期 6 年的实验为基础的。虽然这些实验在某些方面的结果不是太清楚，但它所产生的变化确实“形成了一个更简便、更轻松和更省时的分类程序”[20]。广泛地采用这样一个工资系统将会增强主管们的责任心，抛弃繁文缛节，不再一味地强调人事专家的作用。然而，有一个重要研究则认为这一系统在实验室之外不具有可行性，因为“绩效评估制度在整个联邦机构的试行结果证明它太脆弱了，以至于不能为区分大多数政府雇员的薪金水平提供评定基础”[21]。与此同时，联邦政府中对于白领职位的管理基本上仍然依据分为 15 级的一般级工资表。

另一套方案主要是主张对机构全面分权。沃尔克委员会的一个工作小组宣称：“灵活性和适应性的要求同持续的集权是严重对立的……OPM 应该考察一下允许将职位分类活动下放到机构一级意味着什么”。[22]然而，我们已经看到，即使是在一个中央集权控制的程序中，各机构仍然倾向于滥用这一系统。

7.4 人　事

从广义上说文官人事管理包括招募、考试和委任政府外部求职者；提升和调动政府内部人员，留任有能力者，解雇不称职者；安排那些工作岗位已不再需要的人员和那些达到退休年龄的人离职。

招募与委任

国会要求总统发布适用于竞争性文官职位的规定，“应该尽可能地提供保证优良行政的条件，如在对那些以应用为特征，很少能对求职者的相关能力与任命职位适合程度作公平测试的竞争性职位上，要采取公开、竞争的考试以判定求职者是否合适……一个求职者只有通过了考试或者是获得特别免试，他才可以在竞争性职位上获得任命。”[23] 150

超过五分之四的行政机关的文职雇员处于竞争性职位和可比较的功绩制中。[24]他们要么是出于法定的需要，要么是因为长期以来在国会授权下总统作出了这样的决定。

过程

人事管理局（OPM）负责联邦政府中大约五分之三的招募与考试活动，各部和机构则在 OPM 的授权下负责其余的招募与考试工作。[25]符合相应级别白领职位最低条件的求职者将被组织参加下述两种考试中的一种。其中，集中考试是全国一些城市通常采用的一种笔试，主要适用于低级职位。而对于那些 GS—9 级以上的高级职位，一般采用非集中考试，在这种考试中，每位候选人需要提交一份相当详尽的个人简历（OPM有名的SF—171表格或者是其新的替代者）说明自己相关的教育、培训和工作经历，并列出其以前的雇主和一些老师，将有人会征询他们对候选者的评价。有一半以上的城市都是运用这一方式而不是笔试来招募应届大学毕业生的。[26]

那些通过了考试的人员将被列入到某一特定级别或某一组职位的合格人选登记表中。联邦政府采用了两种合格人选登记表，一种是按等级排列的，另一种则不是。其中，前者按合格者的考试成绩进行排列，通过考试的退伍军人所获得的5分或10分的额外加分不在此列。[27]而后者则用于大多数技术性职位和一般行政等级九级以上的职位，它只列出合格者的名字而不考虑考试分数或排序，机构根据需要挑选填补特定职位空缺的人选。

现在让我们看一看有空缺职位需要填补的机构。它可以从本机构或政府其他机构内提拔或调动在职文官。如果它想调入一个“外人”，而自身又没有得到相关职位的考试授权，它就需要OPM从合适的登记表中批准几位合格者。OPM一般批
151 准三位最符合任职条件的人员（在按等级排列的登记表中，他们是排在最前面的人；在不按等级排列登记表中，他们是OPM所选出的最符合任职要求的前三名），在得到OPM的批准后，它就可以从这三位候选人中选一位进行任命。如果因为最初的三位候选人都不适合特定工作的要求或是通过询问，三人中有人表示自己不适合这项工作，该机构能以其需要别的人员为由而拒绝OPM。这后一种情况经常发生，要么是因为政府任命过程缓慢，要么是因为登记表过于陈旧，登记表中合适的人选早已在机构提议之前就接受了其他工作。实际上，因为过了时的登记表中资格条件好的人员太少，以至于机构宁愿让职位空缺着也不愿接受OPM所批准的人员，它只能希望OPM最终将举行新一轮考试，并建立起一个新的登记表。

“三人法则”是为了保证机构领导人具有与其法定任命权地位相应的选择机会。如果OPM要求任命成绩最好的人，那么情况就不一样了，OPM的这种要求无论如何都是靠不住的，因为考试分数中零点几分的差距是难以避免的（一些地方文官系统因“一人法则”而忽视了这一点）。但是，“三人法则”不是灵丹妙药，要扩大机构的选择自由，一种方法是允许其在合格者登记表中的前5位或是前10位人员中进行挑选。这不仅进一步承认了考试这种方式的不足，而且减少了机构与OPM由繁文缛节造成的拖延。更为激进的方法是机构可以在OPM监督下查阅整个登记表，从中选择最适合职位需要的候选人。但这与给退伍军人的优待政策是不兼容的。

当OPM授予一个机构组织考试的权力时，它会要求机构基本上要遵守与OPM运作时所采用的同样的方法，并以这一规定来限制机构。但仍存在两个明显不同之处。各机构可能在招募一个或是更多个专业性和技术性人员时，采用“步枪射击”方法，而不是采用OPM通常所采用的“机关枪射击”方法。另外，从申请到考试再到任命，各机构比OPM更为迅速。[28]

现行的考试与任命制度有两个目标，即维护功绩原则和满足机构对高质量人才的需要。然而，对这两个目标的追求往往因为其他目标的介入而受到影响。其中一个是对退伍军人的照顾，另一个是关于增加以前受到歧视的妇女与少数族裔的代表

性的肯定行动。

退伍军人的优待[29] *152*

我们已经看到，退伍军人的考试成绩可以增加5分至10分的额外分。因公致残的退伍军人获得的优待更多。所有已通过考试的残废退伍军人，除了能得到10分的额外加分之外，他们还被排在合格者登记表的前列（GS—9级以上的科学和专业职位除外）。因此，OPM在批准具有更高考试成绩的非退伍军人之前，必须先推荐残废退役军人去填补空缺。

这项制度还受到对退伍军人的其他许多优待的牵制。例如，假设批准的三个候选人中有一名退伍军人的姓名排在另一名非退伍军人之前，机构在没有详述其理由和没有充分的理由取得OPM同意时，就不能越过这个退伍军人而选择别人（机构和OPM的行为都受到退伍军人组织的密切监督）。联邦政府雇佣了68万退伍军人，占所有非邮政雇员人数的三分之一；其中八分之一是伤残退役军人[30]。尽管联邦政府的雇员人数仅占全国政府雇员总数的3%，但它却吸收了越战时期退伍军人的9%，其中包括20%的伤残退伍军人。由于州政府和地方政府也给予退伍军人优待，他们与联邦政府总共雇佣了越战时期退伍军人的五分之一，其中三分之一是伤残退伍军人。[31]

一些人士认为，政府履行保障参战的退伍军人就业机会的职责，在军人退役的最初几年里给予他们政府任职的优待就行了。[32]但是，退伍军人组织反对对退伍军人的终身优待进行任何形式的修改，国会也持这一观点。

肯定的行动

联邦法规保障联邦雇员（和求职者）不因种族、肤色、宗教、性别、血统、年龄、身体或智力缺陷等而受到歧视，其中一些联邦法规也适用于州政府和地方政府。[33]1971年文官委员会宣布推行比“平等就业机会”更进一步的政策，要求各机构采取“肯定行动”，也就是说，为了实现比较公平的代表性，各机构要制定具体数字目标（但并不是固定不变的指标），并且为实现此目标制定具体的时间表。单纯的“机会平等”被认为是促进非歧视的一种消极做法，它只强调过程。相反，肯定行动注重结果，它强调采取正面肯定的行动来纠正女性与少数族裔代表不足的问题。其目标是建立一个“有代表性的官僚机构”，其内部的性别和种族构成比例大体上要与总人口数、劳动力数，或者（如我们后面所看到的）参加考试所有申请 *153*
人数量的构成比例相一致。

为了实现这些目标，就要求在任命少数族裔、女性、残疾人和其他特殊求职者时，给予相对那些有同等资格男性白人更优待的照顾。当然，这又招来了争议：优待是否与功绩原则相矛盾。另一方面，优待意味着“功绩”一词的传统定义太狭隘了，需要对这一定义进行拓宽。同时，它也考虑到了考试制度的缺陷。因此，假定求职者的相关功绩（即使是狭义的）与他们相关的考试成绩相一致就值得怀疑了。

1978年，卡特总统曾认为：“文官委员会过去在推进联邦政府内实现公平就业要求上显得无能为力。”[34]因此，他授权平等就业机会委员会（EEOC）来落实这项责任。此后不久，文官制度改革法对OPM和EEOC的要求提供了法律支持，责令各机构制定肯定行动计划，以消除少数族裔在各种文官职位就业代表不足的情况。该法把文官职位中的代表不足定义为：文官职位中少数族裔所占比例小于在全国劳动力总数中所占的比例。[35] 1989 年，最高法院的一系列决议——涉及各种公共和私人部门雇主，通常以 5∶4 的票数获得通过——改变了就业歧视的状况。法院大大缩小了少数族裔证明其受到歧视的理由，以及其寻求纠正的程序的范围。对此，国会在 1991 年通过了一项法案，恢复被法院解释缩小了的公民权的范围。

事实上，联邦政府按比例雇佣了与私人企业一样多的女性，雇佣的少数族裔比私人企业多。联邦白领雇员中约有一半是女性，四分之一以上是少数族裔，这都比他们在全国劳动力中所占的比例要高。

在工资制度中，大多数女性雇员不成比例地集中在较低工资段，如图 7—6 所示。并且，如表 7—3 所表明的，女性也极少进入州政府的高层职位。这一结果的产生，是与文官制度的几个方面（招募、考试和任命，职位分类，晋升等）分不开的。一项研究表明，在联邦政府内，人事制度在招募雇员上已非常接近平等就业机会的目标了。在受过相近教育的不同族裔或性别的初级职位新人之间几乎不存在明
154 显差别。被录用后，晋升也似乎不受种族因素影响，不过，女性总是落在后面。不管是录用还是录用之后，那些仅受过高中教育的雇员（主要是女性，从事一般事务性工作）不会被轻易地提升到专业和行政职位上，因为大学教育（在某些方面还需研究生教育）往往是从事这些职位的必要准备。[36]

美国各级政府在不远的将来将需要进一步加大从非白种人、女性和移民中招募人员的力度。“1985 年到 2000 年间全国劳动力数净增值的六分之五将是非白种人、女性和移民，尽管现在他们的数量大约只占全国总数的一半。”[37]

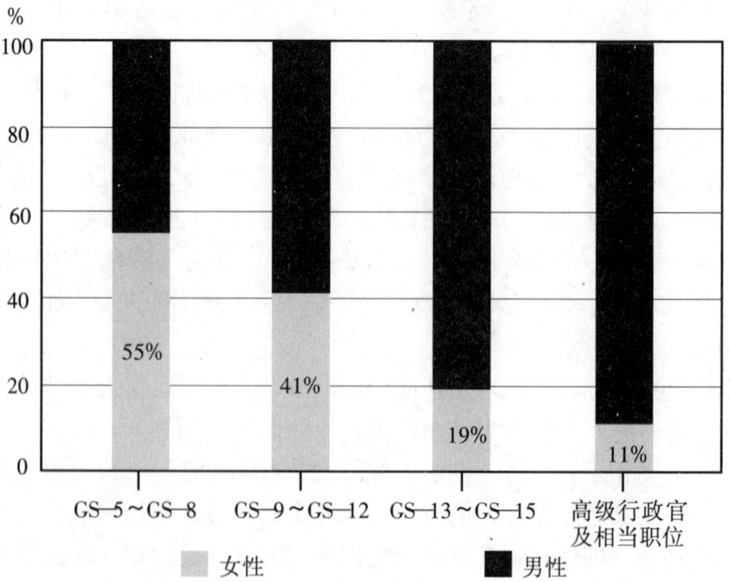

图 7—6　联邦雇员中的女性

资料来源：美国功绩制保护委员会：《一个平等问题：女性和在联邦政府中的任职上限》，9 页，华盛顿特区，政府出版署，1992。

表7—3 任州政府高级职位的女性

州	百分比	州	百分比	州	百分比
亚拉巴马	33.2	路易斯安那	38.5	俄亥俄	37.6
阿拉斯加	30.2	缅因	23.9	俄克拉荷马	34.1
亚利桑那	25.2	马里兰	26.1	俄勒冈	29.5
阿肯色	33.5	马萨诸塞	32.3	宾夕法尼亚	24.3
加利福尼亚	35.6	密歇根	26.2	罗得岛	21.4
科罗拉多	27.4	明尼苏达	27.1	南卡罗来纳	31.8
康涅狄格	29.6	密西西比	34.4	南达科他	29.0
特拉华	31.4	密苏里	29.3	田纳西	31.8
佛罗里达	32.3	蒙大拿	27.9	德克萨斯	29.3
佐治亚	32.8	内布拉斯加	23.6	犹他	17.7
夏威夷	13.9	内华达	28.8	佛蒙特	22.8
爱达荷	27.1	新罕布什尔	36.4	弗吉尼亚	29.9
伊利诺伊	28.7	新泽西	27.3	华盛顿	27.6
印第安纳	35.7	新墨西哥	31.1	西弗吉尼亚	36.3
艾奥瓦	31.4	纽约	35.6	威斯康星	25.7
堪萨斯	30.1	北卡罗来纳	33.4	怀俄明	31.3
肯塔基	30.3	北达科他	27.5		

资料来源：《纽约时报》，1992年1月3日。

考试

专业与行政职业考试（PACE）的命运戏剧性地表明了非歧视和肯定行动授权它保证审核所带来的影响。1974年，有介绍说，PACE被设计用来为三分之一的初级行政和专业职位招募最优秀的大学生和应届大学毕业生。这些职位包括从经济学家、编辑和管理分析家到海关缉查员、银行监督员和刑事侦查员等100多个种类。[38]每年有大量的求职者通过考试和被任命（1976年有222 000人），通过考试的占51%，通过考试者中有7%得到任命。事实表明，对于考试90分以上的求职者，一般都要求考虑给予其工作。

在20世纪70年代后期，考试的结果明显偏向于白人求职者。[39]一群黑人和西班牙裔提出控告，指控PACE违反了1964年的公民权利法案，应该停止这一做法，1981年初，任期将满的卡特政府同意了一项无异议的决议，依此决议，OPM在三年内要着手逐步淘汰PACE，并且对于以前由PACE所控制的职位准备实行专门的考试，这种考试将消除对少数族裔的不利影响。

在1982年，里根政府一举撤销了PACE，而不是采取逐步淘汰的方式。在80年代其余时间里，招募大学生进入初任（GS—5和GS—7）的工作非常混乱。直到1987年末，OPM才为127类PACE型职位中的16类建立起了选择性的考试制度 156
（尽管这16类职位约占PACE每年度初任职位招募人数的60%）。对于其他职位，各机构可以从一般事务性职位和其他不要求大学学历的职位中通过提升雇员来担任，这种做法在很大程度上排除了来自全国的竞争。至于雇佣外部人士，OPM授权各机构可以暂行委任，或者更特殊的是，各机构可在没有进行公开、竞争考试情况下对初任职位实行任命。这些都是属于B表的职位，它们被定义为“不具有机密或决策的性质，并且进行竞争考试是不切实际的职位。”[40]据1987年法院的一项规定，非竞争任命的在职者可以通过非竞争的方式提升到GS—9的职位上。所有这些黑暗中的一线光明就是增加了少数族裔的代表。[41]

应届和历届大学毕业生再也没有一个专门的政府考试可以申请，再也没有一个可供咨询信息的专门考试机构了。他们的大学就业指导者也不能给他们提供太多的帮助。每个机构都独立地进行招募、筛选，按各自计划安排求职者。不难理解的是，这种混乱的局面——伴随着一些职位长期空缺并给人的感觉是缺乏晋升机会——明显地比已被取代的PACE更缺少吸引力。

现状与展望

一个多世纪以来，文官甄选制度被集权与分权、人事专家与项目主管、功绩制原则与政治倾向及个人偏好等对立的主张所左右。强调前者——集权，人事专家和功绩制原则——就会出现烦琐的程序和办事拖沓；而强调后者——分权、项目主管和偏好风险——又从未否认中央人事机构在监督和加强遵循功绩制原则方面所发挥的作用。相反，中央机构仍然有权决定是否授予项目机构相应职权，有权对机构使用职权的情况进行检查（例如，通过抽样来调查考试与任命是否符合功绩制原则标准），并有权对于那些滥用职权的机构撤销授权。

这种安排能获得成功，靠的是中央人事机构的存在。一方面，它进行大量的授权；另一方面，它完全遵循了功绩制制度。如果机构中的人事管理者仍坚持其专家见解而轻视项目主管的能力，或是机构高层官员只热衷于自己的政治主张和偏好而无视项目执行机构的政治主张和偏好的话，上述情况就会受到阻碍。过去的经验表明，两种危险都是现实存在的。当前，联邦政府倾向于给项目执行机构以授权，很
157 明显，中央的监督能力是令人满意的。[42]

有几种特殊的选择策略促进了那些出色的年轻人进入联邦政府的专业和行政职位。每年都有好几百人成为白宫实习生，这些人中绝大部分都来自公共管理或公共事务研究生院。同样，毕业生合作项目也培养出了各类专业人才，并且合作教育项目使学生能够在暑假或离校前的一个学期里进入政府工作，其中表现优异者可以不经过竞争考试而得到职务任命。[43]

公共部门只有通过竞争才能吸引最优秀的人才。实行竞争部分是出于工资、晋升机会和文官工作其他条件的需要，也是所有潜在应征者洞察力的产物。在政府注重实施那些有意义的、富有创新的、鼓舞人心的且高度造福社会的计划时期，政府招募优秀人才（尤其是应届大学毕业生和研究生）最为成功。“新政”、第二次世界大战、肯尼迪政府和约翰逊政府（它实施“伟大社会”计划）都属于联邦政府的此类时期。而在其他时期，尤其是在20世纪七八十年代，成功的总统候选人在竞选时都反对华盛顿和“官僚机构”，认为它们对文官的积极性以及潜在应征者的职业自由选择有着可想而知的影响。但布什总统是个例外，他曾在竞选中说过：“对职业文官的整体工作能力和他们在民主政府中所发挥的重要作用表示崇高的敬意。”作为总统，布什还曾在一个高级职业文官的集会上表示：他与他们一样，坚信服务

公职是最伟大、最崇高的使命。[44]克林顿总统同样也没有兑现重击官僚的承诺，尽管他削减人员的初衷使得许多政府雇员很是担心。

联邦政府还未真正吸引到各项职位所需要的高素质人才[45]。实际上，州政府和地方政府做得更为成功，非营利组织以及私人企业在这方面也取得了很大的成功。连任的里根政府在取消许多国内项目、裁减国内机构工作人员和减少巨额财政赤字方面的努力，使大学生们感到很失望，要是在其他时期，他们就会认真考虑从事公共部门职位。他们也不会考虑那些为招募制度所鼓励的职位，人事管理局局长认为这一制度是“令人极其困惑、程序烦琐到令人害怕、不适于学生和非常难以管 158
理的”[46]。

在1990年6月，这一制度为美国行政职业考试（ACWA）所取代，它是一项新的充满希望的制度。它包括6个人事管理局职业组别的考试，这种考试计划用一种非歧视的方式来达到专业及行政职业考试（PACE）的范围和目标。每年有30万人～50万人参加美国行政职业考试，以竞争1万个初任专业及行政职位。[47]

虽然作出了上述努力，能否招募能干的管理者进入政府仍然是这一制度所面临的首要问题之一。尽管有多年的经验，美国行政职业考试（ACWA）的影响是好是坏现在也还不清楚。[48]此外，在州和联邦政府层次一个又一个委员会又重新把招募作为一个重要问题。例如，国家公职咨询委员会发现：

> 联邦政府现在的招募计划是一个混乱和残缺不全的混合物，联邦雇员的潜在申请人被一个迷惑不解和过分复杂的程序吓退了……很正常，招募新人和雇佣程序二者之间并不存在太多的联系，对于那些参加美国行政职业考试（ACWA）或者参加人才市场和高校招聘会的人来说，情况更是这样。[49]

一项由卡罗林·班恩和诺马·里卡西（Carolyn Ban and Norma Riccucci）为温特委员会（the Winter Commission）进行的关于州和地方公共部门的研究也同样发现：“州和地方政府在提高它们工作人员效率方面所能做的最重要的事情可能就是提高其雇佣人员的素质。”[50]

晋升

文职官员原则上是通过晋级或调动得到提升的。每年晋升的文官人数几乎两倍于招募数。在这方面，各执行机构有很大的自主权，以便将那些满足了最低教育水平和经历条件的雇员提升或调任到更高的职位。这些雇员不必与政府之外的可能更优秀的人才竞争，也不必在政府内部同那些部、局里可能有资格获得此职位的人竞争。在这种环境下，每位雇员能否从一个缺少提升机会没有前途的单位中出来，或离开一个不适合自己的工作环境，主要取决于他是否有“到处推销”自己的主动
性，以及能否找到有机会调动和提升的单位。 159

这种晋升制度的合理性有赖于以下四个前提：

1. 由于存在长期的（甚至可能是终生的）可提升到高级职位的职业预期，使招募有能力的候选人进入公职这项工作得以推进。一个几乎封闭的、外界没有更多途径进入更高职位的晋升制度，增强了人们的预期。

2. 雇员在工作中的重要素质，如社交能力，不能由招募时或任职后的正式考试来准确判断。他们的能力素质可以由他们的主管或一个机构晋升委员会作出准确判断。

3. 机构官员需要被赋予更多的自主权以选择管理人员和奖励能力表现突出的人，因为有效的管理和士气来源于对完成项目中绩效优异之人的奖励——这是每个机构的职责。

4. 内部晋升提高了全体雇员的士气，因为它有链式反应效应，每一次晋升会产生一个空缺，因而带动一系列人员的晋升。

这些前提不能解决我们以前碰到的重大问题。人事管理局的规定使管理人员陷于麻烦的耗费时间的程序之中，这些程序被错误地设计用来确保选择出能干好工作的求职者。并且在另一方面，由于徇私舞弊，所提供的灵活性为不公平和武断行为开了方便之门。另一问题是一个大规模的封闭的晋升制度将导致官僚主义僵化。在真正封闭的制度里，例如，在军事机构和外事机构官员的晋升制度里，官僚主义僵化的危险被一种严格的“非升即走”的局面所延缓。在某一级别上，官员要么赢得晋升很高（和略高）的职位，要么被“弃用”，然后必须寻找别的职业。在联邦文官体系中，有些僵化也许并不是晋升的缘故，相反，当未被晋升的人还在目前的职位上，只要他们所在的职位被保留以及他们的工作能达到最低要求，那么僵化就要发生了。在最高级别（尤其是在高级行政官中），在外部招募新人也许能够阻止僵化的发生。

离职

每年联邦文职雇员离职（任职终止）的人数大约是 65 万，但这个数字反映了
160 包括政府中大量临时的、季节性的、兼职的、间歇性工作人员在内的人员流动。专职的、永久的、非邮政雇员的平均服务年限是 13 年。[51]联邦白领雇员的流动率低于私人部门，但当作了适当的技术性调整后，两者的差别缩小了。如果参照 1987 年以前的联邦退休制度的特点，那么两者的差别实际上已经消失了。[52]人员流动有其积极或消极影响，这主要取决于是能干的还是平庸的雇员离开，以及招募和培训新的雇员所需费用的多少。

以何种原因解雇雇员的一个老大难问题，不在于怎样解雇那些明显无效率的人，而在于如何解雇那些平庸之辈。不管是哪一种情况，当一个主管想要解雇下属时，他必须小心从事并提出证据。如果下属提出申诉，他要面对机构内部的复查，或是功绩制保护委员会的最终审查。即使是解雇一个明显不称职的雇员，主管人员也必须罗列出如旷工和迟到等方面的证据。至于要解雇一个工作能力欠佳、但忠于职守的雇员，要找到充分的证据和理由就更加困难了。

文官制度改革法已放松了这种免职程序。它要求每个机构建立一套绩效评估制度，将每一职位的业绩标准和主要职责详细列出。经过正式的通知，并给予改进的机会，以及应诉指责的机会之后，机构可以不能达到职位所规定的主要职责标准为依据将业绩不能接受的雇员解雇（或降级）。如果该雇员向功绩制保护委员会申诉，该政府机构的措施因其有“充分的证据”，将会得到功绩制保护委员会的支持。[53]

事实上，主管人员通常不愿意提出使人解雇的指控。因为如果管理太严，他会因人际关系问题而受到约束。心存怨恨与不满的雇员一旦在较量中“胜”了主管，他就会对主管人员的指令、指示置若罔闻。[54]因此，我们不应吃惊于许多主管人员选择了另外一种策略：鼓励那些能力欠佳的雇员调到别的组织单位或机构，并为任何需要就任他职的人写上最好的推荐意见。

“非自愿离职”主要是由“有效精简”（RIF，或是“riffing”）所引起。“有效精简”要求机构因其预算削减，人事编制减少，许多项目停止或重组，或是机构将取消而达到人员精简。精心制定的政府规定对机构所作出留用或解雇雇员的选择进行了规定。[55]下级单位的每一个长期文职雇员都被分为A类（退伍军人）或B类 *161*
（非退伍军人），在每类中，每个雇员按其在联邦政府服务的年限长短排列（前者根据近期由“非常优秀”到“杰出”的业绩表现而可以被增加12年至20年）。留用的决定就按照这些分类排序来决定。结果，一个有着多年服务经历的优异的非退伍军人，必须让位于一个仅有3年服务时间的表现平平的退伍军人。此外，新近进入高级职位的女性或少数族裔，尽管长期以来他们进入此职位的人数比例很小，很可能挤掉那些有着更长工龄的白人男性。

一次有效精简（RIF）可能会破坏一个机构的人事调度模式和雇员的士气。在某一级上被精简的雇员，有权“排挤”比他低一级到三级的人员，后者要承受有效精简的最终后果，他们中必须有人给降级的雇员让位。虽然“排挤者”被降到能力要求更低的职位，但他们仍然保留先前的级别2年并保留工资更长一段时间不变。[56]在1986年之前，这种“排挤”可能会发生在任一职位等级上。在1982年人事管理局自己的有效精简行动中，削减了它原来相应工资和开支的16%，两个GS—14级的雇员（一位是社会科学分析家，另一位是人事研究心理学家）被降了11级，成为GS—3的办事员。人事管理局的这一经历也显示了有效精简的广泛影响。尽管仅有135个全职长期雇员离职，但有500多人因此而直接受到影响（被降级，重新安置，调到别的机构，退休等等）。[57]在采取了最多只能降3级的限制后，现在这种混乱已有很大的减轻。

长期以来，退休制度减少了联邦雇员离职的机会，因为提前离职意味着失去社会保障计划并且遭受处罚。为了争取一个较好的退休待遇（这种退休待遇同雇员的工龄和退休前的最高工资紧密联系），他们都倾向于留在政府中。另一方面，在通货膨胀时期，文官的工资往往不能反映出生活费的增加，这使得提前退休很有吸引力，因为退休金是自动随着生活费用的上涨而增加的（1969年1万美元的工资，到1988年增加为28 000美元，而退休金则从1万美元增加到了38 000美元）。改革发生在20世纪80年代[58]，联邦文官（受雇于1984年和1984年以后的所有雇员，以及其他愿意选择的雇员）被纳入到社会保障和补充文官退休金计划中。这样，“便利”的社会保障津贴，加上可提取和递延纳税的雇员储蓄（政府根据工资的5%存入），确保增加政府雇员中途离职去私人部门工作的方便。假定联邦政府和私人
162 部门之间，尤其是在高级职位上，存在着工资和工资以外福利的巨大差别（特别是在健康保险方面）[59]，那么，最终的结果是能干的文官将成群地离开政府。当然，对公私部门的这种工资和福利的差别应该进行调整。话又说回来，一些文官的离职又为输入新鲜血液进入政府系统提供了开放的机会。

克林顿政府根据其“政府再造”设想，对于有效精简（RIFS）和退休问题采取了不同的方法和措施。尽管“政府再造”运动的部分措施提高了政府绩效，但其主要目的还是缩减联邦政府工作人员规模，并由此缩小政府规模。1993年，克林顿政府第一次提出缩减联邦工作人员252 000人，国会随后将这一数字增加到272 000人。据政府当局说，这次裁员主要是集中在中层管理人员，以便为政府1994年的犯罪法案提供财力支持。政府不是依赖于“有效精简”（政府官员担心这样会造成太大的动荡）或内部自行消耗（这样不可能产生足够多的缩减），而是对那些同意离开政府的雇员提供资金进行鼓励。这项策略有很大的风险，它鼓励离开的可能主要是季节性雇员，而不是那些令政府感到不满并视为“刺头”的雇员最先离开。事实上，会计总署发现，减员虽没有影响到大多数部门的日常工作，但仍有几个机构抱怨减员削弱了他们完成任务的能力。一些官员抱怨说：“他们只是个空架子了……一些关键管理人员的离开产生了一个有害的多米诺骨牌效应。它在某些部门的消极影响达到相当的深度和广度。”[60]各层级的政府官员都想进一步缩小政府规模，这导致了许多减少政府雇员数量的不同措施纷纷出台。[61]

7.5 工　资

政府之所以能够吸引和留住能干的人，主要在于它给他们提供的工资（和工资以外的福利）。确切地说，工资并不是人们在寻找、接受工作或留在某一部门时所考虑的唯一因素。[62]人们还会考虑工作的挑战性、工作的影响面、工作环境的满意度（包括物质设施、上司的品行、同事之间的沟通与合作）和工作的晋升前景等因素。[63]政府为争取能干的人而参与人才市场的竞争仍是一个问题，对工资待遇的要求在很大程度上影响了雇主们的选择。

163 法律规定联邦白领雇员的工资水平应该与私人企业同等工作人员的工资水平相当，总统应该每年都相应调整工资以使之相适应。每年，劳工统计局都要进行一项关于私人企业中专业、行政、技术和一般事务性工作领域的比较性调查，由总统指派的工资代理人据此算出政府与私人机构之间工资水平达到平衡所需做出的调整幅度，并上报给总统。[64]由于总统应遵守工资平衡原则，该报告有望成为他做出决策的基础。但实际上由于法律例外条款的存在，这种希望落空了。[65]

“如果因为国家处于紧急状态或者国家经济状况影响到大众利益”，总统可以认

定实行平衡工资调整不合时宜，从而提出替代性的工资调整方案。总统总是喜欢利用这一例外条款，以至于白领雇员自1978年以来每年都没有按照上报给总统的达到私人部门工资可比水平的需要增加工资。每年本应增加而没有增加的联邦工资累积接近30%。[66]

私人机构比较性调查的范围和技术一直在更新，它在全国范围基础的可靠性显然已建立起来了。[67]别的研究也证明公私部门存在着很大的工资差异。一项研究显示：从1981年到1986年，联邦政府白领雇员工资仅增加了17%，不及私人部门和州及地方政府工资涨幅的一半，仅仅是军人工资涨幅的一半。[68]

实行工资的平衡是一个正确的目标吗？一位前人事管理局助理局长（政治任命官）并不这样认为，他说："事实上，联邦政府能够以现在的甚至比现在更低的工资招募到它所需要的人才。政府所要雇佣的是胜任工作之人，而非最好或绝顶聪明之人。"他认为，联邦政府不"需要实验室的科学家都是诺贝尔奖获得者，法律机构的人员都是毕业于名牌院校的优等生，行政官员都是沃顿商学院的工商管理硕士，政策智囊团成员都是聪明绝顶的人。"的确，"最聪明和最有才能的人应该去私人部门工作"[69]。

几乎没有人会同意，由私人雇主挑剩下的人能管好国家的外交、国防、经济和社会方面的事务。事实上，会计总署关于政府管理人员的一项调查发现，"指责联邦雇员离开政府和向联邦政府求职的人数日趋下降最常引证的原因是联邦政府的工资太低。"[70]但是，政府正确地提出工资平衡问题还存在疑问。

参照劳动力市场确定工资率 164

实现工资平衡的途径有两点与劳动力市场的实际相冲突。一是依赖于全国私人部门的平均工资，而忽视了区域与地方的工资差异，这种差异反映了供需变化和生活费用的不同。例如，在旧金山，政府秘书的工资是5 000美元，少于私人部门秘书的工资；而在布法罗，政府秘书的工资是1 000美元，却多于私人部门秘书的工资。对于计算机系统分析员而言，在波士顿，私人部门的工资是8 400美元，要高于政府部门；但在巴尔的摩，私人部门的3 000美元就比政府部门要少。二是保证在联邦政府内部工资平等（"同工同酬"），要求不同专业中同一GS等级的雇员有差不多的工资。这忽略了这样一个事实，主要由于国家职业的供需差异，私人部门中可获得的高薪职业要多于其他部门。联邦政府秘书的工资比私人部门少10%，但对工程师、会计师和律师而言，却分别少40%、60%和65%。[71]

沃尔克委员会认为："当前国家工资平衡目标实现不了。"该委员会建议："一项工资调整制度，它承认公共雇员生活和工作的地区工资特性决定于各方面的生活费用差异和劳动力市场行情，并相应地向上调整工资。"该委员会还强调："特殊的工资水平适用于紧缺或与私人部门有强大竞争压力的职业。"[72]

可比价值

指导行政等级工资制度和相关工资制度（除了同私人部门相平衡之外）的主要法律原则是可比价值相同的工作获得相等的工资，工资差别与工作和业绩差别相关。许多女性代表认为这些原则应该被废除，甚至说性别差异阻碍了她们上升到工资更高的职位。他们指控职位分类系统降低了女性职员主要工作领域（如秘书和护士）的等级，这些工作在任务、责任和任职资格方面同通常主要由男性把持的工作领域的要求都是一样的，而后者的工资却更高。她们寻求基于工作的可比价值的工资制度改革。许多州政府都进行了有关可比价值或工资平等的研究，大部分研究发
165 现，在文官系统中存在着基于性别的工资差异和职位分离。对此，一些州和地方政府已经采取了补救措施。[73]

等内工资

那些工作业绩达到完全满意标准的政府雇员）通常以雇员的资历为基础。每个GS等级都有一个工资幅度；允许雇员定期增加工资，而其职级不变（见表7—2）。从GS—1到GS—15的每一等级内部的工资幅度又分为10“档”，档次低的雇员一般一年升一档工资，档次高的雇员则每2至3年升一档工资，直至升到该行政等级工资的上限；从1档升到10档需要18年。[74]

文官制度改革法将10万多名GS—13至GS—15的主管和管理人员纳入功绩工资制度。[75]业绩管理与奖励制度（对原来制度的修订）按其工作表现把雇员分成五个等级：3级是“完全成功”，1级（“不可接受”）和2级是低等，4级和5级是高等。[76]业绩表现在3级以上（“完全成功”或更高）的雇员从每年的GS比较工资的增加中充分受益；而那些表现为低等的雇员只能得到增加工资的一半甚至没有。表现高等（不是低等）的雇员还得到全部或部分等内档次加薪。[77]此外，业绩表现为高等的雇员还一定会得到一笔“业绩奖”，奖金是他每年基本工资的2%到10%（个别的可达到20%）；在机构自主权限范围内，那些表现为2级或3级的雇员也可以得到业绩奖（但这实际上很少照顾到3级“完全成功”的雇员），有权发放业绩奖的部门所发奖金最高只占到GS—13至GS—15的主管和管理人员工资总和的1.5%。最后，对于那些极少的、有超出了正常工作职责和标准的杰出贡献的雇员，可能发10 000美元～25 000美元的奖金。

然而，这种制度的实际运行改变了初衷。仅有45%纳入到该制度的政府雇员认为工作表现越好将得到更高的报酬；而有39%的雇员则认为这也许或根本不可能。这项制度的本意是促进和改善行政，但令人吃惊的是有半数的政府雇员（考核在“完全成功”以上的雇员）和超过半数的主管都认为：业绩奖并不能刺激产生更好的业绩。

这种制度广泛用于整个文官系统，它取决于业绩评定的真实准确性。[78]尽管如

此，评定还是趋于宽松。例如，所有 GS—13 至 GS—15 的主管和管理人员中就有三分之二以上的人被评定为最高两等（杰出的或特别成功的），而事实上这三个等级（GS—13 至 GS—15）中不可能有 89％的人都是高等。精确测量业绩评定的准确 166
性是非常困难的，早期联邦制度的经验表明，同情心是强大的刺激。按照严格的评定，一个主管过分压制下属的士气，他是得不到奖金的（如果其他主管获得更高的业绩评定时，更是如此）。几十年来为确保业绩评定的客观性而作出的一系列努力因为“慷慨大方”的刺激而遭到挫折。[79]如果几乎所有的主管和管理人员都是“完全成功以上”，那么奖金的发放就没有选择性，他们也就得不到财政支持。

7.6 雇员的权利和义务

平等标准要求在相似工作环境下的人员的待遇要相当，并且在对个人进行评价时排除不相关的个人因素。这一标准遍及我们广泛讨论过的文官制度的各要素，用简单的用语来概括就是：公开、竞争的考试，功绩制原则，政府内部同工同酬，文官的工资与私人企业同一级别工作人员工资率相平衡，无政党、种族、血统、宗教、性别、年龄和生理缺陷的歧视。

公共和私人部门雇员之间的平等除了工资的平衡之外，还有其他方面。公共雇员与私人部门雇员相比，他们作为公民和一般人的公私行为不应该受到更多的约束，除非这种歧视性约束是政府本身特殊性质的要求。在此，我们要关注的是政府雇员通过工会进行组织和集体谈判的权利，他们的私人权力，以及他们积极参与政治的权力。

组织工会和集体谈判

美国各级政府必须面对这样一种情况：公共雇员工会不断增加，集体谈判在决定就业条件方面的作用日益增强。[80]从 1980 年至 1993 年，工会会员占全国雇员总数的比例从 23％下降到 18％；而与此同时，有 44％的政府工作人员参加了工会。[81]这一数据反映了 20 世纪 60 年代和 70 年代工会和工人在扩大公共部门组织工会所作出的成功努力，此后，这种情况一直都呈稳定态势。这里的“工会”包括各种各样的职业协会，如全国教育协会，它们经历了从“消极职业化”到集体谈判和其他与工会相符的行为的转变。大多数的邮政工人和消防队员都加入了“工会” 167
组织，三分之二以上的公立学校教师以及五分之二的警官也是如此。[82]在联邦雇员中，60％（不含邮政管理局）的雇员都同意工会作为他们的谈判代表，这一比率自 1977 年以来一直呈稳定状态。[83]

由公共雇员的工会化所提出的问题并不简单。50 多年来，联邦法规确保了私人部门的雇员能够组织加入工会，以及通过他们的工会在工资、工资外福利、晋升、工作时间和工作条件等方面进行集体谈判的权利。而集体谈判的权利只有在工会拿起“最后的武器”即有权举行罢工的条件下，才是有效的。工会组织一直在努力寻求把这种私人部门的模式充分应用于公共部门。但这种努力遭到了那些坚持“政府与私人部门完全不同”的人们的抵制。

罢工

让我们来观察一下政府是怎样的不同。首先，政府雇员反对“主权国家”的罢工权利得不到联邦政府和大多数州政府（它们的法律也同样适用于地方政府）的承认。即使有些地方存在这种罢工权利，那也是法律赋予的，而不是宪法所赋予的。因此，它可以被制止，即使一度被授予，也可能随时被撤销。

否定公共雇员有罢工权利的人们在社区警察和消防员罢工所带来的不可饶恕的后果，或是州政府、财政部、国防部停止运作而带给社会的折磨中找到了其最强有力的理由。邮件的积压，放弃空中交通管制，关闭学校，以及拒绝收集垃圾，也是同样严重的事情。但是，当涉及那些不是那么重要和非垄断的政府服务时，这一理由的说服力似乎减弱了。一场公共图书馆分类人员或是政府实验室助理人员的罢工并不比私营电信工人、卡车司机、民航飞行员或是钢铁工人的罢工更让人害怕。然而，并不存在一个根据其罢工的可容忍程度来划分各公共雇员职位的简单规则。一场仅有 2 500 名清洁工和修理工参加的罢工竟迫使纽约市 960 所公立学校只给它们的 100 多万学生上了半天课，并且剥夺了其中 50 万学生（大多数来自穷人家庭）的免费午餐。[84]

当然，理论不是事实，公共雇员确实也有过罢工。政府官员往往认为，为了使雇员复工和恢复公共服务，寄希望于法院的帮助是最无希望的办法。解雇那些罢工者，像 1981 年，里根政府解雇 11 000 名空中交通管制员那样，也只会带来长期的
168 后果。联邦航空局花了数年时间来招募和培训一批新职员，与此同时，公共部门运行情况很糟糕。对政府雇员罢工权利的否定并没有阻止他们采取其他同样有效的工作行为来阻挠公共管理。学校教师的“群体性生病”可能使学校瘫痪，而与此同时，老师们不可以继续拿病假工资。一旦空中交通管制员真正认真地遵循“按规则办事”（严格地遵守规定的程序），在不折不扣地执行安全规范的姿态下，可能会导致飞机升降的延误。邮政工人的怠工可能会使未分类和未寄送的邮件堆积成山。

谁是谈判者？

第二个不同点是政府被组织起来就雇佣条件作出决策的方式。许多问题都是由立法机关而不是行政机关作出决定的。国会、州立法机构和市议会规定职位分类、委任和工资制度，以及投票决定拨款，对总体工资的增长作出最后决定。

这有两个后果：一是没有哪一个行政官员能够单独地就法定人事制度的各方面讨价还价，或是要求立法机构对现行的工资率作出某些特殊变革。他所能向工会做出的保证只是尽最大努力说服立法机构遵循已达成的协议。二是公共雇员工会组织能够像别的利益集团一样进行院外活动，私人部门则没有这种情况。工会可以通过院外活动争取立法机构同意其与行政机构的谈判者所达成的协议。不过，工会的政治影响力远不止如此：它们能够在立法大厅赢得它们在谈判时不能赢得的东西。最大的联邦工会组织主席说：“我们除了给国会众议员和参议员施加足够的压力，让

他们站在我们的角度来看问题之外，别无选择。这（国会）是我们的谈判桌。”[85]面对这一情况，行政机构的谈判者也许很轻易地就向工会提出的要求屈服。在许多议员所在的选区，工会会员及其家人是一支极其重要的投票力量；在地方政府，他们能够决定市长的选举。纽约市最大的工会组织领导人曾说：“我们有能力选举出我们自己的老板（市长），这并不是问题。”他估计，全市有25万市政府雇员，加上他们的亲属，总共有50万以上的选票，这占了民主党初选中90万选民和大选中170万选民的大部分。[86]

工会的投票力量、院外活动技巧和集体谈判策略三者之间相互促进，相互加强。另外，公众因罢工或怠工期间没有警察维护治安，垃圾成堆，或是学校停课而往往感到非常愤怒，以至于他们会向政府官员施加压力，要求其尽快解决争端。当然，公共雇员工会并不一定能够得到它们所要求的全部。政府的谈判代表清楚公众 169
不喜欢通过税赋的大幅提高或是给予公共雇员比其他部门相近工作更高的工资来解决争端。政府的谈判代表都尽力维护功绩制原则和文官制度的整体性以避免其不断被削弱，竭力避免谈判触及到政府决定公共政策和提升行政绩效的权力。

在联邦制下的各级政府中，有些政府正由传统的对抗性劳资管理关系转变为伙伴关系。例如，克林顿政府发起成立了一个“全国合作委员会”（National Partnership Council），使工会领导人能够直接与政府高层进行协商。但是，政府没有给予代表管理官员的工会同样的安排，因此，他们中有许多人感到他们的权利似乎被剥夺了。从这一事实中我们可以得出两个重要的教训：第一，文官制度和由此产生的监督安排是一回事；而劳资管理关系往往又是另一回事。和联邦政府一样，在州和地方政府，结果通常都是产生了一个双重的人事制度。[87]第二，尽管在政府高层官员与一线主管之间，管理者与普通雇员之间，以及上级与下级之间经常产生“鸿沟”，但许多管理者还是逐渐认识到输入新鲜血液的必要性。与公共部门一样，私人部门的行政主管对此也深有体会：“没有工会的参与，我们丧失了团队合作精神。我们所获得的最大教训是：我们在同一条船上，我们需要共同努力。”[88]

集体谈判与文官制度

集体谈判既支持功绩制原则，又对功绩制原则构成了挑战，它强化了文官制度的一些最不受人们欢迎的特征。工会很少会去努力改变以功绩为依据的招募和委任制度。因为它们的会员已经获得了政府工作，工会关心的是文官的利益，而不是那些正努力谋求政府职位的人员的利益。同样，工会支持文官制度反对徇私庇护，因为庇护削弱了工会所高度重视的工作安全。

对管理者在对待雇员方面的处理权限的限制，是对工会政策的一个极大讽刺。工会倡导资历，往往把它作为决定谁将得到晋升，谁将去更好的地理位置或得到更好的轮班时间，谁将在必须要辞职时得到留任的自动标准。[89]这种资历标准不仅背离了以功绩为基础的竞争原则，同时，也是对少数族裔、女性（在先前是男性为主导的职位上）和年轻雇员的一种歧视，因为这些人一般不具有大多数年长的白人男 170
性所具有的资历。

为把冗长而烦琐的谈判协议“书写”到文官制度中，并开动这台精密机器，他们要把更多的繁文缛节和僵化的东西加入到本已塞满这些东西的制度中，这使得项目负责人愈发沮丧。

在谈判和协议履行阶段，文官委员会或人事部门被搁置一旁，或者仅仅变成了政府劳资关系小组中的普通一员。同时，由于工会把文官委员会或人事部门视为资方的代理人，出于不满，协议中往往规定了与该委员会通常受理上诉的角色相反的程序条款。所以，当前这种传统的文官制度和新的集体谈判制度都举步维艰。

问题的范围

最后，在雇员及其工会所想或能够谈判的问题范围上，政府有别于私人企业。雇员自身的工作条件和政府的政策、项目之间的界限看似明显——前者是集体谈判的主题，后者是立法机构和政治执行机关的职责。但公共雇员工会却模糊了这一界限。如果工会阻止某市长把每辆巡警车按指令配备两名警官的旧模式改为配备一名的努力，或阻止对每辆消防车所配消防队员进行裁减，那我们可以简单地将此看作是工会对雇员安全和就业的关心。但假使该市长想在晚上把消防队从深夜冷清的商业区调到该市人口最多的和火灾高发区又会怎样呢？难道学校班级的规模或学校课程的设置也需政府与工会谈判确定？难道福利支付的金额或福利中心的坐落也需以此方式来确定？事实上，所有这些问题都一直是谈判和罢工的主题。[90]

关于这一点，我们已试着界定那些令人确信是政府有别于私人企业的方面，以便说明采取私人部门的劳资关系模式是不合适的。这些方面包括：（1）基础公共服务部门罢工的影响；（2）谁能在谈判过程中有效地作为资方代表政府的含糊不清，尤其是在立法者角色和工会的政治力量给定的情况下；（3）保护功绩制原则和避免
171 项目执行者陷入附加于文官制度上的限制网的需要；（4）对在一个民主社会中，重要的公共政策和项目执行问题应由工会和资方（政府）的谈判来解决，而不是通过综合权衡各方利益的程序来解决存在的问题。

联邦政府中的集体谈判

1912 年以来，联邦政府雇员可以自由地参加工会或其他无罢工权的组织，但是直到 1962 年，联邦政府才获准参与集体谈判。直到 1978 年，当文官制度改革法为其提供了更坚实的法律基础时，联邦政府的承诺才在总统行政命令中得以表达。[91]该法大量地沿袭了国家劳资关系法中的私人部门模式，为此，联邦政府还专门成立了一个独立的联邦劳工关系局（FIRA）来管理该制度。

谈判发生于联邦劳工关系局（FLRA）认为适合的作为基本单位的单个机构之中。[92]政府机构只承认一个获得了指定单位大多数雇员选票的劳工组织。无论该指定单位中的雇员是不是工会会员，该工会都有权代表他们签订协议。总体上说，有将近三分之一的被代表的雇员应该感谢工会会员。[93]

在联邦政府中，谈判的主题有范围上的限制。因“强制性需要”的存在，谈判主题不能涉及任何法律、政府和机构的规则条例（有关“强制性需要”的争议由联邦劳工关系局处理）。并且，该法进一步保留了政府机构管理官员的权力控制机构运行。他们有权决定机构的任务、预算、组织、雇员人数和内部安全措施；有权决定雇员的招募、任用和去留；有权决定对雇员的处罚或除名；有权决定工作和人事

安排，然而，正如为受到不利侵害的雇员所设的投诉程序一样，这些权力的运用程序也可以进行谈判。[94]同时，奇怪的是，政府机构可以就“派往分支机构、承担工作计划和出差的雇员的数量、类型和级别，以及完成工作的技术、方法和手段”选择进行谈判。

鉴于法规的限制，政府和工会会谈些什么呢？到目前为止，主要是就工作的分派和工作的进度（加班时间、工作周天数、临时性任务、轮班时间、工休时间、餐休时间），投诉及其他程序，安全、雇员咨询、技术替换和墙漆颜色等进行谈判。同私人部门和州与地方政府相比，联邦政府的谈判空间显得狭窄得多。有许多涉及工资、工作安全、晋升和工资外福利的重要问题，私人部门可以谈判，联邦政府却不行。在许多问题上，联邦法令给予工会以商量的权利，但商量并不等于是谈判。

隐私权 172

20世纪80年代麻醉品泛滥及艾滋病（获得性免疫缺乏综合征）的兴起，激起了政府和雇员之间新的对抗。1986年，里根总统签署了一项行政命令，要求联邦雇员禁止使用非法药物，并且宣布使用非法药物的人不适合担任联邦政府职务。[95]他授权各机构对每位求职者进行非法药物使用的检查，而且最重要的是，他要求它们“建立起一个专门项目，以便检查敏感职位上的雇员使用非法药物的情况”。这些职位的范围比字面上的要广，它包括被其工作单位定为敏感职位的人员、能接触到机密的人员、总统任命的人员、执法人员，以及在“机构领导人认为会涉及到法律执行、国家安全、生命和财产保护、公共卫生与安全，或需要高度信任和保密功能的其他职位上”的人员。结果是有超过100万的政府雇员被包括其中。被政府机构定为敏感职位的有文书助理、信件及档案管理员、审计员、制图员，以及印刷出版操作员。地方政府也要求对警察、消防队员、学校教师以及其他雇员进行强制尿检。

这种为取得非法药物使用证据的强制性尿检，如果漫无边际或者是随意性的（也就是说没有充分理由来怀疑雇员），它必然会遭到政府雇员工会及其他组织的反对，因为他们认为这样做侵犯了个人隐私，从而违反了宪法第四修正案关于禁止没有理由的搜查与逮捕的规定。1989年，最高法院以5∶4的投票结果同意在不违反宪法第四修正案的前提下，美国海关总署对那些工作与截获非法药物或军火直接相关的新录用或新调任雇员进行全套的药物检查是合理的。[96]但是，尽管最高法院同意政府“保护真正敏感信息方面的强制性利益”，“鉴于下级法院对为什么行李搬运工、通信员、律师和会计师都被包括进去提出质疑”，最高法院还是推迟了关于对那些接触机密情报的人员进行检查具有合理性的判决。

艾滋病检测也同样带来隐私问题。血检能把那些带有艾滋病抗体的人鉴别出来，但这并不意味着他们有艾滋病或会得艾滋病。[97]他们传染给他人的危险也只限 173
于性关系和血液传染（比如吸毒者用别人用过的针注射）。1987年，外事部开始对其求职者、官员及其随从进行艾滋病毒检测。检测艾滋病抗体呈阳性的求职者会被外事部拒之门外；在职人员及其随从则被限制不许参与国外工作，这样做既考虑到在某些国家医疗设备的缺乏，也考虑到外国政府对于接受患有或可能发展为艾滋病的政府代表时的态度。[98]

政治活动

公共雇员参与政治活动的权利类似于他们加入工会、集体谈判和罢工的权利，并且二者是紧密联系的。“权利”这个词给予我们重要的提示。在政治及劳工领域，存在着一个简单的问题：为什么作为政府雇员的公民不能与作为私人雇员的公民享受同样的权利？在这两个领域都有人声称：他们不仅应当，而且从宪法基本原则来说，必须享有同样的权利。否则就有争论说，政府雇员被剥夺了宪法第一修正案所赋予的言论、出版、集会和请愿的自由权。另一方面，两个领域的争论也是一致的：政府具有其特殊性，政府的运作会因为罢工（或者是以集体谈判的形式决策）及文官卷入政治活动而受到损害。

第二个因素是公共雇员在选票数中所占的比例不断上升。由于公共雇员都有选举权，那么假如 1 800 万公共雇员都投票的话，那就占了总统大选选民的六分之一，中期选举选民的五分之一，这还没有算上他们的家庭成员。这些公共雇员也是选举机构潜在的选区工作人员、党政官员、政治会议代表和候选人的一个主要组成部分。假如取消他们参与这些活动的限制，政党及竞选候选人就会进行更多的活动来吸引这些雇员以获取压倒性的支持。

第三个因素是形成了一个“圈子”。政府雇员大规模地组织工会和私人部门工会的减少形成了鲜明的对照。工会运动渴望充分利用这一新发现的力量，通过其传统的“奖励朋友，惩罚敌人”的战略把政府雇员这一力量纳入其政治活动中。因此，政府工会的官员都是“恢复联邦雇员和邮政管理局雇员享有与私人公民一样自愿参与国家政治活动的权利”的主要倡导者，这一点也不奇怪。[99]

174 总之，关于政府雇员应该与其他公民一样享有公民和社会权利的原则性与宪法上的争论，政府雇员在选举中政治力量的壮大，以及公共部门工会规模的扩大，所有这些都与劳工运动希望解除对政府雇员政治参与的束缚这一意图紧密相关。

哈奇法案

1939 年，国会通过了“防止有害政治活动法案”，其发起人是新墨西哥州的参议员卡尔·哈奇，因此，它通常被称为“哈奇法案”。该法案适用于联邦雇员的条款主要有：

> 联邦政府行政机关的官员或雇员，或其任何机构与部本身，都不应该参与政治管理或政治运动，所有这些人都应该保留其投票选举权，不对任何政治主题发表看法。[100]

这一法案的限制事实上还扩大到几乎所有的非政策制定的官员及雇员，无论他们是否被纳入到功绩制制度中。[101]

从1940年到1974年，哈奇法案对政治活动的限制扩展到那些由州和地方政府委任的，从事全部或部分由联邦政府贷款或补助的活动的官员或雇员。1974年，国会把这一限制缩小到政党选举中的候选人和能使用职权或影响力去左右选举和政治捐款的候选人。

合宪法性

法院驳回公共雇员在宪法规定中享有积极参与政治管理及政治运动权利这一请求。1947年，最高法院以4∶3的表决结果支持哈奇法案。[102]1973年，最高法院再次支持这一法案，这次的表决结果是6∶3。[103]它判定，哈奇法案规定其所禁止的东西时并不存在违反宪法的含糊不清或夸大，它也不违反宪法第一修正案。[104]下面是一项评论的一部分，它向我们提供了这一限制规定的根据。

> 这个国家一个世纪多以来的历史证明，国家最大、也是最根本的利益在于，应该建立在值得赞扬的业绩表现上而不是成为政治机构，联邦政府雇员对他人和对选举过程的影响应该受到限制…… *175*
>
> 首先，对于行政机关的雇员而言，根据国会的意志，而不是根据他们自己或是某一政党的意志来执行法律，这似乎才是最基本的。他们应该在执行法律和实施政府项目时，不对任何政党、组织及其成员徇私或带有偏见。哈奇法案的主旨就是帮助实现政府这一伟大的最终目标——公正执行法律。例如，联邦雇员不许在政党政治中担任正式职务，不许在政党政治运动中发挥重要作用，不许为政党拉选票，这些都是基本的。禁止这种活动可以减少对一个公正而有效率的政府的威胁……
>
> 另一个主要关心的问题……也许是1939年哈奇法案即将颁布的时刻……确信快速增长的政府工作人员不应被雇佣来建造一个强大无敌而且可能腐败的政治机器。
>
> 一个相关的问题……进一步服务于一个目标，那就是：政府机构中的雇佣和选拔活动不应依赖于政治表现，与此同时要确保政府雇员不受外界压力影响，避免或明或暗的、在某一特殊方面的投票邀请，避免为了讨好上司而违背自己意愿卷入政治。
>
> 结社或参与政治活动的权利并不是在任何情况下都是绝对的……组织、领导或资助政治运动也不是可以完全不受政府规定的约束。我们一致认为……明显的政治管理和政治运动行为，对部分联邦雇员而言，是宪法所禁止的。

哈奇法案的修订案

哈奇法案符合宪法，并不意味着国会必须继续抨击政治活动。事实上，国会在1976年和1990年两次通过了取消对联邦雇员积极参与政党政治管理和政治运动的禁令的议案。事实是福特总统和布什总统认为这会使文官政治化而予以否决了国会的议案，而国会又未能成功地推翻他们的否决。[105]

假如在1990年这一议案能够成为法律，那么政府雇员就可以在国家、州和地方的政治组织中担任职务，并且在工作之余，他们还可以公开支持某一候选人，散发竞选传单，像电话银行那样，组织向选民打电话和召开政治会议，以及说服同事
176 为代表联邦雇员利益的某个政治行动委员会（极有可能是隶属于工会）捐款。但以下活动或情形仍然受到禁止：一边穿着官员的制服、开着政府的车子在政府办公大楼上班，一边却积极参与政治活动，谋求政党政治职位；政府雇员因有求于他人解决机构补助金、签合同或执照问题而受任何人怂恿参与或阻挠政治活动；利用职权（如对于委任、晋升或加薪的许诺或威胁）来强迫或影响雇员投票、政治捐款，或参与政治活动。但议案的反对者担心这种禁止阻止不了选举活动结束之后，对支持和未支持当选高级官员所在党派的人的不公正待遇。公共雇员工会曾努力为这一议案的通过而进行游说，但这一议案最终由于参议院两次都未能推翻总统的否决而没有成为法律。

1993年，国会又一次把改革哈奇法案提上日程，这一次终于获得了重要的改变。据此，大多数联邦雇员（主要的例外是高级行政官员和法律执行官员，如美国特工处、联邦调查局和中央情报局的官员）被允许积极参与政治活动，包括代表候选人打电话和散发竞选传单，还可以在政党内谋求职位和募集竞选捐款。不过，该法案仍然禁止他们谋求由选举产生的政治职位，向公众募集政治捐款，任职期间公开表明党派意见（如佩戴运动徽章），在雇佣和晋升雇员时考虑政治推荐因素。约翰·斯德迪文特（John Sturdivant），一个主要的联邦雇员工会领导人，高兴地宣布了这一改变，并说道："联邦雇员现在是名副其实的公民了。"[106]

庇护限制

最高法院对下述三个案例的判决，要么支持保留政府职务的要求（前两个案例），要么支持委任、晋升和调任的要求（后一案例），从而直接检验了党员身份的合宪性问题。在1976年，埃尔罗德（Elrod）诉巴姆斯（Bums）一案中[107]，民主党人埃尔罗德接替共和党人继任了伊利诺伊州库克郡（现属芝加哥）的行政司法长官，并且按照以前的惯例，他解雇了巴姆斯和其他一些非文职雇员（那些加入了新行政司法长官所在党派的人或得到该党派领导人担保的人则被留了下来）。对此，最高法院半数以上的法官持谴责态度，认为这种对非决策性职务上的非文职雇员根据其是否有政治庇护而决定是否解雇的做法侵犯了宪法第一修正案信仰和结社自由
177 的权利（根据第十四修正案，这一权利是用来限制联邦政府、州政府和地方政府的）。基于这一观点，对于"能否仅因为他的政治信仰就将一个非政治决策性、非机密部门的政府雇员从其表现令人满意的工作岗位上辞退"这一问题的回答只能是"不能"。

在1980年布兰蒂（Branti）诉芬克尔（Finkel）一案中[108]，民主党人布兰蒂接替共和党人芬克尔担任纽约州洛克兰德（Rockland）郡公诉人之后，试图解雇芬克尔及其他一些是共和党人的公诉人助理。最高法院对此没有考虑这一职务的决策性或保密性特征，它关心的问题在于党派属性是否应成为有效履行职责的合理条件。最后，最高法院认为这在该案中不成立，所以否决了解雇这一做法。[109]

在 1990 年拉坦（Rutan）诉伊利诺伊州共和党一案中[110]，伊利诺伊州的共和党州长在 1980 年强制对其控制下的大约 6 万个职位实行雇佣冻结，除非得到他的许可，否则不得有任何例外。拉坦及其共同诉讼当事人（用最高法院的话说，他们是“低级雇员”）控告州长利用这种冻结和例外来形成一种政治庇护制度，从而使他们这些没有为共和党工作或给予其支持的人得不到委任、提升和调任的机会。[111]对此，最高法院说：“我们必须判决他们不能容忍地侵犯了宪法第一修正案中规定的公民自由，除非这些保护措施是为了促进政府首要利益方能极有限地得到容许。”援引埃尔罗德和布兰蒂的案例，最高法院认定这些保护措施并没有从保证雇员的忠诚高效这一做法中促进政府利益。实际上“要通过确保雇员忠诚实施政府政策来促进政府利益，只要对某些高级雇员根据其政治观点进行委任或解雇就足够了”。

最高法院的上述三个判决不仅包括解雇，而且还涉及委任、晋升和调任，这使得庇护制度在政府的各个层面（除了那些高级的政治决策性职务，在这些职务岗位，党员身份或政治观点是有效行使该职务的合理条件）都变为非法。这一显著变化主要会影响地方政府和一些州政府。但是，即使在这一文官制度下，那些政治后台老板和官员并不缺乏追逐自身利益的办法，最常见的是挑选忠实的追随者担任文官委员会委员，或是通过减少对文官委员会的拨款，以使原有的合格者登记表被允许终止，而新的考试却会被拖上几个月或数年。于是，“临时性的”非竞争任命就成为可能，从而达到任用自己政党支持者的目的。

7.7　结　论 178

说文官系统是一个“系统”是很恰当的。它由许多相互作用的子系统所组成，包括职位分类系统，人事管理系统，以及工资系统。它具有独特的价值，可以让我们更好地理解大型组织系统是怎样而且为什么会发展成一种忽略人与人之间的差异性或将这一差异性放在次要地位的复杂而又笼统的非人格模型，以及怎样和为什么会成为一个能派生出大量烦琐的规定和繁文缛节的程序化的东西。平等和功绩这种高尚的目标强化了上述趋势，这应该令我们警醒。

但是，现在我们所知道的几个重要制度和价值是相互冲突的。文官制度、集体谈判制度和政治制度建立在不同的前提之上，体现着不同的价值，因此，它们是相互冲突的过程。政府、工会和政党都想争取公共雇员的忠诚并为其服务。理顺这些不同的制度、制度的价值和它们对那些服务公众的公民们的不同要求之间的关系，不是能在短期内能够轻易实现的。[112]

注释

[1] Associated Press dispatch, *New Haven Register*, 18 *July* 1969; 5 *U. S Code of Federal Regulations*, 5546, 5547.

[2] 大多数大型私人部门组织也都存在职位分类系统，但它们通常比文官制度中的职位分类系统显得更为灵活。

[3] U. S. Bureau of the Census, *Statistical Abstract of the United States*: 1994 (Washington, D. C.: Government Printing Office, 1994), 318. 因为统计的时间不同，以及统计的对象不同（如是仅仅统计全职雇员，还是包括兼职雇员，或是包括相当于全职的兼职雇员），官方关于雇员的统计资料也不尽一致。

[4] Council of Economic Advisers, *Economic Report of the President*, 1994 (Washington, D. C.: Government Printing Office, 1994), 318-319.

[5] Office of Management and Budget, Special Analyses, 1-13. 政府范围内的变化掩盖了许多重要的细节。根据另一资料显示，在 1977 年到 1987 年间，联邦政府雇员增加了 191 000（7%），但主要集中在邮政管理局（151 000 人，23%）、国防部（76 000 8%）和退伍军人事务部（21 000 人，9%）；而雇员数下降的部门主要是：卫生及公众服务部（减少了 26 400 人，16.8%）和农业部、交通部以及内政部（三者都减少了 11 000 人～22 000 人，即都下降了 14%～18%）。Congressional Budget Office, *Federal Civilian Employment* (Washington, D. C.: Government Printing Office, 1987), 27.

[6] 计算资料、数据来自 U. S. Bureau of the Census, *Government Finances in* 1987—1988 (Washington, D. C.: Government Printing Office, 1990), table 2.

[7] 事实上更少，因为切断工资、退休金和失业救济将会增加支出。关于削减 2%的分析，参见 (congressional Budget Office, *Reducing the Deficit*: *Spending and Revenue Options*: *A Report* ...—Part 11 (Washington, D. C.: Government Printing Office, 1989), 299-301.

[8] Public Law 95-454, approved 13 October 1978, 92 Stat. 1111. 平等就业机会委员会的作用有限。特别委员会办公室负责调查文官的滥用职权行为，它最初附属于功绩制保护委员会，直到 1989 年，国会才使它成为一个独立机构。

[9] 5 *U. S. Code of Federal Regulations*.

[10] Joseph B. Wright, OMB 副局长, in John D. R. Cole, "Joe Wright on Reform 88", *Bureaucrat* 12 (Summer 1983): 7-11.

[11] *Revitalizing Federal Management*: *Managers and Their Overburdened Systems*: A Panel Report (Washington, D. C.: National Academy of Public Administration, November 1983), 37-40. 同时，该专门小组也补充说：项目主管要完成其现有的职责需要接受培训。

[12] *Leadership for America*: *Rebuilding the Public Service*, Report of the National (Volcker) Commission on the Public Service and Task Force Reports (Lexington, Mass.: Lexington Books, 1990), 144; Bernard Rosen, "Crises in the U. S. Civil Service", *Public Administration Review* 46 (May/June 1986): 207-214, at 209.

[13] *Leadership for America*, 40. 也可参见 General Accounting Office, *Managing Human Resources*: *Greater OPM Leadership Needed to Address Critical Challenges* (Washington, D. C., 1989), and, more broadly, The Public Service: *Issues Affecting Its Quality*, *Effectiveness*, *Integrity*, *and Stewardship* (Washington, D. C., 1989); 也可参见 Merit Systems Protection Board, *U. S. Office of Personnel Management and the Merit System*: *A Retrospective Assessment* (Washington, D. C., 1989).

[14] U. S. Bureau of the Census, *Statistical Abstract of the United States*: 1994 348.

[15] 他们中有行政官（大多数是政治任命官）、高级行政官和外交官及所有高级公职人员。这些是下一章的主题。

[16] 在州和地方政府也出现类似的问题。如在纽约市的学校制度中就有这么一条："一个教师只有工作 15 年以上，其工资才能达到最高，才能够通过调到一个行政职位而获得晋升。" Report of the Commission on the Year 2000, 引自 Jane Perlez, "Reviving Education System: A Call for Radical Changes",

New York Times, 1 July 1987.

[17] 虽然国会预算局“发现联邦政府中的级别分布相对私人部门显得头重脚轻”，但是它也发现“根据工资水平的劳动力分布二者几乎是一致的”。Congressional Budget Office, *Reducing Grades of the General Schedule Work Force* (Washington D. C.: Government Printing Office, 1984), 12-13. 要了解有关职位分类制度的广泛评价，包括近年来采用简化的、多职业的方针，参见 Merit Systems Protection Board, *OPM's Classification and Qualification Systems* (Washington, D. C.: Government Printing Office, 1989)。

[18] 机构有时候把工作职位界限定得非常狭窄和专业化，以规避竞争委任标准。这样符合任职条件的人可能不超过 3 个，该机构便能够任命它所偏爱的人。中央人事机构很难判定这些做法是否合法。

[19] 5 *U. S. Code of Federal Regulations* 5104.

[20] General Accounting Office, *Federal Personnel: Observations on the Navy's Personnel Management Demonstration Project* (Washington, D. C.: Government Printing Office, 1988).

[21] *Leadership for America*, 290 (Task Force Report).

[22] Ibid., 95.

[23] 5 *U. S. Code of Federal Regulations* 3304 (a). 这句话和其他许多文字引自 the Pendleton Civil Service Act of 1883。

[24] Office of Personnel Management, *Federal Civilian Workforce Statistics: Employment and Trends as of January* 1989 (Washington, D. C.: Government Printing Office, 1989), 80. 一些“例外机构”(例如邮政管理局和田纳西流域管理局) 拥有它们自己的功绩制，并且也包括在五分之四的数量中。

[25] Merit Systems Protection Board, *Delegation and Decentralization: Personnel Management Simplification Efforts in the Federal Government* (Washington, D. C.: Government Printing Office, 1989), 8.

[26] Lana Stein, "Merit Systems and Political Influence: The Case of Local Government", *Public Administration Review* 47 (May/June 1987): 263-271, at 267.

[27] 5 分的加分适用于曾在战时或军备竞赛时期在军队服役的退伍军人，以及那些在 1955 年至 1976 年这段和平时期服役的退伍军人。10 分的加分适用于那些在战时或和平时期服役因公致残的退伍军人。军人的配偶（寡妇和鳏夫）和母亲也享有优待。5 *U. S. Code of Federal Regulations* 2108, 3309; 5 *U. S. Code of Federal Regulations* 332. 401.

[28] Merit Systems Protection Board, *Delegation and Decentralization*, 9-11.

[29] 5 *U. S. Code of Federal Regulations* 2108, 3309-3316. See also the current edition of Office of Personnel Management, *Veterans' Preference in Federal Employment: Opportunities in the Federal Service* (Washington, D. C.: Government Printing Office).

[30] Office of Personnel Management, *Federal Workforce Statistics as of January* 1989, 72.

[31] Sharon R. Cohany, "Labor Force Status of Vietnam-Era Veterans," *Monthly Labor Review* 110 (February 1987): 11-16, at 15.

[32] 另一备选方案是只允许退伍军人享有一次优待，而不是几次。

[33] 平等就业机会委员会负责受理个别求职者和雇员因联邦机构、州及地方政府的不公正待遇而提出的申诉和抱怨，在必要时还可诉诸法院。

[34] Message of the President, accompanying Reorganization Plan No. 1 of 1978 (23 February 1978), 42 *U. S. Code of Federal Regulations* 2000 (c) (4).

[35] 5 *U. S. Code of Federal Regulations* 7201.

[36] Gregory B. Lewis, "Equal Employment Opportunity and the Early Career in Federal Employ-

ment," *Review of Public Personnel Administration* 6 (Summer 1986)：1-18.

[37] *Civil Service* 2000 (Washington，D. C.：Office of Personnel Administration，1988)，19.

[38] 虽然所有合格的求职者参加同一笔试，但是同一试卷里面有几个不同部分，每一部分测试不同的能力，通过考试的合格者根据其不同能力测试的相对重要性来委以特定的职位。

[39] 在参加1976年考试的人员中，有87%是白人，11%是黑人；在通过考试的人员中，有95%是白人，3%是黑人；白人应试者中有一半通过，有9%获得90分以上；黑人应试者中仅有4%通过，0.6%获得90分以上。U. S. Comptroller General，*Federal Employment Examinations：Do They Achieve Equal Opportunity and Merit Principle Goals*? (Washington，D. C.：Government Printing Office，1979)，11.

也可参见U. S. Merit Systems Protection Board，*A Question of Equity：Women and the Glass Ceiling* (Washington，D. C.：Government Printing Office，1992).

[40] 5 *U. S. Code of Federal Regulations*，sec. 6. 2.

[41] 关于这些以及相关资料和评价，参见Merit Systems Protection Board，*In Search of Merit：Hiring Entry-Level Federal Employees* (Washington，D. C.：Government Printing Office，1987).

[42] OPM对于机构考试活动的监督程度"有过之而无不及"，但是有半数的政府人事专家认为OPM的这种监督效果欠佳。Merit Systems Protection Board，*Delegation and Decentralization*，13，25.

[43] 有关促进招募大学毕业生工作项目的评价及其他的建议，参见*Leadership for America*，148-151 (Task Force Reports).

[44] George Bush，statement issued 5 October 1988；"Remarks of the President to the Career Members of the Senior Executive Service"，26 January 1989. Reprinted in *Bureaucrat* 18 (Spring 1989)：3.

[45] See Merit Systems Protection Board，*Attracting College Graduates to the Federal Government：A View of College Recruiting* (Washington，D. C.：Government Printing Office，1988)；*Leadership for America*，Report，3-4；and Task Force Reports，84-88.

[46] Constance Horner，OPM局长，引述自Judith Havemann，"U. S. Plans New System for Hiring," *Washington Post*，23 June 1988. Ms. Horner宣布了一项新的学生招募计划，但是该计划的实现依赖于其对布什政府中继任者的吸引力。See Office of Personnel Management，"New Program the Fill GS—5 and GS—7 Entry-Level Jobs," 23 June 1988.

[47] Judith Havemann，"Taking the Guesswork and Chance Out of Hiring," *Washington Post National Weekly Edition*，30 April to 6 May 1990；Merit Systems Protection Board，*Attracting and Selecting Quality Applicants for Federal Employment* (Washington，D. C.：Government Printing Office，1990).

[48] See Patricia W. Ingraham，*The Foundation of Merit* (Baltimore：Johns Hopkins University Press，1995).

[49] National Advisory Council on the Public Service，*Ensuring the Highest Quality National Public Service* (Washington，D. C.：National Advisory Council on the Public Service，1993)，20.

[50] Carolyn Ban and Norma Riccucci，"Personnel Systems and Labor Relations：Steps toward a Quiet Revitalization," in *Revitalizing State and Local Public Service：Strengthening Performance，Accountability，and Citizen Confidence*，ed. Frank J. Thompson (San Francisco：Jossey-Bass，1993)，83.

[51] Office of Personnel Management，*Federal Civilian Workforce Statistics：Employment and Trends as of January* 1990 (Washington，D. C.：Government Printing Office，1990)，73.

[52] Congressional Budget Office，*Employee Turnover in the Federal Government* (Washington，D. C.：Government Printing Office，1986). 这种"技术性调整"要考虑联邦机构和私人部门工作人员中蓝领与白领的比率以及其年龄分布等因素。

［53］这种要求政府举证的限定，比起在所有其他申诉案件中要求政府和雇员两者都提出证据，并从中确定谁的证据更充分的方法要来的简便易行。

［54］如果该雇员是女性或是少数族裔，主管人员必须好好地、详尽地解释一番，以免有歧视之嫌。

［55］5 *U. S. Code of Federal Regulations* 351. 201 to 351. 1005. 关于 1986 年 OPM 规则的变化，参见 Merit Systems Protection Board，*Reduction in Force*：*The Evolving Ground Rules*（Washington，D. C.：Government Printing Office，1987).

［56］5 *U. S Cold of Federal Regulations* 536. 01，这些雇员仅能获得其新级别的工资增长的一半，直到该级别工资上升。

［57］General Accounting Office，*Retrenchment and Redirection at the Office of Personnel Management*（Washington，D. C.：Government Printing Office，1983)，11-14.

［58］97 U. S. Statutes 65，sec. 101；100 U. S. Statutes 514.

［59］因为少数 1984 年以前的雇员选择了新系统，大批雇员离职的情况还会慢慢增加。

［60］General Accounting Office，*Federal Employment*：*The Results to Date of the FY* 1994 *Buyouts at Non-Defense Agencies* T-GGD-94-214，22 September 1994，4-5.

［61］关于裁员的经济分析，参见 Congressional Budget Office，*Reducing the Size of the Federal Civilian Work Force*（Washington，D. C.：Government Printing Office，1993).

［62］一项研究发现，打字员和秘书的工资与私人部门相比差距不大，但辞职率较高；而药剂师、会计师和工程师的工资虽然与私人部门相比差距很大，但辞职率却较低。General Accounting Office，*Federal Workforce*：*Pay*，*Recruitment*，*and Retention of Federal Employees*（Washington，D. C.：Government Printing Office，1987)，2-3. 要想更详细地了解自愿离职的职业分析，参见 Congressional Budget Office，*Employee Turnover*，6-8.

［63］关于政府与私人部门的雇员对于这些工作因素的评价的比较，参见 Michael P. Smith and Steven L. Nock，"Social Class and the Quality of Work Life in Public and Private Organizations"，*Journal of Social Issues* 30（1980)：59-75；and Barry Bozeman，*All Organizations Are Public*：*Bridging Public and Private Organizational Theories*（San Francisco：Jossey-Bass，1987)，15-23。功绩制保护委员会全面调查了联邦工作人员对此的评价，*Federal Personnel Policies and Practices*：*Perspectives from the Workplace*（Washington，D. C.：Government Printing Office，1987).

［64］现在的工资代理人指 OMB 和 OPM 局长及劳工部长，参见 U. S. President's Pay Agent，*Comparability of the Federal Statutory Pay System with Private Enterprise Pay Rates*（annual). Processed。

［65］这里和下一段所提到的条款规定收编于 5 *U. S. Code of Federal Regulations* 5301-5308。

［66］少数的例外：大约有 16 万个白领职位（其中有许多是工程技术职业）获得比法定工资水平高的工资，以减少与私人部门普遍性的工资差距所带来的人事问题。Tom Shoop，"Wage Wars，" *Government Executive* 22（June 1990)：40-48，at 41.

［67］General Accounting Office，*Federal Pay*：*Changes to the Methods of Comparing Federal and Private Sector Salaries*（Washington，D. C.：Government Printing Office，1987). 关于劳工统计局对此的修订，也可参见 John D. Morton，"BLS Prepares to Broaden Scope of its White-Collar Pay Survey，" *Monthly Labor Review* 110（March 1987)：3-7.

［68］Congressional Budget Office，*Reducing the Deficit*：*Spending and Revenue Options*（Washington，D. C.：Government Printing Office，1987)，184；Richard E. Schumann，"State and Local Government Pay Increases Outpace Five-Year Rise in Private Industry"，*Monthly Labor Review* 110（February 1987)：18-20. 州和地方政府在 1981—1986 年这五年间的工资增长较快，弥补了 1975—1981 年间的工资差额，因此，"两个部门的相对工资水平到 1986 年恢复到了 1975 年的水平"。

[69] Terry W. Culler, "Most Federal Workers Need Only Be Competent," *Wall Street Journal*, 21 May 1986.

[70] General Accounting Office, *Recruitment and Retention: Inadequate Federal Pay Cited as Primary Problem by Agency Officials*, GGD-90-117, September 1990, 3.

[71] General Accounting Office, *Federal Pay: Comparisons with the Private Sector by job and Locality* (Washington, D.C.: Government Printing Office, 1990), 53-55, 62; and *Managing Human Resources*, 23-25.

[72] *Leadership for America*, 38. About 40 000 Gs employees are already covered by special rates for particular occupations. See also the Commission's Task Force Reports, 231-233, 236.

[73] 首要的一个事例是华盛顿州，Peter T. Kilborn 在他的一篇文章里对此进行了评估："Wage Gap Between Sexes Is Cut in Test, but at a price," *New York Times*, 31 May 1990. 关于明尼苏达和俄勒冈两州，参见 Sara M. Evans and Barbara J. Nelson, *Comparable Worth and the Paradox of Technocratic Reform* (Chicago: University of Chicago Press, 1989)。也可参见 Joan Acker, *Doing Comparable Worth: Gender Class, and Pay Equity* (Philadelphia: Temple University Press, 1989); Steven R. Rhoads, *In comparable Worth: Pay Equity Meets the Market* (New York: Cambridge University Press, 1993); Elaine Sorensen, *Comparable Worth: Is it a Worthy Policy?* (Princeton: Princeton University Press, 1994); and Michael W. MeCann, *Rights at Work: Pay equity Reform and the Politics of Legal Mobilization* (Chicago: University of Chicago Press, 1994).

[74] 有些人获得"特长等级增长"，这种等级的上升比日程表上规定的要快。

[75] 引自 General Accounting Office, *Pay for Performance: Implementation of the performance Management and Recognition System* (Washington, D.C.: Government Printing Office, 1987); and Merit Systems Protection Board, *Performance Management and Recognition System: Linking Pay to Performance* (Washington, D.C.: Government Printing Office, 1987). 1989 年该系统的缺陷仍然存在。General Accounting Office, *Pay for Performance: Interim Report on the Performance Management and Recognition System* (Washington, D.C.: Government Printing Office, 1989).

[76] 5 *U.S. Code of Federal Regulations* 5401-5410.

[77] 如果已经处于职位工资幅度的三分之二以上，表现高等的雇员可以获得增加工资的全额，而那些表现低等的雇员则只能获得一半或三分之一；当然，那些已处在级别工资最高档的雇员就不能享有这种工资增长了。

[78] 5 *U.S. Code of Federal Regulations* 430-435.

[79] 大学生和有才干的人将认识到一个与夸大成绩相类似的压力。

[80] 要完全深入了解这些问题，参见 Richard B. Freeman and Casey Ichniowski, eds., *When Public Sector Workers Organize* (Chicago: University of Chicago Press, 1988).

[81] U.S. Bureau of the Census, *Statistical Abstract*: 1994. table 683.

[82] Sar A. Levitan and Frank Gallo, "Can Employee Associations Negotiate New Growth?" *Monthly Labor Review* 112 (July 1989): 5-14, at 8 and 10.

[83] 这一代表的百分比并不同于工会中的会员数，工会可以像"代表"工会会员一样代表非工会会员（正如我们在下面所解释的那样）。

[84] Leonard Buder, "Walkout Is Hobbling Schools in New York," *New York Times*, 24 February 1977.

[85] 引自 Frank Swoboda, "AFGE's Optimistic Organizer," *Washington Post*, 21 January 1988。

[86] Victor Gotbaum, cited by Martin Tolchin, "Union Bargaining Power and Municipal Financial

Trouble in a Strong Union Town," *New York Times*, 9 June 1975.

[87] Joel M. Douglas, "State Civil Service and Collective Bargaining System," *Public Administration Review* 52 (January/February 1992): 162–171.

[88] 引自 National Academy of Pubic Administration, *Leading People in Change: Empowerment, Commitment, Accountability* (Washington, D. C.: National Academy, 1993), 10.

[89] David T. Stanley, *Managing Local Government under Union Pressure* (Washington, D. C.: Brookings Institution, 1972), Passim.

[90] Ibid, 89–111; Steven M. Goldschmidt and Leland E. Stuart, "The Extent and Impact of Educational Policy Bargaining," *Industrial and Labor Relations Review* 39 (April 1986): 350–360.

[91] 92 U. S. Statutes 1191–1217; 5 *U. S. Code of Federal Regulations* 7101–7135.

[92] 对"适合的单位"的界定转向了是否提议的单位"能保证建立一个清晰明确的单位雇员利益社团，并且能促进处理与相关机构工作的效率和效果"。

[93] Office of Personnel Management, *Union Recognition in the Federal Government* (Washington, D. C.: Government Printing Office, 1987), table A; Judith Havemann, "Federal Labor-Relations Marred by Increasing Strife," *Washington Post*, 31 May 1987.

[94] 关于联邦劳工关系局对于"强制性需要"和"程序"的解释，参见 Sar Levitan and Alexandra Noden, *Working for the Sovereign: Employee Relations in the Federal Government* (Baltimore: Johns Hopkins University Press, 1983), 36–40，和 FLRA 的年度报告。

[95] Executive Order 12564, 15 September 1986. For its implementation, see General Accounting Office, *Drug Testing: Federal Agency Plans for Testing Employees* (Washington, D. C.: Government Printing Office, 1989); and *Drug Testing: Action by Certain Agencies When Employees Test Positive for Illegal Drugs* (Washington, D. C.: Government Printing Office, 1990).

[96] *National Treasury Employees v. Von Raab*, 109 Supreme Court Reporter 1384 (1989).

[97] 这是一个有争议的问题。关于其技术讨论，参见"The Cause of AIDS," *Science* 242 (18 November 1988): 997–998.

[98] Richard L. Berke, "State Department to Begin AIDS Testing", *New York Times*, 29 November 1986.

[99] 这句话出现在众议院为了修改哈奇法案而通过的一系列法案中，关于哈奇法案的修订，我们后面将会讨论。

[100] 5 *U. S. Code of Federal Regulations* 7324–7327. 关于具体的允许活动和禁止活动，参见 5 *U. S. Code of Federal Regulations* 733.111 to 733.122。这一禁令的例外是：(1) 非政党选举，以及与国家或州政治党派无具体关系的问题，如宪法的修改和公民投票；(2) 在华盛顿附近的某些地方社区和其他地方（由 OPM 指定），这些地方联邦雇员占了选民的多数。OPM 严格规定在这些社区对于作为一个独立候选人的候选资格的党派选举活动或是支持，或是反对。

[101] 不受这些限制的人员有：总统，副总统，由总统办公室任命的助理，行政各部的部长和副部长；由总统任命和由参议院批准任命或建议任命的官员；以及其他决定美国政策的人。

[102] *United Public Workers V. Mitebell*, 330 U. S. 75 (1947).

[103] *United States Civil Service Commission V. National Association of Letter Carriers*, *AFL-CIO* 413 U. S. 548 (1947).

[104] 关于什么是"积极参与政治管理及政治运动"，1940 年的修正案作出了充分具体的说明，这一修正案把文官委员会在 1907 年至 1940 年间的文官规则下作出的关于禁止活动的大约 3 000 个决定具体化了。

[105] Richard Berke，"Senate Upholds Veto of Bill on U. S. Workers in Politics，" *New York Times*，22 June 1990.

[106] Kenneth J. Cooper，"Many Hatch Act Curbs on Politics Are Lifted，" *Washington Post*，22 September 1993，A1.

[107] 427 U. S. 347 (1976).

[108] 445 U. S. 507 (1980).

[109] 关于对这两个案例的批评，参见 Kenneth J. Meier，"Ode to Patronage：A Critical Analysis of Two Recent Supreme Court Decisions，" *Public Administration Review* 41 (September/October 1981)：558-563.

[110] Case No. 88-1872 (21 June 1990)；Linda Greenhouse，"Court Widens Curb on Patronage in Jobs for Most Public Workers，" *New York Times*，22 June 1990.

[111] 相反，芝加哥的民主党政府在处理联邦法院的诉讼请求时，签署了一项同意命令，实际上结束了庇护雇佣制度。关于对此的一篇极佳评论，参见 Anne Freedman，"Doing Battle with the Patronage Army：Politics，Courts，and Personnel Administration in Chicago，" *Public Administration Review* 48 (September/October 1988)：847-859.

[112] Ronald N. Johnson and Gary D. Libecap，*The Federal Civil Service System and the Problem of Bureaucracy* (Chicago：University of Chicago Press，1994).

第 8 章

高级公职

国家行政管理的质量在很大程度上依赖于担任接近顶层行政机关职务的各种人员，他们的人数大约为 10 300 人，占联邦雇员总数约 3%。包括在高级行政官员系列中的大约 830 名行政长官（由总统任命，其中大多数人经过参议院的批准）、7 100 名高级行政官员（由部任命，其中十分之一是政治任命官员，其余的则是职业文官）和 1 260 名高级外交官[1]。此外还有约 1 000 人，这些人的行政级别稍低（属一般行政级别 GS—13 级至 GS—15 级）。他们从事的是由行政各部和机构领导指定的非专业性工作，并且参与顶层行政管理。[2]

这个团体并不是由同类人所组成的。它包括行政人员和非行政人员（例如，不承担行政责任的科学家和工程师）、短期政治任命官员和职业文官，以及在各种人事系统中工作的人员。这些类型的官员间的界限现在仍然很不清楚，这使我们难以保证仍像最初那样将这个由不同类别的人所组成的团体看作一个整体。尽管行政人员在数量上超过了非行政人员，但有许多行政人员接受了培训或不断的锻炼，从而本身也成为科学家、工程师及其他专业人员。虽然竞争激烈的最高文官职位数量大大超过了政治职位，一些被任命到那些竞争激烈的职位上的人可能是职业文官，他们在那些职位上是被提升还是原地不动，要受到政治轮换的支配；其他则可能是一些“时进时出”的人，虽然这些人有资格被任命到顶层行政机构中去，可他们并不是职业文官，因为他们在政府部门和其他职业上轮流变换工作。有些政治职位由具备较高的资格，但是对总统所属的党派毫无政治贡献的人担任。确实，有些政治职位由反对党的成员担任，有些由获得提升的职业文官担任，而有些则由“时进时出”的人
180 担任，例如大学教授、工商界人士、工人领袖和少数派代表们。最后，虽然几种特殊人事制度强调要凭借功绩来招募、提升人员，但它们却经常将这两者相混淆。例如，国务院的华盛顿总部有许多职位，它们可在外事系统或正式行政机构系统中来招募职员；同样，国防部也有权选择文官或是身着制服的办事员来就任不同职位。

8.1 精英如何成为精英？

美国高级公职是一个有代表性的和开放的精英群体。精英有三个最显著的方面：(1) 从定义上看，他们位于美国政府顶层行政机关，并且就任的是对政府、社会及全世界影响极大的职位；(2) 他们的工资（108 200 美元～148 400 美元不等），使他们在美国工薪阶层中居于最高等级；(3) 高级职位的招募活动产生了一群比一般人或是所有公职人员受过更高等教育的人。

然而，这个团体的人并非生来就是精英（也就是说，不依靠家庭背景），他们不是紧密联系的，通过正式的组织或非正式的协议来形成共识，在政策问题上采取一致行动以保护自己的地位、工资及福利的一群人。相反，美国公职包括的许多精英由各种各样的基础构成：专业教育和职业专长，归属于单一机构，有特殊的、由国会建立的专业任职。最后，它不是那些只有二十多岁因而晋升机会不会受到外人竞争威胁的野心家密切联系的团体。下面，我们从代表性、精英的多样性、局外人与局内人这几方面来进一步探讨这些特征。

代表性

通过与普通大众的特点进行对比，就可以衡量精英的代表性。完全相符是不可能的，而大体相似也许又令人不悦。没人建议因为穷人占总人数的八分之一，所以他们在行政精英中也应该占八分之一。也没有人认为行政精英应包括相应比例的木匠、汽车销售员或银行家。不过，诸如妇女和黑人之类的重要群体却未被充分代
181 表，这部分是因为自觉和不自觉的歧视，部分则是因为在最初从大学毕业生和职业学校里招募精英人士时，他们就没有得到充分的代表。

检验当前地位较高群体的代表性的一个方法是查看他们父亲的职业。如果父亲从事的是低下而且收入有限的职业，这些人的子女组成当前精英集团并且占较大比例时，国家就将走上民主进程。对美国高级文官来说，明显存在着这种两代人之间的由社会底层升入较高阶层的现象。有三分之一的官员，他们的父亲都正在经受或曾经经过谦卑的生活——要么是熟练的低级非体力劳动者，要么是熟练的、半熟练或不熟练的体力劳动者。正如英国和德国高级公务员们的父亲一样，美国国会成员们的父亲也以几乎同样的模式在这些行业中被分成了几类。美国高级公务员们的父亲中

只有 40%属于高层管理或专业性职位，而法国有 66%，英国、德国有 50%。[3]

大学和研究生教育是一个重要的影响因素。在大多数主要的西方民主国家中，所有高级公务员都具有大学学位。在美国而非其他地方，几乎所有政治任命官员都具备相似的学历资格。[4]在高级公务员当中，超过三分之二的人有高级学位，三分之一则持有医学、法律或者其他的博士学位。[5]美国高级官员是从许多学院和大学中招募而来的，这里既有世界知名大学，又有除其所在州外几乎不为人知的小院校。英、法两国招募人员的基础狭窄，在这方面我们的行政精英与之形成鲜明的对比。20 世纪大多数时期，那些成功入选英国行政精英的人中，有五分之四拥有牛津或剑桥的学位。自 1945 年起，法国国家行政学院有四分之三的新生是巴黎政治研究学院的毕业生（进入这所学院就具有行政人员的地位，毕业后则保证能够进入行政精英行列）。[6]

关于我们的高级公职是否具有充分的代表性，这一问题尚有不少争议。按照社会科学的说法，高级公职主要是一个有成就的精英，而不是承袭功劳的精英。也就是说，获得高级公职的大多数行政精英靠的是他们自身的才能，而不是凭借其父辈的地位。然而，父母的收入与种族会影响接受教育的机会，这又恰恰是取得成就的基础。性别和种族歧视也阻碍了一些具备资格的人在事业上获得进展。不过，这些消极的特征是社会的特征，而不是公职的特色。也许比较之后能得出一个最明显的 182
结论：美国的行政精英比其他主要的民主国家似乎更具有代表性。

精英的多样性

美国的高级官员组成的不是单一的精英团体，而是一个具有多种专门化特征的精英团体。我们可从这几个方面来加以证明：教育的专门化、高级公职里的职业特殊化以及他们在通向顶层仕途中，他们缺乏在各机构之间的流动性。

教育专门化

在美国的高级公务员中，有 42%的人大学专业属于技术和自然科学领域。与外国的情况相比，这一特点就变得更加明显。英国和德国的这一数字分别为 26%和 14%。[7]这些国家招募的是通才而不是专家。1979 年，成功选入英国行政管理阶层的精英中，62%的人已经获得文科（如历史和古典理论）学位。[8]在德国，高层行政人员中有三分之二是律师。[9]

职业特殊化

新招募来的年轻雇员接受过专门的教育（在不同的社会科学及技术和自然科学里），他们起初是在和其专业有联系的低层行政岗位上工作。不过，有人可能会假设他们中的一小部分人升入了公职的最高等级之后，和其专业的联系会变得更不紧密，于是变成了“通才”型的行政官员，他们能将行政管理的技能应用于任何项目领域。这种推测被证明是错误的。

超过三分之一的高级行政官员（它包含了 GS—16 级至 GS—18 级大部分的职位）是由科学家和工程师担任的。他们很专业，比如是生物学家、物理学家、兽医、工程师、医生及数学家。[10]每一种职业依次都有附属的次级专业。大多数处于这些高级别上的专家占据着行政管理或监督职位，不过，因为他们主要是监督属于其专业领域内的工作，所以他们仍是专家，而不是通才。

因此，不能认为美国顶层行政官员是一般行政人员的单一集合，不但因为他们中的大部分人接受过专业教育，而且不论是在政府内还是在政府外，他们的事业都是借助其专业知识才取得成绩的。这种人中的大多数是因为其职业特点而获得晋升；而另外一些，尤其是政府专家，则是因为表现出了行政领导才能的缘故。但是很少人在经济、社会、政治和行政管理方面接受过正式训练，而这些却是作为公共行政人员必然会接触到的问题。职业专门化本身使他们没有意识到，在复杂环境下，要承担高层责任，他们其实还存在着许多不足。

183 正如弗雷德里克·C·莫舍（Frederick C. Mosher）所说的那样，在单个机构中，职业专门化，使得精英团体进一步分裂。[11]一些机构由不同专业的人员构成，这样在专业中就有可能分出不同的等级。在高速公路部门中，工程师是有优势地位的精英；在精神病康复机构里，精神病医生占有优势；而在科研机构中则是科学家占优势。这些机构里从事其他职业的成员（如律师、会计师、经济学家等）必须附和居于主导地位的精英，这容易导致妒忌和紧张。

关于精英中职业专门化的问题，外国的实践和美国的做法形成了鲜明的对比。从传统意义上说，人们希望英国行政管理阶层的成员是行政通才，在其他专业领域也具有天赋，聪明无比，“在部门内部，他能够适应被频繁地由一项工作换到另一项工作上去，能根据所具备的知识和对政府机器积累的经验，抱着一种实用主义的态度来看待任何问题，而不管这些问题属于哪一个学科领域。”[12]他是一名普遍意义上的专家。在法国，综合技术学院和国家行政学院的毕业生都是知识渊博的人，他们被训练成多面手，也就是说，适应所有目的或者说是一名通才行政官员，他们在各部更换着工作。德国公共行政官员通常只在一个部门里工作，不过他们一开始就注意进行多方面的教育，而这正意味着能够培养出通才。

单一机构的职业

如果美国的高级官员担任公职期间曾在不同的机构里工作过，那么教育和职业专门化所带来的狭窄影响便可能会减少。但这也不是一成不变的。被任命为高级行政官员的职业人员中，有90%是来自于做出任命的机构内部。这一制度不鼓励促进水平流动，并且工作事务取决于个人主动去完成。

冲击平衡

所有政府都使用科学家、工程师、经济学家、律师和其他职业的专家。有的政府将这些专业人员安排做通才型行政官员的下级，有的则将他们任命为有权做出决定的行政官员，这正是政府间的差异所在。美国和别国一样，通才和专家之间的冲突一直就未停止过。中庸的主张是行政官员必须了解他们管辖领域的相关知识，这并非因为他们不这样做，就会成为部下抱怨——即要求上级具有较多知识——的牺
184 牲品。这意味着在林业部，林务员应该居于前列，同样，公共健康专家在公共健康部中，经济学家/统计员在人口调查局和劳工统计局中都应如此。

正如最后一个事例所说明的那样，一些机构如果功能上密切相关，那么它们之间的人员流动就是可能而且也许是必要的。鲁弗斯·迈尔斯（Rufus Miles）反对全能的通才概念，他反驳说："在发展和选择顶层专业项目负责人中，管理技术非常重要，但证明你具备项目的基本知识也同样重要。"他建议说，应该把未来负责人发展的流动性限制在相关项目的机构里（例如，那些主要进行规制、处理国家安全和国际事务、经济稳定与发展、自然资源及环境的领域）[13]。然而要注意，他特别强调的是那些顶层具有职业专长的负责人同时也具有相关的行政管理才能。事实经常是，一些机构将有能力的科学家和其他专家提升到管理职位，仅仅是因为这些人的服务对于保留机构更高的薪水级别是必需的。其实，获得晋升的专家需要的不只是行政管理才能。他们需要的是在其任职期间制定合适的行政发展方案，借此来弥补他们在理解宪法、政治体制和公共管理方面存在的教育差距。

局外人与局内人

一个充分发展的精英部门是"封闭的"，这意味着局外人只能进入最低的精英等级。所有成员在二十几岁，或大学刚毕业时只能被招募进最低等级，这几乎没有例外。[14]机构内部具备资格的成员经过竞争，便被提拔到更高层的职位上去。英国、法国和德国的精英行政部门充分坚持这一模式。[15]美国外交官和军官的做法也是这样。撇开上述例外不谈，美国的其他公职的情况就不是这样了。

有关美国公职给人印象最深的特征，除了专门化之外，紧随其后的便是其开放性。任何工作年龄和任何级别的人都有机会进入美国公职。当然，政治任命官员是从高级层次进入行政系列的（高至内阁成员，低至局长）。和外国模式相比，有特色之处在于这一模式也适合管理层之下的专业性和非专业性官员。就在高级行政官员吸纳了 GS—16 级至 GS—18 级大部分官员之前，几乎有三分之一的非专业性官员进入了 GS—13 级或是更高级别，其中包括十分之一的人直接进入了 GS—16 级至 GS—18 级。只有稍多于三分之一的人走的是 GS—5 级至 GS—8 级的正常进入路线——说它正常，是因为近年来大学毕业生就是以这些级别为起点的。[16]1987 年担任高级行政官员（SES）的专家从 GS 的所有级别中进入，从 GS—1 至 GS—18 级（有一半在 GS—9 级之下，一半在其之上），担任 SES 的最低等级一直到最高等级。[17]

我们可以合理地得出结论，即相比较而言，美国的高层公职更少表现出精英统治倾向。它比大多数国家的行政精英都更具有代表性；它在很大程度上分化成了教育类、职业类和专门化机构类几大块；而且它对所有级别的专业的行政人员和政治任命人员都大敞其门。 185

8.2　政治官员和职业官员的混合

每个现代政府的行政机关都有一批居于或接近顶层的政治官员。但是在以下这几个方面，国家之间是有差别的：这一政治队伍的范围有多宽？顶层政治任命官员与顶层公务员的比率怎样？这两类官员中有多少是相互有明确界限，有多少又是相互混合的？

在英国，政党更替带来的结果是，议会中有近120名成员得以进入政府行政部门，并且担任部长、次长和议会秘书这些职务。而当今法国政府只有100名至150名的政治家，其中大多数是部长、国务秘书和一些助理人员。在德国，严格意义上的政治集团力量单薄——包括部长和议会秘书在内只有大约40名成员。

美国行政部有3 000多个政治职位，其中近1 500个属于高层级别。[18]大约有7 000名顶层职业人员竞争这些高层政治任命官员职位。因此，高层政治任命官员和顶层职业人员之比约为1∶5，这一比率和其他西方民主国家的情况形成了鲜明的对比。在每个民主国家都力求确保由民众来对官僚政治实施监控的潮流下，美国却需要如此不成比例的大批政治任命官员，这实在是有些奇怪。一种解释是一些总统，像著名的尼克松、卡特和里根，都是从贬低“官僚政治”、相信自己的辩术的运动中进入政府的。他们的结论是：只有由他们亲自挑选人员来组成各部，才能保证机构执行总统政策优先权责任的落实。[19]

还有一种从更深层次上进行的解释，它适合那些不愿触犯公务员利益的总统。和欧洲的制度相比，美国权力的分离使得总统对行政机构的控制权比欧洲行政官员要少一些。后者有更多的行政自由，而且在议会制度下，由于他们自身的党派或联盟有选择权，他们便有了法律依靠。总统面对的是一个对行政机构的事务积极进行
186 监督与干预的国会，并且其中的一个或两个议院都在反对党的控制之下。同样，如特里·莫（Terry Moe）辩解的那样，公众对总统的行为经常给予过高的期望，总统为使公众满意所能利用的资源却很有限，这两者之间的矛盾促使总统充分利用身边一些现成的工具，也就是将任命的过程政治化及集权于白宫。[20]

随着时间的推移，高层政治职位也日益增多。“从1933年到1965年，……总统任命并经过参议院批准的内阁及非正式顾问团官员的数目从73翻倍增至152。从1965年到现在，……这一数目翻了3倍多，达到573。”[21]

更为重要的是，正如保罗·C·莱特（Paul C. Light）在有关联邦政府高级官员的一份重要研究报告中所指出的那样，随着政治任命官员数量的增加，政府逐渐变得“人员密集”。莱特发现，出现了“更多的领导层次”，而且“每一层次上都拥有更多的领导”。这一结论已成了政府一个重要的转变。

> 20世纪50年代，联邦官僚机构看起来像一个相对扁平的官僚金字塔，只有少数几个高级行政官员，稍多一些的中级管理人员和数目庞大的底层雇员。到20世纪70年代，高级政治和职业管理人员的数量又增加了许多，中层管理人员和专业人员的数量开始出现“膨胀”，而底层雇员的人数却在减少，整个官僚机构的形状看起来有点像马戏团的帐篷。
>
> 到了20世纪80、90年代，整个外形又开始接近于五边形，此时顶层的政治及职业行政官员的数量更多了，许多中间层次及底层的雇员数量也和顶层日益接近。[22]

在调查中莱特发现，联邦政府从顶层到底层有 52 个潜在的政府管理层次（见表 8—1）。一些职位由政治任命官充任；其余的则由职业官员占据。并非所有部都是职位齐全的。例如，只有能源部有一个主要的非正式的副国务卿。即使在最近热衷于精简联邦政府机构的运动中，总统们也不太想减少层级数，尤其是到这些层级上就任的政治任命官员的数量。为了奖励有贡献的竞选助手，或者是那些慷慨的捐助者，就有可能增设一个职位。不过，政府内部层级的增加使得为了一定结果来明确地分配责任变得更加困难，从而削弱了责任意识。

表 8—1 187

政府的层次	
部长	局长
部长办公厅主任	局长办公室主任
办公厅副主任	第一副局长
常务副部长	副局长
常务副部长办公厅主任	襄理副局长
常务副部长助理	助理副局长
副部长	襄理局长
首席副部长帮办	襄理局长帮办
副部长副帮办	助理局长
首席副部长副帮办	助理局长帮办
	副助理局长
副部长副帮办	首席办公室主任
副部长帮办助理	办公室主任
助理副部长	办公室第一副主任
助理部长/督察长/总顾问	办公室副主任
助理部长办公室主任	办公室助理副主任
首席助理部长帮办	襄理办公室主任
助理部长帮办	襄理办公室主任帮办
助理部长副帮办	助理办公室主任
助理部长副帮办助理	助理办公室主任帮办
助理总顾问/助理督察长	首席部门主任
助理总顾问/助理督察长帮办	部门主任
	部门常务副主任
	襄理部门主任
	助理部门主任
	助理部门主任帮办
	下级部门主任
	下级部门常务副主任
	下级部门襄理主任
	下级部门助理主任
	科室负责人

资料来源：保罗·C·莱特：《政府有多厚?》，《美国企业》1994 年 11 月/12 月，第 5 期，60 页。

外交机构

这是一个更小、但具有同样重要性的活动场所。在这里，政治和职业候选人寻求被任命为大使。1981 年，这类任命中有 25%是由政治任命官员而不是职业性的外交官掌握。1987 年这一数字上升到 40%。在任期的前 10 个月，卡特、里根和布
188 什在大使提名中，各挑选了 37%、39%和 57%的专业人员。对于政治候选人来说，位于欧洲的一些重要大使馆的吸引力比较大（位于加勒比海和南太平洋的也是如此），而气候条件差，又比较小的非洲和亚洲的发展中国家的吸引力则要小得多。因此，布什早期提名到 15 个欧洲国家任职的名单中，有 12 个都被这样的候选人获得，而没有被外交官抢走。[23]

正如国内各部的情况一样，这里的一些非职业性的被任命人已经具有很高的荣誉。但是，需要补充人员的大使职位越多，挑选标准就可能越不严格，这时候有许多人仅因竞选贡献、观念爱好与总统的私人交情就轻而易举地得到了奖赏。[24]

8.3 政治执行官

没人怀疑设置政治职位的必要性，并且随之也要求将政治任命官员与专业文官混合起来。存在争议之处是总统或部长是否需要这些与上级有着共同的政策倾向，拥护国会委员会、利益集团和公众的政策选择，在将固定的官僚机构转化为政策的有效服务机构做上级忠实代理人，能赢得上级的信任和愿意做出牺牲的人。牺牲意味着当他们失去了总统或部长的信任，或对抗政策指令，或是因为和有关国会委员会、利益集团进行对抗而使自己处于不利形势之下时，他们愿意接受调离。[25]

这一理论很有说服力，因为它的推论使人确信，民主国家的官僚机构必须加以引导，而且应该由公众选出的官员来控制。详尽阐述的结果是在公众选举的总统、副总统和国会成员之后又增加了政治任命官员这一项。然而，接受这一争论的结果却留下了许多没有解决而且也许根本就无法解决的问题。关于比例问题我们已经介绍了许多：需要多少政治执行官员才足以完成上述争论所陈述的目的？超出这一问题之外的是有关招募人员、资格条件及任职期方面的问题，我们将在下面对此予以阐述。至于如何确保这些行政官员的行为符合道德标准，这将在第 14 章讨论。

让我们来对关于这些问题的讨论做一简单比较。近 25 年中，共有 29 名资历颇
189 深的官员担任过国务卿或国防部长、国家安全顾问或中央情报局局长。他们中“没有人曾有过和苏联官方谈判的经历。没有人在苏联学习过、居住或工作过。没有人会说流利的俄语”。而在 1987 年的苏联，下面所列举的人都会说英语，而且都在华盛顿工作过：国家元首（长期担任外交部长）；中央委员会国际部部长（长期担任驻美大使）和他的副职；首席军备谈判人员；两名外交部副部长和外交部的武装部部长。[26]在联合国的首席苏联代表到 1984 年为止已经工作了 7 年，而他的一些职员已经工作过 15 年或更长时间。从联合国初创到 1984 年，16 名首席美国代表平均只工作过 19 个月，只剩下 3 人继续工作了一个完整 4 年的总统任期。[27]所有这些

看起来都像是一场力量悬殊的较量。

招募人员和资格条件

政治任命官员的数量和他们拥有的众多的级别——从内阁部长到助理国务帮办、局长和地区首长——使得招募有才能的行政官员这一过程大大复杂化。新总统被选出来后，只有大约十个星期的时间组建领导班子，以便在总统就职日取代原来的行政机关人员，此时前面所讲的情况就变得最为明显。在很大程度上，总统必须依赖于竞选班子成员以应付自我推荐的或是由政治和利益集团保护人提议的大量具备资格的候选人。但竞选班子成员很少被给予将重心从竞选转到执政上去的资格。他们没有充分理解具体职位所需的资格条件，而且选出来的候选人通常也不具备这些资格条件。[28]总统就职后这一任务转到了白宫人事办公室，本来需要马上做出决定的事情被拖延下来。布什任职的第一年，有 27%的部和其他需要参议院批准的机构职位到 11 月份还没有提名候选人，这一比例比以前 4 个主要转变时期的比例都要高。[29]

和过去相比，现在只有党派部门对推荐任命官员的要求越来越少。[30]他们的重点放在了从个人和意识形态上委托总统及其目标。这反映出政治党派的势力正在衰弱，而电视对选举总统候选人和总统的影响则越来越大。被提名的候选人都具有一套他们自己的竞选组织，获得提名的人进行最后的竞选主要是靠他的组织，而不是靠国家和州的党派。

招募政治行政官员的进程会遇到许多阻碍，所以当它最终获得成功时，人们可能会觉得有些吃惊。内阁成员的组建是新任总统最为关注的事情，也是做得最成功的事情。被选出来的人中，有许多在自己的事业上赢得了盛名。[31]据一份研究报告
统计，从美国新政到卡特政府期间，几乎三分之二的内阁任命人员属于社会经济界 190
的精英（也就是说，和大公司、主要律师事务所或精英家族有联系）。杜鲁门统治时期，这一比例为 55%，到艾森豪威尔时期，则升至 81%。[32]在里根的第一届任期中，有 4 名内阁成员是拥有数百万家产的富翁（位于顶层的 100 名官员中，超过四分之一的人拥有一百万甚至更多的净资产）。[33]

大多数内阁成员有过在联邦政府工作的经历。[34]他们通常是一些通才，以前曾就任于其他内阁职位、次内阁机构或白宫。他们可能获得了一些权力来监督政府政策制定的辩论、谈判及和解过程。这对于律师来说是行得通的，可对公司行政部和学会来说并不完全适用，而对理论家来说则根本不适用。[35]

内阁级别下数量众多的任命产生了一些问题。正因为数量众多，尚未宣誓就职的总统（后来成为了总统）便很少关注这些任命活动，因此他起初依靠的是他的竞选班子，后来则是白宫人事办公室。一些即将上任的总统最初冲动地想委托内阁成员去挑选他们的下级，但在就职典礼后，这一想法马上就发生了改变。内阁下属官员的任命必须由白宫人事办公室筛选和确定。里根执政期间，甚至 GS—15 级以下（包括 GS—15 级）部的 C 类表中（非专业人员）的任命，包括私人秘书，都必须

经过白宫人事办公室的筛选。[36]

大多数政治执行官员都具有深厚的教育背景，许多人具备了和其肩负的特殊职责有关的专业知识。1964—1984 年期间，超过四分之三的总统任命官员拥有至少一个高等学位。[37]

还有三个不明显的特征。一个是以前在联邦政府的工作经历。以前有些政治任命官员便没有这种经历，他们非常后悔自己不大了解华盛顿的利益集团、国会委员会、白宫成员、金鱼缸似的易被媒体曝光、预算程序和长期保持不变的官僚机构的背景。有少数任命官员对宪法制度、法律的忠实执行情况和公职的伦理准则作出了不正确评价。华盛顿的文化和公司、职业惯例或大学的文化并不相同。不熟悉那种环境的政治任命官员在最初的短期任职期内可能会犯一些错误。然而，“一半以上的总统任命人员就任之前都不在政府内工作，而且几乎有一半人并不在华盛顿工作。超过四分之一的人员以前没有联邦工作经历，在联邦政府工作满五年的人还不到一半。”[38]和英国相比，结果更令人震惊。英国的政治官员是从议会中选拔出来
191 的。新内阁反而主要由“影子内阁”的成员构成，其中每个人都擅长于某一特定部门的事务。通常当其所属党派上台执政时，这些部长就已经在一届以上的政府工作过。

第二个是关于管理或在大型组织中工作的能力。[39]四分之一的总统任命官员来自律师事务所成员、大学教师、研究协会成员、利益集团组织及国会成员的办公室和委员会，但没有几个人能够很好地管理一个拥有 5 000 名雇员的局，更不用说对 13 个拥有 13 000 名至 100 万名雇员的内阁各部中的任何一个进行有效管理了。拥有白宫用人审批权的部长任命了大批非专业性人员，这些人员的管理能力就更差了。[40]从商业部招募来的人可能更具备大规模管理的经验。不过，尽管里根比自艾森豪威尔以来的任何一届总统都任命了更多的商业人员（占所有任命官员中的五分之一），但工作优势却并不显著。

第三个是关于立法上强调的任命官员应该对总统和他的政策负责。虽然执政初期这两种义务经常混合在一起，但两者其实并不相同。随着时间的推移，总统的重点不再是竞选职位，而是慢慢发生了改变，对总统忠心耿耿或是羡慕总统所拥有的权力的任命官员也逐渐适应了这一改变。一些任命官员负责执行竞选运动中所宣布的政策，他们坚决拥护按照议事日程办事，顽固地抵制总统在政策方向上的转变。[41]他们在要做的事情（正如总统觉察到的那样）和能做这些事的人这两者之间的很多层次上担当执行工作的专业行政人员。

任期和人员调整

政治任命官员主要是在他们的岗位上工作。几十年来，几乎没几个总统任命官员的任期超过两年。三分之一的总统任命官的任期只有一年半或更短。[42]1985 年至 1987 年间，321 名顶层官员中有 46%的人离开了政府。[43]由此产生了五个问题和机会。

第一，如此短的任期意味着许多人刚勉强熟悉了工作并适应了华盛顿的环境，却又必须离开其工作岗位了。人们普遍认为，任命官员要想成为政府岗位上经验丰富的执行者，这至少需要一年时间。一些人意识到第二年可能就是他们在位的最后一年，为了使新开始的项目马上能出成果，即使要取得较大公众利益的前提是必须把重点放在更长远的范围内，他们也会更偏向那些只涉及小范围的项目。有些人并没有敏感地意识到自己很快会离任，于是，他们把精力投入到多项任务中去。他们离任后，这些任务留给了继任者。这些接班人在第一年的学习期内可能会听凭这些 192
项目停留在一开始的进度，然后便将之匆忙地放弃或是对之做些彻底的修正。行政官员处于一种停止—前进或前进—停止的过程中，而没有一个持续不变的主题。一名成为商业部助理部长的职业公务员这样描述了他的经历：

> 我不知道我帮助培训了多少名助理部长……新来的家伙总是倾向于让一切重新来过。举个典型例子，一名政治官员想一举成名，于是他指出自己想追求的宏伟目标，再将整个组织的精力都投入到追求这一目标中去。18 个月后他离开了，一个新领导上任，而前一位的目标就此结束。“嗨，伙计们，每个人都朝这边走。”[44]

内阁层次的人员调整也一样要付出代价。据会计总署报告，在劳工部，那时在职的部长“具有大家公认的很强的领导能力，而这正是一个管理有序的组织所需要的。他的管理系统为战略计划和管理建立了一个合理的框架结构。”将近 200 名劳工部经理对这一系统进行了投票表决，其中，“约 92%的人认为尽管存在顶层人员调整，这一系统仍必须保留，而只有 35%的人认为它可以保留下来。”[45]在低于内阁和助理部长的级别中，也同样存在这种现象。在 1987 年的前 10 年里，社会保障局共有 7 名委员或代理委员。短的任期、委员们不同的侧重点和管理方法，导致了方向目标的频繁改变、责任的日益减少和长期操作计划的取消。[46]

第二，虽然总统或部长经常做些有关“团队”的讲话，频繁的人员调整还是削弱了团队工作的基础。在一个部内，因为离任时间常由官员自己选择，所以顶层行政官员经常处于变动之中。更广义地说，因为许多政策和方案牵涉到各部之间的合作，它们的形成和保留便依赖于由关注特定政策领域的行政官员所管辖的各部网络的合作。有关这些方面的问题，正如休·赫克洛（Hugh Heclo）所观察到的那样，需要有“自信和相互信任的关系”[47]。这种叫做人际关系的化学物质只有经历了时间的流逝才得到进一步发展，而新元素的增加或减少都能扰乱已经发展了的分子式。

第三，在上级今天在位明天可能离任的情况下，有关职业文官必须服从上级这一准则也会受到影响。一些高级职业文官为了加快学习进程，耐心地指导了一名又一名政治执行官员。但是其他人，如果掌握着某个局和项目，则会采取一些防备措 193
施来减少因准备不足及执政期的短暂而造成的损失。[48]

第四，较高的人员调整意味着在就职前和刚就职期间，行政机关的职员配备工作做得还很不够。离任通常会产生需要补充人员的空缺职位，这既产生了问题又提供了机会。主要问题是要花几个月，甚至几年来招募、提名和获得参议院对填补空缺职位的继任者的批准。在里根第二次就职典礼前夕，卫生及公众服务部（HHS）还缺少3名助理部长，一名总顾问和两名委员。1985年初期，社会保障局有一名代理委员（做了16个月的代理）和3名代理副委员（两人都做了19个月的代理）。[49]1986年初，需要总统提名和参议院批准的176个内阁各部职位中，有六分之一或空缺或是由只具有"代理"职位资格的人就任。[50]当一个职位空缺或由一名暂时被指定的人担任时，很少会有一个新的开端，他们的理由是新开端应该留给正式任命人员去做。所以，在停止—前进的行政管理中，原来只有红—绿两种交通信号灯，现在又增加了黄灯来满足填补职位空缺中时间较长的暂停需要。

离任也为白宫人事办公室打开了一扇机会之窗。和一开始相比，它能组织得更好，而且它学会了怎样来识别候选人，怎样来判断候选人是否会接受任命要求。最为重要的是，在最初评估和挑选政治行政官员时，竞选班子所犯的错误能够得以纠正。进一步地说，人事办公室将更好地了解哪些政治任命官干得出色，从而批准其调到或提升到要担负更重大责任的职位上去。

第五，在总统任期的最后一年或18个月内，可能会有大量政治任命官员离开，许多人在私人部门找到了报酬颇丰的工作，并通过这种方式，专心致志地把他在政府的工作经验转化成资本。1964年至1984年间，只有19%由总统任命的官员曾经主要供职于商业和法律部，但是在离任的人中，却有多于60%的人在这些部工作。[51]在总统任期的晚期想增添人员是相当困难的。很少具备相应资格的人能够进入公共机构并在那里待上一段时间。里根执政最后一年年初，在所有内阁部中的284个行政级别职位里，超过五分之一的职位或空缺或由代理任命人员就任；住宅与城市发展部里有大约一半的助理部长职位空缺。同样，能源部与国防部也有约三分之一的职位空缺。[52]在这样一个曲折向下发展的时期，政府可能提升下一级的政
194 治执行官（他们走后留下空缺），或者将专业公务员提拔到更高的职位上，留下的是二流的人选或是任凭职位空缺下去。它也会将一小部分任命人员转变到专业性的职位上去。

参议院批准

宪法第二条规定总统

> 提出人选，并在咨询参议院取得其同意后任命大使，……以及任命手续未经本宪法规定而需以法律加以规定的其他一切合众国官员。但国会如认为适当，可根据法律将下级官员的任命权授予总统一人，或授予各级法院或各部部长。[53]

因此，大使和高级官员需要经过参议院的批准。例如，卫生及公众服务部有17

个职位，而这些职位的任命人员需由参议院批准。[54]根据授予的管辖权，总统的提名必须提交给各种参议院委员会。正如一些委员会已做的那样，每一个委员会可能都要求被提名人填写表格，提交已提供给机构和白宫的资料的副本，而非含糊地区别于提交给行政机关的表格。如果它不积极地为挑选顶层官员做点贡献，那它就会成为批准程序中一个不必要的累赘。然而，委员会十分珍惜它的自主权，因此改革就变得困难了。

当然，更大的麻烦在于参议院的传统，即允许委员会成员"控制"提名的理由，同时任何一名参议员都有权阻止参议院考虑委员会的批准建议。这一惯例解释了顶层行政职位长期空缺的原因。20 世纪 80 年代，参议院外交事务委员会的一名高级共和党议员利用职权勒索国务院和白宫人事办公室。他"控制"了许多大使和其他职位提名权，只有当与他有着共同意识形态或者是值得他庇护的人谋求大使或国务院的职位时，他才会将提名权放手。一份研究报告指出："在最近大多数例子中"，"议员个人利用控制权来进行勒索……以迫使被提者本人或政府提供一些信息或是做出让步。"[55]它建议将这一传统改为参议员进行提名至多只能延迟 5 个工作日。

经由总统提名和参议院批准就任的职位共有 300 个，占政治任命职位的十分之一，占 GS—16 级和更高级别职位的五分之一。[56]在由总统独自或各部和机构领导做出的政治任命中，大多数不会公开受到参议院的质疑（虽然他们也有利益冲突和别的幕后程序）。对这种任命的质量我们知道的很少，因为最近的研究集中在总统的任命需要参议院的同意上。如果高级职业人员的观点正确，那么在卡特和里根执政期间，大集团里被任命人员的质量是降低了。 195

当然，这并不是简单地因为参议院的审查工作做得不够。更确切地说，是因为总统对这些任命几乎不感兴趣，白宫人事办公室感到数量众多的职位和候选人对资格的彻底检查是个妨碍，而对于那些庇护与竞选机构、政治赞同或利益集团关系的不那么突出的人来说，较次要的职位就成了他们自然而然的安身之处。当然，也不应该把这诠释成一幅暗淡的画面。一些去下级职位工作的被任命人员确实很合格。问题是在重要的岗位上，只要有一个人被安排得不恰当，就会对由他负责的局或项目造成极大的破坏。

多少算多？

正如我们所看到的，政治任命官员达到了 3 000 之多。几十年来行政机关的总雇佣人数几乎毫无增长，但这一数字却在稳定的增长。基本原理没有改变。有争议说总统需要政治任命官员来保证终身制的文官忠实地服从于首席行政官，并且不管他的政策重点和其前任有多么不同，文官们也能适应。假定这是正确的，那就还有两个问题尚待解决：（1）需要多少政治任命官员来实现这个目的？（2）此类政治任命官员的数量增长到什么程度就会阻碍这一目的的实现？这些问题并不存在明确的答案。但政治任命官员自己提出了一些公式，从而使我们更加清楚问题的解决办法。

尼克松总统的顶层政治招募人员写道：

> 要解决政府内的僵化和抵制变化的问题，办法就是不增加顶层任命职位的数量，正如这么多政治家不愿意做的那样……职业性和非职业性任命的数量之间的最佳平衡……应该从有利于更少而不是更多的政治任命官员而定。在许多
> 196 情况下，如果助理部长以下直线领导职位留给职业性官员的话，机构的效益将被提高。并且，政治任命官员大概将减少 25%。[57]

拥有了 15 名前任顶层政治任命官员的沃尔克委员会（the Volcker Commission）在 1989 年建议说："近年来在总统任命官员数量上的增长，无论是那些经过参议院批准，非职业高级行政官员，还是私人的机要助理，都应被削减……委员会相信大量的裁员是可能的，从现今的 3 000 人减到不超过 2 000 人，这是一个合理的目标。"关于我们的第二个问题，委员会观察到"数量过度的政治任命官员任期相对偏短，这会削弱总统的统治能力，并使得行政管理得不到所需要的公正的建议和制度性评价。仅政治调整的范围几乎导致管理裂缝和不连贯性，而优秀的职业文官在次内阁级别上如果没有获得具有挑战性的机会的话，他们就会离开政府。"[58]

我们的问题答案已经很明显了，但要把它转到现实中去却仍然困难重重。国会需要采取行动重新控制那些具有专业地位的职位，这些职位现在由总统经参议院同意或按他自己的意愿而任命。然而，大多数人都强烈要求将这些职位保留下来，作为总统行政管理的一种主要手段。非政治化的主要目标是现在由政治任命官员掌握的高级行政官（SES）职位——副助理部长们及部和机构的执行单位的头头们（例如，据统计，在卫生及公众服务部（HHS）中有高层政治职位 54 个，占 78%）——和 C 类表中 GS—13 级至 GS—15 级的特别助理们（在 HHS 中为 85）。部长和人事管理办公室（OPM）决定了高级行政职务中的职业人员和非职业人员的分配及任务。OPM 决定哪些职位因为属于"机密性而且要制定政策"而被列入 C 类表中。一个人有权力执行并不能说明他何时有执行的意愿。不能期望利益集团、国会成员以及其他的政治活动家通过把同盟者安排到高级公职上去，从而会减轻自身的压力。

8.4 高级行政官

设立高级行政官（SES）是 1978 年文官改革法最有意义的成就。它吸纳了先前 GS—16 级至 GS—18 级的职业和非职业职位，以及行政薪水级别表中 GS—4 级和 GS—5 级的职位。这两个级别的职位可以不经参议院批准，直接由总统来任命。
197 SES"分配的职位"（那些授权给机构的）达到了 8 000 个之多，但实际就任的职位只有大约 7 000 个。因此，担任 SES 的人员是级别在顶层政治行政官员之下，具有决定性作用的群体，他们能够修改政策建议，管理各部和机构。

一个主要目标是赋予机构领导在分配机构骨干的职位和任务方面更大的灵活性。在旧的制度下，一名 GS—16 级至 GS—18 级职业官员的地位（任期、级别和薪水）是他所占据的职位的象征，而不是占有职位的人的象征。因此，机构只能通过晋升、降级或转换到同一级别且和任职者的资格相匹配的职位的方式来调整在职者（除了职位取消、被解雇或被迫辞职外）。要为具备任职资格的局长或其他高级官员找个职位，通常有一定难度，更不用说是找空缺或可能空缺的职位了。用对人划分等级的 SES 制度取代老式的按职位划分等级的制度，将改变这种局面。

机构领导及其直接下属寻求顶层职位的灵活性的原因是多方面的，其中有一些是真正“为了部门的利益”，而另一些则并非如此。关于专业教育、职业和提升阶梯的问题，我们已经说了许多，这是为了揭示一些提升到重要岗位上的专业人员最后将变得视野狭窄，对革新冷漠、缺乏领导大量职员的才华，对政治上的差异不敏感，与位于他们之上的国会政治家们不能有效地进行沟通。这一观点较容易被人们误解。有时政治执行官声称他们想“剪掉枯枝”，这对于将枯死的枝条和可能恢复元气的枝条区分开来的树木修剪工作已足够了。只是有时不这样做而已。那些确实是“枯枝”的从业人员适合于自愿退休、辞职、调离部门或降低到 GS—15 级。应该将剪枯枝这种情况与把方桩放到圆洞中去这种情况区别开来。方桩是因有棱有角而显得不合适。在方桩的例子中，正确的做法是，找到一个方桩可以移过去而且很适合它的方洞：把不适合和国会成员打交道的人安置到不需要和国会接触的职位上，把缺乏领导能力的智者转化为政策、项目的顾问，而他们的地位或作用都不会有什么损失。为了促使官员和任务之间更加配合，新制度强调了机构领导对于重要人物的任务的处理权。

结构

SES 包括职业官员和政治任命官员。两个限额控制着他们的数量。第一，非职 *198*
业官员的人数不能超过政府宽幅基础上所分配职位的 10%，在任何一个机构中不能超过 25%。[59] 到 1986 年为止，里根政府把非职业任命官员的数量增加了 13%，而把职业任命官员的数量减少了 5%，即使这样，也还是遵守了这一条规定。12 个部和机构超过了政府宽幅的 10%，但没有超出适用于单个机构的 25%这一比例（教育部和住房及城市发展部各有 24%的非职业性官员，这一比例已接近最高限额）。[60] 当然，它们的超出值被一些低于 10%的比例（例如，比例只有 3.2%的财政部）平衡，目的就是为了符合政府宽幅的限定。需要注意的是，虽然从整体上来说，25%的限额对各部或主要机构都是适用的，但具体单位却可能会超过这一数字（例如，商业部的国际贸易局的 SES 中有 55%是非职业任命人员）。[61]

第二个限额为职业官员保留了一个高级行政职务，“如果由职业任命人员来就任职位能够保证政府的公平性或公众对公平性的信心的话。”[62] 一些机构和人事管理局（OPM）采取行动将约一半的 SES 职位实行“职业保留”。剩下那一半被称为“一般性”的职位则可以由职业官员或者非职业官员就任。不同机构的做法不尽相同，一些机构可能把某职位留给职业官员，而其他机构却不会。更常见的是，做到公平的职业太少，一些职位只是表面上留给了职业官员，这在有关财政和人事管理、审计和调查方面尤其如此。[63]

正式的限额与高级行政官员在六个级别里的分布情况之间只有很微弱的关系。大多数职业人员（70%）占据着中等职位（第三等级和第四等级）。他们当中只有19%的人在两个最高等级里，但却有39%的非职业官员在此任职。[64]由于进入顶层的途径有限，这惹恼了职业官员。因为当工资差异不显著时，被排斥在较高等级之外通常意味着不能享有制定和指导方案的权力。

SES的一个显著特征是在单个机构发挥主导作用，这与人们对SES是在政府范围内拥有自己团队精神的统一体的表面印象相矛盾。在一定程度上看这是预料中的事，但一个主要的影响因素是在第一次里根执政期间，人事管理局（OPM）对高级行政官职责不闻不问；它甚至取消了行政人事处（在第二次里根执政时期恢复）。一个著名的工作小组简洁地揭示了这一点："为了SES的发展，OPM把职责留给了各部和机构，授予他们权力来控制人员招募和发展、培训、绩效评估、调
199 动、晋升、薪金和降级……分散的程度和高级别、紧密结合的高级公职之间根本不能协调。"[65]每个机构自己决定它的哪些职位应被包括在SES之内，它受到OPM的影响甚微。早期有许多"一般的"职位，这些职位由非职业的任职者充当政治行政官员的助手，并且不承担行政责任。后来更麻烦的是，非职业官员被安排在一些直线结构的职位，负责以前由有经验的职业官员领导的行政方案。

操作

进入

每一个机构都为它的SES职位建立了资格标准。这之后，只要证明个人符合这一职位的资格标准，就可以自由地选择每一位非职业任职人员了。

进入SES的职业官员的任命则不同。每一个机构招募人员的方案都力求吸纳文官系统内外所有具备资格的人。机构委员会审查每位候选人的资格，观察其道德准则，再向任命权力机关做出推荐。OPM自身的资格评审委员会决定机构的候选人是否具备行政资格（而不是有无技术资格）。实际上，机构是招募及挑选职业性和非职业性高级行政官员的关键因素。

再安排绩效评估和撤换

把顶层职业官员从其不能很好发挥作用的职位调到他们可以干得更好或其在重要项目管理过程中不再是薄弱环节的职位上，这其中的困难过去一直使政治任命机构中的行政官员头痛。高级行政官制改变了这一状况，因为高级行政官员无权要求特殊安排。一名非职业官员经过再安排，可以到机构内他能胜任的任何一个职位上去。职业任命官员也同样如此，只是他们要具备重要的任职资格。一些新的政治行政官员容易把大多数职业官员视为敌人，或者至少看作是墨守成规的官僚。所以，他们迫切希望用政治上可靠而且本身值得结交的人来取代关键的职业官员。因此，

对于 SES 职业官员在新的部领导被任命之后，或是职业官员的直接上级（拥有重新安排职业官员权力的非职业官员）被任命之后的非自愿的辞职问题，国会规定了一个 4 个月的等待期。要花时间来了解新的政治任命官员是否具备处理当前工作安排的职业能力，而在此之后，选择性的重新安排将假定会变得更具歧视性。 200

SES 中最成问题的方面是评估行政官员绩效的制度，特别是因为评估能对单个行政官员产生一系列严重的后果，包括一方面给人发放奖金（下面将讨论到）和另一方面却把他调离高级行政的职位。每一个机构都要求建立一个或更多的符合 OPM 标准的绩效评估制度，这为每个高级行政官员与别人进行磋商提供了绩效标准。绩效评审委员会对每个人的绩效进行评估，不过，评审委员会只起建议作用。[66]

最新的特点是对每一位行政官员进行评定同时依靠个人绩效和组织绩效两方面。后者包括这些因素，像组织的"效率、生产、工作或服务的质量的提高；成本效率；完成工作的时限；效率、生产力、高级行政官员手下雇员绩效质量的其他指标；以及具有肯定行动目标和实现平等就业机会。"[67]这些确实是令人羡慕的目标。但我们仍旧要回答的问题是新的机构管理系统是否能达到最初的目的，这个系统不但要对组织和下属的绩效负行政责任，也要对他自己负责。早期的经验并不可靠，被评价的是个人而不是组织的绩效，这部分是因为在实现组织目标中"很难确认个人的贡献"。大多数职业官员制定了绩效方案，但是大多数非职业官员却没有这样做。而且"超过一半的行政官员相信他们机构的绩效评估制度：（1）对工作基本上不产生影响；（2）并没有增进上下级间的联系；（3）与它所花的费用相比并不值得"[68]。

如果不把个人的绩效评估和高额的奖励或惩罚联系在一起，那么评估就不能真正发挥作用。评估分为优秀（fully successful）（被一些机构进一步划分为三类），基本满意和不满意这三个等级。如果一名行政官员在连续三年内有两次都被评为"不够优秀"，那么他就必须调离 SES 职位。职业行政官员在任何时候得到这种评语，都可能被撤换。最基本的规定保证这一评语的有效性。它规定机构"在任何时候因为工作被认为不很成功"，就允许它终止其职业官员担任高级行政官的资格。（1）职业官员即使希望推翻机构的决定，也无权诉诸功绩制保护委员会这个独立机构。他有权要求委员会官员举行非正式听证会，但委员会直到听证会举行时不能压制机构也不能耽误免职行动。[69]（2）从更好的一方面看，基于绩效评估而被调离 201
了 SES 职位的职业官员，有权利被安置到任何机构常设的行政职位上去，这些职位为 GS—15 级或是更高级，而他们获得的基本工资却丝毫不会比担任高级行政官员时减少。如果达到了一定的工龄和年龄，职业官员可以选择退休领取年金。[70]这条 GS 职位的"退路"对职业官员来说是重要的，他们不理解为什么这种制度在"基本满意"和"优秀"之间没有设立一个评估等级，他们觉得自己受到了机构评估的伤害，因为虽然他们很成功了，但仍然"不够优秀"，而机构却选择将他们开除出 SES 职位。

每位 SES 职业官员每三年都需要重新证明他是否"这三年的总体绩效水平已经

达到了……该职位……的书面绩效要求……并且被证明属于优秀这一个等级”。在由主管人和考绩委员会作出报告之后，由机构领导作最后的决定，重新证明失败则意味着将从 SES 职位上被撤换。[71]

奖金

高级行政官员的基本工资范围是 92 900 美元至 115 700 美元。我们现在讨论这个范围，在下一个主要部分则讨论总统任命官员的工资范围。大幅度地提高基本工资在政治上存在着一定的难度，这是为什么要为 SES 职业官员引入奖金的第一个解释。第二个解释是每个人都希望被认为是优秀者并能够得到金钱上的奖励，这将激励 SES 职业官员怀着很高的荣誉感进行工作。而且，对有能力的顶层职业官员来说，从一开始对此类奖金的期待就是一个主要的刺激因素，它解释了为什么这些人愿意离开在 GS 中排在 GS—16 级至 GS—18 级的职位，而进入了新的 SES 中，并不顾 SES 在重新安排工作、调离和其他由政治主管掌管的不稳定因素上存在的风险。

1978 年的文官制度改革法授予对 SES 职业官员进行两种奖励。绩效奖金由每个机构每年授予多至 50％的职业 SES 成员，数额达到一名高级行政官员工资的 20％。挑选获奖者由前面描述的绩效评估来决定。向职业官员颁发的总统特别奖由机构提名，OPM 推荐。每年，总统授予 5％的 SES 为“因持续的成就而有功的行政官员”，每位获奖者可得到 1 万美元的巨额奖金，授予 1％的 SES 为“因持续的非凡成就而显得特别杰出的行政官员”，每位获奖者能得到 2 万美元的巨额奖金。

202 绩效奖励办法很快就陷入了困境。国会将合格的高级行政官员数量从起初的 50％减到了 25％，而 OPM 再将之减至 20％，国会将这一数字写进了 1982 年和 1983 年的拨款法案。这激起了高级行政官员的公愤，很多人控告其“违反了合同”，因为他们之所以愿意进入 SES 职位，部分是因为他们希望奖励面广泛的奖金能补充一下他们的基本工资。自 1984 年起，国会不再限制奖金数额的百分比，但是在任何年度中，所有机构都不能使资金总额超过 SES 职业官员上一年基本工资总额的 3％。[72]

虽然数量问题已经部分得到了解决，但有关功绩奖金和总统特别奖的分配问题却仍有一些需要关注的地方。在 1985 财政年度里，绩效奖金（例如，偏袒现象）和总统奖金分配不公排在职业官员离开 SES 职位十个最重要的原因之列，分别位于第三和第六。不过，在离开的人中，仍有约一半的人认为，在他们做出离开的决定里，不公正有一些影响，或者根本不重要。[73]

1987 年，超过 60％的高级行政官员对奖金的分配和获得表示“不满意或非常不满意”[74]。在国税局里，这种不满意更为明显：“行政官员赞成奖金支付系统的说法，但对于目前高级行政官员奖金制度的执行却有着很深的忧虑……78％的人认为 SES 的奖金制度并没有有效地刺激他们去完成工作目标……69％的人认为 SES 的制度执行得不公正……76％的人认为他们的绩效和获得 SES 奖金的可能性之间并没有直接联系。”[75]

对机构的绩效奖励不满意的一个原因是它们被不成比例地授予了顶层 SES 的职

业官员，他们分享了大约两倍于所有SES职位所分享的数目。这显得好像不看重工作质量，而是更看重职级和“任何下属都不应该比上级获得更多奖金的判断”[76]。一个不同而且众说纷纭的抱怨是绩效奖励面太广，在1983年到1986年间（而且仅到1986年4月左右），奖励就已经遍及了三分之二的职业行政官员，并且导致了两个结果：（1）自1984年起，奖金的平均数额少于6 000美元，到1986年仅为中层SES官员基本工资的84%，这一金额小得不能有效地激励人们取得出色的绩效；（2）一年里绩效最优秀者可能会是今后几年中绩效最优秀者，但他们却得不到期待的应得到的多次奖励的数额（在所有获奖者当中，四五次获奖的人不到10%，45%都是第一次获奖者）。[77]

总统特别奖奖金较高，它可以在任一年度里授予400名左右杰出的SES职业官 203
员。实际上，它们在高至183人低至70人的范围内浮动。[78]从1980年到1987年，只有大约2%的人获得了这种奖励，而没有达到允许的6%的比例。[79]这就提出了同样的问题，就是这种奖励制度是否能够充分达到激励的目的。

行政人员的发展

大型组织将大量的精力和资源投入到了发展行政人员的能力上去。政府的情况如同大的公司，它集中于两类雇员：那些位于行政官员级别之下但有晋升前途的人，和位于顶层级别而且能从其行政才能的不断加强、提高中获利的人。后者行政能力的提高特别重要，尤其当许多SES成员是科学家、工程师和其他方面的专家时，他们在宪法制度方面的基础较薄弱，对于行政角色又准备得不够，而这要求他们不仅要管理内部单位，还要能应付中央预算和人事机构、机构间的委员会、白宫、国会和利益集团等方方面面的关系。

对这些雇员实行培训有多种形式——在机构内由辅导老师进行一对一的指导，在机构内或在附近的大学里开设业余培训课程，在政府的教育机构中开设长达一星期或几星期的课程，休假期前往大学进行专职学习，与商业公司之间实行互派等等。

虽然这种为文官准备的培训机会经由立法授权，但联邦政府没有对此进行充分资助。政府总共只花了所发放工资总额的8%用于培训（只有5%用于管理和行政培训）。这和属于财富500强的公司所花的3.3%（有许多是10%）和军队所花的15%～20%形成鲜明的对照。[80]在政府的军事部门中，一名军官的一生有20%的时间花在了正式的训练上。与之形成鲜明对比的是，一名文官进行正式训练平均所花费的时间还不到5%。[81]

一些接受培训的人注定要失望的。SES职业官员候选人通过竞选后，要参与所在机构一到三年的行政发展项目，成功者将被确认具备了进入SES的资格。不过，实际上，持有这种认证的候选人仅获得了进入SES13%的任命机会。有一半多的候选人不能获得任命，他们中的大多数人仍然留在原来的岗位上。[82]

政府开办了三个行政研讨中心（在纽约、田纳西和科罗拉多），为SES级别下
的雇员提供两星期的培训课程。培训机构的旗舰是地处弗吉尼亚州的夏洛特斯维尔 204
的联邦行政学院（FEI），它培训最高级的管理人员。联邦行政学院建于1968年，

在第二个十年的多数时间里，它受到了冷落和政治干扰。直到 1987 年新的 OPM 领导上台，以及在约有 2 000 名毕业生的校友会的支持之下，它才得以恢复元气。[83]

所有需要雇员脱产参加培训的活动都会遇到两个障碍：(1) 机构选择接受这种训练的人（一些机构选择的是比较容易从工作中脱身的人），要么将近退休，要么令其误以为机构有提升他们的意向而得到安慰；(2) 参加培训的人选可能会担心一旦他们参加培训，当有晋升机会时，他们会被遗忘。第二个障碍尤其存在于那些休假 11 个月之久而去大学和其他组织接受培训的人中间。在脱产项目付诸实施的第一个 6 年里，只有 22 名 SES 官员接受了这种休假进修方式。[84]

前景

高级行政官制一开始就遇到了麻烦，而且一直处于困境之中。不过，没有批评家提议要将它放弃而回到旧制度中去。早期所遇到最为严重的困难是将可用的奖金数额削减掉一半多。在 20 世纪 80 年代的大部分时间里，减少国内项目和职员、增加军事项目及职员的行政政策，挫伤了管理制定那些国内项目的高层职业官员的士气。他们和别的 SES 职业官员也发现，将他们排除在制定政策活动之外很不合理，令人意志消沉。因为在别的时期，他们曾经为政策的制定贡献出了自己的学识、技能和经验。卡特和里根竞选总统时，进行了大范围的“攻击官僚”运动，这进一步挫伤了士气。

OPM 与培训新的高级行政官员之间保持着距离，不过，OPM 上层任命活动的政治化，以及它将职责大量分散给机构内非职业的领导人员，导致人们普遍怀疑高级行政官员被政治操纵了。但所有客观的调查都得出结论说，这种操纵几乎没有发生过。这无论是从努力将非职业官员的任命限制在 10%左右，或是因政治原因惩罚性地对职业官员进行再安排，还是将非职业任职者转变到职业岗位上来说都是如此。[85]

的确，尼克松时期高级职业官员中只有 17%的人投票支持共和党，而里根时期
205 有 45%的顶层 SES 的职业官员和 28%的低层 SES 职业官员这么做。但是，这在很大程度上只反映了独立投票者的变化，因为民主党的百分比仍保留在 40 年代中期的水平。[86]这一现象不是能够轻易解释的。如果里根执政时期有可能用顶层职位来奖励共和党的职业官员的话，那么职业官员们如同全国所有其他人一样，也可能会放弃政治中立者的身份，变得更为两极分化，一些人还会加入到朝“新保守主义”发展的潮流中去。尼克松时期，有 6%的无党派顶层职业官员和 11%的民主党顶层官员对政府在经济中的作用持居右或偏右的观点，而在里根时期，无党派和民主党顶层职业官员的这一比例为 63%和 31%。[87]

1985 年离开 SES 的职业官员因诸多原因而做出了这一决定。当然，在个人和机构中间，他们的相对重要性是不相同的。从总体上看，在要求他们回答的 55 个原因当中，最重要的两个是对顶层管理和他们机构的政治任命官员不满意。（1983 年至 1988 年间离开的职业官员说的也大体如此。）[88]里根在执政的第五年才醒悟到

要重视这一点，但对于职业官员来说已显得太迟了，以至于无法回应他们对执政早期那些未经考验的新政治任命官员频繁流动的最初的感情。不满意的程度之深可以从一个令人担忧的事实中得到体现，虽然许多即将离任的职业官员说他们喜欢自己的职位，但几乎三分之二的人说他们建议即将参加工作的人去私人部门而不要进公共部门工作。[89]

1987年在任的SES官员们最不满意（90%）的是大众传媒、政治家和公众对联邦工作人员的理解。60%～80%的人对工资、津贴和奖金不满意。约75%的人认为下列方面最令他们满意：他们的同事、合自己的工作意愿、能力或兴趣相匹配的工作；他们的上级和下属成员。约三分之二的人建议或强烈建议即将踏上工作岗位的人选择去私有部门工作。只有13%的人建议去公共部门工作。[90]

在已被推荐的正式改革中，几乎没有几个保证去消除这种不满意状况的根源。一些改革将SES限制在职业官员中间，其他则通过将其换成另一种制度而将它限制在行政官员中间。在那种制度下，作为专家的科学家、工程师和相关技术人员（在SES成员中占40%）不具备在不同职位和机构之间随意流动的能力，而这一点却正是行政通才必须具备的本领。[91]这也为科学和技术政策办公室和国立卫生研究所所提倡，他们希望新制度允许实行比SES更多的工资来吸引有才能的科学家和工程师。不过这种分离会削弱SES的政治支持。[92]

结构改变所能解决的问题远远赶不上问题来得快。如果我们同意依职业官员们 206
的看法的表面意思出发，那我们就会转个大圈，再回到了这个问题上：即如何招募具有行政管理才能和职位所需的其他资格条件的政治任命官员，以及当他们熟悉了工作并取得了良好的成绩时，如何来留住他们。

有12个州政府介绍了自己的行政人事制度，并从多方面对SES进行比较。但是经过仔细评议，他们得出的结论是他们既没有增加政府内职业的吸引力，也未在提高行政部门的机动性或其行政发展上得出重要结果。[93]

8.5 工　资

为了吸引高级行政人员和专业人才，政府和私有部门展开了竞争。和我们大多数人一样，这些高级行政人员和专业人才必然会考虑他们接受了政治上或职业的任命之后，他们的收入情况会受到怎样的影响。但也和我们大多数人一样，由于工资只是总收入的一部分，他们评价一个就业机会的好坏时，也会考虑到隐性收入和其他一些不利因素，就像后来他们对其任职进行评价，以决定是继续留在这个组织内还是选择离开一样。

我们需要理解这一点，因为政府的工资水平对高级公职人员的服务质量的影响并不容易衡量。我们有足够的资料来比较政府和私人部门的最高工资水平。我们知道高级公职的职位总是人满为患。但是却不清楚有多少能人拒绝了总统的任命（据小道消息，有时一个重要的职位就有一打的人），或者有多少能人拒绝了机构内通向 SES 职业性和非职业性的任命。我们知道，政治任命官员平均干两年便离任将成为过去。在最近几年中，SES 的成员以惊人的数量辞职或选择自愿退休。虽然很多离职后确实获得了更高的收入，但这些离职似乎并不是由于对工资不满意而产生的。

一个高级行政官员的例子说明了将工资问题从其他导致离任的因素中分离出来的困难性。在 1989 年中期之前的 55 年中，只有 3 个人担任过证券交易委员会执行部的主席。有位专员称，因为它具有开展和终结调查的巨大权力，因此这是整个国
207 家执行证券法最重要的岗位。第三位任职者叫加里・C・林奇（Gary C. Lynch）。他几乎一直都在这个委员会里担任法定职务。1989 年他只有 38 岁，他的职位在 SES 中居于最高，薪金为 80 700 美元（只约等于一名刚毕业的法学院学生在纽约一流的律师事务所的收入），他辞职去了私人部门，那里的工资收入是他在政府任职时的三倍。他部门内的很多人都怀疑，在果断的决策和个人能力方面，是否还有人能与林奇相提并论。[94]不过我们并不知道他的离任是由于工资太低，是他认为当他将来的工作不能取得比现在更大的成绩时离开才是最明智的做法，还是由于他不确定新总统（布什）将会任命谁做主席及哪一方会成为委员会的多数派。

工资方面有两个主要问题，一个是高级公职与私人部门上层人员的工资之间的比较问题，另一个则是行政人员的工资和议员的工资之间的关系问题。

与私人部门的比较

在私人部门，成功的公司行政人员、律师、医生、科学家和工程师得到的经济报酬比一个人人平等的社会所容许文官的报酬要高出许多。矛盾的是在公共部门，顶层官员有着私人部门不能与之相比的隐性收入，还有不少增加公众利益以及参与制定、执行国家的内政、外交政策的机会。

那些从私人部门到公共部门，而后又回到私人部门工作的人在自述中大量提到他们在公共部门获得的丰富的工作经验，和他们一起工作的高素质职业官员及当他们回到狭窄的私人职业时的那种失落感。1964 年至 1984 年间，五分之四的总统任命官员都认为："他们在政府的工作是极有价值和充实的经历。"他们中有四分之三的人说工作中最令人满意的两件事情是应付挑战与困难和实现重要的公共目标。里根时期，一位前农业部副部长说："……当我离开政府后，我的工作量是从前的一半，而收入却是从前的两倍。"他又补充说："在各种情况下，我发现职业人员绝对是非常优秀的，他们的经历绝对是无价之宝……他们总希望事情得到正确的解决……，所有人都没有党派偏见。"[95] 1964 年至 1984 年间，任命官员们认为有 77%～92%的职业官员工作称职（根据总统的管理规定），78%～89%的人行动反
208 应灵敏。里根时期的任命官员作出的评价最低，而约翰逊时期的任命官员作出的评价最高。奇怪的是，尼克松时期的任命官员对职业官员的评价是第二高的，分别为 88%和 84%。[96]

埃利奥特・理查森（Elliot Richardson）领导过四个内阁部，他这样总结道：

问题在于太多（新的）政治任命官员……怀疑高级文官总是算计如何破坏总统的议事日程而推行自己的计划。我和五届政府的大多数职业官员一起工作过，我能证明这是不正确的……

几乎所有的助理部长帮办级别的工作……都比大多数高级公司职位对国家利益负有更大的责任和更广泛的影响……

我有许多朋友都曾经在政府担任过不是特别重要的职位，现在他们在私人部门担任既受人尊敬待遇又好的职位——其中有一些是非常受人尊敬，而且待遇确实相当高。但是没有一个人觉得他现在的工作能和以前在政府的工作一样有价值……社会把公职人员以及教师、牧师、特定执业者当作有更多荣誉但收入很低的职业（因为他们有很高的精神收入）。不过，公职人员的精神收入现在也在逐渐受到侵蚀……[97]

里根任期的后期，他的商业部长（前一大型钢铁公司的首席执行官）说道：

我过去常常觉得政府工作人员没有受到激励，因为在工业界你可以用各种刺激手段在任何地方来激励工作人员。政府工作人员不努力工作也许是因为他们没有被高度地激励。我发现我彻底错了。

我发现这个部里有大量的专业骨干，深深激励他们的不是经济因素，而是为国家服务的意念，就是那么简单。[98]

在高级公职中，经济收入和精神收入之间的适当平衡问题，随等级的不同也稍有差异。在内阁成员中，这个问题并不严重。他们中的大多数人都很富有，处于家庭责任尚未对其造成很大压力的年龄，他们喜欢高级公职的身份，希望死后他们成功职业生涯的巅峰时期能载入史册。但以上这些对大多数非职业的次内阁职位的储备人员却完全不适用。他们实际上是一个多样化的群体。首先，我们考虑一下那些 209
接受总统任命的人。在我们的大样本调查中，他们中有38%的人工资比以前减少了（四分之三的人的工资减少额多于1万美元），33%的人工资有所增加。[99]我们不知道这两个群体中的人素质是否不同。但是我们确实知道，高素质的人因为经济原因拒绝总统的任命，这迫使白宫转而任命那些“非最佳”人选。我们还知道在前总统的任命官员中，有五分之三的人对工资不满意，这促使他们作出了离开的决定。四分之三的人说要使他们留下来，工资必须增加50%～100%。[100]

其次，我们来看看SES的情况。非职业候选人和职业官员都很年轻，他们的孩子将要或已经进入了大学，这需要昂贵的学费，所以对许多人来说，政府职位吸引力太小。然而，对于政治任命官员来说，他们最初的私人部门事业仍在继续。这些相对年轻的任命官员更可能从政府工作经历中受益（尤其是在诸如税收和反托拉斯法等专门领域内）。这些经历可以为他们的自传简历增色不少，并且当他们的政党再次赢得总统选举时，这能为他们将来担任更高层次的政府任命官员增加资本。当然，一些政治高级行政官员事实上将从行政机关中得到比他们可能去的智囊团、小型宣传组织或议会中更高的工资，有很多人就从后者转到了行政机关。然而，正如一次研究总结的那样："在从一个组织招募政府部门急需的人才时，工资水平不够是一个障碍：例如招募那些经过大量培训的技术人员和正处于事业中期的管理人员，他们的专业技术、创造力和精力都已经在私人部门得到了验证。"[101]

我们可以假设，那些作为非职业官员加入政府或者本身就是政府内职业官员的人，在确定收入会增加的诱惑下会离开政府。但在 1985 年，离开 SES 的人当中只有少数人是因为觉得工资不合理，我们注意到其他一些不满因素反而起了更大的作用。尽管如此，还是有半数的离任者在新的职位上获得了更高的工资，四分之三的人获得了 1 万美元或比他们在政府更多的工资（其中五分之一的人获得了 4 万美元或更多）。[102]最近，国立卫生研究所（NIH）流失了五分之一的顶层科研骨干。这些离任人员在大学医学院和私人公司中的工资涨了 50%～300%。[103]全国医务人员的平均年收入（除去花费）为 132 000 美元，比 NIH 的主要卫生科学家要高出三分之一或更多。[104]难怪其中一个研究所的主席宣称："前十年 NIH 没能从私人或学
210 术部门招募到一名高级科研专家，加入到独立的临床管理或基本生物医学科研项目。"[105]

联邦政府的工资和州及地方政府的工资也有着特别的差异。[106]1988 年，支付给内阁成员的工资和 16 名管理超过 25 万人口城市的行政长官的平均工资相同。国防部副部长比纽约市消防特派员的工资要低，几乎和泊车妨碍管理局局长的工资差不多。美国总检察长比纽约州总检察长拿的工资要少。教育部部长的工资比 6 个州的高等教育部门长官的工资都要少。[107]

从 1967 年实施联邦工资法案起，成立了 7 个有关行政、立法和司法人员工资的委员会。每一个委员会都主要由公司首席执行官、有名的私人律师、大学校长和其他杰出人员组成。每个委员会得出了相同的结论：顶层联邦官员的工资明显偏低。1988 年 12 月的一份报告发现："现在的高层联邦官员的工资水平按定值美元计算只相当于 1969 年同等职位所得工资的 65%～70%。"[108]

许多市民对公共官员的工资状况表示忧虑。在强烈的人人平等的民主精神的驱动下，他们对自己与高层官员的工资差距非常敏感，他们没有耐心争论政府是否需要对一些受过最好的教育、具有熟练技能的管理人员和技术专家实行公平分配。需要实行公平分配的是精英团体，他们应公布其收入情况，不过这一主张并不容易被接受。[109]

联邦政府的行政部门工资表促进还是阻碍了当局吸引和留住那些最有能力和远见的总统任命官员，这尤其是内阁以下级别的人会考虑的一个问题。他们对高级行政官员进行限制，他们的工资水平和行政工资级别表最低的两个级别（第四、第五级）衔接在一起。这两种结果都和以下这一事实紧密地联系在一起，即行政二级的工资率不能超过参议员和众议员的工资水平。

行政—国会的工资联系

1967 年的联邦工资法案要求总统每四年在行政、立法、司法部门的工资上指

定一个委员会，在向国会法令提出修改工资事宜之前，总统必须考虑这一委员会的建议。1985 年的修正案规定如果总统的提议在 30 天内没有遭到国会共同决议的反对，将自动生效。[110]这一程序在 1987 年几乎崩溃，而到 1989 年初则彻底崩溃了。 211

1989 年后期，国会取缔了委员会，代之以一个 11 人的公共服务和报酬公民委员会。[111]其中，由总统、首席法官、参议院临时议长、众议院议长以各种形式任命的 6 名成员，应该从具有政府、人事管理或公共管理领域的经验或专业知识的人中挑选。另外 5 名成员由不同地区的在册选民抽签决定。总统在考虑了委员会的建议之后，提出一个工资率，国会根据投票记录结果，可将这一工资率写入法律中去。然而，除非从制定法律到他们建议的有效日期之内进行了众议院选举，这一工资率才将有效。

国会成员不愿提高自己的工资，因为这会激起选民做出猛烈的批评，并有可能在下次选举中被对手用来大做文章。1989 年因为国会成员增加工资便引发了一场公众抗议风暴。行政和司法机关虽然不是公众攻击的主要目标，但也成了受害者。如果将立法机关的工资和其他机关完全分开，就可避免这一问题的产生。这不仅需要分离而且需要取消与设定行政和司法机关工资上限相关的现存联系。而上限的设定正好与立法部门的工资有关。行政二级的总统任命官员和地区法官的工资水平应该和国会成员的工资相同。同样，高级行政官员的工资水平也不能超过行政工资级别表第四级官员的工资。

当然，没有必要刻意去追求这种联系。许多州和地方政府都认识到不同的能人有着不同的市场环境。他们并不畏惧给任命的行政官员和专业职位设定一个比选任的官员更高的工资率。外国的政府也没有这样做。如在英国，“41 位官员的工资要高于首相，另 157 名官员的工资要高于内阁部长。”——当然，也比议员要高。[112]

沃尔克委员会在 1989 年增资失败后，建议总统对法官和顶层行政官员进行单独推荐。[113]布什总统 1989 年 7 月就是这么做的。然而，国会继续要求总统任命的行政二级官员应该和参议员、众议员拿相同的工资。[114]

8.6 结　论 212

有几个问题现在应该澄清。

(1) 构成高级公职的 3%的联邦雇员是起着决定性作用的重要人物。这里有主要联邦项目的管理人员；大型政策问题的建议者通常也是决策者；机构间的谈判专家；面对总统行政办公室，国会委员会，利益集团和广大公众的代言人及讨价还价者；努力引导文官遵循选举结果，并承担着对官僚机构进行民主管理等诸多职责的现行行政代理人。

(2) 虽然美国的高级公职必须是精英，但和其他主要国家的行政精英相比，它更多地代表了他所服务的广大公众。

(3) 美国高级职务中比其他国家有更多的职位，向更多的政治任命官员开放。

（4）职业行政官员都具有技术专长和在一个机构就职的相同背景。早期人们希望美国像英国、法国和德国（范围较小）一样招募和发展行政通才，但现在不这么想了。其意愿是希望新进的职业公务员能转换为更广泛的行政角色。这可以通过行政发展项目来实现，或者如同SES一样，在推荐任命到高层办公机构之前，坚持以其已被证明了的管理能力为依据，以及以持续、显著的工作表现作为保留其高层地位的依据。

（5）虽然在高级公职的报酬中，工资只是其中的一个因素，但是联邦工作工资远远地滞后于生活费用的增长。部分原因是因为它与私人部门间的工资，甚至于就是说州和地方政府工资之间的差距如此之大，以至于损害了政府在从社会招募、保留行政官员与技术天才中的公平分配。除非行政机关和国会的工资联系破裂，否则这个问题将不易得到解决。

（6）政治任命官员的任期很短而职业官员的任期很长，这就造成了一种令人不适的关系，政治领导在短期安排中发号施令，他们要么创立一些自己无法熬到成功的事业，或为获得名誉而进行短期冒险。职业官员则在长期安排框架下进行管理，他们知道过去已做过和未做过的事情，了解一个项目从开始到成熟完善的全过程，以及对于组织的忠诚和机构及政府内的人际关系网，这些正是大多数被招募到政治
213 岗位的新手所不具备的。政府就像一个轮换上演的剧院，通常的剧目在每个“人物”短期内变成明星之前、之中或之后都不会改变。

注释

[1] *Fairness for our Public Servants*，Report of the 1989 Commission on Executive，Legislative and Judicial Salaries，15 December 1988（Washington，D.C.：Government Printing Office，1988），8-9. Other counts of Executive Schedule officials report 500 and 683：President's Commission on Compensation of Career Federal Executives，Report，26 February 1988（Washington，D.C.：Government Printing Office，1988），chart 1；*Leadership for America：Rebuilding the Public Service*，Report of the National [Volcker] Commission on the Public service and Task Force Reports（Lexington，Mass.：Lexington Books，1990），17. Executive Schedule positions are listed in 5 *U.S Code of Federal Regulations* 5312-5317 and “Note”.

[2] Patrica w. Ingraham，“Building Bridges or Burning Them? The President，the Appointees，and the Bureaucracy，” *Public Administration Review* 47（September/October 1987）：425-435，at 428. 这一群体占据了C表中的职位，包括制定政策的官员或与他们的首长有内在联系的人。对GS—13级至GS—15级下属人员的限制数额比福特总统时期C表中1至15级的所有雇员还要多。

[3] Joel D. Aberbach，Robert D. Putnam，and Bert A. Rockman，*Bureaucrats and Politicians in Western Democracies*（Cambridge：Harvard University Press，1981），table 3-3，Pt. B，at 55.

[4] Ibid.，table 3-1，at 48-49.

[5] General accounting office，*Senior Executive Service：Executives' Perspectives on Their Federal Service*（Washington，D.C.：Government Printing Office，1988），35-36.

[6] 除非另外注明，关于欧洲行政精英的数据都来自James W. Fesler，“The Higher Public Service in

western Europe", in "*A Centennial History of the American Administrative State*" Ralph Clark Chandler (New York: Free Press, 1987), 509–539, and sources cited therein.

[7] Aberbach, Putnam, and Rockman, *Bureaucrats and Politicians*, table 3–2, at 52. 法国的做法容易产生误解。虽然它将许多从理工学院毕业的工程学和科学专业学生招至其精英队伍中，但他们其实是通才而非专家，而且他们有着深厚的人文科学基础。

[8] Richard Rose, "The Political Status of Higher Civil Servants in Britain", in *Bureaucrats and Policy Making: A Comparative Overview*, ed. Ezra N. Suleiman (New York: Holmes and Meier, 1984), 136–173, at 145. Aberbach etal. 占40%的比例。

[9] Aberbach, Putnam, and Rockman, *Bureaucrats and Politicians*, table 3–2, at 52.

[10] General Accounting Office, *Evaluation of Proposals to Alter the Structure of the Senior Executive Service* (Washington, D.C.: Government Printing office, 1985), 24.

[11] Frederick C. Mosher, *Democracy and the Public Service*, 2d ed. (New York: Oxford University Press, 1982), 110–142, 关于环境保护机构专业人员间存在的紧张心理，参见 R. Shep Melnick, *Regulation and the courts: The clean Air Act* (Washington, D.C.: Brookings Institution, 1985), 253–261, 综合论述公职中不同职业（包括城市管理）is the symposium, edited by Mosher and Richard J. Stillman, Jr., "The Professions in Government", *Public Administration Review* 37 (November/December 1977) 631–650, 和 *Public Administration Review* 38 (March/April 1978): 105–150。

[12] United Kingdom, *The Civil Service*, vol. 1, *Report of the Fulton Committee*, 1966–1968; Cmd. 3638 (London: Her Majesty's Stationery Office, 1968), Ⅱ.

[13] Rufus E. Miles, Jr., Rethinking Some Premises of the Senior Executive Service, in *Improving the Accountability and Performance of Government*, ed. Bruce L. R. Smith and James D. Carroll (Washington, D.C.: Brookings Institution, 1982), 35–60.

[14] 将外国20多岁进入精英队伍的人群和美国高级行政官队伍比较，后者没有35岁以下的职业人员，且只有17%的人小于45岁（包括3.2%不到40岁）。

[15] 这两个美国精英机构也申请了一项"要么上，要么出"的政策，按照这项政策，在特定职业阶段未能得到提升的成员将离开机构。由于空缺的高层职位数量有限，而且一年与一年情况不同，这一机构可能会失去一些能人。

[16] Civil Service Commission Bureau of Executive Personnel, *Executive Personnel in the Federal Service*, November 1977 (Washington, D.C.: Government Printing Office, 1978), 35.

[17] General Accounting Office, *Senior Executive Personnel*, *Executives' Perspectives*, 38, 51. 但三分之二的人有20年或更多年的联邦工作经验（p37）。

[18] 我们已严格解释了"更高层级"（也就是说，在GS级别中位于高级行政官的GS—16级至GS—18级，或在白宫工作，或就任大使和部长）。约1 650名人员是C表（"充任机密或政策决定角色之职位"）之下的政治任命官员，属于GS—15及以下级；正如先前所注意到的那样，他们中的约1 000人属于GS—13级至GS—15级。

[19] 关于尼克松和里根，参见 Richard P. Nathan, *The Administrative Presidency* (New York: Wiley, 1983).

[20] Terry M. Moc, "The Politicized Presidency," in *The New Direction in American Politics*, ed. John E. Chubb and Paul E. Peterson (Washington, D.C.: Brookings Institution, 1985), 235–271.

[21] *Leadership for America*, 其他问题和深入分析，参见 Linda L. Fisher, "Fifty Years of Presidential Appointments," in *The In-and-Outers: Presidential Appointees and Transient Government in Washington*, ed. G. Calrin Mackenzie, (Baltimore: Johns Hopkins University Press, 1987), 1–29; In-

graham，“Building Bridges.” G. Calvin Mackenzie，*The Politics of Presidential Appointments*（New York：Free Press，1981）；and Thomas P. Murphy，Donald E. Nuechterlein，and Ronald J. Stupak，*Inside the Bureaucracy：The view from the Assistant Secretary's Desk*（Boulder，Colo：Westview Press，1978）.

[22] Paul C. Light，“How thick is Government?” *American Enterprise* 5（November/December 1994）：60-61. 也可参见以他的研究为基础的著作，*Thickening Government Federal Hierarchy and the Diffusion of Accountability*（Washington D. C.：Brookings Institution，1995）.

[23] Ronald I. Spiers，“Remarks”，14 November 1986，in *Perspectives on the Public Management Challenge*（Washington，D. C.：National Academy of Public Administration，1987），25-35；and data as of 20 May 1987，furnished by the State Department；Elaine Sciolino，“Friends as Ambassadors：How many Is Too Many?” *New York Times*，7 November 1989；“Bush's Ambassadors：Rewarding the Faithful”. *Government Executive* 21，（August 1989），51。至于 1987 年最后八位到奥地利的大使，他们是一位律师、一位投资家、一位建筑商、一位公司执行官、一位不动产开发商、里根总统的一位前私人秘书、一位化妆品巨头和一位编辑。David Binder，“Grunwald' Delicate Deliberations on Austria，” *New York Times*，19 August 1987。For the memoirs of one of these，see Helene von Damm，*At Reagan's Side*（New York：Doubleday，1989）.

[24] 1989 年 10 月布什任命的七位大使每人为共和党 1988 年的竞选捐助了 10 万多美元；其他几人是竞选官员。Sciolino，Friends and Ambassadors.

[25] 正如通常情况下，当某位政治任命官员为国会委员会或利益集团或两者同时所支持时就能减少内耗。

[26] *Strengthening the U. S. -Soviet Communications Process to Reduce the Risks of Misunderstanding and Conflicts：A Report by a Panel*（Washington，D. C.：National Academy of Public Administration，1987），5，7。1987 年只有两名美国官员在地位上和提及的苏联官员可相提并论，他们在 1981 年前和苏联有过高层接触的经历。Ibid.，7. 1990 年新的苏联大使在美国工作了将近 20 年，在联合国工作了 6 年，在苏联大使馆工作了 13 年。Clifford Krauss，“Moscow's New Ambassador An old Hand in Washington，” *New York Times*，29 May 1990.

[27] Richard Bernstein，“The un versus the U. S.，” *New York Times Magazine*，22 January 1984，18ff，at 26，68.

[28] 关于在一批政治职位中更好地工作所需资格的问题，参见 John H. Trattner，*The Prune Book The* 100 *Toughest Management and Policy-Making Jobs in Washington*（Lanham，Md.：Madison Books，1988）。

[29] G. Calvin Mackenzie，“Appointing Mr.（or Ms.）Right，” *Government Executive* 22（April 1990）：30-35；这一转变不包括约翰逊和福特从副总统职位上提升的情况。Cf. Burt Solomon，“Bush's Laggard Appointment Pace… May Not Matter All That Much，” *National Journal* 21（2 December 1989）：2952-2953。在整个 1989 年并且以后也通常是这样，消费品安全委员会达不到法定人数；18 名高层能源部官员中只有 4 名上任，11 名劳动部助理部长中只有 6 名到位；虽然 1990 年人口调查很快就要开始，但是人口调查局的局长尚未被任命；并且在 HHS 中的国立卫生研究所、食物和医疗照顾补贴署的领导职位均为空缺。

[30] 党派观念和一些其他的义务（对于竞选捐款者）被各理事会委员会和小组委员会的任命活动及邀请参加白宫为外国显要人物举办的仪式所扭曲。

[31] James W. Fesler，“Politics，Policy and Bureaucracy at the Top，” *Annals of the American Academy of Political and Social science* 466（March 1983）：27 and citations there.

[32] Philip H. Burch, Jr., Elites in American History: The New Deal to the Carter Administration (New York: Holmes and Meier, 1980), 374-375. 虽然Burch在他的资料中包括了最高法院和一些大使级任命官员，但他们为数很少，不足以影响我们引用的数字。

[33] Ralph Nader, in Ronald Brownstein and Nina Easton, *Reagan's Ruling Class*, updated ed. (New York: Pantheon, 1983), xv.

[34] 从1953年至1976年，55%初任官员和85%的替任官员有过这种经历。James J. Best, "Presidential Cabinet Appointments: 1953-1976"; *Presidential Studies Quarterly* 11 (Winter 1981): 62-66.

[35] 这与后面的段落引自Fesler, "Politics, Policy and Bureaucracy" 23-41，并在那里标明了出处。

[36] See Becky Norton Dunlop, "The Role of the white House Office of Presidential Personnel" in *Steering the Elephant*; *How Washington works*, ed. Robert Rector and Michael Sanara (New York: Oniverse Books, 1987), 145-155. Dunlop女士是里根总统人事办公室的副主任。

[37] Fisher, "Fifty years of Presidential Appointments" 9.

[38] *Leadership in Jeopardy*: *The Fraying of the Presidential Appointments System*, November 1985 (Washington, D.C.: National Academy of Public Administration, 1985), 19. For details, see Fisher, "Fifty rears of Presidential Appointments", 14-21. 注意：(a) 这些不包括非总统的政治任命，这类官员的经验甚至更少一些；及 (b) 因为这一数字包括的任命贯穿行政官员一生，所以提升和从一个政治职位转到另一职位也被包括在"拥有政府经历"类型里。

[39] 关于具有这种能力的政治官员的有益分析，参见 *Leadership and Innovation*: *A Biographical Perspective on Entrepreneurs in Government*, ed. Jameson W. Doig and Erwin C. Hargrove (Bal timore: Johns Hopkins University Press, 1987).

[40] 同一个月内有两个例子：(1) 证券交易委员会主席被迫要求其重要的纽约办公室非专业主任辞职，因为这位主任手下的专业人员威胁说如果她留下，他们就辞职。(2) 一个联邦住房贷款银行委员会下属单位的主席和首席执行官因缺乏管理能力而被降级（不过她还保留着25万美元的巨额薪水）而且后来被解雇。"New York Office's Head Resigns from SEC," *New York Times*, 30 September 1987; Robert D. Hershey, Jr., "U.S. Demotes Top-Paid Official," *New York Times*, 16 October 1987, and Nathaniel C. Nash, "Hot Seat for Asset Agency's Chief," *New York Times*, 29 February 1988.

[41] 第三批任命官员可能拥有矛盾的政策优先权。布什总统任命一名杰出的环境学家来领导环境保护署，但是在别处却选择了自然资源剥削论的倡议者（例如，有权管理美国森林局、国家公园服务机构及公共土地）。

[42] *Leadership in Jeopardy*, 4-5. 规则委员会成员有固定的条文限制而且只有"因为特殊原因"才可调离，他们不包括在我们所用的数据内。这些数据预测的是特定职位的任期；任命官员在同一家机构的一般服务期是3年，在政府内的是4.3年。

有关细节，参见Fisher, "Fifty years of Presidential Appointments" Carl Brauer, "Tenure, Turnover and Post-government Employment Trends of Presidential Appointees", in Mackenzie, *The In-and-Outers* 174-194; and Trattner, Prune Book。也可参见General Accounting Office, *Political Appointees*: *Turnover Rates in Executive Schedule Positions Requiring Senate Confirmation* GGD—94—115FS, April 1994。

[43] "Heavy Turnover," *National Journal*, 19 (18 April 1987): 919.

[44] Robert Thalon Hall, quoted in Brauer, "Tenure, Turnover and Post-government Employment", 179.

[45] General Accounting Office, *Department of labor*: *Assessment of Management Improvement Efforts* (Washington, D.C.: Government Printing Office, 1986).

[46] General Accounting office, *Social Security Administration*: *Stable Leadership and Better Management Needed to Improve Effectiveness* (Washington, D.C.: Government Printing office, 1987), 3.

[47] Hugh Heclo, *A Government of Strangers: Executive Politics in Washington* (Washington, D.C.: Brookings Institution, 1972), 157 and passim.

[48] 关于英国部长和他的长期部长秘书间类似的相互作用的有趣的传闻，参见 *The complete Yes Minister: The Diaries of a Cabinet Minister Right Hon. James Hacker*, Minister by the Right Hon. James Hacher, Mp, ed. Jonathan Lynn and Anton Jay (Topsfield, Mass: Salem House, 1987)。

[49] HHS（包括 SSA）数据引自 Robert Pear, "Many Policy Jobs Vacant on Eve of Second Term", *New York Times*, 14 January 1985. 1987 年五个中美洲国家提出了建立地区和平计划，当时美国只在其中两个国家派出了大使；级别更低的外交官在其余三个国家代表美国。Neil A Lewis, "U. S. Envoys Told to Convey Doubt over Latin Plan" *New York Times*, 18 August 1987. 总统派往中美洲的特使也已辞职。

[50] General Accounting office, *Temporary Appointments: Extended Temporary Appointments to Positions Requiring Senate Confirmation* (Washington, D.C.: Government Printing Office 1986), appendix 1.

[51] Fisher, "Fifty Years of presidential Appointments", 26-27.

[52] Judith Havemann "vacancies Abound in Top U. S. Jobs" *Washington Post*, 15 February 1988.

[53] Article Ⅱ, sec. 2.

[54] U. S. House Committee on Post office and Civil Service, *United States Government Policy Positions*, 65-77.

[55] *Leadership in Jeopardy*, 18.

[56] Fisher, Fifty years of Presidential Appointments.

[57] Frederick V. Malek, *Washington's Hidden Tragedy* (New York: Macmillan, 1978), 102-103.

[58] *Leadership for America*, Task Forch Report, 7.

[59] "分配的职位"是那些 OPM 授权机构建立和配备人员的职位；它们比实际的任命官员要超出约 1 000 个。因此，非职业官员能超出高级行政官成员的 10%。他们没有这样做。1986 年非职业官员（不包括"有限期"的任命官）在被分配的职位中占 8.4%，而在 1987 年，占所有已任职职位的 9.8%。

[60] General Accounting Office, *Federal Employees*, II and passim.

[61] U. S. Senate Governmental Affairs Committee, *Politicization of the Career Senior Executive Service*, 1980 *to* 1986, Majority Staff Analysis (August 1987), 2, 8-9. Processed.

[62] 5 U. S. Code of Federal Regulations 3132 (b).

[63] *The Government's Managers Report of the Twentieth century Fund Task Force on the Senior Executive Service* (New York: Priority Press, 1987), 8-9, 63-64.

[64] 根据 OPM 数据计算，table 7.2, *The Politics of the Administrative Process* (Chatham, N. J.: Chatham House, 1991), 160.

[65] *The Government's Managers*, 13.

[66] 对于职业行政官员的评估，考绩委员会中一半多的成员必须是职业任命官员。一些人对这能否确保客观公正提出疑问，因为这大多数常常只是某人说了算，而委员会主席一般是政治任命官员，他常常是委员会中一名或多名职业官员的管理者。

[67] 92 U. S. Statutes 1168. 这一法令条款的标号已被省略。

[68] Comptroller General Charles A. Bowsher, House Subcommittee on Civil Service, *Senior Executive Service: Hearings*, 98th Cong., 7 November 1983 to 13 April 1984, 18. See also General Accounting Office, *An Assessment of SES Performance Appraisal Systems* (Washington, D.C.: Government Printing office, 1984).

［69］92 U. S. Statutes 1165.

［70］92 U. S. Statutes 1175.

［71］Public Law 101-194，"Ethics in Government Act" sec. 506，30 November 1989.

［72］5 U. S. Code of Federal Regulations 534-403. 如果再大一些，可选择的限额是职业高级行政任命人=官员基本工资平均年薪的 15%。

［73］General Accounting Office，*Senior Executive Service*：*Reasons Why Career Members Left in Fiscal Year* 1985（Washington，D. C.：Government Printing office，1987），8，15，16. See also Merit Systems Protection Board，*The Senior Executive Service*：*Views of Former federal Executives*（Washington D. C.：Government Printing Office，1989），17-19.

［74］General Accounting office，*Senior Executive Service*：*Executives Perspectives on Their Federal Service*（Washington，D. C.：Government Printing office，1988），12. 高级行政官中的许多人都指望拿奖金来对其基本工资做个补充，因为法令规定他们的基本工资不能超过行政官制 4 级工资的数额。

［75］Quoted in *Leadership for America*，Task Force Reports，143.

［76］Comptroller General Bowsher，in U. S. House Committee on Civil Service，*Senior Executive service*，20 和 43.

［77］U. S. House of Representatives，Subcommittee on Civil Service，Committee on Post Office and Civil Service，"Staff Report on Awards and Ranks to Career Members of the Senior Executive Service，" 1 July 1987. Processed. For a summary and commentary，see Rebecca B. Allen，"Executive Bonuses，" *Government Executive* 19（September 1987）：58-63.

［78］U. S. House of Representatives，Subcommittee on Civil Service，"Staff Report on Awards and Ranks"，30.

［79］*Leadership for America*，Task Force Reports，142.

［80］Ibid.，193-196.

［81］James E. Colvard. OPM 副主任，引自 Judith Havemann，"Management Training：A Mixed Bag in Quality and Performance，" *Washington Post*，2 September 1987.

［82］General Accounting office，*Senior Executive Service*：*Agencies' Use of the Candidate Development Program*（Washington，D. C.：Government Printing Office，1986）12-15，and *Senior Executive Service*：*Training and Development of Senior Executives*（Washington，D. C.：Government printing office，1989），21，25.

［83］Frank P. Sherwood，"FEI Next 25 Years，" *Bureaucrat* 16（Summer 1987）：31-36；Susan Kellam，"Bringing FEI Back" *Government Executive* 21（August 1989）：24-27. 联邦行政学院校友联合会每年将其成员对政府经历的评估和高层专业机构的不同方面的调查结果编印出版。例如，关于 1995 年的调查的情况可参见 FEIAA Executive Summary，no. 215（May 1996）.

［84］General Accounting office，*Senior Executive Service*：*The Extent to which SES Members Have Uses the Sabbatical Program*（Washington，D. C.：Government Printing office，1988），3.

［85］Cf.，though，Merit Systems Protection Board，*The Senior Executive Service*：*views*，1，13，34-35（items 42f，42j，42l）. 关于非职业官员向职业官员身份的转化，见 General Accounting Office，*Federal Employees*：*Appointees Converted to Career Positions*，*October through December* 1988（Washington，D. C.：Government Printing office，1988），appendix Ⅵ（1987 and 1988 totals），and General Accounting office，*Federal Employees*：*Supplemental Information on Appointees Converted to Career Positions*（Washington，D. C.：Government Printing office，1989）.

然而，两个增加政治分量的机会已被利用于：（1）卡特和里根政府都增加 C 表中 GS—15 级及以下的等级中非职业官员的数量，从少于 1 000 名到 1 600 名；（2）正如先前所注意到的那样，一些下属机构大大超过了关于在整个部门或主要机构雇佣的非职业高级行政任命官员不超过 25%的限制（当然，平衡可以通过别的下属机构更低的百分比来达到）。

[86] Joel D. Aberbach 和 Bert A. Rockman，"From Nixon's Problem to Reagan's Achievement-the Federal Executive Reexamined" in *Looking Back on the Reagan Presidency*，ed. Larry Berman（Baltimore：Johns Hopkins University Press，1996），表 I。

[87] Ibid.，table 4. 里根高级行政官中职业官员的更低群体相关数字是 29 和 20。

[88] General Accounting Office，*Senior Executive Service*：*Reasons why Career Members left*，8. "很重要、非常重要和还算重要"的比率在高层管理者中是 60%，在政治任命官员中是 53%。1983—1988 年离开的情况，参见 Merit Systems Protection Board，The Senior Executive Service：Views。这难以将职业官员同非职业官员的观点区别开来，但可参见 20—21 页职业官员占非职业官员的比率。

[89] General Accounting Office，*Senior Executive Service*：*Reasons why Career Members left*，2，42.

[90] General Accounting Office，*Senior Executive Service*：*Executives' Perspectives*，2，12，18，62. FEIAA Executive Summary，no. 215，报道说，在 1995 年 10 月，回答者中有 46%表示应鼓励年轻人从事联邦工作，而 54%认为不应鼓励。

[91] 关于此点的一个变化是沃尔克委员会所建议的："要认识将管理看作一种特殊技术的重要性，总统应在高级行政官中为多面手管理者创造出独立的轨道。" *Leadership for America*，44.

[92] General Accounting Office，*Evaluation of Proposals to Alter the Structure of the Senior Executive Service*（Washington，D. C.：Government Printing office，1985）；*The Government's Managers*，7-8，51.

[93] Frank P. Sherwood 和 Lee J. Breyer，"Executive Personnel Systems in the State" *Public Administration Review*，47（September/October 1987）：410-416.

[94] Stephen Labaton，"The SEC'S Top Cop Moves on" *New York Times*，21 May 1989.

[95] Brauer，"Tenure，Turnover，and Post-government Employment"，184-187.

[96] James P. Pfiffner， "Political Appointees and Career Executives：The Democracy-Bureaucracy Nexus in the Third Century"，*Public Administration Review*，47（January/February 1987）：61，Merit Systems Protection Board，*The Senior Executive Service*：*Views*，21（table 4）.

[97] Elliot L. Richardson，"Civil Servants，why Not the Best?" *Wall Street Journal*，20 November 1987. 在尼克松时期他是副州长，之后领导了卫生、教育和福利、国防及司法部。在福特执政时他是 Court of St. James 的特使及商业部长。在卡特时期，他是一般大使。

[98] Quoted in Clyde H. Farnsworth，"Commerce Department：Good will and Progress Mark a Brief Tenure" *Washington Post*，29 November 1988.

[99] *Leadership in Jeopardy*，23-24.

[100] Brauer，"Tenure，Turnover and Post-government Employment" 181.

[101] John W. Macy，Bruce Adams，and J. Jackson Walters，*America's Unelected Government*：*Appointing the President's Team*（Cambridge，Mass：Ballinger，1983），82.

[102] General Accounting Office，*Senior Executive Service*：*Answers to Selected Salary-Related Questions*（Washington，D. C.：government Printing Office，1987）.

[103] Philip M. Boffey，"Scientists Do Not Live By Patriotism Alone" *New York Times*，14 December 1987. 1988 年，一名 NIH 总统任命官员，曾在全国癌症研究所历任过八年多的所长，离职去了 memorial Sloan Kettering 癌症中心，估计其工资从 9 万美元的政府薪水增长到了 40 万美元之多。NIH 的所长称

他是“NIH 历史上所有研究所中确实伟大的所长之一，……很难将其取代的一名杰出的领导”。Boffey，“Top U. S. Cancer Official Going to Sloan-Kettring,” *New York Times*，12 August 1988.

[104] Milt Freudenheim，“Doctors' Concern：Fixing Prices and Price Fixing” *New York Times*，18 December 1988.

[105] Anthony Fauci（国家过敏症及传染病研究所所长），“The Salary Squeeze”，*Washington Post*，14 November 1988.

[106] 在所有政府层次中薪水也有一些奇怪之处，这通常是因为一些机构是自治及独立财政的企业。虽然联邦储备委员会的主席在行政官制工资表中能得到 89 500 美元，但是纽约联邦储备银行的董事长却能获得 170 800 美元。联邦住房贷款银行委员会的董事长拥有 25 万美元的薪水，在她因缺乏管理能力被降级之后薪水照付，并持续到最后被解雇为止。TVA 按照合同付给其分管核能的局长 335 000 美元。纽约港务局局长的薪水是 17 万美元。See General Accounting office，*Federal Pay*：*Executive-Salaries in Government-Related Banking Organizations*（Washington，D. C.：Government Printing office，1987）；*New York Times*，16 October，7 December，and 25 May 1987.

[107] The Municipal Yearbook：1989（Washington D. C.：International City Management Association，1989），table 1/4；Elizabeth Kolbert，“Parking Chief Named to Head Fire Department,” *New York Times*，21 October 1987；“Pay Increases for officials”，*New York times*，18 December 1986，The Book of the States：1988－1989，ed.，vol. 27（Lexington，ky：Council of State Governments，1988）table 2，Ⅱ.

[108] *Fairness for our Public Servants*，I；see chart 2.

[109] 然而，在 1986 年，加利福尼亚的选举人打破了将州长薪水限制为 80 000 美元，别的雇员限制为 64 000 美元的规定。后来的条文将几乎 7 000 名高层管理人员、教授、医生、法官和其他人的工资都降低了一定幅度。

[110] 99 U. S. Statutes 1322. 在 1985 年修订联邦工资法之前，可由众议院或参议院解决争议。这已成为最高法院决定的牺牲品。国会否决权剥夺了总统批准或否决立法的权力，这本是由宪法规定的一项权力。Immigration and Naturalization Service V. Chadba V. Cbadba 462 U. S. 919（1983），共同决议必须提交给总统。

[111] Public Law 101－194，sec. 701（i).

[112] Rose，“The Political Status of Higher Civil Servants”，152.

[113] *Leadership for America*，37. 这是在国会失败基础上的改善，它使用旧系统恢复到了 1969 年购买力的水平，并使之增长 50%，1989 年和 1991 年各增长了 25%。

[114] *Weekly ComPilation of Presidential Documents* 25（10 July 1989）；1041－1043；Public Law 101－194，sec. 701（i).

第4篇

政府决策——制定与执行

■ 第9章　决策
■ 第10章　预算
■ 第11章　执行

组织理论家们早就认为决策是行政活动的中心环节，但对如何最好地进行决策则各执己见。本篇将探讨几种不同的决策理论，并将其应用于最重要的行政决策活动——预算过程当中，然而仅仅做出好的决策是不够的，决策本身并不能自我执行。因此，要想避免公共决策中的大胆承诺在抽劣的执行中令人失望，那就需要有效的管理者对决策进行高超的驾御。最后我们将以仔细考察决策制定与执行间的关系来结束本篇。

第9章

217
决　策

绝大多数早期的公共行政学学者都专注于如何设计组织结构以使其尽可能有效地发挥作用，卢瑟·古利克（Luther Gulick）的经典论述为行政人员界定了组建机构的基本原则。但在1945年，赫伯特·A·西蒙（Herbert A. Simon）提出一个完全不同的观点，他坚决主张“行政理论既应关注决策过程又应关注行动过程”。实际上他是这样表述的：

> “决策”的任务遍布整个行政组织中，与“行动”的任务相当——实际上它与后者是紧密联系成一个整体的。一种能确保正确决策的一般组织理论必须包括正确决策的组织原则，正如它也必须包括确保有效行动的原则一样[1]。

决策自上而下贯穿于一个严密的组织网络里，执行政府政策的工作意味着在这个过程的每个步骤里，行政人员都必须明确“政策”是什么，以及在实施过程中其自身的作用是什么。因此，决策是典型的行政行为，正如西蒙所指出的，没有“决策”，“行动”将是不可能的。

然而对行政决策的各种研究经常充满冲突，许多不同的决策理论总是力争得到认可。这些理论均背着沉重的包袱：描述性元素（如提出典型决策运作的特征）和规范性元素（如规定应如何进行决策）。这些理论争鸣的结果是没有一种决策方法能赢得绝
218 对优势，但是每一种理论都有助于为决策提供有用的技术，并阐

明了理论上必须予以解答的基本问题。在本章，我们首先要考察决策理论所争论的基本问题，然后对决策的几种途径进行探索，最后将通过探讨决策中长期存在的问题作总结，这些问题一直以来困扰着决策者和那些希望作出适当的描述与规范的人。

9.1 基本问题

行政决策的每种途径都必须解决两个问题。首先，可供决策者利用以作出判断的信息是什么？信息是决策的基本原材料，决策者必须掌握、权衡他们所收集的信息，再根据这些信息采取行动。其次，政治价值是如何影响决策的？公共问题十足的复杂性和巨大的信息量迫使决策者简化形成决策的内容，这种不可避免的简化就是政治价值的产物。此外，作为一项需要坚持的决策，它必须要赢得足够的支持来防止被他人推翻，而建立支持就意味着在那些能够拥护该项决策的人当中寻找出一种共同的价值基础。在行政人员寻求决策的过程中，信息问题与价值问题往往是混合在一起的，而在理论家争论决策过程是如何运作以及应如何运作的过程中也是如此。

信息

当然，决策可以在一时之念或个人偏见的基础上做出，强大的舆论也会左右决策。行政人员如果相信不计成本的话，绝大多数发展有害于环境或者所有的基础科学研究都是有用的，那他便可能被诱使做出相应的决策。即使最复杂的决策也会受常识、直觉和偏见的驱使。[2]

当然，正如韦伯（Weber）很早以前就指出的那样，公共行政人员是凭借其专业知识而受雇，而不是个人偏见。[3]专业行政人员会运用内行的判断进行决策的假定为立法者的授权行为提供了基础，我们不能寄希望于立法者来预见和解决所有在公共项目实施过程中意外冒出的多半复杂的问题。而且，即使一项总政策是明晰的，各地变化着的客观条件也会迫使行政人员调整计划以适应地方需要。因此，如果说决策是行政活动的生命，那可以毫不夸张地说，信息是决策的生命之源，专业技术与良好信息共同构成了行政决策的核心。

219 良好信息对有效公共行政的重要性很少会被高估，然而，正是这种重要性带来了一个困境：一方面，找出有用的信息并传送给相关的决策者往往看起来很困难；另一方面，知识产生力量，让非专家的行政人员来控制专业权威人士是有难度的。当然，这是传统公共行政在中立性技术与政治责任之间挣扎的重演，在公共行政中没有任何地方的矛盾比此更尖锐。[4]

问题在于信息极少会是真实的反映，反而更多的只是一种解释。没有人能洞悉一切，也不可能说每个人都有相同的认识。获取信息往往是一项成本昂贵的活动，一些参与者比起其他人之所以具有更大优势就在于他们掌握了更多的信息资源，而且，有时候参与者拥有既得权利来隐瞒信息而使自己获益。总之，正如德博拉·A·斯通（Deborah A. Stone）所言："由于政治受到人们对信息所做的解释说明的驱动，所以许多政治活动就是为操纵这种解释而做的努力。"[5]信息通过两条途径极大地影响着决策：谁拥有什么样的信息，他们以及其他人是如何看待所拥有的信息。

价值

"绝大多数重要的决策难题是如此复杂以致不可能透彻地分析它们"，罗伯特·D·贝恩（Robert D. Behn）和詹姆斯·W·沃佩尔（James W. Vaupel）这样认为，而且他们还主张，"决策有赖于判断——关于困境特性的判断，关于事情可能性的判断和关于结果满意度的判断。决策在本质上是主观的。"[6]任何一个包含了对问题进行取舍，对不同结果的可能性进行估计，尤其是对不同结果进行偏好权衡的过程都是一个载负着价值的过程。因此，决策理论必须面对的一个重要问题是如何做出这种价值判断。

此外，一项公共决策若没有得到政治支持，则无论其专业化程度多高都难以持久。[7]弗朗西斯·E·鲁尔克（Francis E. Rourke）认为，行政决策的政治支持可以来自行政机关的上级、国会或公众。[8]而公众的支持主要有两个来源。一项机构的决议可能会在一般公众中享有良好的口碑，也就是鲁尔克所谓的机构的"群体"公众，但更重要的是，它还可能拥有那些"与该机构有突出利益关系"的"要特别关照的"公众的支持。这两种支持力量并非相互排斥，许多机构都积极地同时争取这两种支持。[9]举例来说，当NASA（美国国家航空航天总局）为其昂贵的项目而与国会不断抗争时，它不仅努力在制造者当中建立支持，而且还着力于在一般公众中提升航天飞行的吸引力。 220

广泛的支持固然重要，但来自机构的特定公众的政治支持更关键。个体公民极少有人会有资金和时间去关注和理解绝大多数公共决策所具有的错综复杂的细节和过程。在绝大部分决策中，只有那些具有最强大利益关联的人才愿意付出理解并影响决策所需要的时间和金钱。这意味着在由那些与决策有紧密共同利益的人主宰的相对狭小的范围内，最困难的行政决策也能得以制定。[10]同时它也意味着这样相对狭小的领域若没有引起公众重视的话有时也会走向腐化堕落。1989年住房及城市发展委员会（the Department of Housing and Urban Development）丑闻的曝光便是例证。

小规模利益群体的强大支持的相对重要性又为行政决策者提出一个难题。寻求特定群体支持的决策者很可能会因此而要牺牲更广泛群体的利益，相反，如果决策者仅在乎广大公众的支持，那他或她就可能冒犯了那些具有强大势力的利益群体，他们会运用其权势要你付出沉重代价。总之，每一个行政决策者都需要为决策赢得政治支持，但赢取支持的方式又会产生诸多重大问题。公共政策很少会保持恒定，因为决策的支持力量总是不断发生变动的。绝大多数决策中都包含有划定界限的内容——什么是可接受的，什么是不可接受的，多少才算足够，多少又算过量。这样的边界设定其实是一个“内在不稳定”的过程，在此，“界限问题就是指一触即发的边界之争。”[11]

行政系统里决策的复杂性导致了许多不同的途径。在本章，我们将对其中的四种途径以及每种途径是如何处理信息与价值上的基本问题进行探讨：（1）理性途径（the rational approach），力图实现效率最大化；（2）议价途径（the bargaining approach），寻求政治支持的最大化；（3）参与途径（the participative approach），努力通过紧密联系那些受决策影响的公众来改进决策；（4）公共选择途径（the public-choice approach），试图用类似市场的力量来取代那些在该途径的拥护者看来会歪曲决策的因素。

9.2 理性决策

理性途径也许可算是决策的经典途径。它建立在微观经济学（力图解释个人及
221 企业的行为）的基础上并将效率作为最高价值。这个学派的拥护者认为任何活动包括政府活动的目标都是从任何一项投资中获取最大回报。简而言之，就是寻求最大的利益。

从根本上说，理性理论是建立在第 3 章所描述的系统理论途径基础之上的。决策者把决策问题构建成一个通过加工“输入”以产生“输出”的“系统”，他们尽力在既定的输入水平下产生最大的输出，换言之，就是以最小的输入量来获取既定数量的输出，总之，决策者就是要使效率最大化。

系统途径是如此简明且具有极强的逻辑性，所以不难理解它是如何成为经典的。毕竟我们所提及的“计算机系统”是由各种厚薄不一的硅、电线、塑料构成，它们对各种输入数据（如通过键盘输入的字母）进行加工处理后以形成输出数据（如信件、报告以及书本）。计算机分析家总是尽力改进系统：使计算机运作更快捷、成本更低廉或者做以前做不到的事。

基本步骤

根据基本原理，理性决策有五个基本步骤：

1. 确定目标。理性途径以阐述所要解决的问题和所要获取的产出目标为起点。如一个系统分析者可能会力图寻找降低车祸死亡率 10%或把空气污染降低到危险界限以下的最好方式。这与传统政府活动的思维方式完全不同，传统方式把注意力集中于输入的标准上：社会保险单的寄发件数，公路的修建里程数或对现有支出追加的金额。相反，系统途径则集中精力于最有效地生产期望中的输出，在立法过程中，分析者始终关注目标问题。

2. 设计方案。决策者一旦设定了目标，分析者就力图确立能实现目标的各种途

径。在探索过程中，关键在于创造性地构思别人没有尝试过甚至未曾想过的新方案。

3. 衡量结果。分析者通过测算每种方案的成本及收益来对各种选择进行权衡，实际上，这种分析最严格的形式就是将每项成本和收益都转化为货币单位。同时，分析者还要考虑与其他目标相关的间接成本及收益（通常称作外部性、副作用或外 222
溢性）。例如，一条根据既定运输目标而言是“最好”的公路线路，却可能对公园造成破坏并使市中心的交通阻塞更严重。

4. 确定选择。一旦完成了分析工作，决策者就会根据成本与收益的最佳平衡来选择方案。

5. 重新启动。系统分析并不是一劳永逸的程序，相反，分析者将它看作是不断反复的程序：一个项目能提供反馈——关于什么在运作什么没有运作、一项决策产生的结果怎样（预期或非预期的）的新信息——然后帮助分析者重新确定问题、设立目标、重新启动程序。通过从过去错误中吸取经验教训不断调整系统，系统分析者能在理论上帮助决策者向最佳决策靠拢。

尽管理性决策途径看起来也许会显得抽象，但从常理上来看仍具有吸引力：任何一个明智的人都会选择最理性（且最有效）的途径去实现目标，毕竟，有谁愿是非理性的人呢？[12]

案例：规划—计划—预算制度（PPBS）

理性途径凭借其逻辑而拥有许多追随者。然而，正如PPBS案例所表明的那样，理性决策直接明了的逻辑在现实中存在相当大的变动，而且，系统分析实施过程中存在的障碍可能会导致其最终失败。

1961年，国防部长罗伯特·麦克纳马拉（Robert McNamara）在五角大楼里推介使用了PPBS。[13]这项方法分三个步骤：(1) 规划。高层官员制定国防活动的五年战略。(2) 计划。将战略转化为对国防部的需要的具体说明，包括应在何时购买何种武器系统。(3) 预算。将计划转变为每个年度的预算要求，其基本思路就是要将年度预算程序与长期计划相挂钩，而不是与随意性要求相联系。而且，每个分支机构都要根据规划而不是单位编制来制定预算。如五角大楼会确定国家的战略要求是否需要喷气式战斗机，如果需要的话，那它要具备什么性能。而在预算方面，麦克纳马拉希望规划预算能够通过减少机构间为其特有的武器系统而进行的竞争来压缩开支。

约翰逊总统对国防部所取得的成效甚为满意。1965年，他将PPBS推广到几乎
所有的联邦非军事部门和机构，每个机构都要以计划的形式向预算局（Bureau of 223
the Budget，现在的行政管理与预算局：the Office of Management and Budget）提交预算。[14]规划预算要有大量的论证资料，这些资料包括“所有相关的结果、费用、资金需要”以及“解决问题的各种途径所需成本和收益”。此外，各个机构还要为未来计划和资金要求拟定一个五年规划。然而，这些规划往往是“冗长的愿望清单，列明了机构在没有被施加财政约束的情况下想在他们的计划上所做的投入”。PPBS文件和机构实际计划之间的联系往往很模糊。同时，由于国会仍沿袭旧的方

式来操作拨款程序，PPBS 与国会决议间的联系实际上也很模糊。[15]

PPBS 没有对总统及国会的预算决议加以结合和改进，反而创建了自己的文案工作领域，PPBS 最终不堪重负而失败。1971 年 6 月，当行政管理与预算局停止要求各机构将常规预算申请同 PPBS 文件一起上交时，联邦政府的 PPBS 也就宣告终结了。[16]

从其最初的目标来看，PPBS 是个失败的例子，它未能改变政府计划的基础，也未能真正把预算——政府的投入——和它的产出联系起来。在尝试过该方法的外国政府和几乎所有的州及地方政府中，其结果都是相似的。[17] PPBS 的失败部分归因于预算者无法应付该制度在分析上的负担，从根本上讲，它的失败是因为设计上存在明显缺陷：PPBS 没有根据它要运作的组织环境来设计。首先，PPBS 的设计者将国会排除在外，而且 PPBS 的实施者"拒绝向国会透露依据 PPBS 所做的研究和有关信息……（可是）缺少这种信息，国会甚至连针对项目进展提出恰当问题的能力都受到严重削弱"[18]。其次，虽然 PPBS 仅是行政机关的一种工具，但甚至连这种有限的环境因素也被忽略掉了。PPBS 实施者对如何化解行政抵制准备不足，任何创新都会招致这样的抵制，但 PPBS 实施者似乎对许多其他政府官员显得相当傲慢。PPBS 的实施使下层组织非常不安，因为 PPBS 看起来要夺走他们的权力（权力被集中到机构负责人和预算局手中），使分析工作从深谙政策领域的机构人员手里转移到那些擅长量化却不熟悉政策领域的 PPBS 技术人员手中，同时它要求大量文件报告却对决策无任何可见的影响力。

然而，PPBS 仍具有相当大的成效。它把大量能干的分析者引入政府，其中的
224 许多人仍在为政府效力。[19]它使许多高层官员和职业公务员熟悉了一种论述问题的新风格：强调解释目标、形成实现目标的各种途径以及在适当的时候使成本收益量化。现在，制定项目成本的多年规划已成为国会预算程序中的例行部分。

此外，五角大楼现在仍积极地实施一项修正过的 PPBS。国防部官员继续制定长期规划，将这些规划转变为具体计划，然后再形成预算。这一过程的运作方式因行政方面的差异而有相当大的区别。共和党政府倾向于授予各个机构更多权力，而民主党政府则将权力更多地收归国防部长手中。尽管 PPBS 持续存在，但结果却仍令人失望。原助理国防部长劳伦斯·J·科伯（Lawrence J. Korb）认为在里根时期，高层官员采取 PPBS"促使国防部的合理预算近乎崩溃，并助长了对国家一致性的进一步破坏。事实上，当 1987 年末温伯格（Weinberger）离开五角大楼的时候，预算程序正近乎一片混乱"。科伯认为，国防部的规划对"预算程序几乎毫无影响"，规划会议的参与人数过多以致根本无法做出有意义的决策，而前期的决策从来不会促成最终预算决策的形成。[20]

评价

由于决策的理性途径看起来如此直接明了，因此它有大批追随者，即使最严厉的 PPBS 的批评家也极少反对改进联邦政府规划和达到目标的方式。理性途径仍要

努力解决信息及价值方面存在的几个重要问题。

信息。纯粹的系统途径要求相当大量的信息资源，决策者必须对所有选择进行权衡以获取一项政策目标。这在现实中当然是不可能的，因为我们的能力不足以去探索所有的可能性。一些系统途径的评论家指出，事实上，完全分析的不可能性使该途径变得无效。正如查尔斯·E·林德布洛姆（Charles E. Lindblom）这位也许是对系统途径批评最强烈的评论家所说的：

> “人类总是想要飞翔，进行这种独立的、缺乏任何实现战略的飞行的雄心
> 壮志是一种值得称道的典范或理想吗？……想从理论纲领（全面分析）中获取 225
> 不可能的技艺是一种没有益处和效果的愿望。”

而且，林德布洛姆担忧，由于对不可实现的目标的追求，“他们陷入了分析与决策的错误模式中”[21]。即使是一项近似全面的研究，在时间、精力、金钱等方面所付出的代价都是异常高昂的，而受全面性驱使的决策者仍永远无法确定自己是否遗漏了什么。由于目标本身是不可实现的，它与现实的差距也就难以预测，而它的结果在成效不明的分析里也是未知的。[22]

当然，在现实生活中，没有人会去尝试做到绝对的全面。决策者简化了这个过程：(1) 筛掉低劣的选择，将精力限定于几项主要的选择上；(2) 当他们遇到满意的方案时就停止调查研究，即使进一步探索可能会出现更好的选择。詹姆斯·G·马奇（James G. March）和西蒙把这种方式称为“满意决策”[23]。

由于两方面的原因，这种现实主义的观点并没有得到进一步发展。首先，需要对转化成美元的成本和收益的计算结果作出价值判断，那么生命、儿童的幸福、路边美景以及令人赏心悦目的建筑设计该值多少才与其相符呢？事实上，经济学家已经发展出可以将诸如人类生命等难以衡量的事物价格化的一套机制。[24]然而，权衡这些难以衡量事物价值的尝试常迫使我们做出极其困难（有时是困惑）的抉择，如刘易斯·M·布兰斯科姆（Lewis M. Branscomb）写道：

> “尽管经济利益与生态环境之间的冲突已众所周知，但我们对环境影响和技术评估的重视程度却是独一无二的。还有什么地方能够做到：(1) 停止一座价值6亿美元的水力发电站大坝，只因要保护一种濒危的3英寸长的淡水鱼；(2) 允许一只珍奇蝴蝶在洛杉矶国际机场主跑道的一端享有特权；(3) 因蛤的繁殖而影响了新汉普郡一座核电站的建设。”[25]

其次，我们如何才能知道自己已寻找到满意的方案？对方案的取舍是一种价值判断，而不考虑价值的分析则是理性决策的目标。因此理性分析者又重陷于这样的困境中：要么尽力揣测其他人心中有关方案的想法，要么就把自己的价值观强加于对方案的安排之上。这两种方式确定标准的过程都很模糊，“理性决策科学”里的科学性所剩无几，这使关于价值的新问题再次出现。

226 价值。系统途径是以对目标的清晰阐述为基础的，缺乏这样的说明，它根本无法发挥作用。然而关于理性决策的经典文献却极少提及目标应由谁来设立，相反却假定某一决策者将以下级理性决策者开展工作所必需的形式来确定目标。但是我们知道国会对目标的表达往往缺乏清晰度与稳定性，而且如果总统设立综合性目标将遭到它的抵制，行政机关经常处于这二者之间无所适从。这种情况使理性决策者面临两种选择：努力猜测国会的意图，例如它通过一项法律的用意（如有人持不同意见则要冒着判断失误的风险），或者运用主观价值去设定目标（这将冒着削弱系统分析最根本的客观性的危险）。

随着政治主体的变换，不同利益集团影响力的兴衰，人口的变迁以及新技术和新信息对问题现状和我们处理问题能力的改变，多元的政治系统总是不断地对目标进行设计和再设计。在投票者和立法委员中为每个项目获取大多数支持的策略需要模糊的目标与含糊的措辞，因为目标设定的越精确，就越容易受到竞争对手的攻击。

注重效率的理性途径通常在解决小规模和技术性问题上很有效。如地方政府的警车应去购买还是租用？哪种铺地材料最耐用？一座城市应以何种价格购买何种除雪设备等？然而在宪法分权、政治现实、官僚体制的灵活性、国内外风云变幻等重大问题上就几乎不存在设定明确目标的可能性。倘若对于问题的界定都还存在分歧，那又何谓“最好的”解决之道呢？

效率并非我们追寻的唯一目标，例如公平就常成为公共项目的核心目标。经济学家阿瑟·M·奥肯（Arthur M. Okun）把平衡公平与效率称为“一大权衡”，“我们无法平等地拥有和分享市场效率这块蛋糕。”[26]一位曾在里根政府担任经济顾问委员会（the Council of Economic Advisers）主席的经济学家默里·韦登鲍姆（Murray Weidenbaum）进一步指出：

227 > 发展一项符合效率原则（总收益大于总成本）但不符合最简单的公平标准的政府投资项目是有可能的……遗憾的是部分经济学家存在一种倾向，他们把这类“分配”问题当作是主观的、政治性的，而把它们排除在经济分析的合理考虑范围之外。[27]

理性途径因而具有强大的吸引力，它为如何做出最优决策提供了一个看似完美的方案。然而在评述现实的政策世界时却显得力不从心。它的拥护者事实上只在理性途径有助于他们取得政治目标时才遵循“理性的”技术，而且即使从抽象上看，理性技术也没有告诉决策者应在哪里划定在总体上接近不可能完成的界限。此外，这些技术也没有解决用谁的价值来分析这样的基本问题。实际上，如议价途径所主张的那样，目标上的一致性是决策的中心问题。

9.3 议价途径

我们之前已提及行政组织的多元化途径（第 3 章）和有时在机构、与它有关的国会委员会和它的顾客利益群体之间发展起来的联盟（第6章），这些内容说明了决策是如何牵涉到冲突、协商、游说以及与特定政策和决策有利害关系的个人。

议价决策途径是以这些概念为基础形成一种不同的理性观点。该途径的拥护者如林德布洛姆指出，进行有限的分析而后商议出一种能吸引政治支持的决议，这是一种似非而是的最具理性的途径。

林德布洛姆提出用渐进主义这个简明方式来分析公共决策[28]，他说，最好把分析限制在若干项选择上而不是力图对所有选择进行判断，结合事实来考虑价值而不是像理性途径建议的那样把它们分割开来，集中精力于亟待解决的问题而不是渴望实现的广泛目标。宏大的目标往往是难以企及的，尤其在短期内，以较小规模出现的问题则比较容易确定、判断和解决。另外，从现状中为一系列增量变化取得支持和纠正可能出现的错误会更容易些。因此，决策本质上是包含着价值内容的。[29]其中的矛盾冲突是常见的且无法通过理性分析来解决，相反，“党派相互制衡”——以不同观点推动或阻碍决策者——能为产生最优的决策提供最好的希望， 228
这是议价途径支持者的观点。[30]

实际上，规章的改革者已形成明确的议价策略来减少矛盾冲突。在美国，许多联邦规章常遭到反对规章内容的利益集团起诉。当一项新规章颁布后，总出现这样的情况：一部分律师拥向电话旁向他们的事务所汇报情况，其他律师则急匆匆地去提交起诉书，像这种无休止的合法性延误成了一种惯例而非例外。为了制定更好的规章并防止诉讼，美国环境保护署召开了一系列有可能会受新规章潜在影响的利益群体参与的“规章协商”会议。在这些协商会议里，他们共同敲定一个彼此都能接受的规章，这个过程大大降低了规章受起诉的几率。但这种策略并不能运用于所有的规章制度中——即使获得很大成功它仍会引发许多重要问题——它确实能减少矛盾并使规章制度得更快捷更明晰。[31]当然，在更多的情况下，议价过程是无法进行很好的组织安排的，如古巴导弹危机。

案例：古巴导弹危机

1962年10月，美国处于与苏联发生核战争的边缘。美国的情报侦察机发现苏联在古巴建立了导弹基地，利用这个基地苏联可以发射导弹袭击纽约、华盛顿特区以及美国东部沿海的其他重要城市。美国专家预测战争将使1亿美国人丧命，这将超过苏联的死亡人数，也比欧洲多出好几百万。肯尼迪总统的智囊团琢磨着为什么苏联要把导弹基地建在古巴以及如何才能说服苏联撤走导弹。

肯尼迪总统在公众中发起了反对苏联的舆论攻势，其驻联合国大使艾德莱·史蒂文森（Adlai Stevenson）戏剧性地公开了关于苏联导弹基地的侦察照片，要求苏联大使作出解释并宣称他将一直等待苏联的答复。同时，肯尼迪总统的智囊团策划了若干个方案以对付这场危机：军队官员计划要在导弹基地完全运转起来之前发动一场袭击将其摧毁；其他智囊人物则认为应先采取海面封锁阻断苏联进一步的导弹运输，以便在双方武力冲突开始之前给苏联一个拆除导弹的机会；而政府却在策划一个秘密的非正式外交策略以揭露苏联的企图从而使危机缓和下来。肯尼迪总统最终决定采用封锁政策，于是，整个国家都在焦急地等待苏联运往哈瓦那的军事物资
229 是否会打道回府。当苏联的船只先是在离封锁线不远的地方停下而后返回苏联港口，紧张的局势就缓和下来了。苏联总理赫鲁晓夫同意从古巴撤走导弹并不再在古巴部署这样的武器。肯尼迪总统也承诺美国不会入侵古巴并撤走美国设在土耳其的对苏联构成威胁的导弹。经过 10 月 16 日至 28 日这 13 天的高度紧张之后，危机宣告结束了。[32]

格雷厄姆·艾利森（Graham Allison）研究了这场危机后认为应从三个不同角度来理解它。首先，在他称之为“模型Ⅰ”中，古巴导弹危机可以从传统的理性行为人的角度来分析。从这种角度来看，美苏两国统一了用以指导各自决策的国家立场。其次，他提出“模型Ⅱ”，这是以组织过程为基础的，在这种途径里，决策可以通过分析双方行政机构的一般运行程序来理解。最后，他提出“模型Ⅲ”，即官僚——政治观点，利用这种方法，决策可以理解为是“中央政府里各个玩家进行议价游戏的合成结果”。通过理解“他们的观念、动机、职位、权力和策略”，我们就可以领会一项决策的内涵了。[33]

议价模式有助于解释导弹危机。1961 年 4 月由美国支持的，旨在推翻古巴领导人卡斯特罗的猪湾事件的最终失败，使肯尼迪总统处于易受攻击的处境，因为美国人已逐渐相信由共产党人占主导地位的古巴对美国的安全构成了威胁。此外，猪湾事件使肯尼迪的形象变得优柔寡断。于是在发现古巴导弹之后，从这个角度考虑，政府不得不采取有力行动，因此军事行动就取代了无所作为或任何外交途径。

肯尼迪最初赞成一种被一些智囊人物称为“外科手术”式的空袭，在不造成大面积破坏的情况下摧毁苏联的导弹发射装置。但其他参与讨论的人如国防部长麦克纳马拉担心武力会引发一场迅即便超出任何一方控制能力范围的核战争。总统的弟弟罗伯特·肯尼迪（Robert Kennedy）则尖锐地提出如果总统发动突然袭击，那么他是否会成为美国的“东条英机”——策划突袭珍珠港的日本战略家。实际上，正如艾利森所指出的，“在如此激烈的争论之后总统已不大可能再按最初的偏好行事，要不就会成为罗伯特·肯尼迪所谴责的那种人。”[34]

总统最亲密的三个谋士罗伯特、麦克纳马拉和总统顾问西奥多·索伦森（The-
230 odore Sorensen）组成了一个推进封锁工作的小组。与此同时，军事顾问兼中央情报局局长约翰·麦科恩（John McCone）与国务卿迪安·腊斯克（Dean Rusk）仍力主空袭，但当被问及空袭后苏联可能做出怎样的反应时，他们的立场才有所退缩。因为空袭后最可能出现的情况便是苏联对美国在土耳其的导弹基地发动进攻，根据北大西洋公约组织的条约，这将迫使联合国出兵苏联，这样的事对任何人都没有吸引力。最后，军事策划人员认为“外科手术”式空袭是不可行的，因为任何针对导弹发射装置的军事行动要想取得成效都必须大规模攻击古巴军事设施，而这多半会是一场侵略战争。

实施封锁的决定以及其他针对危机的主要决策可以看作是几个主要参与者讨价还价的结果。在现实中，决策是个要求决策者应对各种不确定性和偏好冲突的复杂

的竞技场。正如艾利森所总结的那样，“使棋子移动的不只是支持行动的理由，或实施决议的组织的路线，而是行动支持者与反对者的权力与技巧在起作用”[35]。因此，决策被认为是各方议价的结果。在议价游戏中，各个玩家的观点是由其立场决定的，如俗语所云：“你的立场取决于你的位置。”[36]谁能取胜取决于谁有最强硬的手腕和谁能进行最有效的议价。[37]

评价

议价途径遭到了评论家尤其是理性途径拥护者的批评。

信息

评论家认为议价途径中信息的不完全具有危险性，存在着使决策者无法掌握重要情况的风险。[38]他们认为可以依靠政治程序来为决策者提供政治意见，但在确定哪项选择可能最有效这个问题上，政治程序就无甚用处了，其结果只能是浪费稀缺的资源。当财政紧张时，对公共项目的协议只有通过金钱在各竞争者间的作用才能产生一致的意见。一位名叫查尔斯·舒尔茨（Charles Schultze）的经济学家承认：“系统分析者忽略政治上的束缚而相信单纯效率就能产生效能，我们也许有必要谨防这种幼稚想法”，但在针对渐进主义者时，他又总结说：“决策者忽略资源上的束缚而认为单纯效能就可以产生效率，这种幼稚想法同样有必要谨防”[39]。舒尔茨认 231
为在进行系统分析时将政治现实考虑在内是有可能的。

林德布洛姆回击道，系统分析是无法实行的，他的决策途径才是真正的分析。但他又认为对备选方案进行有限的、连续的比较比试图进行全面分析要更为成功。然而议价途径并没有明确告诉分析者怎样才算全面，所应做的分析有多少，增量幅度该有多大，决策者应考虑多少种备选方案。仅有的一个答案是循环论证式的，即增长应足够小，备选方案应尽可能少，以达成政治上的意见一致。决策者知道如果能形成一致意见那便是正确的途径，反之则是错误的。这也许是对许多决策的有用描述，但却不能为行政官员设计决策过程提供有力的指导。

价值

显然，议价途径在描述决策是如何做出的，尤其是决策者如何为他们的判断建立政治支持方面是最强有力的。实际上，渐进主义是直接从美国长期的政治参与传统和较新的多元主义理论中产生出来的，植根于这种传统使议价途径具有特别的魅力。

然而，政府里各种利益群体在决策中的角色有很大差别。在一些机构如农业部或社会保障管理局，相对广泛的利益群体会关注诸如农产品价格支持、退休金这样的政策。利益集团的压力虽是间歇性的，但有时会非常强烈。其他一些机构如国防部利益涉及面相对窄些，公众的关注程度就低得多。在绝大多数情况下，有着坚决主张的人往往是那些与决策有直接利害关系的人，如军火商、国防部官员和政府其他部门的代表。因此在议价过程中，参与者及其角色可能会随着机构类型和项目性质的不同而产生很大差异，而议价途径在解决决策冲突方面的价值也可能相应地发生变化。

另外，通过议价消除差异往往是极其困难的。当问题高度复杂且利益涉及面较窄时，广泛的公共利益容易被暂时搁置起来。密切关注决策的特定公众甚至能在一般公众得知即将作出一项重要决策之前对其施加重大影响。而且，资金雄厚的特定利益群体比起一般公众有很大优势，他们能在决策的构建上，在提供影响决策的分
232 析和在关键时刻引起决策者注意上发挥作用。他们与决策以及决策者的密切关系使他们具有战略上的优势，这是一般公众难以企及的。

与此相反，在外交政策和国家安全问题上参与者的范围十分有限，从而进行议价的可能性通常会消失。在里根政府时期，一小部分白宫官员就曾制定一项出售武器给伊朗以换取在中东的美国人质的秘密决议。这项决策是在国务院和国防部的常规渠道以外进行的，也没有征求专家的意见。在许多外交政策中，高层决策者通常是凌驾于下级所提供的各种方案之上而做出决策的。[40]

议价途径对许多（但不是全部）行政决策是如何做出的进行了很好的说明。但与理性途径一样，议价途径也存在一些重要的规范性问题，特别是由于并非每个人均得以平等地代表，甚至有一些人的利益根本没有得到顾及。不过，这种途径仍因它对决策中价值重要性的坚决强调和它与理性模型的迥然不同而占据重要地位。

9.4 参与途径

在渐进主义之外是另一条更直接地来源于政治民主的途径——参与决策。它号召那些将受决策影响的人们的最广泛参与，但是首先存在两个疑问：

第一，参与的含义是什么？它可能是指接受有决策权的人的征询，或者指对决策权的分享，如由那些可能受决策影响的人对一项提案进行投票，而这次投票将决定该提案是被采纳还是被否决。第二，应授权谁参与这样的决策？关于这个问题的主张可以分为四类：(1) 决策组织的成员；(2) 组织所服务或规范的对象（顾客）；(3) 钱包会受决策影响的纳税人；(4) 全体公众，或至少有投票权的公众。这些参与群体间存在潜在的冲突，任何一个群体所推荐的行动方案都会与其他群体选择的行动方案有明显不同。

从表面上看，这种参与的价值似乎显而易见。谁会反对由必须接受决策的那些
233 人的意见来引导决策的制定呢？但问题在于每个群体都援引“民主”作为其战斗口号，有时却把其他所有参与人排除在外。而且当一个群体获得对某项决策的影响力时，这种影响力经常是以牺牲其他群体利益作为代价。

举例来说，穷人，尤其是黑人居住区的穷人，几十年来一直为争取在有关他们的决策里获得更多的发言权而努力；对于政府的新建项目、关闭学校以及其他对邻近地区生活质量大有裨益或构成威胁的政府动议，中产阶级也要求有发言权。通常像这种参与要求会引起“NIMBY”（not in my backyard）现象：施加强大压力防止可能令人不悦的项目在自己所在的地区里启动。联邦法规和行政规章都要求地方团

体和民众参与到关于社区发展、扶贫项目、社区心理健康中心等各个项目的决策中来。同时许多为特定目的而新组建的非政府组织也受委托管理政府项目。如国会就创建了一个预付咨询委员会（Prospective Payment Advisory Commission），为医疗照顾补贴署在医疗保险项目的收费问题上提供建议。医疗专家在委员会里起主导作用，因此医生就能在联邦政府关于医生待遇的决策里有发言权。同样，许多大城市的教育委员会也分权给由选举产生的社区委员会。

从20世纪60年代到80年代，关于参与的新技术迅速演变着，顾客参与决策便是一种新思路。实际上，美国的公共行政尤其是地方行政在咨询和分享决策方面有长久且丰富的历史。这些制度并非都是成功的，但是如果能重视以往经历所明示的教训，那么关于“参与民主”和“公众分权”的新尝试便会遇到更少的挫折。

案例：联邦

联邦机构很早就开始在决策过程中运用由个体公民组成的咨询委员会，其中至为重要的是工业咨询委员会。它们在委员会的代表性、保密、利益冲突、利用特权信息牟利、违背反托拉斯法规的诱惑、由负责官员取代真正决策者等问题上有着十分令人头疼的历史。

在实施新政的前期，即当国家复兴委员会（National Recovery Administration）主要依赖于贸易协会时，行业咨询委员会的地位达到最高点。首先，它们要负责起草近500项控制众多行业生产及价格的公平竞争法则；其次要负责挑选将被授予执 234
行权力的法制局（code authorities）的成员。[41]第二次世界大战期间，行业咨询委员会的数目激增（在战时生产委员会里约有1 000多个，价格管理局拥有约650个）。而在国家或地方层次上，由行业、劳工和政府三方组成的联合委员会被授予劳工争议的裁定权。[42]20世纪50年代，商业部的商业咨询委员会被指责为具有特权的大商业对行政决策施加影响的渠道，因此它被改组成一个私人组织。[43]回顾行业咨询委员会的历史，它存在着风险：即政府对行业代表的召集将证实亚当·斯密的论断：“同行业的人是很少碰头的，即使是为了庆贺或娱乐，但他们若是碰头，那么会谈的结果肯定是对抗公众的阴谋或提价的策划。”[44]

国家咨询委员会里关于顾客参与的第二个重要领域与科研资金的分配有关，包括科研人员和机构的科研津贴的发放及科研合同报酬的给付。像国家科学基金会、国立卫生研究所及其他支持科研的机构，都十分信赖由专门领域的科学家组成的委员会做出的审查结果。在此，有关顾客参与的代表性、内部人员的优势、无意识的偏见等问题再次出现。[45]在卡特政府时期，联邦咨询委员会的数量被削减了30%，只剩下816个，但评论家仍在抱怨保密性问题困扰着委员会。[46]

案例：地方

在过去的50年里，各种全国项目促进了分权和项目顾客参与的发展。实际上，有几个项目是吸收了其所有顾客而不仅仅是代表委员会的参与。举例来说，关于几种农产品的强制性市场定额和市场规则就只能由该农产品所有种植者的三分之二以上投票赞成才能制定。[47]

通常情况下，联邦机构是依赖地方委员会来作出决策，这些地方委员会的兼职成员都是他们所在社区或地区的代表。有些项目的地方委员会是由总统或联邦机构在征求州长、地方政府官员或机构自身的专业代理人的意见后任命的。第二次世界
235 大战期间由价格管理局设立的 5 500 个战时价格及配给委员会（War Price and Rationing Boards）就属于这种情况，而越南战争时期大约 4 000 个负责征兵的地方征兵委员会（Local Selective Service Boards）也属于此列。通过任命，每个委员会都成为“社区的整体代表”（如 OPA）或者“由经委员会分类的登记者的朋友和近邻组成”（如征兵）。[48]

农民和畜牧业者

地方参与联邦项目决策的最初形式源于对农业项目的管理。在 3 000 多个县里，农民自 1933 年起就有被选举参加委员会的工作，这是真正的公众参与。三人委员会的成员是由县里的农民直接选举或者由社区委员会成员间接选举产生。县委员会掌握着实权：它“对关于县一级的规划、行政政策和决议负全责”[49]；确定每个农场的面积和一些产品的市场限额；发放援助耕种的贷款；提供灾害补助并监督国有物资存储设施的状况。委员会成员的选择往往是一个涉及其他国家项目的难题。比如在有一年的选举中，全国选民的投票率仅 23%，而 6 个主要农业州的投票率为 5%～8%[50]，在伊利诺伊州一个县里，有一半的社区选举出现了候选人多于投票人的现象。

西部许多由当地农场主选举产生的农场委员会，是顾客参与可以通过牺牲公众利益——实际上是其他特定利益——来扩展自身利益的见证，它们曾有效地作出关于发放公共土地放牧许可证的决策。如格兰特·麦康内尔（Grant McConnell）指出的那样，农场主的参与使最具影响力的农场主的权力得到进一步增强。地区选举的参与程度很低，在俄勒冈州和爱达荷州平均参与率低于 10%，委员会长期以来都由同样有权势的农场主把持着，因此“关于土地保护问题的总体（公众）利益，至少在某些时候，是会被来源于政府土地自治体制的权力模式所侵害”[51]。

城市居民

居住在城市里的美国人没有留意乡村实践中的教训而为同样的问题所困扰。20 世纪 60 年代中期开始的一系列联邦项目要求社区组建公民委员会来协助决定如何使用经费。这种要求始于 1964 年的《经济机会法》（Economic Opportunity Act），
236 它规定每个地方社区关于“向贫困开战”的行动方案都要“在服务区域和对象尽可能广泛地参与下得以制定、实施和管理”。1966 年的《城市形态条例》（Model Cities Act）也要求任何一项有关重建和复兴贫民窟或落后地区的地方计划，都必须为这些地区“广泛的公众参与”做准备。1974 年，《住房及社区发展条例》（取代了《城市形态条例》）规定任何一个要申请社区发展基金的地方政府，都必须提供“令人满意的保证”，证明它已向公众提供了“充分”的信息，已举行听证会听取公众

的意见，已给公众参与制定申请的机会。如果你感到所引用的这些国会措辞是含糊的，那就对了。什么是“最大限度”、“广泛”或“充分”的参与仍是个悬而未决的问题，这也引发了人们争相为这些用语注上特定的含义。

或者来看看教育方面。全国约有16 000个地方学校董事会。在纽约，由居民选举出来的社区学校董事会共有32个，它们在该地区的学校管理方面握有重权。当20世纪80年代中期提高基础教育的运动高涨时，评论家却开始认真地审视董事会的运作，教育委员会主席小罗伯特·瓦格纳说道：“这种体制不起作用，原因是成为绝大多数董事会关注焦点的利害问题是董事会中的有关职位，而不是发生在学校里或孩子们身上的事。”《纽约时报》的老总宣称：“学校董事会无法实现目标”，该报记者指出学校—区域体制只不过是“政治俱乐部”的集合而已。[52]学校董事会选举的投票率始终低于10%，虽然在教育期刊上仍赫然刊登着鼓励参与的标语。[53]地方学校的董事会通常也为这种冷淡和漠不关心的态度而苦恼，其选举的投票率从未高于14%，尤其是1975年以来一直徘徊在7.5%～9%之间，这使那些主要由黑人和拉美人居住的地区的学校董事会完全被白人所控制。“有许多学生家长不参与学校选举的投票，因为他们觉得自己和这种分权体制并无什么关系”，一位研究人员指出：“他们认为按现在这种方式组建起来的地方学校董事会，并不能促进积极有效的教育。”[54]

评价

自从20世纪70年代中期以来，随着关于分权的埋怨不断增加和预算的紧缩，逐渐出现了集中控制和将更多决策责任归于民选官员身上的趋势。这个趋势使参与型决策中反复存在的问题更为突出。

信息 237

参与途径所具有的最大优势之一在于其所能提供的信息财富。关于公共项目管理的见解很少有人会比那些项目实施者深刻，也没有哪位项目效果评论员的洞察力会比深受其影响的公民更敏锐。但大量信息的存在也是个问题，它们通常是大规模、无区别地涌向决策者，而没有任何明显的线索表明哪项信息是最重要的。太多信息有时反而会导致过犹不及的后果。

价值

在对参与途径所产生的大量信息进行整理时，决策者也必须要解决重要的价值问题。这个途径引起了循环的困境：

1. 少数顾客愿投身于对自我利益的保护之中，或者形成另一极端，广大、庞杂的顾客为了较小的利益而参与决策。

2. 在决策中让所有想参与的顾客直接参与，将面临要应付极其庞大顾客群体的难题。或由被任命或当选到委员会、董事会这些官方假定代表顾客的机构的人直接参与决策——但这也许并不具有真正的代表性。

3. 若在决策中授予公民正式或非正式的权力会存在这样一个问题，即由谁来关注公共利益。但如果仅仅简单地对那些一并权衡各种意见并最终作出定夺的公共行政人员提出建议（和要求），那也有一个他们是否能认真对待这些建议的问题。

选择是艰难的，但它们与负责任的有效的决策有重要联系。一方面，参与型决策为政府决策和创建公民领导人的新核心组织提供了新路子；另一方面，这种体制也产生了一些保护性措施，使新官员们力图保住自己的职位。这两种情况是混杂在一起的。[55]

9.5 公共选择

一些微观经济学家已形成一套不同的理论来阐释公共机构是如何做出决策的（因此将其命名为“公共选择”）。[56]公共选择理论是以所有经济学的基础即人是理性的并追求个人利益最大化的假设为起点的。这种理论认为最理性的事情就是提升自我利益。经济学家认为不论是选择在哪里居住或购买什么样的汽车，个人都会尽
238 力使它们的效用，即从决策中获得的价值最大化。在私人部门，这将使个人或企业富有竞争力并促使资源的最优配置。

公共选择理论认为政府官员和其他任何个人一样是利己的。私人利益会促使他们规避风险和发展事业，这就意味着他们会寻求扩大项目和增加预算。因此，公共选择经济学家认为一个充斥着利己主义官僚的组织可能会导致一个既低效又背离公众利益的大政府。[57]他们指出，官僚对个人利益的追求有助于解释为什么美国政府的表现总令人失望。

这种论点使公共选择学派的支持者认定，只要有可能，政府的职能就应由私人部门来承担。在实践中，从日本政府出售全国最大的航空公司到墨西哥政府出售250家国有企业，全球各国的政府都依照公共选择理论方案对公共服务进行私有化。当由于现实原因或政治原因使该理论行不通时，公共选择理论的支持者便主张公共职能应以订约方式过渡给私人部门。他们断定这种订约过程将会刺激私人部门的竞争并扩散政府机构的影响力。[58]如公共选择运动最权威的人士之一斯图尔特·巴特勒（Stuart Butler）指出，私有化是一种把提供服务的要求从政府身上转移开，并降低预算增长要求的“政治性游击战术”[59]。

由里根总统任命的格雷斯委员会，自20世纪80年代中期开始着手研究联邦政府管理问题。[60]首先，该委员会认为政府管理的低效源于政府内部的高度腐败和大量冗员。由于本年度的预算通常是以上一年度的支出为基础，因此，不论是否是现实需要，花光所有拨款便成了唯一的动机，而不存在任何节约用钱归还国库的诱因。其次，该委员会的报告指出，因为政府被隔离于竞争之外，所以它无需像私人部门那样必须对各种变动作出回应。公共部门可以年复一年地以同样的方式管理项目。最后，在政府项目中出现的强有力的支持者使政府不必改变自身去适应要求。因为这些利益集团经常抵制各种变动以保护自己所拥有的那份政府产品和服务。因此正如理论中所阐明的，政府没有被强制要有效运作，政府项目实施中所涉及的每

个人几乎都愿意看到政府照其原样运转下去。

案例：储存和泡沫 239

公共选择途径也带来了创新性的规章策略。规制者没有采用政府所颁布的规则，规定每个会产生污染的企业要将污染排放降至一个固定的限额之下，而是利用各种激励因素促使企业更有效地减少污染。如由环境保护署设定污染标准，那些把污染降低至所限定水平之下的企业就可以把减少污染的量“储存”起来以备将来生产规模扩大时用。其他公司自1979年以来获准可以在其同地区的所有设备周围建立泡沫，以探索出综合减少全部污染的最廉价的方式，而不必分别应付各种不同设备不同的污染标准。在储存和泡沫方法里，其共同的策略便是允许每个企业对自身利益进行估计，以提高降低污染的综合目标。

举个例子，1980年第一个获准通过的泡沫计划为电力事业节省了2 700万美元。它在一个工厂里以硫黄含量低的煤炭代替高硫黄煤炭，而在另一家工厂里则用天然气代替低硫黄煤炭。这个泡沫计划不仅为公用事业节省大量资金而且也减少了放射物。据DuPont的工程师估计，一项针对企业运转而制定的地区性泡沫计划可以以1 460万美元的花费将污染降低85%，而如果企业想要分别降低每种污染的85%，则要付出约高7倍的代价——9 100万美元或更多。[61]

评价

公共选择途径以一个简单的论断和一个简洁的解决方案对政府项目构成了冲击。这个论断便是政府官员的利己主义导致了低效项目，而所设想的方案则是将尽可能多的公共项目移交给私人部门，如果这不可能实现的话，则在政府内部模拟私人部门的竞争。然而，这个途径仍遗留了信息与价值上的重要问题没有解决。

信息

公共选择途径对决策的吸引力在于它对市场的信奉，它的拥护者认为，不论是在市场还是在像合同这样以市场为基础的机制里，类似市场的竞争都会使效率最大化。决策者被迫去寻求正确的信息并做出最优的决策，否则其他人将赶超他们并使其失业。这种逻辑的威力是以行政人员是理性人这一基本假设为基础的，即行政人员会全力追求对他或她有即时效用的事物——个人权力、安全和收入。 240

很难说有谁不会想提升自己的地位，然而史蒂夫·凯尔曼（Steve Kelman）认为对政治运作过程的这种看法是对现实的可怕讽刺。“它忽视了理想具有可以战胜利益的能力，以及政治过程中公共精神对激励参与者行为所起的作用。‘公共选择’理论存在的问题远不止是描述上的不准确。我相信，要实现一项好的公共政策需要……在政治行动中存在公共精神准则——即人们在其政治行为中不仅仅是自私的……公共选择学派是对这种准则的一种攻击。”[62]

认为在实施政府项目的过程中，政府官僚的行为受个人效用最大化的强烈驱使而使许多具公共取向的目标被排除在外，这样的观点很难让人接受。因此公共选择理论的简单性也就是它的致命之处。难道行政官员真的如此专注于个人目的而没有丝毫职业荣誉感，没有为实现立法目标而努力以及为公共利益服务的思想吗？

许多高级行政人员若选择在私人部门工作其薪水无疑会翻两三倍，如我们在上一章里看到的那样。但为公共利益而奉献的意识使他们继续在公共部门工作。以对公务员的批判态度为起点的公共服务研究途径存在着十分危险的错误，特别是当这种途径被当做管理政府项目的良方时更是如此。总统的经济顾问委员会（Council of Economic Advisers）前主席默里·韦登鲍姆（Murray Weidenbaum）所言，一些经济学家存在这样的倾向，他们以“主观的和政治性的”为名把一些难题打发掉，然后宣称这些问题超出了关于效率的理性分析的适当范围。[63]

公共选择运动的强大魅力在于它对政府问题简洁的解释，这些问题与水门事件后产生的反政府情绪以及里根政府倡导的保守主义哲学有密切联系。同时它还提供了一个简明的解决方案：用市场的自我纠错能力来取代政府官僚的决策。他们认为市场消除了有意识地搜寻决策信息的必要性，因为市场中参与者的利己动机会确保相关信息的获取。然而，过度精练的解释使许多公共管理者必须处理的实际上有趣得多的问题被大大简单化了，同时它对政府及公共服务进行了不当的讥讽。另外，
241 公共选择途径极大地低估了公共理念的巨大威力，这种理念认为，有些事物对我们全体都有利，所以决策者会设法得到它们。[64]

价值

对市场的类推分析表明私人部门的目标与动机其实与公共部门是相同的，但是私有化的观点有时却把两个明显不同的问题搅在一起：政府应该做什么和政府应该怎么做。从根本上说，私有化是关于政府应该怎么做而不是政府应该做什么的观点。

这反而又明确了另一个重要问题：什么样的职能在本质上是具公共性质的，并由政府承担基本职责？如我们前面所提及的，效率不是公共项目寻求的唯一目标，它还追求其他重要目标，例如公平，这意味着要进行艰难的权衡。有些项目从本质上说是公共的，最深入的探讨往往与目的相关——什么应成为或什么不应成为公共职能。公共选择运动集中精力于对手段的研究从而规避了一个最关键的问题，那就是公共行政中的公共利益问题。[65]

即使我们仅仅强调手段，公共选择途径仍是不尽如人意的。公共选择的拥护者认为市场的自我约束特性可以解决困扰公共项目的任何问题。然而手段并非是中性的，政府合同的长期历史和报纸近来披露的许多令人憎恶的事件可以为此提供充足的证据。[66]

合同并不能自我执行，这是一个非常简单却常被忽视的问题，而且依赖于合同常会使价值发生替换。如果是政府直接管理的项目那必须要应付自利的官僚，如果是订立合同的项目则必须要应付自利的代理人，这二者都追求个人效用的最大化，有时甚至会为此不惜以政府的利益为代价。因此，合同的实施要有高度的责任心和高效的执行为保证。行政人员的作用会发生变化，但并没有消失。康涅狄格州的行

政专员伊莱·弗里德曼（Eli Freedman）认为："不能用合同形式将责任外移给一般管理。"[67]正如任何一个国防部官员在面临要价过高的武器等尖锐问题时都明白的那样，对外订立合同并不能解除政府的基本责任，它只是改变了这种责任。（我们将在第11章里进行更全面的阐述。）

因此，公共选择理论将在一个重要观点上显得自相矛盾：在实施管理的过程中政府的作用是不可削减的。同时，公共领域和私人领域间的界限并不明确。因此，公共选择的方案只是表面上令人心动，但认真审视后便发现它只建立在对政府行政过分简单化的理解之上，实际上它所提出的问题比它所提供的解决方法要有价值得多。 242

9.6 决策的限制因素

从以上讨论我们可以清楚地知道没有任何一条途径能为解决决策中产生的问题提供一个万全之策，每条途径都有其特定的价值和特殊的问题，但又都存在决策中的基本问题。毕竟它们是作出行政决策的人们的集合体，而这其中的每个人都是在充满复杂压力、矛盾信息和不同见解的大组织里工作的。即使是"满意"理论和渐进主义，也没有对行政人员所必须应付的心理环境予以充分考虑。曾任国家航空航天总局局长八年之久的詹姆斯·韦布（James Webb）对该问题进行了一番很好的分析。

> 一项大型事业的行政人员必须在不寻常的环境下以不寻常的方式工作……那些仅受过传统原则教育的行政人员若只懂得按其行事，而离开这些原则便无所适从，那他在复杂的大事业中将是无甚用处和令人不满的，而那些在管理参与学派所倡导的方式下不得不变得心理脆弱的行政人员也属于此列。
>
> 在大规模组织中，人本身也必须是不同寻常的：他必须具有丰富超凡的管理理念与实践，但是不会按诸如问题是什么和该怎么做这样的刻板定义去开展工作；他能有效地开展工作，即使当各种命令交叉并来自各个方向，而不是单纯地直上直下的时候；他能在变幻莫测的形势下高效工作，能适应不确定性与高度缺乏个人保障的情况；他愿意在比其他地方低的薪水水平下工作；他能在组织中将公共利益和私人利益很好地结合起来，使二者共同受益。[68]

两位社会心理学家欧文·贾尼斯（Irving L. Janis）和利昂·曼（Leon Mann）尖锐地指出："人类是有血性的而不是冷血动物"，他们"会为矛盾、困惑、疑虑所缠绕，要与不合理的欲望、憎恶和忠诚相抗争，通过拖延、合理化或否认在自己的选择中的责任来寻求解脱"[69]。决策的所有途径都存在这样的问题：复杂的问题周围存在着巨大的不稳定性，歪曲和阻碍重要信息流通的官僚体制弊端以及无法进行长时间斟酌的反复出现的危机。 243

不确定性

我们往往容易低估决策者在预测决策后果和获取关于现状的正确信息方面的难度。例如，国会让联邦储备系统（Federal Reserve）负责制定货币政策，但甚至连确定什么是“货币”这样的问题看起来都相当困难。[70]联邦储备委员会已形成几种衡量货币的方法，分别包括现金、支票存款户、储蓄存款户、长期定期大额存单，这些方法几年来一直随着美国银行业务的变化而变化。更糟的是，货币供应量实际上只是一种需要不断进行修正的估计值而已。

其他重要的经济统计数据也存在同样的问题。要想获得关于经济增长和通货膨胀率的正确数据往往需要几个月的时间，看起来“不错”的月份有时也会随着更多资料的出现而变得“糟糕”，而且有时很难对这些数据进行解释，难道高经济增长率就是经济良性发展或通货膨胀开始上升的标志吗？一位研究经济政策的学者认为，“有太多的数据，但能充分描述经济现状的正确、有力和可信的信息却极少，更糟糕的是，关于以往数据会预示经济前景的可信事例很少见。”[71]

科学领域的复杂性也导致了类似问题的发生。1976 年初，猪型感冒（一种潜伏性的致命疾病，在 20 世纪 20 年代盛行时曾导致 2 000 万人死亡）存在横扫全国的危险。由卫生、教育和福利部的卫生专家参与的福特总统的科学咨询委员会，极力主张在全国较大范围内开展一场免疫运动，总统批准后约有 4 000 万美国人接受了疫苗注射。之后猪型感冒再没盛行过，然而，一种在此之前未被发现的疫苗的副作用却使成千上万人的健康受到损害甚至失去生命。在卡特政府初期，担任卫生、教育和福利部部长的小约瑟夫·A·卡利法诺（Joseph A. Califano）指出了这个事例所反映的一个难题：“本身并非专家的高层官员应如何处理那些部分有赖于高科技和复杂的专业知识的政策问题——尤其当这些知识具有推理性、有巨大分歧或各种‘事实’并不确定的时候？”[72]

244 随着决策频率的加快，对于那些专家意见分歧且前景不明的问题，决策者必须要依据一些现有的知识来处理。实际上，风险是不确定性的近亲，而失误的代价有时是灾难性的（如对暴露在已知的致癌化学物质下的危险性的判断）。[73]除了政治压力，不确定性使任何一种决策途径都不足以成为决策的指导。这点尤为真实，因为许多决策一旦作出就是不可逆转的，也不能为理性和议价途径所设想的反馈和纠正提供机会。

如猪型感冒运动就是一个不允许有任何折中措施的决策。面对着可能发生的感冒流行，福特总统只能选择开展或不开展全国性免疫运动。这个事件让人回想起恺撒在卢比孔河边所做的著名决策，如普拉塔克（Plutarch）所述：

> （恺撒）心里相当犹豫……他的想法常常变动……和他身边的朋友商议……估算他的渡河决策可能造成的人员伤亡及其会波及给后代的影响。最后，怀着某种激情，他把估算的结果扔到一边，全身心投入到即将发生的事情

中去。用那些着手进行危险而大胆的尝试的人经常引用的话来说就是“心意已决”。带着这种决心，恺撒渡过了卢比孔河。[74]

在一个侦察系统可能会误报敌方发动原子弹袭击的时代里，可以用来决定是否进行反攻的时间根本无法允许过多的估计和运算。然而，决定是不可逆转的，木将成舟。

许多重要性稍逊的决策也是或者大体上是不可逆转的：如征兵入伍并分配到战区；吊销执业许可证或营业执照；取消避免某桩生意或某个农场破产的贷款；驳回待处决的囚犯的请求。决策对那些生命遭损害或威胁以及生活遭破坏的人来说具有坚决的终局性，要想预测一项决定会产生什么样的后果是很困难的，这种不确定性的包袱是压在那些不可逆转型决策之上的重负。

信息弊端

行政组织的结构会使信息在组织内向上流动时遭到破坏。当然并不是所有在基层收集的信息都能传递到高层官员手上，否则这些官员将很快被信息资料压垮而仍无法确定实情。 245
因此信息必须在每个行政层级上进行压缩，而这个压缩过程往往要对信息进行过滤，所以公共官员倾向于传递好消息压制坏消息就不足为奇了。往好处想，这种做法只是破坏了信息流通，往坏处想，则是完全阻滞了一些即将产生的问题所显露出来的初期征兆。而且，官员自身的专业训练会使他在选择信息时有某种偏好。一个即使已担任了总经理职务的工程师，仍可能会比较认真倾听关于工程方面的问题，而胜过其他也许更为紧迫的事情。[75]

有时这些信息上所存在的弊端会产生连续的无休止的问题，原和平队的一位官员发现：“语言、文化以及技术技能的训练往往是不充分的，这些被选中的志愿者并不能胜任他们的工作”，但是上层官员却通常被蒙在鼓里。他解释说下层官员经常会“阻止信息，尤其是令人不悦的信息传到机构的上层，在那儿信息可能会产生令下级不悦的结果”[76]。

有时这些问题会导致灾难，1986 年 1 月 NASA 发射挑战者号的前夜，制造公司的工程师坚决认为发射地点所预报的第二天早上的寒冷天气会危及发射，但是中层管理者驳回这项建议并拒绝将其传递给高层官员。工程师的预言后来不幸被证实了，火箭在发射后的第 73 秒钟爆炸。负责下令发射的官员直到调查工作开始之后才知晓工程师们在事发前的担忧。[77]

显然，决策者若没有正确的信息是无法做出好的决策，所以他们常想方设法来避免信息上的弊端。他们可依赖从报纸到系统外专家所提供的外部信息；可以采用反偏见战术，根据以往对信息来源的了解来判断所收集到的信息的可靠性；可以绕过制度等级直接接触信息源，事实上也有一些管理专家倡导“巡回管理”，让管理者从办公桌后走出来到实践中去，以避免“没有人告诉我任何事”这种情况的出现[78]；他们还可以采取程序性形式防止信息向上传递时遭到歪曲。[79]

然而，试图摆脱信息链上的这些弊端会自相矛盾地引发另一些新问题：

246 □ 这些对新信息的改进措施可能会阻塞内部信息渠道。

□ 增加决策者拥有的信息量可能仅会使其负荷过重，虽然初衷也许只是为消除决策中信息不完整的现象。

□ 决策的措辞更明确更具体会使执行官员产生不安。[80]

这些矛盾的说法描绘了既令人困惑但又十分真实的情形。然而行政人员是有设防的，因为问题通常是信息过多而不是太少，他们要尽力对所有信息进行分类整理，然后找出作为决策依据的事实间的正确联系。NASA 的高层官员实际上早就被告知引发了“挑战者”灾难的问题，但是一位众议院议员发现这些信息“总是以一种不能体现问题严重性的方式”传递。[81]解决这些问题的方法——开辟各种反馈渠道，以便决策者能够把许多矛盾的零散信息结合成一个有条理整体——其实是多余的，这个任务通常是决策者必须面对的最困难的工作之一。

危机

危机常常会促使决策的产生。1951 年使 119 人丧生和 1968 年使 78 人丧生的矿井爆炸事件分别促成了 1952 年和 1969 年《国家矿井安全法》的通过；水灾使阻碍改进国家防洪政策的僵局一次又一次被打破[82]；1979 年危及周围数里内人口的宾夕法尼亚州核反应堆事故，激发了人们对政府的核电工业政策进行根本性反思；“挑战者”的爆炸加速了对辅助火箭的再设计以及新的紧急逃生系统计划的产生。[83]

当然危机并不仅限于联邦政府。许多自然灾害如火灾、水灾、暴风雪、地震以及火车失事等意外事故会使州或地方官员处于被解雇的边缘。所有的危机都要承受时间上的压力，这个因素在各种决策途径中很少被予以关注。关于古巴导弹危机的叙述表明，如果要求肯尼迪总统的咨询委员会在发现导弹位置后的两三天（而不是五天）内就提出建议，他们可能会主张采取强烈的军事反击行动。在危机的整个过程中，时间上的压力（以及保密性要求）排除了深入行政组织基层寻找相关信息和建议的可能性。[84]

247 危机通常会使正常的决策程序倒置。如果一个联邦矿井巡察员发现矿井中存在“即将发生的危险”，他可以下令关闭矿井直到采取了改进措施。如果食物及药品委员会的成员断定某种药品对公共安全有直接威胁，他可以命令其退出市场。在这两个事例中，对权衡生产者反对意见的听证会细节的研讨，都是在命令发布之后进行的，而且该命令在此期间仍有效。

因此，危机颠倒了正常的决策顺序，使许多事变得难以实现：理性决策所需要的全面分析；议价途径的试错法；参与型决策中的商议以及公共选择中对私人部门的信赖。危机使问题的不确定性更加突出，尤其是在具有技术复杂性的领域，而最为重要的是，它使公共部门里一个没有引起众多途径重视的决策问题得到了强调，即公共部门里的官员是最终负责确定与保证公共利益这项艰巨任务的人。

危机是可以被控制的。在私人领域，泰莱诺尔（Tylenol）的生产商因其在处理胶囊中毒事件中采取积极举措而赢得赞誉。欧文·L·贾尼斯（Irving L. Janis）认为“警醒型解决”问题的办法可以减少出现危机的风险，也就是管理者要积极地界定问题、收集可靠信息、重新分析形势然后设计最佳选择方案。[85] 1979 年三里岛核电厂发生危机期间，当宾夕法尼亚州的州长理查德·索恩伯格（Richard Thornburgh）面临着一场潜在的核灾难时，他不得不严谨地遵循这些步骤来找到出路。然而，存在失误的高风险的意外事件所具有的突发性，又对决策者提出众多的挑战。

9.7 结 论

我们已经考察了几种决策途径：理性分析、议价途径、参与途径及公共选择途径。尽管这些途径在实践中得到一定程度的运用，但它们还是充满假设的理论，存在被固定成教条的倾向。同时如表 9—1 所示，它们还为处理信息与价值上的一些长期存在的问题提供了一系列策略。

表 9—1 **决策途径** 248

途径	信息	价值
理性	全面收集信息实现理性最大化	假定的
议价	有意加以限制	努力寻求
参与	从受决策影响的群体中获取	顾客利益为重
公共选择	运用市场的自我约束力量	利用参与者的个人利益

这些途径在不同程度上都具有一些基本的缺陷。我们已提到它们的一些疏漏之处，特别是不确定性、信息弊端以及危机，同时还有诸如一个问题或对一项决策的需求是如何被发觉、确定和列入议程的（大多途径是以一个已知且已阐明的问题或需求为起点的）等问题。此外，非决策——有意或无意地不做出决策或规避问题——通常会造成与决策同样重大的影响。

更为基本的问题是这些途径所具有的倾向：（1）提升某种单一的价值；（2）忽略了对途径有效运作及其实现价值所需要条件的描述。这种对单一价值的强调在经济学家通过系统分析提高效率的追求中，在渐进主义者为实现参与最大化的奋斗中，在参与型管理者为达到决策充分反映民意的努力中，在公共选择学者对私人部门竞争的功效的推崇中表现得相当明显。这些都是重要的价值，事实上这就是我们的观点。因为这些价值都是重要的，所以任何一条专为实现其中某种价值的途径对政治现实来说都是不够的。

第二种倾向是途径的拥护者没能详细说明途径成功所必需的条件。有时候这种条件在现实世界中可能并不存在，如系统分析，且理论家没有很好地解释如何把他们的途径应用于实际中。而在实践中这种应用过程是如此大量而丰富，以致各种途径要穷尽其本质特征。如在考虑政策目标的难度，许多分析领域中的定量分析资料的缺乏，将定性的目标和成就转化为可量化的措辞时可能产生的歪曲以及国会议员的行为等问题时，试图运用理性决策途径，将可能导致理性途径捉襟见肘而逊色于现实性较强的渐进途径。

249 当然，我们可以确定某种特定的决策领域有其最适用的某种途径。[86]这点尤其适用于系统分析、民主参与和公共选择途径。如理性途径在目标明确、措施定量化以及政治压力微弱的领域里有较强的生命力。但是如果我们把这些途径都分别应用于其最适合的领域，那又将陷入不知如何将这些各有特色的决策系统结合成一个整体的迷惑之中。如预算程序是遍及所有政府并包含着机构间的竞争，它们运用着体现不同价值的决策系统；总统的年度立法项目的准备是一个需要政府各机构提供资料的综合计划过程。为了必要的整合，我们显然只能在两个综合性最强的途径——理性和渐进之间择其一，或者把握好二者间难以界定的联系以扬长避短。

注释

[1] Herbert A. Simon，*Administrative Behavior*：*A Study of Decision-Making Processes in Administrative Organization*，3d ed. (New York：Free Press，1945，1976).

几年前，Chester I. Barnard 也探讨过决策的重要性，参见 *The Functions of the Executive* (Cambridge：Harvard University Press，1938)。但 Simon 的著作被证实具有更大影响力。

[2] 例如，参见 Charles E. Lindblom and David K. Cohen，*Usable Knowledge*：*Social Science and Social Problem Solving* (New Haven：Yale University Press，1979).

[3] Max Weber，"Bureaucracy"，选自其 *Essays in Sociology*，trans. and ed. H. H. Gerth and C. Wright Mills (New York：Oxford University Press，1946)，196-244. Francis E. Rourke 在 *Bureaucracy*，*Politics and Public Policy*，3d ed. (Boston：Little，Brown，1984) 中对此进行了更为广泛的探讨。

[4] 例如，参见 Don K. Price，"The Scientific Establishment"，*Proceedings of the American Philosophical Society* 106 (June 1962)：233-245；and idem，*The Scientific Estate* (Cambridge：Harvard University Press，1965)。国会研究部整理了一系列有关科学在决策中地位的有用资料。See U. S. House of Representatives，Committee on Science and Technology，*Expertise and Democratic Decisionmaking*：*A reader*，Science Policy Study，Background Rpt. No. 7，prepared by the Congressional Research Service，99th Cong.，2d sess.，1986.

[5] Deborah A. Stone，*Policy Paradox and Political Reason* (Glenview，Ⅲ.：Scott，Foresman，1988)，21.

[6] Robert D. Behn and James W. Vaupel，*Quick Analysis for Busy Decision Makers*，(New York：Basic Books，1982)，19，20.

[7] See Charles O. Jones，*An Introduction to the Study of Public Policy*，3d ed. (Monterey，Calif.：Brooks/Coke，1984). Esp. chap. 6.

[8] See Rourke，*Bureaucracy*，*Politics*，*and Public Policy*，49.

[9] Ibid.，50.

[10] 源于 Hugh Heclo 在"Issue Networks and the Executive Establishment"中的论断，in the *New American Political System*，ed. Anthony King (Washington，D. C.：American Enterprise Institute，

1978)，87-124.

［11］Stone，*Policy Paradox and Political Reason*，309.

［12］Donald W. Taylor，“Decision Making and Problem Solving”，in *Handbook of Organizations*，ed. James G. March (Chicago：Rand McNally，1965)，70.

［13］国防部内有关赞成 PPBS 的报告是由负责 PPBS 应用的那些人写的，参见 Charles I. Hitch，*Decision Making for Defense* (Berkeley：University of California Press，1965)；and Alain C. Enthoven and K. Wayne Smith，*How Much Is Enough? Shaping the Defense Program*，1961 - 1969 (New York：Harper& Row，1971)；参考比较 James R. Schlesinger，“ Uses and Abuses of Analysis，” in U. S. Senate，Committee on Government Operations，*Planning*，*Programming*，*Budgeting*：*Inquiry*，91st Cong.，2d sess.，1970，125-136；and Blue Ribbon Defense Panel (Gilbert W. Fitzhugh，chairman)，*Report to the President and the Secretary of Defense on the Department of Defense* (Washington，D. C.：Government Printing Office，1970)，112-118，其中提到“由于 PPBS 所考虑的是关注主要武器系统的项目，所以它并没有对决策程序作出突出贡献 (114)。

［14］U. S. Bureau of the Budget，*Bulletin NO*. 68-69，12 April 1968. 所有说明性文字均摘自其原文，但没有引用评论性部分。

［15］Jack W. Carlson (预算局项目评估助理局长)，“The Status and Next Steps for Planning，Programming，and Budgeting，” in U. S. Congress，Joint Economic Committee，*The Analysis and Evaluation of Public Expenditures*：*The PPB System*，91st Cong.，1st sess.，1969，2：613-634；他在国会联合经济委员会上的证词，Joint Economic Committee，*Economic Analysis and the Efficiency of Government*，Hearings，91st Cong.，2d sess.，1970，pt. 3，694-706.

［16］对 PPBS 失败原因的最重要的分析，参见 Allen Schick，“A Death in the Bureaucracy：The Demise of Federal PPB，” *Public Administration Review* 33 (March/April 1973)：146-156.

［17］Allen Schick，*Budget Innovation in the States* (Washington，D. C.：Brookings Institution，1971)；Aaron Wildavsky，*Budgeting*：*A Comparative Theory of Budgetary Processes* (Boston：Little，Brown，1975)，335-352；Jack Rabin，“State and Local PPBS，” in *Public Budgeting and Finance*，2d ed.，ed. Robert T. Golembiewski and Jack Rabin (Itasca，1ll.：Peacock.，1975)，427-447.

对 PPBS 内在缺陷最严厉的批评来自 Aaron Wildavsky，*The New Politics of the Budgetary Process* (Glenview，1ll.：Scott，Foresman，1987)，416-420；and idem *The Revolt Against the Masses* (New York：Basic Books，1971)；and Leonard Merewitz and Stephen H. Sosnick，The Budget's New Clothes：*A Critique of Planning-Programming-Budgeting and Benefit-Cost Analysis* (Chicago：Markham，1971)；Ida R. Hoos，*Systems Analysis in Public Policy*：*A Critique* (Berkeley：University of California Press，1972)。

［18］U. S. Congress，Joint Economic Committee，*Economic Analysis and the Efficiency of Government*，Report，91st Cong.，2d sess.，9 February 1970，9.

［19］关于这些及其他分析者的具有启示性的研究 (主要指经济学)，参见 Arnold J. Meltsner，*Policy Analysts in the Bureaucracy* (Berkeley：University of California Press，1976).

［20］Lawrence J. Korb，“Ordeal of PPBS in the Pentagon，” *Bureaucrat* 17 (Fall 1988)：19-21.

［21］Charles E. Lindblom，“Still Muddling，Not Yet Through，” *Public Administration Review* 39 (November/December 1979)：518. 但正如我们不久之后所看到的，Lindblom 本身也受到强烈攻击。

［22］让事态更恶化的是，“理性决策者”从不应用自己所收集到的信息，而总是试图寻求更多信息。See Martha S. Feldman and James G. March，“Information in Organizations and Signal and Symbol，” *Administrative Science Quarterly* 26 (1981)：171-186.

［23］James G. March and Herbert A. Simon，*Organizations* (New York：Wiley，1958)，140-141.

[24] See Steven E. Rhoads, ed., *Valuing Life: Public Dilemmas* (Boulder, Colo.: Westview Press, 1980).

[25] Lewis M. Branscomb, "Science in the White House: A New Start," *Science* 196 (20 May 1977): 848-852. 为保护 Snail darters 而发布的要求执行濒危物种保护条例的法院强制命令，使田纳西流域管理局一个快完成的 12 000 万美元的水利项目被拖延。*Tennessee Valley Authority v. Hill*, 437 U. S. 153 (1978). 此后国会成立了一个有权授予法案豁免权的审查委员会，但委员会拒绝对 TVA 项目予以豁免。1979 年，国会自己投票通过了豁免决定。

[26] Arthur M. Okun, *Equality and Efficiency: The Big Tradeoff* (Washington, D. C.: Brookings Institution, 1975), 2.

[27] Murray Weidenbaum, *The Modern Public Sector* (New York: Basic Books, 1969), 178.

[28] 渐进主义决策最具说服力和最全面的描述与辩护是由 Charles E. Lindblom 提出的，其简洁有力的陈述是 "The Science of 'Muddling Through,'" *Public Administration Review* 19 (Spring 1959): 79-88。这个决策模型在以下著作中得到进一步详细阐述：*The Intelligence of Democracy: Decision Making through Mutual Adjustment* (New York: Free Press, 1965); *Politics and Markets: The World's Political-Economic Systems* (New York: Basic Books, 1977), 314-324; and *The Policy-Making Process*, 2d ed. (Englewood Cliffs, N. J.: Prentice Hall, 1980). 他在 "Still Muddling, Not Yet Through" 中回应了对该模型的批评。

[29] 然而，渐进途径并没有局限于政治领域，它也被应用于商业决策中，参见 James Brian Quinn, "Strategic Change: 'Logical Incrementalism,'" *Sloan Management Review*, Fall 1978, 7-21; "Strategic Goals: Process and Politics," *Sloan Management Review*, Fall 1977, 21-37; and "Managing Strategic Change," *Sloan Management Review*, Summer 1980, 3-20, 在这篇文章中 Lindblom 的 "muddling-through" 途径得到推崇。

[30] 议价途径也延伸出好几个相关程序，最引人关注的就是"垃圾箱"途径。在这个途径中，参与者把所有问题和解决方案都统统扔进垃圾箱，决策不是制定的而是"产生"出来的，以避免模棱两可的价值和目标。See Michael Cohen, James March 和 Johan Olsen "A Garbage Can Model of Organizational Choice," *Administrative Science Quarterly* 17 (March 1972): 1-25.

[31] See National Journal, 15 November 1986, 2767; Philip J. Harter, "Negotiating Regulations: A Cure for Malaise," *Georgetown Law Journal* 71 (October 1982): 1-118; Henry J. Perritt, Jr., "Negotiated Rulemaking in Practice," *Journal of Policy Analysis and Management* 5 (Spring 1986): 482-495; and Daniel J. Fiorino and Chris Kirtz, "Breaking Down Walls: Negotiated Rulemaking at EPA," *Temple Environmental Law and Technical Journal* 4 (1985): 40.

[32] Robert Kennedy 以第一人称描述了这一戏剧性的危机，提供了关于这件事的详细情节，*Thirteen Days* (New York: Norton, 1969)。评论性的文章参见 Graham T. Allison, *Essence of Decision: Explaining the Cuban Missile Crisis* (Boston: Little, Brown, 1971)，从这引发的讨论可参见第 6 章。

[33] Allison, *Essence of Decision*, 6.

[34] Ibid., 203.

[35] Ibid., 145.

[36] 这句格言由 Rufus Miles 引入，经常以米勒定律为人所知。参见 Rufus E. Miles, "The Origin and Meaning of Miles' Law," *Public Administration Review* 38 (September/October 1978): 399-403。亦参见 Allison, *Essence of Decision*.

[37] 关于议价决策研究的另一个案例，参见 Wall Streets Journal 的两位记者关于 1986 年税制改革的文章：Jeffrey H. Birnbaum and Alan S. Murray, *Showdown at Gucci Gulch: Lawmaking, Lobbyists, and*

the Unlikely Triumph of Tax Reform (New York: Random House, 1987).

[38] See Charles L. Schultze, *The Politics and Economics of Public Spending* (Washington, D.C.: Brookings Institution, 1968).

[39] Ibid., 76.

[40] 有关慎重决策及其相关情况，可参见 Alexander L. George, "The Case for Multiple Advocacy in Making Foreign Policy," *American Political Science Review* 66 (September 1972): 751-785; and his *Decisionmaking in Foreign Policy: The Effective Use of Information and Advice* (Boulder, Colo.: Westview Press, 1980).

[41] Leonard S. Lyon and others, *The National Recovery Administration* (Washington, D.C.: Brookings Institution, 1935).

[42] Edythe W. First, *Industry and Labor Advisory Committees in the National Defense Advisory Commission and The Office of Production Management, May* 1940 *to January* 1942 (Washington, D.C.: Civilian Production Administration, 1946); 引用部分选自 *Public Administration: Readings and Documents*, ed. Felix A. Nigro (New York: Holt, 1951), 406-426。亦参见 Harvey C. Mansfield, *A Short History of OPA* (Washington, D.C.: Government Printing Office, 1948), 311; and Allan R. Richards, *War Labor Boards in the Field* (Chapel Hill: University of North Carolina Press, 1953).

[43] Grant McConnell, *Private Power and American Democracy* (New York: Knopf, 1966), 276-279. 关于利益集团在决策中的角色的新近探讨，参见 Jeffrey M. Berry, *The Interest Group Society* (Boston: Little, Brown, 1984).

[44] Adam Smith, *The Wealth of Nations*, Everyman's ed. (London: Dent, 1910), 1: 117.

[45] See National Academy of Sciences（利用年轻的科学家和工程师为政府国家研究委员会提供咨询服务的委员会）, The Science Committee, *Report* and (separately) *Appendixes* (Washington, D.C.: National Academy of Sciences, 1972); and Thane Gustafson, "The Controversy over Peer Review," *Science* 190 (12 December 1975): 1060-1066.

[46] "The President's War on Advisory Committees," *National Journal*, 12 May 1979, 800; U.S. Comptroller General, *Better Evaluations Needed to Weed Out Useless Federal Advisory Committees* (Washington, D.C.: General Accounting Office, 1977); Kit Gage and Samuel S. Epstein, "The Federal Advisory Committee System: An Assessment," *Environmental Law Reporter* 7 (February 1977): 50, 101-112; and Henry Steck, "Private Influence on Environmental Policy: The Case of the National Industrial Pollution Control Council," *Environmental Law Reporter* 5 (Winter 1975): 241-248.

[47] 一个具有启发性的案例参见 Don F. Hadwiger and Ross B. Talbot, *Pressures and Protests: The Kennedy Farm Program and the Wheat Referendum of* 1963 (San Francisco: Chandler, 1965).

[48] Imogene H. Putnam, *Volunteers in OPA*, issued by Office of Price Administration, U.S. Office of Temporary Controls (Washington, D.C.: Government Printing Office, 1947); James W. Davis and Kenneth M. Dolbeare, *Little Groups of Neighbors: The Selective Service System* (Chicago: Markham, 1968). 价格管理局的地方委员会共有 125 000 个，征兵委员会共有 17 000 个。

[49] Agricultural Stabilization and Conservation Service, U.S. Department of Agriculture, Programs and Services (Washington, D.C.: Information Division, Agricultural Stabilization and Conservation Service, 1977), 17. See the Service's "Farmer Committee Administration of Agricultural Programs" (Washington, D.C., 1975).

[50] U.S. Department of Agriculture, *Review of the Farmer Committee System: Report of the Study Committee* (Washington, D.C.: Agricultural Stabilization and Conservation Service, U.S. Department of

Agriculture, 1962), pt. 4, 132.

[51] McConnell, *Private Power and American Democracy*, 207, 210-211.

[52] *New York Times*, 5 December 1988, B1.

[53] *New York Times*, 16 December 1986, B8.

[54] *New York Times*, 16 February 1989, B6.

[55] 包括 269 个城市的地方分权案例的最全面调查来自 Robert K. Yin and Douglas Yates, *Street-level Governments* (Lexington, Mass.: Lexington Books, 1975)。关于私人利益集团参与联邦及州政府 McConnell, *Private Power and American Democracy* 是一经典之作。

[56] “微观经济学家”通过分析个人和组织来研究决策问题，相反，“宏观经济学家”则致力于研究社会整个经济，包括政府财政。

[57] 该理论的根源参见 Anthony Downs, *An Economics Theory of Democracy* (New York: Harper & Row, 1957); James M. Buchanan and Gordon Tullock, *The Calculus of Consent* (Ann Arbor: University of Michigan Press, 1962); Gordon Tullock, *The Politics of Bureaucracy* (Washington, D.C.: Public Affairs Press, 1965); Anthony Downs, *Inside Bureaucracy and Representative Government* (Chicago: Aldine-Atherton, 1971).

[58] 有关讨论参见 the "Symposium on Privatization," *International Review of Administrative Science* 54 (December 1988): 501-583.

[59] Stuart Bulter, *Privatizing Federal Spending* (New York: Universe Books, 1985), 58, 166.

[60] President's Private Sector Survey on Cost Control (Grace Commission), *Report on Privatization* (Washington, D.C.: Government Printing Office, 1983), vii. See Butler, *Privatizing Public Spending*; and E. S. Savas, *Privatization: The Key to Better Government* (Chatham, N.J.: Chatham House, 1987).

[61] 这个讨论源于 Steven E. Rhoads, *The Economist's View of The World: Government, Markets, and Public Policy* (Cambridge, England: Cambridge University Press, 1985), 44-50; and Joseph E. Stiglitz, *Economics of the Public Sector* (New York: Norton, 1986), chap. 8.

[62] Steven Kelman, "'Public Choice' and Public Spirit," *Public Interest*, no. 87 (Spring 1987): 81.

[63] Weidenbaum, *The Modern Public Sector*, 178. 更广泛的探讨可参见 Rhoads, The Economist's View of the World.

[64] See Robert B. Reich, ed., *The Power of Public Ideas* (Cambridge, Mass.: Ballinger, 1988).

[65] See Tod Kolderie, "The Two Different Concepts of Privatization," *Public Administration Review* 46 (July/August 1986): 285-291; Ronald C. Moe, "Exploring the Limits of Privatization," *Public Administration Review* 47 (November/December 1987): 453-460; and James W. Fesler, "The State and Its Study: The Whole and Its Parts," PS 21 (Fall 1988): 891-901.

[66] The American Federation of State, County, and Municipal Employees 收集了大量的事例证明以签约形式实行私有化经常会出现问题。See American Federation of State, County, and Municipal Employees, *Passing the Bucks* (Washington, D.C.: ATSCME, 1983); and *When Public Services Go Private: Not Always Better, Not Always Honest, There May Be a Better Way* (Washington, D.C.: ATSCME, 1987).

[67] Speech to Spring Meeting, National Academy of Public Administration, Washington, D.C., 6 June 1986.

[68] James E. Webb, *Space Age Management: The Large-scale Approach* (New York: McGraw-Hill, 1969), 136-137.

[69] Irving L. Janis and Leon Mann, *Decision Making: A Psychological Analysis of Conflict, Choice, and Commitment* (New York: Free Press, 1977), 15.

[70] See Donald F. Kettl, *Leadership at the Fed* (New Haven: Yale University Press, 1986), 7-8.

[71] Ibid., 7.

[72] Richard E. Neustadt and Harvey V. Fineberg, *The Swine Flu Affair: Decision-Making on a Slippery Disease* (Washington, D. C.: Government Printing Office, 1978), ⅳ.

[73] *Science*, 236 (17 April 1987): 267-300，其中载有对公共政策中的风险和不确定性进行有价值的分析的专题论文，参见 R. Wilson and E. A. C. Crouch, "Risk Assessment and Comparisons: An Introduction"; B. N. Ames, R. Magaw, and L. S. Gold, "Ranking Possible Carcinogenic Hazards"; P. Slovic, "Perception of Risk"; M. Russell and M. Gruber, "Risk Assessment in Environmental Policy Making"; L. B. Lave, "Health and Safety Risk Analyses: Information for Better Decisions"; and D. Okrent, "The Safety Goals of the U. S. Nuclear Regulatory Commission".

[74] Plutarch, *The Lives of the Noble Grecians and Romans* (New York: Modern Library, n. d.), 874.

[75] See Peter M. Blau and W. Richard Scott, *Formal Organizations* (San Francisco: Chandler, 1962); Tullock, *The Politics of Bureaucracy*, 137-141; Downs, *Inside Bureaucracy*, chap. 10; Harold L. Wilensky, *Organizational Intelligence* (New York: Basic Books, 1967), chap. 3; and Brian W. Hogwood and B. Guy Peters, *The Pathology of Public Policy* (Oxford: Oxford University Press, 1985), chap. 4.

[76] Charles Peters, "From Ouagadougou to Cape Canaveral: Why the Bad News Doesn't Travel Up." *Washington, Monthly*, April 1986, 27.

[77] See Presidential Commission on the Space Shuttle Challenger Accident [Rogers Commission], *Report to the President* (Washington, D. C.: Government Printing Office, 1986).

[78] Thomas J. Peters and Robert H. Waterman, Jr., *In Search of Excellence* (New York: Warner Books, 1982).

[79] 参见 Downs, *Inside Bureaucracy*, 118-127，其中讨论了关于抑制混乱的因素。

[80] Hogwood and Peters, *The Pathology of Public Policy*, 85.

[81] U. S. House of Representatives, Committee on Science and Technology, *Investigation of the Challenger Accident*, Report, 99th Cong., 2d sess., 1986, 172.

[82] U. S. Senate, Report No. 91-411, *Federal Coal Mine Health and Safety Act of* 1969, 91st Cong., 1st sess., 17 September 1969, 5-6; Henry C. Hart, "Crisis, Community, and Consent in Water Politics," *Law and Contemporary Problems* 22 (Summer 1957): 510-537.

[83] Rogers Commission, *Report to the President*.

[84] 所有理性（在广义上）模型都认为，在强大的时间压力下作出的危机决策常比不上那些花更多时间收集资料、专家意见和进行深思熟虑的决策。认为压力之下的"快速"决策也许在总体上会胜过较为从容的决策的观点参见 Wilensky, *Organizational Intelligence*, 75-77；对危机压力下和时间短促下的决策行为的全面处置，参见 Janis and Mann, *Decision Making*, 45-67.

[85] Irving L. Janis, *Crucial Decisions, Leadership in Policymaking and Crisis Management* (New York: Free Press, 1989).

[86] See Amitai Etzioni, "Mixed Scanning: A Third Approach to Decision-Making," *Public Administration Review* 27 (December 1967): 385-392.

第 10 章

预 算

在公共行政中很少有比预算更为混乱的领域。联邦预算赤字越大，整个预算过程似乎会变得越僵化，同时，州和地方的税收限制法案及全民投票还会进一步削减公共计划。在预算过程中会遇到许多"逆流"，如经济危机、公民对政府支出的失望不断增加以及对政府机构的不信任，这些难题经常使政府无所作为。里根总统的许多预算草案文本刚被送达国会，便被宣布为"DOA"(dead on arrival，意即到达时已死亡)。就国会自身而言，它对集中处理各种预算提案越来越束手无策，只好通过"连续决议"，使政府不用考虑支出优先权这类难题就能正常运转。1987 年通过的连续决议很有名，因为它厚达 1 057 页，重 14 磅，另外还附带 2 239 页，重 29 磅多的法规。[1]

预算决策十分重要，不仅因为它们决定了政府计划，而且因为它们把注意力集中在历史上不断被提起的两个核心问题上。[2]

首先，政府应该做什么？预算的核心是有关资源利用的基本社会决策。社会应该把多少资源交由政府用于公共目标，多少应留在私人手中？什么样的计划最值得政府耗费资源予以支持？是修建新的高速公路或是实施健康计划，还是用于武器开支或是福利支出？预算政治由于社会中这些问题交织在一起而陷入不断的矛盾冲突之中。

其次，政府中应该由谁来解决这些问题？纵观美国历史，财政权力平衡一直在联邦政府与州和地方政府之间、立法机关与行政机关之间转移。决定预算的场合成为五花八门政策争端的长期

竞技场，这个预算竞技场激烈辩论不休的不只包括谁应该从政府计划中受益，而且包括应由谁来决定计划。 251

我们探究这些问题是为了弄清预算的作用和程序。首先我们考察预算的一般经济作用和政治作用；接着我们分析预算程序的各个基本环节：预算编制、预算拨款以及预算执行；最后，我们通过考察预算政治与公共行政的关系来进行总结。

10.1 预算的作用

联邦预算具有双重作用。主要的预算决策是财务性的，所以预算具有重要的经济作用；同时，因为这些决策会影响相互竞争的所有者之间的资源配置，所以预算还具有重要的政治作用。

经济作用

政府财政活动的规模非常广，这不可避免地使预算在国家经济中发挥着强有力的作用。[3]这种作用是相互的：预算对经济有极大的影响，而经济在决定预算中也发挥着越来越大的影响。

预算对经济的影响

至少从20世纪30年代起，经济学家和政府官员就已认识到政府税收和支出，即通常所说的“财政”政策，对经济有着重要影响。[4]许多经济学家和政府官员还进一步主张政府能够并且应该运用预算来驾御经济：增加就业、降低通货膨胀、增加国家出口贸易余额、保持美元币值稳定。英国经济学家约翰·梅纳德·凯恩斯是这场运动的理论教父，不过在凯恩斯理论出版之前，富兰克林·D·罗斯福“新政”中的实用主义者们已经在鼓吹“补偿性经济学”的好处了。[5]这场运动为宏观经济学奠定了基石，它主要研究经济行为以及各种宏观指标如通货膨胀、就业、经济增长等。并且这场运动随着“肯尼迪减税”达到了顶点，在肯尼迪总统遇刺后，一项旨在刺激经济增长的大幅削减所得税政策在1964年得到通过。[6]

经济学家告诉我们经济增长和衰退周期是不可避免的。凯恩斯经济学鼓吹政府能够运用税收和支出权力来熨平这些周期，以降低过快增长（通货膨胀）和过度衰退（失业）带来的危害。政府结余（收入大于支出）从整个经济中抽取资金来阻碍 252
经济增长。相反，政府赤字将资金注入整个经济从而促进经济增长。凯恩斯理论认为在经济繁荣时期，政府应该通过结余以避免经济迅速膨胀；在经济萧条时期，政府应该通过赤字以避免经济过于疲软。

这样的经济政策制定模式是联邦预算的特有之处。宪法约束和健全的财政管理要求州和地方的预算必须平衡。不过，联邦预算不同于家庭收支预算，也不同于州和地方预算。联邦政府有更多的资金来长期维持赤字，而且有权创造货币并规定其价值，这为联邦政府弥补赤字提供了途径，对此，无论家庭还是州和地方政府都无法做得到。联邦预算对经济有重要影响，政策制定者经常利用它来促进经济高速增长和降低通货膨胀。虽然这一政策工具并不总是得心应手，但它的可利用价值却诱使决策者用它来迎合选举人的利益。[7]

在20世纪70年代和80年代期间，凯恩斯主义的预算政策遇到了严重困难。抛开凯恩斯理论的经济影响不说，它总是引起政治不平衡：政治家们发觉在经济滑坡时采用增加支出和利用赤字政策，比在经济过热时增加税收或削减支出这个更苦的药方讨人喜欢。特别是在60年代后期，随着越南战争迅速增加的军费开支刺激了通货膨胀，约翰逊总统和他的顾问们却拒绝削减总统执意实行的“伟大社会”社会福利计划和增加税收来抑制经济。

此外，经济现实打破了凯恩斯理论关于经济增长与通货膨胀之间存在相对简单替代关系（一方的增加意味着另一方的减少）的假设。在70年代期间，通货膨胀和失业同时增加的情形向凯恩斯理论提出了挑战，也使政策制定者们感到疑惑。正当政策制定者们努力寻找经济管理的新工具时，预算赤字增加、石油危机沉重地打击了经济，通货膨胀也节节攀升。传统的凯恩斯经济学认为预算赤字有助于减少失业，而政府结余能够降低通货膨胀。由于政府无法应付高通货膨胀和高失业率同时出现的局面，经济管理任务由此很快落到了联邦储备委员会的肩上，它极力解决经济增长停滞和通货膨胀问题（这被称为“滞胀”），并管理国家的货币供应。由于赤字束缚了福特、卡特、里根和布什历届政府预算政策制定者们的手脚，联邦储备制度成了“别无办法的选择”。[8]

253 在卡特执政期间，这一问题陷入了危机。保罗·沃尔克（Paul Volcker）主席领导下的联邦储备委员会为降低通货膨胀迅速紧缩货币供应。随着利率上升到历史性水平——一些短期投资的利率超过20%，两位数的通货膨胀回落了，国家则陷入了30年代大萧条以来经济衰退的最低点。

里根总统在竞选纲领中提出联邦预算可以用一种新的方式来刺激经济增长。他的“供给学派”经济学主张政府能够减税并通过它增加收入和经济增长，这两者看起来有点矛盾。税收水平越低，公司用于投资和消费者用于消费的钱越多，由此促进经济增长又会增加税收。里根促使国会通过了意义重大的税收政策，削减个人所得税25%和实际消除公司所得税。[9]不过，联邦赤字继续增加，在1986财政年度创造了2 207亿美元的纪录。[10]实际上，在里根年代，国债翻了两倍多；在这八年中，国家积累的债务超过了以往历史的总和。尽管供给学派认为不断增加的赤字是联邦储备委员会管理不善和国会中民主党人高消费的结果，但是绝大多数专家极力认为是大幅减税、国防开支增加和公民权利性支出如社会保障的增长导致了赤字问题。无论人们同意哪一种解释，事实是赤字在膨胀。[11]

里根总统的政策结果是前所未有的停滞。总统预算草案被当成很不严肃的事，国会甚至连日常支出法案都无法通过。支持者只好运用预算边缘策略拖延表决，直到预期获得超过反对者的战略性优势出现的最后可能时刻。随着预算“赌注”的增加，这一过程演化为总统—国会之争。与此同时，驾御经济的大多数工作就从预算的财政政策落到了联邦储备委员会的货币政策身上。虽然巨额赤字经常只会留给联邦储备委员会的政策制定者们一些有限且令人不快的选择余地，但预算程序的僵滞却毫无任何选择余地可言。

持续20年的巨大赤字对经济的影响难以确定。在1980年共和党预选活动中，乔治·布什公开指责罗纳德·里根的供给学派主张是“巫毒教经济学”（voodoo economics，这是一个令布什永远不能将功补过的指责）。经济学家提醒人们，1980财政年度吉米·卡特的740亿美元赤字才是导致财政危机的第一步。纵然在里根执政期间赤字将近翻了3倍，但经济运行却出奇的好：通货膨胀下降，经济蹒跚地向上增长。面对布什执政期间的经济减退，比尔·克林顿提出的竞选口号嘲讽道： 254
“这就是经济！傻瓜！”克林顿凭繁荣经济和削减赤字的承诺入主白宫。

绝大多数经济学家一致认为巨大的赤字有榨干经济的危险。他们认为弥补赤字之后，留供私人投资的资源所剩无几，而将来的经济发展必须依靠私人投资。他们争辩说，赤字使通货膨胀比在其他情况下变得更糟。巨大的赤字会束缚联邦政府将来抵抗经济衰退的手脚，因为增加支出以此刺激经济的空间非常有限。最后，他们的结论是，从长远看赤字会因为侵蚀美元价值而损坏国家的国际贸易地位。经济学家们发出警告，如果对巨大的赤字不加以遏制，那么它将会“像伤口化脓般产生越来越难以治愈的问题”[12]。其他经济学家则认为赤字实际上有助于经济增长，减少赤字会引发经济衰退。[13]

从长期来看，预算赤字毫无疑问是有害的。赤字越大，联邦预算中越来越多的资金必须用于支付利息——在1994财政年度利率是14%——同时剩下用于其他目的的资金越来越少。预算赤字还会使政治家们缺乏“调兵遣将”的余地而使政治程序瘫痪。不过，面对联邦债务迅速增加的压力，80年代的经济出人意料地显示出更大的弹性和适应性。联邦政府的确成功地运用预算决策使经济缓慢持续增长，尽管在这一过程中，决策者们违反了绝大多数程序上要求的截止时间。

经济对预算的影响

纵然在经济管理中预算变成了一种用处不大的工具，但经济运行却是决定预算的一种更重要的力量。通常，强大的经济有助于减少预算赤字。强大的经济增长增加了税收收入并减少了支出，尤其是减少了诸如失业和福利这样的基本保障计划支出。经济越脆弱，赤字越大，收入会萎缩，支出会增加。同样，通货膨胀增加了支出，并且通常使赤字状况更糟。虽然通货膨胀增加了税收收入，但它总是推动支出更迅速地增加，尤其是政府债务的利息支出和社会保障及其他退休计划的生活费支出的增加。在州和地方层次上，正如我们在第二章所谈到的，这些问题也会出现，因为退休和福利计划加上利息支出在它们的支出中占主要份额。

因此，在所有各级政府尤其是联邦政府编制预算时，主要依靠经济增长率、失 255
业率、通货膨胀率和利率进行评定。例如，在1995财政年度，国会预算局（CBO）预计1996至1999财政年度的通货膨胀率平均为3.1%，而克林顿政府不很乐观地预计通货膨胀率为3.4%。此外，CBO预计利率比克林顿政府预计的平均只高0.4%。CBO认为到1999财政年度，赤字比克林顿政府预计的要高430亿美元，从1994年到1999年，赤字总共要多出990亿美元。[14]在经济预测工具不确定性范围内，经济计划经常出现的微小差别可导致政府收入、支出和赤字上的巨大差异。

在给国会的证词中，联邦储备委员会主席艾伦·格林斯潘提出了一个减少联邦赤字的办法。他认为经济研究表明政府通常使用的生活费标准、消费价格指数（CPI）有将通货膨胀过多地估计 0.5%～1.5%的趋向。他建议修正 CPI 以更准确地预计通货膨胀，这能够在五年内减少 1 500 亿美元的联邦赤字。当然，这还意味着联邦支出，尤其是对社会保障和其他退休者的支出也会减少，标准的社会保障受益者每月获得的社会保障金可能会减少 10 美元。社会保障计划中这些变化的迹象立即让老年公民的代表们站出来抱怨，说重新预测 CPI 会破坏原先对退休者的承诺。

因此，我们可以推断制定预算首先取决于对经济运行状况的预测，而且，为了党派目的"调整"这些预测结果的诱惑力也会随预算政治的升温而增加。正如国会预算局局长鲁道夫·G·彭纳（Rudolph G. Penner）和艾伦·J·亚伯拉逊（Alan J. Abramson）所解释的：

> 通过改革经济预测方法来改变预算赤字 100 亿美元只是一个统计学上的小事，但通过充分改变政策来改变预算赤字 100 亿美元却是一件政治大事。这一反差产生了极大的诱惑力，它诱使人们通过采用乐观的经济假设而不是削减项目或增加税收的办法来达到特定的削减赤字目标……在 1980—1987 财政年度，国会为了规划第一预算决议（国会就预算草案的初次表决）在每年预算平衡上采用过于乐观的经济预测方法就不足为奇了。[15]

在里根执政期间，行政管理与预算局（OMB）局长戴维·斯托克曼（David Stockman）因他"充满希望的计划书"而出名，他在计划书中提出了一大堆没人真
256 正相信但能说明供给学派经济学的承诺可以实现的假设。[16]从 1979 到 1984 财政年度，OMB 和 CBO 经常因巨大差额而弄错赤字总额：OMB 的差错额平均是 340 亿美元，CBO 的差错额平均是 320 亿美元。[17]花旗银行前总裁沃尔特·里斯顿（Walter Wriston）指出："政府预算赤字是从当前开始一年内关于收入和支出的两种瞎猜相互作用的结果。"[18]

这些年来关于预算对经济的影响和经济对预算的影响的争论，日益显得意义重大。联邦预算大大超出了政府收入和支出的范围，它既是政府与其他经济力量关系的表述，又是政治家企图影响经济运行的声明。另外，这些争论影响了编制预算的方法。预测的技术和政治扮演着越来越重要的角色，反过来这也开辟了展开重要预算斗争的新竞技场。最后，这些争论提高了那些依靠电脑作出经济预测的工作人员的地位。[19]

政治作用

当然，预算远远不止是如何将国家财富分配给各个政府项目的经济决策，它还

包括基本的政治选择，尤其是政府行政机关与立法机关的相互影响，既有有关价值(给或不给哪些项目提供资金)，又有有关制度。

最初的做法

美国人一直对政府官员们花他们的钱持怀疑态度。虽然在共和国成立的头几个月里，把国务院和陆军部置于同一个部长领导之下无人质疑，但是国会认为应将财政部置于一个委员会的控制之下（这样没有任何人能拥有过大的权力），并将委员会置于国会的紧密控制之下（这样，立法机关就能够密切监督行政机关是如何花钱的）。宪法明确赋予行政机关作战和签订条约的权力，同时它赋予国会铸造钱币、征税和拨款的权力。从此以后，预算政治成为总统和国会之间激烈竞争的“讲坛”。[20]

在一个多世纪的时间里，编制联邦预算是国会的一项主要职能。事实上，行政机关提交国会“预算草案”要做的工作只是由财政部来汇集各机构和各部的拨款要求，国会才是编制预算中最重要的力量。

总统权限的扩大 257

在20世纪初，进步运动增强了公民对所有各级政府管理的关注。预算改革作为广泛加强行政权力这一趋势的一部分，席卷了州和地方政府。[21]到第一次世界大战结束为止，国会为主的体系已无法胜任执行联邦政府迅速扩大的财政职能，始于州和城市的预算改革运动推进到联邦政府层次。

这场运动的巅峰是在1921年通过了彻底改革联邦预算的《预算及会计法案》，总统第一次向国会提交了年度预算草案。财政部成立了预算局（后来搬到总统自己的行政办公厅）负责集中和在必要时调整政府各部的各项拨款要求，使之与总统的预算计划相一致。[22]财政部的审计职能则转移给国会新成立的会计总署（GAO）。总统获得了编制自己预算的权力，从而也就掌握了影响行政机关各部及机构的力量，各部及机构在将自己的拨款要求送往国会之前不得不与总统讨价还价，总统还通过提出组成辩论条款的文件对国会施加影响。

这样，该法案就将传统的预算职能划分成行政至上和立法至上两个领域，预算控制由行政—立法权分享，预算编制和执行的职能在行政机关，预算拨款和事后审计的职能在立法机关。[23]虽然这一划分一直有些草率，但无论如何，这一法案将总统推到一个他从未有过的显要位置上。

此外，行政机关内正在变化的趋势增强了核心权力，尤其是在里根执政期间行政管理与预算局获得了更大的权力。我们不久就会涉及的《格拉姆—拉德曼—霍林斯缩减赤字法案》，要求对支出方式进行复杂的电脑预测和追踪。国会—总统的最高级预算会议还通过了其他充满令人费解词汇、极其复杂的协议。当预算程序议而不决时，确保它继续进行的短期协议要求对行政机关每个机构的支出方式都进行集中监督，这反而提高了OMB的作用。由于里根政府不断强化OMB对各机构信息收集和规章制度监督的职能，再加上总统不喜欢细节的原因，OMB的权力在里根时代显著增加。[24]

1921年的《预算及会计法案》被认为是总统权力的一大进步，它在许多方面

258 标志着现代总统制的出现。它还是 50 年来总统在预算过程中不断平稳地处于国会上风的开端。尤其是从 70 年代中期开始，国会一直竭力想重新获得它早先在预算程序中的显要地位，但总统在 20 世纪绝大多数时间里总是占有优势。[25]这些机关间的斗争就这样在预算编制、预算拨款和预算执行中完成。至于同预算程序有关的事后审计和控制部分，我们将在第 12 章“行政的立法控制”中讨论。

10.2 预算编制

各级政府预算程序的第一步是编制预算，把一系列收入和支出计划写成一个独立文件。[26]虽然不同级政府的文件细节各不相同，但是这一程序总是具有“自上而下”和“自下而上”两个特征。[27]

预算：自上而下

政府预算并不是各机构支出要求的简单集合，相反，每个政府的行政长官——不管是镇长、市长、县长、州长还是总统——都要为总收入和总支出制定总目标。支出目标要确定一个最高限额，在这一限额内，由各个机构提出它们各自的预算要求。反过来，这一最高限额则是行政长官的预算人员通过概算得出的结果：经济中可预期的变化如何影响收入和支出（是经济增长带来更多税收收入，还是经济萧条引起对福利更多的需求?）；人口统计上的变化如何影响现行项目（学龄儿童的增加是否需要学校董事会聘用更多的教师?）；以及计划好的主要项目的变化会如何影响支出（采用新防御系统需要多少资金?）。[28]

联邦政府几乎从上一个预算草案在 1 月底或 2 月初刚送到国会山时就开始准备新的预算方案。每年初春，OMB 从各个机构收集有关他们在即将来临的财政年度中需要多少资金用于现行项目和新项目的信息。在财政部着手编制税收收入概算时，OMB 就利用这些拨款申请来编制它的支出计划。然后，来自 OMB、财政部和总统经济顾问委员会的工作人员集中在一起制定下一财政年度的经济计划。三方有
259 关支出、收入和经济预测的一揽子计划，是总统新预算方案（于每年 6 月制定）的主要决策基础。决策集中在预算的“政策主流”上：国防支出（包括提出的任何新计划），国内支出（尤其是像社会保障这样对个人的支出），以及预算对经济的全面影响（尤其是赤字的规模）。州和地方政府的这一过程基本相似，它们的决策焦点是教育、公路和其他计划之间的平衡。

OMB 利用总统的决策权力来限定政策方向和政府各部及机构的支出最高限额。到了夏天，每个机构在内部重复这一过程，从部长到局长，从局长到处长等等，之后形成机构的预算计划，连同有关论证材料一起送交 OMB。到了秋天和初冬，OMB 的预算审核人员集中审核政府各部的预算申请，并召开预算听证会，在听证会上预算审核人员和其他人可以就有关内容详细询问政府各部的代表。然后，

OMB根据各有关人员的提议形成一份内部的“领导评估报告”，这最终成为OMB负责人向总统提交的预算建议书。在总统最后做出决定前，各个机构还有最后一次机会呈请OMB修改其预算建议。事实上，呈请修改工作一直持续到次年1月初预算草案送交印刷之前的最后几天。[29]

像上面这样编制联邦预算草案的工作，在距预算草案提交国会还有近一年时间的时候就开始了，此时，距该财政年度开始还有一年半多的时间，距该财政年度结束还有两年半多的时间。这么长的时间跨度使得原本已很困难的经济预测工作变得更加困难，从而不可避免地要不断进行修修补补的工作。在任何时候，行政官员们必须面对三个不同的财政年度：执行当前财政年度的预算；在国会为下一财政年度的预算申请辩护；编制下一财政年度的概算提交给OMB。因而，任何一年的预算战实际上都是反映多年以来政治和经济利益关系的连环战的一部分。[30]

虽然预算规则随政府层次的不同而不同，但是联邦预算程序在州和地方层次上也有典型反映。它们传递了这样的信息：没有任何一个计划或机构预算是从零开始的。每一年的预算决策都与过去的经验、当前的斗争和未来的计划密切相关。[31]

预算：自下而上

自上而下编制预算的过程是非常复杂的，充满了各种担忧：对预算赤字规模大小的担忧，对预算在宏观经济政策中发挥作用大小的担忧，以及对诸如采用新防御系统这样大规模政策变化的担忧。但从较低级别行政官员的观点来看，情况就很不 260
一样了。

自下而上编制预算方式的核心理论（包括描述性的和规定性的）是渐进主义的。这一理论最初由艾伦·韦达夫斯基（Aaron Wildavsky）提出，并且以前一章中我们讨论过的更多的渐进主义者的理论为依据。一个机构官员在预算编制过程中可以申请拨付多少资金？韦达夫斯基的观点是他们必须并且应该要求“合理分享”超出机构原有基数的渐进增量。韦达夫斯基解释说：“基数是指参与者们对项目按与现行支出相近的水平继续实施下去所需资金的一般预测。”这个渐进增量只比影响机构分享预算馅饼分配变量的基数增加了一点点。[32]

因此，预算编制中的渐进主义有两层重要含义。第一层含义是没有人真正会考虑整个预算。因为不管对谁而言，整个预算规模太大，不可能全面把握，所以韦达夫斯基主张把注意力集中在预算变化量上面是更容易、更明智的选择；第二层含义是政治斗争集中在机构本身的预算增量规模，以及同其他机构获得的预算增量进行比较上。伴随着对政府预算馅饼分配变量的最激烈斗争，预算成为一场以预算差额为目标的战争。

从1964年韦达夫斯基的著作首次出版开始，渐进主义理论作为一种描述预算运作程序和各机构官员行为的理论，成为预算辩论中占主导地位的理论。[33]但许多理论家以三个理由强烈反对他的观点：

第一个理由是，增量预算法从预算基数开始，但是预算“基数”的含义一点也不清楚。它可以是上年度支出的当前概算数，这一概算会随着国会执行预算和机构实施项目而不断变化；它可以是按原有水平继续执行当前各项目的费用，这包括通货膨胀和人口变化引起的增加额，以及生产力提高引起的减少额；最后，它还可以是法律规定的支出数额，这一数额大多与前两种情况的数额不同。预算专家们认为："实际上 OMB 用几种不同的方法来确定预算基数，这些方法在预算程序中有相当多的变化。"[34]

第二个理由是，现行支出水平的变化量并不总是表现为小额增量的形式。例如，一项对美国农业部从 1946—1971 年机构预算变化百分率的研究表明，各机构要求的预算变化百分率从减少（当时为 12%）到两倍于它们原有预算额（当时为 7.3%）都有。虽然各年度之间的预算平均变化率是 11%，但是其中一些机构的预算额被大幅削减，而另外一些机构的预算额却大幅上升。就平均变化而言，预算的
261 确表现出逐渐增加的趋势。不过，平均变化的百分率却掩盖了大量的预算政治的现实：积极的项目负责人们试图获得预算拨款，OMB 的官员们试图对总支出确定一个最高限额，总统和他的工作人员则试图寻求新项目。[35]

第三个理由是，预算政治真正的焦点并不是各机构预算的变化量，而是它们项目预算的变化量。在机构这一层次上，预算和政治通常是相当稳定的。"但是在政府各部和机构内（偶尔也在它们两者之间……），项目主管、游说者、国会议员、州和地方政治家以及白宫全体人员为资助新计划还是继续资助原计划不停地斗争"。预算制定者不得不注重可选项目中谁更具竞争优势，而不是机构预算的变化量。在这个政治竞技场中，政策制定者们排除众议的力量就在于能够为其想法提供最有说服力的政治理由。[36]

改革渐进主义预算法的尝试

特别是从 60 年代中期开始，总统们为了能够更好地控制预算编制，尝试使用多种不同的预算改革手段。其中最著名的是林登·约翰逊的规划—计划—预算制度（PPBS），我们在第九章中介绍过它。在尼克松执政期间，OMB 尝试过一种不同的策略：目标管理法（MBO）。MBO 的目的是要增强管理人员的管理能力，它注重的是项目执行的效率，而不是总目标及主要备选项目间的选择。因此，MBO 比 PPB 更加分散化，更少地与预算发生直接联系。机构负责人和他（她）的主要管理人员一起确定下一财政年度所要达到的量化总目标，然后他们把每一个目标又分解成要达到的具体目标，比如说每一个季度的目标。随后，在每个下属单位重复这一过程。与其说 MBO 是种预算策略，还不如说它是种管理方法，它能清楚地诱导资金配置。一旦机构确定了它的目标并将目标在它的下级单位间分解，资金自然而然就会沿着这一轨道分配。MBO 的记录很矛盾：在一些部和局里面，它对预算编制作出了重大贡献；而在另外一些部和局里面却是失效的，很快被抛弃了。至于 PPB，则被认为具有"对 MBO 这味政府万灵药值得注意的清醒"[37]。

1977 年吉米·卡特就任美国总统以后，他开始引入他当佐治亚州州长时采用的零基预算法（ZBB）。ZBB 是一种不同于渐进主义预算法的预算方法，它的出现对渐进主义预算法带来了冲击。不过，ZBB 并不像它的名称所暗示的那样是以零为

基数来编制预算的。相反，预算人员是从某一支出水平（比如说，目前支出的80%）开始编制预算的。然后，他们形成“一揽子决策”（包括提高公共事业水平的多种途径）并对项目进行分类排序。用这种方法，决策者们能够确定扩大支出的优先顺序。[38] ZBB最初看起来非常吸引人，不过由于它鼓励预算制定者利用预算程序进行博弈（比如，为了同时能够获得对其他项目的资助，他们过低评定那些绝不会被削减的项目），再加上其繁重的文案工作，这种方法最终被从它在联邦政府中的“王位”上被拉了下来。然而，在州和地方层次上，许多政府由于觉得ZBB有助于它们对规模较小的预算作出选择而继续采用它。[39] 262

1989年乔治·布什就任美国总统后，他引入了另一种预算方法。他在竞选总统时承诺“不增加新的税收”，并且说他能够通过“弹性冻结政策”来平衡预算，即一些预算项目的增加额可以通过其他预算项目的减少额来平衡。不过，他的“弹性冻结政策”几乎立刻就遇到了严重的问题。他宣布想要增加预算拨款的项目，但将削减预算拨款项目的决定权留给了国会。此外，他的计划过分依赖于高经济增长和低利率，而就在他担任美国总统才几个月的时候，联邦储备委员会为了抑制通货膨胀提高了利率，经济增长随之放慢。他关于提高储蓄和向工业贷款的计划允诺支出100亿美元，单这就远远超出了新政府的第一概算。同其他乍看之下似乎非常吸引人的计划一样，他那“弹性冻结政策”在持久的预算斗争的政治高温下迅速融化。同时，成立于1987年旨在以非政党方式解决赤字危机的国民经济委员会，也在1989年由于政党分歧而解散。[40]

没有哪一种预算方法最终被证明成为了其发起人所希望的“万灵药”。预算游戏中，在所有人学会比每一种预算制度表现得更聪明之前，支出会继续增长，总统对预算的控制顶多只有暂时、少量的增强。不过，每一种预算制度都会留下继续影响预算的重要特征。国防部继续使用PPB。至于MBO模式，许多主要管理人员坚持认为机构应将它们的拨款要求与执行情况结合起来考虑。在联邦层次上，布什总统下令建立一种新型、有限的目标管理制度，以保证他优先考虑的项目。事实上，他1991财政年度的预算草案中就包括名为“目标管理”的一章。而一些层次较低的政府则觉得ZBB的特点非常有吸引力，而且，它还有助于杜绝指定预算基数这样的倾向。不过，由于预算体系被大量的政治和经济问题所束缚，没有哪种预算制度表现出神奇的疗效。此外，在联邦层次上，它们都遇到“不可控制支出”增加这一赤裸裸的现实。

“不可控制支出”的增加 263

这些年来，渐进主义理论变得日渐式微的最重要原因也许就是由于预算变得越来越“不可控制”。约有一半的预算是法定支出（见表10—1）。各联邦机构要依据现行法律向权利津贴和其他项目提供资金。支出数额则是由有资格参与项目的人数和法律规定的人均支出水平决定的。另外，有14%的预算资金用于联邦政府必须支付的国债利息。这样，只剩下三分之一多一点的预算资金用于机动支出。即使如此，政府官员还是没有多少自主权。当前合同的履行、从联邦监狱到国家公园等基础服务的提供以及其他基础项目的执行几乎用完了剩余的全部联邦支出金额。

表 10—1　　1993 财政年度联邦支出的预算控制能力

机动支出	39%	
国防		21%
非国防		18%
法定支出	47%	
社会保障		21%
医疗保险		9%
医疗补贴		5%
其他		11%
利息	14%	

资料来源：总统行政办公厅：《1995 财政年度美国政府预算》，235 页，华盛顿特区，政府出版署，1994。

因此，在编制预算时，总统引进新项目，甚至连削减现有项目的余地都非常少。超过四分之三的预算支出是由法律指定的，剩余的预算支出绝大部分用于维持政府运转——从支付军队的薪水到维持首都和白宫的照明——这些几乎都不能削减。[41]这样，在任何指定年度，总统真正有权支配的联邦预算份额非常少，而且存在进一步减少的趋势。随着这一份额的缩小，预算政治自然而然变得更为激烈。

264 此外，个人支出项目和债务利息的增长进一步加强了经济预测在预算编制中的重要性。在所有预算项目中，这两个项目受经济运行的影响最深，即使很小的预测误差也会导致赤字总额的大幅波动，进而导致赤字规模及围绕它的政治赌注大幅波动。[42]

10.3 预算拨款

最终，总统提交的预算草案（在其他绝大多数层次的政府，由行政长官提交）仅仅是一系列概算和建议。国会（像其他层次的立法机关一样）之所以作出有效决策，是因为只有它能够批准支出和决定如何取得收入。[43]

因为总统和各机构都清楚国会会反对他们的提议，所以他们用两种方式来专门编制预算申请。第一种方式是，总统和机构的官员根据“预期反应规则”行事[44]：他们根据国会可能会作出什么反应的推测来调整概算和建议。一个预算编制人员如果预期国会将削减 10%的支出，他就会提交一份比原有机构支出多出 15%或 20%的拨款申请。当然，国会议员也明白这种典型策略，所以他们也会估计到底预算中掺了多少水分。

第二种方式是，行政机关采取另一种策略，提议对某些有强大立法支持的项目的上年度支出水平进行大幅度削减，快捷地减少预算以及赤字的费用。行政机关知道立法机关不会接受这样的削减，于是增加支出的重任就踢给了立法者。例如，1989 年国会议员们一直热情欢迎布什总统的第一个预算草案，直到后来才发现总统是想让他们来决定哪些项目应该进行弹性冻结削减。机构因必要时使用“华盛顿出招”而出了名：削减议员们最欢迎的项目（对国家公园服务项目而言，最受欢迎的是通向华盛顿纪念碑顶部的电梯），而他们充分了解立法人员绝不会让这样的削减生效的。行政长官还可以提议开征获批准希望很小的新税收。这样，他（她）能提出计划减少预算赤字或平衡预算，即使他（她）明白这些税收决不会获正式通过。[45]

国会的预算决策 265

在应对上述这些策略时，国会经常发现自己处于下风。在尼克松执政期间，国会不能组织对总统的有效进攻，尼克松总统赢得了短暂“扣押”拨款的权力（即拒绝支付国会已批准的拨款）。尼克松总统对这些权力的运用激起反对者在1974年对他的弹劾斗争，不过，联邦法院裁定弹劾不符合宪法规定。[46]

虽然尼克松总统没能敦促国会接受削减拨款的决定，但正如詹姆斯·L·森德奎斯特（James L. Sundquist）所说的那样，他至少“成功地促使立法机构勇敢面对自身的不足”[47]。事实上，众议院规则委员会在1973年的一份报告中认为“立法预算机器已经失修了”，并得出结论“国会预算程序的过度破碎使国会难以有效评定项目优先顺序和建立全面的预算政策”[48]。

宪法赋予国会拨款的权力，但并没有说明国会应通过什么样的程序来行使这一权力。长期以来，传统国会都将拨款程序分成两个部分：授权部分由相关领域的委员会执行，如“武装力量委员会”、“银行、住宅和城市事务委员会”，拨款部分由参众两院的拨款委员会及其下属的13个小组委员会执行。拨款委员会被公认为“财政部的监护人”[49]。大家感到授权新项目很容易，但拨款委员会是出了名的小气的政府支出监工。这经常导致拨款委员会和授权委员会之间的冲突和矛盾，不过拨款委员会还是最重要的，因为没有新拨款，新项目就什么都不是了。

《1974年国会预算法》从根本上改变了所有这一切。[50]它将财政年度的起始日期从6月1日推迟至10月1日，从而给国会更多时间研究预算草案。国会还要求总统呈送一份“现行项目”预算计划。现行项目预算是在没有政策变动的情况下，总统对下一财政年度内按已有水平继续执行上一财政年度所有项目的费用估算。国会议员们希望这样可以将有关项目变化的辩论与有关现行项目是否继续执行的辩论区分开来，也就是说，促使总统弄清预算的增量和减量。根据这项法案，还在参众两院各设一个新的预算委员会，同时建立与之相配套的三重程序，这样一来，就改变了拨款和授权委员会的职能。

1. 确定预算总额。国会第一次要求自己编制立法预算。立法预算是一项有关总收入、总支出及相应赤字的概算。为了做好这项工作，根据法案在参众两院各增设一个新的预算委员会。每年年初，国会的各个委员会向预算委员会呈送它们各自预期通过议案所需费用的报告。随后，预算委员会修正这些预算拨款申请并写入一个独立的决议案，这个决议案确定了收入和各项支出最高限额的估算数。接着，参众两院分别考虑各委员会的申请，并通过一个共同决议案，该共同决议案确定了对各委员会具有约束力的支出最高限额。它的目的也是为了避免众议院规则委员会抱 266

怨“无组织的单独决策和行动”。

依据该法案还组建了新的国会预算局（CBO），由它为预算委员会提供人员支持，以增强国会的力量对抗总统的行政管理与预算局（OMB）。CBO负责准备国会自己的经济预测，对核准议案所需费用进行估算以及准备“记分”（score keeping）报告，这一报告比较已采用和待表决的议案与共同决议案中确定的目标是否一致。虽然CBO面临的预测难题同OMB一样多，但是它的组建减少了国会对行政机关未来经济发展趋势预测的依赖性。总之，CBO、预算委员会和预算决议案的诞生使国会在处理预算事务时能发挥更强大的作用，并在设法解决预算难题时承担更大的责任。

2. 对项目授权。接下来，专门委员会对它们管理权限内的项目进行授权。这些经国会参众两院批准并由总统签署的授权期限可以是一年（包括政府日常运转的许多开支），也可以是几年（包括许多国防项目），甚至是永久性授权（包括社会保障项目）。永久性项目除非基本法被修改，否则一直有效。一般授权确定了国会在各项目上的支出最高限额，永久性授权则确定各种津贴支付的标准。

3. 拨款。在项目获得授权之后，国会通过拨款程序为它们提供资金。（国会可以授权一个项目而不向它提供任何拨款，国会也经常授权比愿意提供的拨款额更多的支出。当然，这一过程不能反过来，因为拨款不能超越最初的授权。）同授权一样，拨款的期限也有长有短。参众两院的拨款委员会根据其所建议并经国会批准的预算授权来决定到底应该支出多少。

267 不过，这个三重程序一步就偏离了政府实际收入、实际支出及相应赤字水平的底线。如同我们所看到的，收入和支出的水平主要取决于经济运行状况和行政管理活动。国会的预算程序决定了预算授权和授权额，而称为“支出”的预期实际花费只是任何指定年度实际使用预算授权的一种概算。支出概算是个复杂的程序，分析家们必须确定在指定财政年度内，来自前几年的预算授权有多少，新的预算授权有多少，有多少上一年度预算授权到本年度末期满，有多少预算授权将持续到接下去的几年。因此，无论国会如何密切注意自己所批准的法案，它也只能对任何给定年度的支出进行松散的控制，毕竟支出会随着失业率或飞机制造厂制造一架新式战斗机的进展而变化。当支出总额在经济增长变缓、利率上升或失业浪潮涌动等情况下发生偏离，那么围绕预算授权水平展开的激烈的国会赤字大战便开始了。

授权者和拨款者正在缩小的权力

预算委员会的成立和棘手的预算赤字大大降低了授权委员会的作用。正如一位分析家所说的，它们成了维持国会预算程序运行的“三条腿凳子”（授权、拨款和预算委员会）中“被人遗忘的那条腿”。长期授权限制了它们在年度审查项目中发挥作用，并且在项目审查开始以后，由于无休止的改变项目修正案的辩论，它们经常无所事事。虽然许多以前属于授权委员会的职责已转移到拨款修正案中，但是拨款委员会还是觉得自己的作用在减小。另外，由于国会采用永久性拨款方式来资助更多的项目，从而使预算中需受制于年度拨款的项目越来越少。

在国防预算中，越来越多“黑色”项目——避开国会全面审查的秘密项目的出现也减小了拨款委员会的作用。其中的一些研制新式战斗机的项目并非真正的秘密项目，如“隐形战斗机”（雷达多半无法发现的战斗机），在空军承认它的存在之前，已经可以在玩具商店买到它的塑料模型了。其他项目则是只有极少数国会议员知情的绝密项目。“黑色”预算从1981财政年度的55亿美元增长到1988财政年度 268
的243亿美元，一方面原因是里根政府的扩充防务政策产生了许多新项目，另一方面原因是国防预算人员发现以“黑色”项目为掩护更容易设定和着手实施计划。

甚至在克林顿执政期间，“黑色”预算仍继续增加，到1995财政年度已增至280亿美元。事实上，绝密的国家侦察局1995年被指控操纵间谍卫星损失了20亿美元，而中央情报局的稽查员发现这一切是在数月之后。[51]有人写道，整个过程长期被“令人困惑、模糊不清的机密代码和绰号”所困扰，有效的支出控制是不可能的。[52]

所以，拨款委员会地位的下降不仅是因为它们对预算委员会的支出总额失去控制，而且是因为它们有权控制的预算项目变得越来越少。特别是在里根执政期间，它们在国内机动支出上失去了更多地盘。该支出从1980年占预算总额的25%下降到1991年的15%，而且这点越来越小的份额需主要用于支付联邦政府的日常运转开支。[53]

渐渐缩小的机动预算（尤其是在国内项目上）并没有减少国会关于新支出的要求，拨款委员会的工作变得没什么意思，他们所扮演的角色从原先财政部的监护人变成了为捞取政治资本而要求政府拨款的专家：他们从对单个项目进行拨款的新路上又折回到只是研究计划的老地方。[54]实在矛盾的是，这反而微妙地增加了拨款委员会的权力。随着在较少资金上的竞争越发激烈，他们作出这些决策的能力反而提高了他们自身的地位。

授权委员会和拨款委员会的职能一旦被削减，预算委员会也经常觉得他们自己残废了。国会经常不能按时完成各项预算法案，于是经常依赖无所不包的“连续决议”来规避《国会预算法》的程序。连续决议将全部的政府支出决策都囊括在其中，有时是按目前水平继续执行项目，有时是并入重要的预算变化项目。连续决议总是国会仓促辩论的产物，它们的有效期通常较短，有时只有几个小时或几天。具有讽刺意味的是，连续决议中经常隐藏着一些规模小但具有政治价值的项目，如向国家烟草中心拨款，为宣传吃鱼益处的广告提供资金，以及对政府的甜蜜贷款(honey loans) 提出更高的数量界限。[55]

一些委员会委员还利用这一程序来掩盖个人对联邦项目的攻击。例如，委员会 269
的一位委员和他的女友准备去巴基斯坦旅行，他的女友不仅是一位游说人员而且还是前美国世界小姐。但为此次旅行提供航空服务的国防情报局（DIA）却拒绝让他的女友随行（DIA规定只允许国会议员、他们的工作人员及家属享受公款飞行）。两年之后，这位议员进行了报复。在国会休会前那混乱时刻，他偷偷在连续决议中塞进一项条款，削减了两架DIA用于接送特使及其助手的飞机。这位国会议员拒绝谈论他的花招，他说：“除非是那种自我重要意识膨胀的蹩脚国会议员，其他人肯定会向不让自己女友一起飞行的人进行报复。”[56]

格拉姆—拉德曼—霍林斯法及其后继者

《国会预算法》只在有限的方面获得了成功，尤其是促使国会把预算作为一个整体来看待。但是，这些成功只是昙花一现，在里根执政期间，整个预算程序完全失效了。里根总统和民主党众议院陷入了无休止的争吵之中，由于国会不能按时完成各项预算法案，赤字情况变得越来越糟。1985 年，国会为了扭转这一局面，通过了《1985 年平衡预算与赤字紧急控制法》，该法案通俗地以它的三位国会议员发起人姓氏命名，叫做格拉姆—拉德曼—霍林斯法。[57]该法案规定了一个减少联邦赤字的五年进度表，要将联邦赤字从 1986 财政年度的 2 200 亿美元逐年减少，到 1991 财政年度实现预算平衡（即赤字为零）。如果国会不能达到其中任何年度的赤字目标，那么会计总署（GAO）就可以下令启动“扣押”程序，自动削减超过限额的赤字。其中一半的削减来自国防项目，另一半的削减来自国内项目。不过，该法案还是让许多主要项目免于削减，其中包括国债利息、社会保障、退伍军人付款和福利开支。这些项目加在一起大约占预算的 70%，所以削减赤字的任务大量落在国防项目和国内支出的“可控制”部分上。假如为了达到控制赤字目标，整个预算要求削减 2.5%的赤字，那么作为削减对象的项目不得不削减将近 10%的赤字来完成既定任务。

支持者和反对者都将格拉姆—拉德曼法比作“一节火车残骸”，是一个故意被改编的灾难。[58]法案的支持者希望自动削减赤字能够促使制定出一个更合乎逻辑的节减支出方法。按参议员拉德曼先生的说法，“这是一个考虑谁的机会又来了的馊
270 主意”[59]。有位分析家认为格拉姆—拉德曼法是“按公式编制预算法”的胜利，它取代了很多从政治上看行不通的习惯性判断规则。[60]

1986 年初，国会无法实现进度表中第一年 1 719 亿美元的赤字目标，于是，在 3 月份 GAO 宣布第一轮削减赤字 117 亿美元。然而，1986 年 7 月 6 日联邦最高法院却裁定格拉姆—拉德曼法的强制条款是违宪的。[61]它判定 GAO 只是国会的一个机构，依据宪法不能执行诸如向行政机构发布如何按该法案削减赤字命令等的行政职能。这使该法案被冷落下来。直到 1987 年 9 月国会通过了该法案的修正案，情况才有所好转。1987 年的修正案相当大地缓解了原来法案削减预算的痛苦。它限制了法案实施头两年的赤字削减额（将痛苦的削减赤字决策推迟到 1988 年总统大选之后），并且把消灭赤字的最后期限推迟到 1993 财政年度。为了解决宪法上的难题，国会让 OMB 而不是 GAO 来负责规定达到每年赤字目标所要求的削减额。（国会的民主党议员最初阻止把这些权力让给里根总统的 OMB，但是为了法案中无论如何不可缺少的自动强制计划的前途，他们还是勉强同意了由 OMB 来执行这些权力，由此削除了宪法与该法案间的抵触。）[62]

于是，格拉姆—拉德曼法更鲜明地把预算的可控制部分与不可控制部分（尤其

是公民权利性项目）分隔开来，并且进一步减少了预算中的可控制部分。它表现出三种强大的趋势：没人想争夺像社会保障这样的公民权利性项目；既然不能削减公民权利性项目，那么减少联邦赤字就要求对预算的剩余项目进行大幅削减，而这是总统和国会议员都不会同意的；没有达成政治协议，只好改编格拉姆—拉德曼法这节“火车残骸”，这似乎为减少赤字提出了一点希望。GAO 毫不客气地争辩说，格拉姆—拉德曼法“仅仅是抑制了赤字的增长”[63]。但是，实际上这绝不是微不足道的。如图 10—1 所示，它有助于减缓 80 年代早期赤字爆炸般的增长速度。不过它并没有实现支持者的愿望：提供一种实现预算平衡的机制。

271

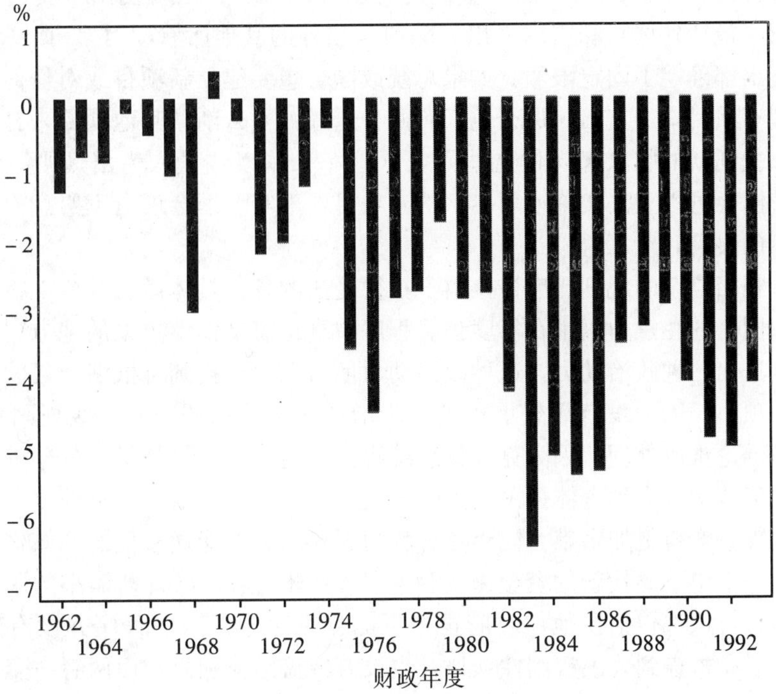

图 10—1 联邦预算赤字占 GDP 的百分比

资料来源：国会预算局：《经济和预算前瞻：1995—1999 财政年度》，华盛顿特区，政府出版署，1994。

一些批评家，如 CBO 前局长鲁道夫·彭纳，更直言不讳地说：“格拉姆—拉德曼法真正减少的赤字只有一点点，但这一点点的优势因它将辩论集中在短期项目上所造成的极端不诚实而黯然失色。”[64] 由于格拉姆—拉德曼法是以接近财政年度开始之时的赤字情况“快照”为基础的，所以它诱使人们采取多种花样来显示减少赤字取得了进展，这并不会带来真正的长期变化[65]：

1. 更快地花完拨款。如果能把支出移到当前财政年度，那么它们就不会被当作下一年的目标来统计。当然，这一策略会增加当前财政年度的赤字。 272

2. 减缓支出。可以把支出延伸到以后几年，这就造成了随配套支出增加赤字减少的假象，但从长期来看，它会增加联邦项目的费用。

3. 不要将预算外支出计入预算支出。并非所有联邦支出都按照格拉姆—拉德曼法的目标来做统计，被确定为“预算外”的项目由此可以避开削减的“斧头”。

4. 不断重复计算同一结余。国会精明地多次重复计算同一结余项目。医疗保险就是一个大家喜欢再三重复计算以节约开支的项目。

5. 忙于一相情愿地编制预算。诸如大家所期望的减少福利费用这样的“计划”结余，就能够降低预测的赤字，尽管从长期看它不会带来任何真正的结余以降低赤字。乐观预测经济的另一种形式就是一相情愿地编制预算。

1990 年，国会通过《预算执行法》，想借此重新削减赤字。该法案首先将法定支出（包括公民权利性支出和国债利息支出）从机动支出（需经过年度拨款程序的项目）中分离出来。随后，国会将机动支出分成三类：国防支出（支付给军队）、国际支出（包括外援）和国内支出（除前两项外的其他所有项目）。该法案对每一类机动支出都确定了固定限额。如果总统或国会想要建立新项目或对任何一类机动支出的现有项目增加支出，那么他们有两种选择：要么削减其他项目来补偿所需支出，要么找到新的收入来支付这些开支（这一条款以“量入为出规则”而闻名）。这意味着国会可以立法实施增加赤字的新项目，事实上国会议员不愿意作出任何令赤字变大的决策。[66]

这些相当复杂的规则比起格拉姆—拉德曼法的各种具体做法要成功得多。它们将总统和国会的注意力集中在年度预算程序中真正需要作出决策的地方。量入为出规则还创造出一种政治动力，这种政治动力使得在没有找到可抵消项目的情况下很难提议新项目，因为没有人想承担进一步增加赤字的责任。但这些规则却使 1994
273 年的保健辩论难以处理，因为克林顿总统竭力想通过改革筹到足够的额外收入，以保证把保险范围扩大到全体公民所需的开支。的确，这所引起的额外复杂性使扩大对项目的支持变得更加困难。同年克林顿为了在国会中能通过他的 300 亿美元的犯罪法案，也不得不寻找新的资金来支付它。（克林顿从自己日渐缩小的承诺中找到了这个项目，这都包括在他“政府再造”的创见之中）这一程序并没有束缚住赤字，它既没有覆盖到公民权利性项目，也没有覆盖国债利息，而两者占全部联邦支出的三分之二以上。由于联邦支出中的很大部分免于年度审查，而且不断变化的经济也会改变收入状况，即使没有任何人做出任何决策，赤字也会受到影响。改革虽然很痛苦，但对避免赤字继续扩大还是很重要的。实际上，每一个解决赤字问题的计划都包含有某种形式的机动支出限额。

改革预算程序

有分析家指出，预算程序被“无人真正会选择也无人真正喜欢的支出优先权这一大块冻土卡住了”[67]。面对他所称之为预算“冰河期”的情形，人们的失望日渐增长，这激起了要求改革预算程序的呼声。其中有四项提议得到特别关注：

1. 建立两年期预算。改革者们建议，既然国会一再错过预算程序规定的完成时间，让议员们有更长时间审议议案和不用经常忙着做重大决策可能会更好一些。克林顿总统的国家绩效评估委员会（NPR）和会计总署提议将联邦预算周期改为两年。正如副总统戈尔在《国家绩效评估报告》中总结的："两年期预算并不会使我们的预算决策变得更容易，因为预算决策取决于竞争利益和优先权。但它能够解决一大堆阻止我们评估项目和满足消费者需要的繁重工作。"[68]作为CBO前局长及克林顿预算政策指导者的艾丽斯·里夫林（Alice Rivlin）同意这一说法。她指出："我们花费太多时间审查同样的决策，以至于最近几年连做其他事情的时间都没有了。"不过，考虑到预算只有原先的一半，这就会增加中间时期要求通过补充拨款议案的压力，还会进一步增加预算对长期经济预测的依赖性。而我们已经知道，长期经济预测是非常棘手的。另外，联邦预算周期的改变还会削弱国会惯有的通过年度预算审查对预算实施的监督，会将更多权力转移给总统，由他来决定两年期计划如何开始生效。[69]艾伦·希克（Allen Schick）说："国会仍然拥有掌管钱袋的权力，但它不得不把钱袋上的绳子放得更松一些。"[70]具有讽刺意味的是，在州这一级，它们却倾向于年度预算而不是两年期预算。在不断要控制迅速变化的项目与经 274
济状况的压力下，绝大多数州将它们的预算制度转向年度预算。[71]

2. 建立资本预算。在州和地方层次上，预算通常将满足经常性需要的支出（如警察服务和大学老师的薪水）同用于资本投资的支出（如建造公路和桥梁，它们的效益会持续到将来）区别开来。这一区分的基本原则是项目费用应由从中受益的那些人来承担，所以，本期税收应用于经常性项目，而借款（过段时间再用税收收入偿还）可用于资本支出。有37个州都建立了独立的资本预算。GAO认为在联邦政府层次上运用相类似的方法会刺激对未来的投资，还能更好地控制联邦贷款项目的费用，并将注意力集中在政府的全部财政活动上。[72]问题是要建立资本预算，政府就要有一种有效的推动力，将从教育支出到外交政策支出的许多种支出归类到对未来的"投资"，随后把它们的费用转移给未来的几代人承担。在联邦政府层次上，资本支出和经常性支出之间的区别并不像在州和地方层次上那样明显。

3. 赋予总统单项否决权。作为共和党纲领的一部分，1995年众议院中大多数共和党议员积极活动要求赋予总统对预算中个别支出限额项目新的否决权。共和党人从罗纳德·里根开始就一直坚持这种观点，已有43个州的州长拥有了这项权力，总统也应该拥有同样的权力。[73]不过，在同理查德·尼克松总统有关扣押款项权的斗争之后，一些国会议员对割让额外权力给总统表现得非常谨慎。[74]有许多共和党人在共和党控制了国会以及面对一个民主党总统之后，对这一改革失去了热情。由于他们不愿意选举克林顿，并为总统获得这项权力而斗争，到1996年他们才同意通过附带条款的软弱的单项否决权，附带的条款就是这项权力要到下一任总统宣誓就职以后才生效。

最后，单项否决权这一解决办法假设赤字问题源于国会支出超过了总统的预算拨款要求。在里根执政期间，当总统—国会之间的争论最尖锐时，双边就支出总额的分歧相对较少（虽然国内支出和国防支出之间的界限经常是很重要的）。[75]联邦单项否决权也许会减少赤字，但它也不会攻击占预算太多份额的公民权利性支出。此外，当项目确定文件印出来后，总统才会利用机会行使否决权。1988年里根总 275
统从10 000亿美元预算中列出了15亿美元的清单。就算他否决了所有这些项目，其中有许多是个别国会议员偏好的，那么 1 500 亿美元的赤字也只有减少一点点。因此，总统不可能经常使用单项否决权。否决的目标不会是整个项目而是其中的个别方案，但每个方案对国会议员都至关重要，总统没有太大的力量来四面树敌，特别是因为这些方案经常对议员们在其他对总统很重要的问题上进行投票表决有着决定性影响。

4. 立法通过平衡预算的宪法修正案。紧跟美国宪法精神的共和党人还非常热情地做了 10 年时间的陈述来促使通过平衡预算的宪法修正案。虽然该提案可能是共和党纲领的所有规定中最受欢迎的部分，但在 1995 年他们还是没能够获得足够的选票来通过它。事实上，从 1975 年开始，32 个州就已通过了要求这样一个修正案的决议。[76]除了佛蒙特州和怀俄明州，每一个州都有一个关于平衡自己预算的规定。[77]然而，各州的经验表明规定“平衡”表面上看起来是非常困难的。此外，各州的经验还表明，预算负责人可以搞出许多花招来实现短期平衡而将持久性赤字掩盖起来。GAO 发现，“即使按照相对有弹性的州平衡预算标准，也并不是所有的州都实现了预算平衡”[78]。例如，通过把项目转到预算外或扩大有保证的贷款都可以实现预算平衡，因为它们的全部费用不会在预算上显现出来。[79]执行这样一个宪法条款还会引起更大的难题。当总统与国会的“并列行军”陷入困境时，除了投票人没人知道报应将落到谁的头上。艾伦·希克提醒说：“在决定总统预算和国会预算的命运时，经济状况通常是最后的用语。”[80]

程序对内容

所有提案都有一个相似的主题：预算的实质性问题是程序困境。参议员马克·O·哈特菲尔德（Mark O. Hatfield，俄勒冈州的共和党议员）说：“到目前为止，我所见过的每一个改革提议事实上都只是一种用程序来取代内容的方法。”“我们不会离开联邦赤字困难而用程序上的花招来工作。现行制度本身没有任何毛病，我们需要的是让现行制度发挥作用的愿望。如果我们没有这一愿望，那么任何新的程序都不可能比它发挥更好的作用。”联邦预算责任委员会主席卡罗尔·G·考克斯（Carol G. Cox）赞同地说：“这些问题并不是经济问题，也不是技术分析问题，而是政治问题。”[81]事实上，1987 年国会和总统一直在预算上僵持不下，直到股票市
276 场暴跌才迫使他们采取行动。危机来了才主动采取行动，这是政治无能，而不是程序无能。

这并不是说程序不重要。格拉姆—拉德曼法的发起人之一格拉姆参议员说：“我认为程序决定内容。”[82]总统和国会在建立程序时并不是没有考虑它会产生什么样的内容，只是有关程序的谈判经常掩盖了内容上隐含的矛盾冲突。例如，当里根总统和民主党国会一致同意格拉姆—拉德曼法的程序时，程序上的意见一致其实心照不宣地承认每一方都要在任何赤字削减上出一半力——总统那边的国防支出和国会这边的国内项目。

增加支出的“后门策略”

减少赤字具有不同寻常的政治意义，这当然会促使新的策略产生以规避削减赤字程序。尼克松政府的 OMB 局长罗伊·阿什（Roy Ash）解释说：“对预算程序的

约束越牢固，富有想象力的动机越多”，“可能性是无限的”。[83]为了支持新项目，一些倡议者极力主张利用信托基金，由规定用于特别项目的收入来提供经费。他们认为通过这种途径获得项目所需开支不会增加赤字。[84]社会保障是这类项目中最古老的一个例子。最近越来越多的高速公路和大众运输项目坚持它们自己的项目预算，因为它们从自己的信托基金中获得了支持。

有关社会保障的问题更是把预算政治搞得一团糟。1985 年，国会为了使社会保障项目避免政治拼凑和格拉姆—拉德曼法的削减规定，把它列入“预算外”。(从此以后，这一项目变得越来越大，不断增长的结余已被打算用来帮助支付退休人员计划——其中一些人正开始上大学——以顺利迈向 21 世纪。)

把社会保障项目列入“预算外”就将它的资金从年度预算争吵中隔离开来。然而，从更广的联邦预算结构来看，社会保障结余减少了联邦政府为弥补剩余预算赤字所需借入款项的金额。(实际上，社会保障结余通过购买财政部发行的证券这种最安全的投资方式为社会保障项目的将来进行“投资”，这有助于给国债提供资金。) 例如，1993 财政年度，除社会保障之外的预算赤字是 3 010 亿美元，而社会保障项目有 470 亿美元的结余，这样一来联邦赤字总额就减少为 2 540 亿美元。

社会保障结余掩盖了预算中非社会保障部分赤字的真实规模，并且年度赤字会计又隐瞒了藏在社会保障项目中的长期问题。公民权利和税制改革两党委员会发 277
现，1998 年以后联邦支出随着老年人口的增加凸显出迅速增长的趋势。委员会得出结论，到 2012 年“除非在过渡期间改变拨款政策，否则突出的公民权利性支出和国债利息支出将耗尽联邦政府取得的全部税收收入”[85]。尽管有委员会直率而令人担忧的研究结果，但它对解决问题的建议看法仍不一致。自从 1935 年社会保障项目建立以来，它一直在美国政治中有着特殊的地位，不过，它内部的深层次问题再加上赤字政治已造成新的预算困境。

此外，由于增长中的赤字使得预算不能够再为新项目提供资金，所以国会更加依赖于预算外单位的借款，比如政府公司和政府资助的企业(我们在第 2 章和第 5 章中已简略地介绍过)。这使得包括直接贷款和有担保贷款在内的联邦贷款迅速增加。事实上，联邦政府的活动规模如此之大，以至于住房贷款中得到联邦政府支持的占 88%。[86]当然，隐藏这些项目使之脱离一般预算政治的吸引力是显而易见的，但是许多联邦贷款项目都包含三个重大问题。第一个问题是，许多贷款并没有获得联邦政府的直接担保，这样一来，那些把钱借给政府用于这些项目的人就会要求更高的利率，项目成本会更高。第二个问题是，由于典型的国会监督是软弱和不规则的，所以靠这些后门贷款提供经费的项目经常采用与其他联邦项目不一样的会计责任标准。[87]最后一个问题是，政府面临着债务人拖欠债务的潜在风险很大，这些风险既不容易认识到也不好控制，因此通过贷款项目来扩张联邦项目隐含着真正的危险。

1989 年，国会和布什总统在建立“结余和贷款担保制”中都紧紧依靠后门财政。从 80 年代初期克莱斯勒公司的担保到中期的农场担保，“结余和贷款”策略成为对财政危机的统一反映。政府借款或政府担保为提供联邦资助和支出开辟了一条途径，甚至还建立起毫无意义的政府官僚机构。但是，他们有时会在这个奇特的手段上就花多少税收和政府实际能控制多少提出令人烦恼的问题。只要赤字政治先发制人地阻止有关是否将新项目直接列入联邦预算的辩论，那么这样的策略就有可能继续用下去。

政府还通过规则性程序不断努力争取新项目。积极筹划新项目并把它们的成本
278 转移给私人部门是非常诱人的。例如，最低工资的规定确保了工人工资的最低水平。国会已为类似的规则性新项目辩论过，范围从要求雇主为所有雇员提供健康保险到保证丈夫（妻子也一样）可以休假照顾新生儿。不管政府是对公司和公民征税并花钱为他们提供公共服务，还是仅仅要求他们用自己的钱干同样的事，效果是一样的——只有一种情况除外，那就是项目没有列入预算，并且也没有影响赤字。

总统和国会之间的预算斗争同美国的历史一样长，没有任何一种后门策略能够避开这一问题。从 60 年代中期开始，这一斗争变得越来越激烈，部分原因在于多党控制的制度（民主党起码控制了众议院，并经常控制参议院，共和党则经常控制总统一职），部分原因在于公民权利性支出和国债利息支出的增长与机动支出的平稳收缩。预算程序体现出这些深层次的斗争，如总统和国会之间为了争夺政府事务控制权而一直使用“花招”，就政府与社会间关系进行单独辩论。除非能够解决这些难题，否则没有什么程序上的方法可以稳定预算程序。

10.4 预算执行

如果说立法机关控制了预算的拨款阶段，那么行政机关就是预算执行阶段的监督者。总统的权力来自宪法赋予他作为最高行政长官和总司令的职责，同样也来自他必须“负责使法律得以忠实执行”这一宪法义务。艾伦·希克曾指出：“预算控制的许多损失起因于行政行为……不过，行政实践是联邦预算中的一块‘黑色大陆’。”[88]预算执行程序寻求的是在确保项目立法目标实现和为行政管理人员执行项目提供充分灵活性两者之间达到一种微妙的平衡。

执行行为控制

国会通过限制行政自主权的策略来达到这种平衡，主要策略包括立法控制和限制行政扣押款项权。

对执行的立法控制

1950 年，众议院拨款委员会制定了控制行政机关开支的基本规则。国会拨款
279 只是为指定活动所花费的资金设立一个“最高限额”，“负责管理已拨款活动的行政官员承担着在国会确定的最高限额内，用尽可能少的资金提供所有必需服务的责任”[89]。事实上，国会基于两种实际考虑不可能要求一个机构用完所有拨款金额。首先，因为在财政年度中情况可能会发生变化，所以可用于某一目的的资金并非全

部都是必需的。例如，在地方层次上，一个温暖的冬季可能意味着绝大多数用于清除积雪的预算资金都不需动用了。其次，国会希望由此鼓励各个机构可能的话以更少的开支实现项目目标。

然而，立法者为自己无法确定能否全速赶在行政管理者实施他们偏爱的项目之前而感到沮丧。为了减少国会意图在执行过程中失效的可能性，法律允许的立法机构有时可以命令（而不仅仅是授权）机构实施项目。不过，这既不能保证项目会获得充足的拨款，也不能确保机构会将拨款的每一美元都花在国会的项目上。

第二种考虑因总统和OMB的作用而被看得更重。绝大多数拨款是直接拨给机构，而不是拨给总统的。但是，在过去，机构有时在财政年度刚过一半或四分之三的时候就已用完它的年度拨款，随后为了避免机构关门只好向国会申请补充拨款。[90]为了避免这类情况的再次发生，国会授权OMB以季度、月份或其他时间段为基础向机构拨款，并且至少每季度都要对每项拨款审查和修正一遍。国会禁止各机构的开支超过这些已经下拨款项的金额。

扣押款项

1974年国会为了避免尼克松政府滥用扣押款项权力的重大错误再次发生，立法通过了《扣押款项控制法》。[91]从富兰克林·D·罗斯福到林登·B·约翰逊的所有总统都曾拥有并运用过扣押款项的权力：总统拒绝支付国会已拨款项。他们与尼克松总统的区别不是要求得到的总统权力不足，而是他们使用权力时的自制力不同。他们最具争议性的扣押款项行为是扣押制造特殊武器系统的基金（总统作为总司令拥有权力的一类项目）。另外一些扣押款项行为局部取消了公共工程立法，在扣押其他项目资金的同时允许某些项目继续实施。少数扣押款项行为从赤字控制和通货膨胀角度看是合理的。

扣押款项方面的权威人士路易斯·费希尔（Louis Fisher）指出，尼克松的扣押款项行为“在范围和严重性方面都是空前的”[92]。在尼克松执政期间，这一冲突 280
产生了很不幸的长期后果，后果之一就是国会努力草拟范围尽可能窄的授权法规和拨款法案，以剥夺总统和机构负责人实施项目的机动权。国会逐级一致同意用“部长必须……”取代传统上的“部长有权……”。

《扣押款项控制法》区分了预算授权撤销和递延之间的差异，这一差异一般存在于开支的永久性暂停和暂时性暂停之间。当总统提议撤销预算授权时，他必须请求国会通过一项撤销法案或共同决议案。而当总统、OMB局长或一个部或机构的负责人提议递延任何特定目标或项目的预算授权时，也就是说，在不超出该财政年度末的一段时期内推迟特定目标或项目预算授权的执行，总统必须通知国会。[93]

在新程序实行的头五年，出现了将近500亿美元的预算授权递延额和103亿美元的预算授权撤销额。绝大多数递延都是日常项目，而撤销则反映出总统和国会之间的政策争执。福特总统曾试图用撤销方式削减社会项目，而卡特总统则用撤销方式削减了国防开支。不过，一般而言，因反对日常管理而利用这些政策工具实现政策目标的做法已逐渐减少。由于党派的缘故，有的党派至少反对国会一个议院实行日常管理，来自该党派的总统可以预料成功推翻许多国会行动的机会不会太多。事实上，福特总统所提议的撤销中90%都失败了，而占国会大多数议席的党派的总统有避免党派争吵的强烈愿望。[94]里根执政期间，国会竞技场解决争执的问题集中在综合调停法案和连续决议案上，撤销与递延的重要性进一步减小了。

管理控制

从特殊角度看，流经各官僚机构的资金量，为控制政府项目的实施提供了一种很有价值的工具。[95]资金流量提供了多种影响行政长官行为的重要方法。首先，资金流向说明了谁正在干什么。虽然在没有花费大量资金的情况下，一位政府官员也能够对公民产生重大影响（例如，在规则性项目中），但是在不花费任何资金的情况下，一位政府官员要对公民施加影响却是件非常困难的事。所花费的资金并不表明机构可能会有什么样的产出，它们只是为政府活动的细节提供了一张很有价值的
281 指路图。这种工具在跟踪诸如承包人或受补贴人这样提供许多政府产品和劳务的第三方活动方面显得尤其重要。

其次，通过控制资金流量，行政机关就能够控制政府活动的方向和速度。管理者有时自认为组织中的每个人都正朝着同一目标努力，直到后来他们才惊讶地发现成员的行为已同组织目标完全脱节。由于资金流量反映着组织所订立的重要目标，所以它具有象征意义。同时，由于它有助于确保组织总体目标和成员个人目标之间的一致性，因而它还具有重要的管理意义。

最后，资金流量对报告和评估机构的绩效很重要。因为一个单位不但会有花钱太多太快的情况，而且也会有花钱太少的情况，所以资金流量有助于管理者认清需要关注的“热点”。更概括地说，它为项目评估提供了重要的原始材料。通过权衡资金的用途，管理者可首先采取措施决定项目以及整个机构的效率和效果。

罗伯特·N·安东尼（Robert N. Anthony）和戴维·W·扬（David W. Young）认为，“管理控制系统都是围绕财政结构建立起来的，很少有例外”[96]。这一结构建立在大量账户基础之上，这些账户既为职能部门和机构所设，又为这些职能部门和机构的附属单位所设，还为机构的单个组成部分所设。绝大多数政府会计制度中，每一项支出都标有一个账号。例如，账号3—45983—6803能够准确地显现出资金来源和用途：第一个数字“3”表示资金来自特别的渠道，诸如对汽油征收的货物税；“45983”表示资金分配给该州南部地区负责维护道路的现场单位；“6803”表示资金将用于购买修补道路的沥青等原材料。这样一来，政府管理者通过电脑就能够监督他们所有活动的情况，并且可以把这些活动分隔成他们想要的任何若干部分。

脆弱的会计制度有时也会使政府花掉成百万美元。例如，会计总署（GAO）发现18个联邦机构推迟按它们法案应支付的25%，由此政府每年损失的利息达3.5亿美元。同时，国防部无法解释国外客户汇来购买武器的6亿多美元资金。GAO得出结论：许多机构的会计制度已“过时了”，“因此，数十亿美元的资金无
282 法得到充分的解释、管理及财政控制”。[97]

不同级别的政府会采用不同的会计制度，但它们全都依赖建立在账户基础上的管理控制制度。[98]虽然那些担心大规模立法—行政冲突和削减赤字政治的人似乎经常对这极其复杂的基金会计感到厌烦，但它们仍要求对政府资金实施最终控制。管理控制为行政机关官员提供了有关那些政府内外执行人员行为的重要信息。通过日常审计，形成发现问题和在问题变大之前纠正它们的机制。最重要的是，有效的管理控制对政府官员、承包人和受补贴人的活动具有重要的影响，由此增加了实现公共服务效果与效率规则的机会。

极大地引发了人们对加强预算和执行结果、投入和产出之间联系的原动力是联邦、州和地方政府开展的绩效管理运动。各级政府都不断采用与预算执行结果有关的管理办法，这种管理办法是围绕长期规划建立起来的，它更仔细地确定了每个组织的目标，并采用绩效评估方法建立清晰评价项目结果的指标；还为支持更广泛的运动而发展新的管理制度，尤其是在信息和人力资源管理制度方面，如加利福尼亚的森尼维尔这样的城市已经把管理更多地集中在项目结果上——如地方公园的状况。俄勒冈州则开始了长期的努力以确定从成功的学校教育到环境的清洁等州政府目标，以及衡量州政府实现目标的绩效。[99]1993 年，国会通过了《政府绩效与成果法》，它规定联邦政府用 10 年时间来改进管理。在 1988 年之前建立起年度战略计划，从 1999 年起要准备好年度的执行计划，从 2000 年开始则要每年提交实际执行报告。这些改革涉及的内容甚至超过了英国、澳大利亚、新西兰所建立的远期战略。

这次改革有着包罗万象的含义，它们要求政府管理者运用完全不同的技术和方法，关注产出（如项目的成果）而不是投入（如预算）。由于它们发出的信号为诸如 OMB 这样的中央管理机构提供了更大的潜在影响力，所以 OMB 成为了《政府绩效与成果法》最热情的支持者之一。来自美国各州和国外的迹象表明，完善和运用绩效管理法极其困难。它迫使人们不得不注意那些令人生畏的评估和管理难题。 283
而且，立法人员通常最多只能有限地利用这些程序所产生的大量信息。部分原因是在什么目标应被评估这个问题上取得一致意见是有难度的，部分原因是立法人员把解决问题的注意力更多地集中在立法和拨款上，而不是监督结果（我们将在第 12 章进行分析）。不过，来自美国国内外实践的经验也表明，管理者们经常发现，在把机构全体人员引导到最优先的目标上和让他们一旦发现自己处于日益严重的财政紧缩的环境中能够“逃生”方面，与预算执行结果有关的管理方法就很有效了。虽然在当今世界这种改革实践上联邦政府做出的努力最大，但观察家仍在仔细观测，是否这次改革将会真正有一个结果，或是它将走到如 PPB、MBO 和 ZBB 这些以往改革的路子上。[100]

10.5 结 论

通过我们对政府预算在编制、拨款和执行过程中产生的问题进行的考察，预算决策的重要性显示了出来：预算对经济会产生影响，经济对预算也有影响，人们可以利用预算竞技场来平息（虽然并非总是妥善解决）立法机关和行政机关之间的争斗。最重要的是，它是一个对公共政策起最根本作用的领域。政策制定者经常通过自己的声望（有时要进行斗争）和目标把资金筹集起来，为项目的实施提供必要的资金。虽然各级政府的预算程序存在很大差异，但基本问题差不多。

我们在第 9 章中看到决策模型相当复杂，这一章揭示了在多阶段程序的其中一个阶段上，已作出并形成书面文字的决策可能会被行政管理人员和控制机构在以后阶段作出的决策取代。因此，现实中的决策程序比起集中研究一个人或一个组织单位如何在备选方案中就某一个目标及时做出选择的理论所提出的决策程序要复杂得多。"决策程序"这个提法并不恰当，因为有许多这样的程序在政府中同时运作。即使财政资源配置是政府所有工作的基础，预算程序也不过是其中之一。

接下来的问题自然而然是行政程序如何对这些决策起作用：它如何改进、提炼，有时甚至重新决定立法—行政竞赛的结果。这就是我们称为"执行"的程序，随后我们就要着手讨论这一问题。

注释

[1] See Joseph White, "The Continuing Resolution: A Crazy Way to Govern?" *Brookings Review* 6 (Summer 1988): 28.

[2] 有关对预算历史广泛的考察，参见 Carolyn Webber and Aaron Wildavsky, *A History of Taxation and Expenditures in the Western World* (New York: Simon and Schuster, 1986). 有关预算理论必须回答的问题，参见 V. O. Key, Jr., "The Lack of a Budgetary Theory," *American Political Science Review* 34 (December 1940): 1237-1240; and Verne Lewis, "Toward a Theory of Budgeting," *Public Administration Review* 12 (Winter 1952): 42-54.

[3] 例如，参见 Herbert Stein, *Governing the $5 Trillion Economy* (New York: Basic Books, 1989).

[4] "财政"一词来自古法语，最早源于拉丁语中的"国库"或"篮筐"，它们放在一块很好地概括了相关的主题。

[5] 凯恩斯以《就业、利息和货币通论》(New York: Harcourt Brace Jovanovich, 1964; originally published in 1936) 一书最为出名。有关罗斯福政府的补偿经济学，参见 Donald F. Kettl, "Marriner Eccles and Leadership in the Federal Reserve System," in *Leadership and Innovation: A Biographical Perspective on Entrepreneurs in Government*, ed. Jameson W. Doig and Erwin C. Hargrove (Baltimore: Johns Hopkins University Press, 1987), 318-342.

[6] See Herbert Stein, *The Fiscal Revolution in America* (Chicago: University of Chicago Press, 1969); and James E. Alt and K. Alec Chrystal, *Political Economics* (Berkeley: University of California Press, 1983), 54-77.

[7] See Edward R. Tufte, *Political Control of the Economy* (Princeton, N. J.: Princeton University Press, 1978).

[8] 联邦储备制度主要通过三种政策工具来运作：确定银行必须持有的法定准备金（法定准备金越

高，银行可用于贷款的资金越少，因而利率变得越高，经济增长速度越慢）；规定贴现率（即银行向联邦储备委员会借款时所必须支付的利率，它会影响到全国的利率水平）；从事公开市场活动（联邦储备委员会通过买入政府证券来增加货币供应——随后会降低利率和促进经济增长，通过卖出政府证券来减少货币供应——随后会提高利率和减缓经济增长）。

有关货币政策历史的经典论述参见 Milton Friedman and Anna Jacobson Schwartz，*A Monetary History of the United States*，1867－1960（Princeton，N. J.：Princeton University Press，1963）。有关称赞沃尔克时代的描述，参见 Donald F. Kettl，*Leadership at the Fed*（New Haven：Yale University Press，1986），chap. 7. William Greider，*in Secrets of the temple*：*How the Federal Reserve Runs the Country*（New York：Simon and Schuster，1987），则持苛求得多的观点。

[9] 国会在1986年税制改革法案中削减个人税收的同时又再一次增加公司的税收。See Jeffrey H. Birnbaum and Alan S. Murray，*Show-down at Gucci Gulch*：*Lawmakers*，*Lobbyists*，*and the Unlikely Triumph of Tax Reform*（New York：Random House，1987）.

[10]"财政年度"是政府的预算年度。联邦财政年度从10月1日开始到次年的9月30日为止。财政年度是根据它们结束时所属的年份来标号的。例如，结束于1992年9月30日的财政年度被称为1992财政年度。

[11] 有关支持供给学派经济学的看法，参见 Paul Craig Roberts，*The Supply-Side Revolution*：*An Insider's Account of Policymaking in Washington*（Cambridge：Harvard University Press，1984）. David Stockman 则在 *The Triumph of Politics*（New York：Harper & Row，1986）中以局内人身份进行了不支持供给学派经济学的阐述。有关争论的分析，参见 Herbert Stein，*Presidential Economics*：*The Making of Economic Policy from Roosevelt to Reagan and Beyond*（New York：Simon and Schuster，1984）.

[12] Lester Thurow，"Budget Deficits，" in Daniel Bell and Lester Thurow，*The Deficits*：*How Big*？*How Long*？*How Dangerous*？（New York：New York University Press，1985），140. See also Benjamin M. Friedman，*Day of Reckoning*：*The Consequences of American Economic Policy*（New York：Vintage Books，1989）.

[13] Robert Eisner，"The Federal Deficit：How Does It Matter?" *Science* 237（25 September 1987）：1577－1582. See also his *how Real Is the Federal Deficit*？（New York：Free Press，1986）.

[14] Congressional Budget Office，*An Analysis of the President's Budgetary Proposals for Fiscal Year* 1995（Washington，D. C.：Government Printing Office，1994），24－28.

[15] Rudolph G. Penner and Alan J. Abramson，*Broken Purse Strings*：*Congressional Budgeting*，1974－1988（Washington，D. C.：Urban Institute Press，1989），99.

[16] Stockman，*Triumph of Politics*，98.

[17] David C. Grinnell，"Implications of Uncertainty in Economic Forecasting Under Gramm-Rudman-Hollings：Options for Congressional Response"（Washington，D. C.：Congressional Research Service of the Library of Congress，8 August 1986），23. 会计总署的一份报告认为CBO和GAO中没有哪个会比对方预测地更精确，或者进一步来说，它们也不会比私人部门的预测者预测地更不精确。See General Accounting Office，*Budget reductions for fiscal Year* 1986，*Report to the President and Congress Under the Balanced Budget and Emergency deficit Control act of* 1985，January 1986（Washington，D. C.：Government Printing Office，1986），appendix B，37 ff.

[18] *Wall Street Journal*，21 August 1986，22.

[19] 对联邦预算程序的经典考察，参见 Allen Schick，*The Federal Budget*：*Politics*，*Policy*，*Process*（Washington，D. C.：Brookings Institution，1995）.

[20] 有关这些问题的历史，参见 Leonard D. White，*The Federalists*（New York：Macmillan，1956），

116－127；Frederick C. Mosher，*A Tale of Two Agencies*：*A Comparative Analysis of the General Accounting Office and the Office of Management and Budget*（Baton Rouge：Louisiana State University Press，1984），13－34；and Jerry L. McCaffery，"The Development of Public Budgeting in the United States，" in *A Centennial History of the American Administrative State*，ed. Ralph Clark Chandler（New York：Free Press，1987），345－377.

[21] See Willian F. Willoughby，*The Movement for Budgetary Reform in the States*（New York：Appleton，1918）.

[22] 因布朗洛委员会的报告（1937 年）而引起的，预算局从财政部搬到新成立的总统行政办公厅。

[23] Mosher，*Tale of Two Agencies*，32.

[24] See David G. Mathiasen，"The Evolution of OMB，" *Public Budgeting and Finance* 8（Autumn 1988）：3－14；and Peter M. Benda and Charles H. Levine，"Reagan and the Bureaucracy：The Bequest，the Promise，and the Legacy，" in *the Reagan Legacy*：*Promise and Performance*，ed. Charles O. Jones（Chatham，N. J.：Chatham House，1988），102－142.

[25] See Howard E. Shuman，*Politics and the Budget*：*The Struggle between the President and the Congress*（Englewood Cliffs，N. J.：Prentice Hall，1984）.

[26] 联邦预算厚达两英寸，与大城市电话簿的尺寸相当，用非常小号的字体印刷在非常薄的纸上。根据国会议员、新闻界以及感兴趣的社会公众需要的数量来出版、印制这么一大本厚厚的联邦预算，每年要花去政府出版署一个多月的时间。几乎在所有学院和大学的图书馆里都有预算的副本供查阅，通常存放在政府文献部分。

[27] See Lance T. LeLoup，"From Microbudgeting to Macrobudgeting：Evolution in Theory and Practice，" in *New Directions in Budget Theory*，ed. Irene S. Rubin（Albany：State University of New York Press，1988），19－42.

[28] 有关预测，例如，参见 Larry D. Schroeder，"Forecasting Revenues and Expenditures，" in *Management Policies in Local Government Finance*，ed. J. Richard Aronson and Eli Schwartz（Washington，D. C.：International City Management Association，1981），66－90；有关预测联邦预算的问题，参见"Uncertainty and Bias in Budget Projections，" in U. S. Congressional Budger Office，*The Economic and Budget Outlook*：*An Update*（Washington，D. C.：Government Printing Office，1987），63－86.

[29] See David C. Mowery，Mark S. Kamlet，and John P. Crecine，"Presidential Management of Budgetary and Fiscal Policymaking，" *Political Science Quarterly* 95（Fall 1980）：395－425. 有关对包含州和地方问题的预算进行的更广泛考察，参见 Irene S. Rubin，*The Politics of Public Budgeting*，3d ed.（Chatham，N. J.：Chatham House，1997）。

[30] 例如，H. Douglas Arnold 认为国会的决策"一部分可用来作为过去支持的回报，一部分可用来作为本年度支持的报酬，还有一部分可为今后几年创造一个有利的氛围"。Arnold，*Congress and the Bureaucracy*：*A Theory of Influence*（New Haven：Yale University Press，1979），56.

[31] 对年度预算程序所提出的问题的考察，参见 Naomi Caiden，"The Myth of Annual Budget，" *Public Administration Review* 42（November/December 1982）：516－523.

[32] Aaron Wildavsky，*the New Politics of the Budgetary Process*（Glenview，Ill：Scott，Foresman，1988），83.

[33] 韦达夫斯基的著作在联邦层次上得到 Otto A. Davis 的支持，M. A. H. Dempster，and Aaron Wildavsky，"A Theory of the Budgetary Process，" *American Political Science Review* 60（September 1966）：529－547；在州层次上得到 Ira Sharkansky 的支持，"Agency Requests，Gubernatorial Support and Budget Success in State Legislature，" *American Political Science Review* 62（December 1968）：1220－1231. 韦达

夫斯基在他后来的著作中脱离了渐进主义。有关讨论参见 Irene Rubin,"Aaron Wildavsky and the Demise of Incrementalism," *Public Administration Review* 49 (January/February 1989): 78-81.

[34] Mark S. Kamlet and David C. Mowery, "The Budgetary Base in Federal Resource Allocation," *American Journal of Political Science* 24 (November 1980): 804 and, more generally, 808-810. 至于对渐进主义的另一批判,参见 Allen Schick, "Incremental Budgeting in a Decremental Age," *Policy Sciences* 16 (1983): 1-25.

[35] Lance T. LeLoup and William B. Moreland, "Agency Strategies and Executive Review: The Hidden Politics of Budgeting," *Public Administration Review* 38 (May/June 1978): 232-239; see also Peter B. Natchez and Irwin C. Bupp, "Policy and Priority in the Budgetary Process," *American Political Science Review* 67 (September 1973): 951-963.

[36] Natchez and Bupp, "Policy and Priority in the Budgetary Process," 956 and, more generally, 951-963. 有关企业家们在争取对其项目支持中所扮演的角色,参见 *Leadership and Innovation: A Biographical Perspective on Entrepreneurs in Government*, ed. Jameson W. Doig and Erwin Hargrove (Baltimore: Johns Hopkins University Press, 1987).

[37] Frank B. Sherwood and William J. Page, Jr., "MBO and Public Management," *Public Administration Review* 36 (January/February 1976): 11, The Office of Management and Budget agrees. See Clifford W. Graves and Stefan A. Halper, "Federal Program Evaluation: The Perspective from OMB," in U. S. Senate, Committee on Government Operations, *Legislative Oversight and Program Evaluation*, committee print, 94th Cong., 2d sess., 1976, 266-267. 有关对 MBO 经验的敏锐分析,参见 James A. Swiss, "Implementing Federal Programs: Administrative Systems and Organization Effectiveness" (Ph. D. dissertation, Yale University, 1976). See also Richard Rose, *Managing Presidential Objectives* (New York: Free Press, 1976).

[38] Peter A. Pyrrh 在《Texas Instruments》中介绍了这种制度,并且帮助卡特在佐治亚州建立起这种制度。*Zero-Base Budgeting: A Practical Tool for Evaluating Expenses* (New York: Wiley, 1973). 更多的内容参见 "Forum: ZBB Revisited," *Bureaucrat* 7 (Spring 1978): 3-70; Thomas P. Lauth, "Zero-Base Budgeting in Georgia State Government: Myth and Reality," *Public Administration Review* 38 (September/October 1978): 420-430; and George Samuel Minmier, *An Evaluation of the Zero-Base Budgeting System in Governmental Institutions* (Atlanta: School of Business Administration, Georgia State University, 1975), excerpted in U. S. Senate, Committee on Government Operations, Subcommittee on Intergovernmental Relations, *Compendium of Materials on Zero-base Budgeting*, committee print, 95th Cong., 1st sess., 1977.

[39] 有关在其他工具中 PPB、MBO 和 ZBB 的发展,参见 Stanley B. Botner, "The Use of Budgeting/Management Tools by State Governments," *Public Administration Review* 45 (September/October 1985): 616-620.

[40] See Report of the National Economic Commission (Washington, D. C.: Government Printing Office, 1989). 委员会中的共和党委员与民主党委员的确一致同意要为将来的退休人员保护社会保障信托基金,但是他们没能在为此而制定的一项计划上达成一致。

[41] 另外,立法方式能够使那些一度被定为小规模且较不重要的项目变成预算巨人。Martha Derthick, Uncontrollable Spending for Social Services Grants (Washington, D. C.: Brookings Institution, 1975).

[42] 对渐进主义更进一步的挑战——以及"不可控制"支出的另一个来源——是立法机关通过法定支出对预算不断增加的干预,参见 Jeffrey D. Straussman, "Courts and Public Purse Strings: Have Por-

traits of Budgeting Missed Something?" *Public Administration Review* 46 (July/August 1986)：345-351。

[43] 有关国会政策与总统政策如何不同的分析，参见 Mark S. Kamlet and David C. Mowery, "Influences on Executive and Congressional Budgetary Priorities, 1955-1981," *American Political Science Review* 81 (March 1987)：155-178.

[44] Carl J. Friedrich, *Man and His Government* (New York: McGraw-Hill, 1963), 199-215.

[45] 有关预算博弈中运用的许多策略的一览表，参见 Wildavsky, *Politics of the Budgetary Process*, 21-62。

[46] See Richard P. Nathan, *The Administrative Presidency* (New York: Wiley, 1983), 51-56.

[47] James L. Sundquist, "Congress as Public Administrator," in Chandler, *Centennial History of the American Administrative State*, 275.

[48] U. S. Congress, House of Representatives, Committee on Rules, *Budget and Impoundment Control Act of* 1973: *Report*, House Rpt. No. 93-658, 93d Cong., 1st sess., 1973, 21-22.

[49] See Richard E Fenno, Jr., *The Power of the Purse: Appropriations Politics in Congress* (Boston: Little, Brown, 1966).

[50] Congressional Budger and Impoundment Control Act of 1974, Public Law 93-344. 有关该法案对国会影响的分析，参见 Dennis S. Ippolito, *Congressional Spending* (Ithaca, N. Y.: Cornell University Press, 1981); and Allen Schick, *Congress and Money: Budgeting, Spending, and Taxes* (Washington, D. C.: Urban Institute Press, 1980).

[51] Tim Weiner, "$28 Billion Spying Budget Is Made Public by Mistake," *New York Times*, 5 November 1994, 7; idem, "A Secret Agency's Secret Budgets Yield 'Lost' Billions, Officials Say," *New York Times*, 30 January 1996, A1.

[52] David C. Morrison, "Truth Elusive in 'Black' Maze," *National Journal*, 10 October 1987, 2552.

[53] Lawrence J. Haas, "Blame the Appropriators, *National Journal*, 8 August 1987, 2027; and OMB, *Budget, Fiscal Year* 1991, 271.

[54] See Schick, *Congress and Money*, 415-481.

[55] 这些"花招"包括故意对公民权利性项目拨款不足，然后在不可避免的增补拨款议案中附上新项目，并且将一些支出塞入不同的财政年度以暂时减少赤字。Ibid., 2025, 2028. 亦可参见 Gary Klott, "Your Taxes at Work: A National Weed Center, an Ad Drive on Fish," *New York Times*, 26 May 1987, B4.

[56] Steven Engelberg, "A Congressman, a Plane Ride and the Budget," *New York Times*, 4 January 1988, sec. 1, 1.

[57] Public Law 99-177. The sponsors were Senators Phil Gramm (R-Tex.), Warren R. Rudman (R-N. H.), and Ernest E Hollings (D-S. C.).

[58] 在公开讨论中，"格拉姆—拉德曼—霍林斯"这一叫法由于太长，所以被迅速缩短为"格拉姆—拉德曼"，对于参议员爱因斯特·霍林斯的懊恼，诙谐人士说有些地方的裁减是不得已而为之。

[59] *Congressional Quarterly Almanac*, 1985 (Washington, D. C.: CQ Press, 1986), 459.

[60] Eric A. Hanushek, "Formula Budgeting: The Economics and Analytics of Fiscal Policy Under Rules," *Journal of Policy Analysis and Management* 6 (Fall 1986): 3.

[61] *Bowsher v. Synar*, 106 Supreme Court Reporter 3181 (1986).

[62] 1987 年的修正案同样赋予总统在决定预算账户中哪里该削减方面更多的自由。

[63] General Accounting Office, *The Budget Deficit* (Washington, D. C.: Government Printing Of-

fice, 1988), 5. See also GAO's *Deficit Reductions for Fiscal Year* 1989: *Compliance with the Balanced Budget and Emergency Deficit Control Act of* 1985 (Washington, D. C.: Government Printing Office, 1988).

[64] *New York Times*, 30 April 1989, sec. 3, 1.

[65] 有关这些策略的略述，参见 Peter Milius, "Cooked Books," *Washington Post*, 24 April 1989: A11。

[66] 有关这些条款的分析，参见 Schick, *Federal Budget*, 39-41; and Nicholas A. Masters, *The Congressional Budget Process*: 1974-1993, U. S. House of Representatives, Committee on the Budget, committee print, 103d Cong., 1st sess., 1994.

[67] Jonathan Rauch, "The Fiscal Ice Age," *National Journal*, 10 January 1987, 58. 有关该程序的评价，参见 Donald E. Kettl, *Deficit Politics* (New York: Macmillan, 1992); Wildavsky, *Politics of the Budgetary Process*; Schick, *Congress and Money*; Allen Schick, ed., *Making Economic Policy in Congress* (Washington, D. C.: American Enterprise Institute, 1983); and Allen Schick, *The Capacity to Budget* (Washington, D. C.: Urban Institute Press, 1990).

[68] Al Gore, *From Red Tape to Results*: *Creating a government That Works Better and Costs Less* (Washington, D. C.: Government Printing Office, 1993), 17. See also the statement of Susan J. Irving, U. S. General Accounting Office, before U. S. House of Representatives, Committee on Rules, *Budget Process*: *Some Reforms Offer Promise*, T-AIMD-94-86, 2 March 1994.

[69] 1987年12月，国会开始试行两年期预算，当时它正同白宫磋商制定一项两年期计划以满足《格拉姆—拉德曼法》支出最高限额的连续决议案。

[70] Schick, *Federal Budget*, 201.

[71] Jonathan Rauch, "Biennial Budgeting Taking Root," *National Journal*, 27 September 1986, 2318-2319; and General Accounting Office, *Budget Issues*: *Current Status and Recent Trends of State Biennial and annual Budgeting* (Washington, D. C.: Government Printing Office, 1987), 2.

[72] Statement of Frederick D. Wolf, General Accounting Office, "Capital Budgeting for the Federal Government," before the Subcommittee on Public Works and Transportation, Committee on Public Works and Transportation, House of Representatives (Washington, D. C.: General Accounting Office, 1987).

[73] 有关单项否决权先于宪法的争论，参见 Forrest McDonald, "Line-Item Veto: Older Than Constitution," *Wall Street Journal*, 7 March 1988, 16. 此外，美国宪法赋予总统杰弗逊·戴维斯一项为期六年的单项否决权。

[74] 罗纳德·C·莫认为对联邦政府而言，州政府经验的适用性是有限的，"如果将这一级政府有效的实践运用到另一级政府，它只会产生相反的作用"。此外，单项否决权还可能对政府主要机关之间的关系造成比它可能带来的任何财政利益大得多的损害。See *Prospects for the Item Veto at the Federal Level*: *Lessons From the States* (Washington, D. C.: National Academy of Public Administration, 1988). 亦可参见 U. S. House of Representatives, Committee on the Budget, The Line-Item Veto: An Appraisal, committee print, 98th Cong., 2d sess., 1984.

[75] 正如艾伦·希克所说的，"总统和国会双方预算之间的矛盾经常是因为经济和技术假设方面的不同，而不是因为政策上的意见不一致"。"The Evolution of Congressional Budgeting," in *Crisis in the Budget Process*: *Exercising Political Choice*, ed. Allen Schick (Washington, D. C.: American Enterprise Institute, 1986), 19.

[76] General Accounting Office, *Balanced Budget Requirements*: *State Experiences and Implications for the Federal Government*, AFMD-93-58BR, March 1993, 1.

[77] Ibid. See also National Association of State Budget Officers，"State Balanced Budget Requirements：Provisions and Practice，" Washington，D. C.，24 June 1992. Photocopied.

[78] Ibid.，2.

[79] 有关一项宪法修正案的两种不同主张，参见 Aaron Wildavsky，*How to Limit Government Spending*（Berkeley：University of California Press，1980）；and Milton and Rose Friedman，"Constitutional Amendment to Limit the Growth of Spending，" in *Control of Federal Spending*，ed. C. Lowell Harriss（New York：Proceedings of the Academy of Political Science，1985），132－136.

在州政府层次上，更难以确定政府的财政状况，平衡预算的要求经常诱使政府用一些富于想象力的策略将令人不快的资讯转移至将来财政年度。See Robert B. Albritton and Ellen M. Dran，"Balanced Budgets and State Surpluses，" *Public Administration Review* 47（March/April 1987）：143－152.

州和地方的支出限制有时会产生意想不到、令人不满的结果。See Terry Schwardon，ed.，*California and the American Tax Revolt*：*Proposition* 13 *Five Years Later*（Berkeley：University of California Press，1984）；and Elaine B. Sharp and David Elkins，"The Impact of Fiscal Limitation：A Tale of Seven Cities，" *Public Administration Review* 47（September/October 1987）：385－392.

[80] Schick，*Federal Budget*，198.

[81] Lawrence J. Haas，"If All Else Fails，Reform，" *National Journal*，4 July 1987，1713.

[82] Lawrence J. Haas，"An Open Window for Budget Reforms，" *National Journal*，23 May 1987，1362.

[83] 引自 Jeffrey H. Birnbaum，"As Lawmakers Devise Ways to Trim Deficit，Backdoor Projects Rise，" *Wall Street Journal*，19 November 1987，1，7.

[84] 许多税收隐藏在"使用者付费"这一顶保护伞下。See Jonathan Rauch，"Swing Toward Spending，" *National Journal*，18 April 1987，926. 有关基本问题的探究，参见 E. S. Savas，*Privatization*：*The Key to Better Government*（Chatham，N. J.：Chatham House，1987）.

[85] Bipartisan Commission on Entitlement and Tax Reform，*Interim Report to the President*（Washington，D. C.：The Commission，1994），6.

[86] OMB，*Budget*，*Fiscal Year* 1991，229，233.

[87] 有关对向学生提供助学金的联邦担保贷款项目的考察，参见 Donald F. Kettl，*Government by Proxy*：（*Mis*?）*Managing Federal Programs*（Washington，D. C.：CQ Press，1988），chap. 5. 亦可参见 Herman B. Leonard，*Checks Unbalanced*：*The Quiet Side of Federal Spending*（New York：Basic Books，1986）；Hanushek，"Formula Budgeting，" 15；and Ronald C. Moe and Thomas H. Stanton，"Government-Sponsored Enterprises as Federal instrumentalities：Reconciling Private Management with Public Accountability，" *Public Administration Review* 49（July/August 1989）：321－329.

[88] U. S. House of Representatives，Committee on the Budget，*Congressional Control of Expenditures*，Report prepared by Allen Schick，committee print，95th Cong. 1st sess.，1977，126.

[89] U. S. House of Representatives，Committee on Appropriations，*General Appropriations Bill*，1951，Report，74th Cong.，1st sess.，1950. 9.

[90] 有一年邮政局在该财政年度的前三个季度，每个季度大约开支了 4 亿美元，到最后一个季度只剩下 900 美元，当邮政局向国会寻求追加拨款时，它的这一行径激起了国会议员极大的公愤。See Louis Fisher，*Presidential Spending Power*（Princeton，N. J.：Princeton University Press，1975），155.

[91]《扣押款项控制法》是国会《1974 年预算和扣押款项控制法》的一种名称。

[92] Fisher，*Presidential Spending Power* 176. 有关对总统扣押款项的详细分析参见第 147～201 页。我们对这一讨论已做了大量说明。

[93] 如果预算授权只有一个财政年度，那么，不管怎样，扣留资金只能看作是撤销，而不是递延。

[94] Schick，*Congress and Money*，403-406.

[95] 有关这一讨论参见 Robert N. Anthony and David W. Young，*Management Control in Nonprofit Organizations*，4th ed.（Homewood，Ill.：Irwin，1988），esp. 3-49.

[96] Ibid.，21. 原著中的强调被省略了。

[97] U. S. Comptroller General，*Financial Integrity Act：Continuing Efforts Needed to Improve Internal Control and Accounting Systems*（Washington，D. C.：General Accounting Office，1987）. 亦可参见GAO的其他这些报告：*Financial Management：Examples of Weaknesses*（Washington，D. C.：General Accounting Office，1988）；and *Managing the Cost Government：Building an Effective Financial Management Structure*（Washington，D. C.：General Accounting Office，1985）.

[98] 有关这些问题的考察，参见 Leo Herbert，Larry N. Killough，and Alan Walter Steiss，*Governmental Accounting and Control*（Monterey，Calif.：Brooks/Cole，1984）；and Leon E. Hay，*Accounting for Governmental and Nonprofit Entities*，8th ed.（Homewood，Ill.：Irwin，1989）.

[99] See Oregon Progress Board，*Oregon Benchmarks：Standards for Measuring Statewide Progress and Institutional Performance*（Salem：Oregon Progress Board，1994）.

[100] See General Accounting Office，*Managing for Results：Sate Experiences Provide Insights for Federal Management Reforms*，GGD-95-22，December 1994；and John J. Dilulio et al.，*Performance Measures for the Criminal Justice System*（Washington，D. C.：Bureau of Justice Statistics，1993）.

第 11 章

284

执 行

从五角大楼高价购买的备用零件到影响深远的联邦住房补助项目，这些近来广为人知的政府绩效问题都使人们对行政管理重新给予关注。自伍德罗·威尔逊（Woodrow Wilson）发起研究行政管理的一百多年来，他的那句名言“执行宪法日益比制定宪法难”已经反映在制定法律比执行它们要容易得多这一共识中。对于法律执行的关注开创了“执行”这个新的研究领域。传统公共行政以政府机构为焦点，并寻求对机构运作方式的理解。与此相对应的是，新近的执行研究则专注于项目及其结果。执行分析人员仍使用公共行政的许多传统途径，但把研究重心从机构转向项目，他们希望从中发现为什么项目绩效常令人失望，以及怎样做才能使项目运作得更好。

每一个公民和纳税人都有资格直接质询有关政府项目管理的问题。哪些项目是成功的并应当继续？哪些则是失败的并应当终止？什么变化对于提高政府项目的效率和回应性来说是最重要的？这些变化中哪些能由项目管理者自己执行，而哪些则要求由当选的立法者或行政长官采取行动。

令人失望的是，这些问题的直接答案极少。我们对成功和失败的界定本来就很难，更不用说如何取得成功和避免失败了。我们从不同的途径来探索执行的“岩石地带”。在本章中，我们考虑如何判断一个项目的成败，通过美国政府间体系及私人承包商
285 来研究政府项目管理中特殊的执行问题。我们通过案例研究得出结论，证明失败并非不可避免，但成功则要求在政治与行政方面

有更高的技能。

11.1 判断项目的成功和失败

我们把这一程序称之为执行，也许一开始就有些令人迷惑。难道整个公共行政领域不就是关于政府项目管理并由此与执行有关的吗？从广义来讲，确实如此。只要人们从事政府管理，他们就会担心执行。把执行作为一个分立的程序来研究是最近的事情。1973年，杰弗里·普雷斯曼（Jeffrey L. Pressman）和艾伦·B·韦达夫斯基（Aaron B. Wildavsky）对这一程序倾注了极大的兴趣——或者，正如他们的副标题（文学史上最长的副标题之一）所说的：对华盛顿的巨大期望如何在奥克兰受挫，以及为何联邦项目的运作如此令人惊奇。这正是两位富有同情心的观察家——他们试图在希望破灭的基础上建立行为准则——所阐述的经济发展管理的鸿篇大论。[1]

执行有别于公共行政更传统的途径，因为它，正如普雷斯曼和韦达夫斯基所说的，只是小范围的关注“目标设置与达到这些目标的行动之间的相互影响”。简而言之，执行关注行政管理行动的结果，而不仅仅是它的过程。正如他们那个睿智的副标题所表明的，普雷斯曼和韦达夫斯基之所以转向这一课题，是因为他们观察到项目的绩效往往不能与其预期结果相一致。他们认为原因在于项目的“无缝隙网络”倾向于变得十分复杂，而越复杂，失败的几率也就越大。执行的研究者把政策制定和政策执行看作一张网络，在这其中，每一线索都取决于其他所有的线索。[2]

在普雷斯曼和韦达夫斯基之后的研究都回应了他们这种悲观的想法。有人认为，“国内项目事实上从未取得过所期望的全部结果。”[3]有人把这一过程看作是“一项从头到尾都费力的斗争”[4]。一些执行的研究者把自己看作外科医生，试图诊断那些困扰着政府项目的疾病。[5]这一领域正是墨菲法则的体现：“如果什么事情可能会做错的话，它一定会做错。”事实上，假定失败似乎是执行研究所特有的。[6]

什么是“成功”和“失败”

若要判断一个项目是成功还是失败，我们需要对其目标和结果进行比较。因此执行分析具有第9章中所讨论的理性分析模型的特征。但是，这一显而易见的比较在实践中同样是十分困难的。典型的立法目标是模糊不清的，通常很多而不是仅有 286
一个，并且经常随着时间而改变。例如，在约翰逊政府反贫困的斗争中，法律要求地方社区在作出支出决策时要向穷人提供“最大限度可能的参与”，该政策相反的是产生了“最大限度可能的误解”[7]。另一个社区发展项目则向地方政府提供联邦补助金。他们把钱花在那些把“最大限度可能的优先权”给予援助中低收入家庭，或改善贫民窟和杂乱状况，或满足急迫的社区发展需要的项目上。[8]然而，法律并没有告诉执行者必须有多大的优先权才算达到“最大限度可能的”这一要求。它没有对低收入和中等收入的家庭进行界定，所以很难准确地判断出谁是合格的。而且，哪些是急迫的需要也是模糊不清的。

在国会中通过法律意味着赢得多数选票，并且建立联盟的途径通常充满了使目标模糊不清的妥协。达成这些妥协的一条途径常常是在同一项法律中包含相互对抗的目标，其结果往往是执法者与受法律影响的那些人之间的持续斗争。[9]

目标最终能够随着时间的推移而改变。例如，在康涅狄格州的纽黑文，当地的官员正在实施一项青年就业项目。当时建筑业的萧条使得很难按官员原先计划的把项目参与者安置在工会工作中，于是他们就把目标扩展到包括非工会职位。当他们发现项目中16岁的参与者年龄太小而很难从事一些建筑工作时，他们就招募比原先计划年龄大一些的参与者。并且当官员们发现绝大多数参与者缺乏许多学徒工项目所要求的高中学历时，项目负责人开设夜间一般教育水平课来帮助参与者取得资格。[10]

目标随着执行过程不断发展，因为行政管理的现实状况总是很难预测的。难以预料的事件不断地发生，这要求管理者不断调整目标。正如一句诙谐妙语所言，“我们应该想到那些没有想到之事，可是想到了就不一定会发生”[11]，目标还会变化是因为目标的界定不可避免地隐藏于持续的政治程序中。美国政府的复杂体系以及权力和政府间关系的微妙平衡，提供了通往政治过程的众多不同的方向。所谓“政策”就是从不同方向可以被改变的东西：法律的解释和规则的制定必须由管理者来做，而这些解释在法院会受到持异议者的挑战；政府间和公共—私人间的机制
287 使不同个体有可能以多变的方式来追求同一项目；而且每一个决策在其他某一方面都可能受到挑战。执行是一场持续的比赛，在这场比赛中每一次“失败”和“成功”都促成下一步冲突。那些对政策程序中某一阶段的结果感到失望的人总是能够在程序的下一回合中寻找更好的运气。[12]

因此，执行可被理解为一个持续、动态、常常无序的程序的结果，在这一程序中，美国多元论的许多力量都在努力左右管理行为，正如他们在立法、司法和行政决策中的斗争一样。[13]事实上，执行是一个高度相互影响、相互依赖的程序。美国社会中公共部门与私人部门之间越是相互缠绕，美国联邦制的三个层次之间连接得越紧密，立法行为越是受到挑战，正如机构制定规则而这些规则在法院中又受到挑战一样，所以，执行越来越依赖于一种“松散的双重结构”。这些持续不断的相互作用不断左右和重新决定政策执行。[14]

如果用来判断“成功”和“失败”的目标是如此的混乱，那么是否就没有用以衡量项目运行情况的清晰标准呢？古典途径是仔细权衡项目结果和立法意图，但是，正如我们已经知道的，立法语言的水准很低。作为妥协的结果，目标是典型的含混不清、多种多样和相互冲突的。然而，管理者有法律和道德上的义务去追求这些已制定的目标，而法院则用这些立法目标来作为衡量行政行为的标准。但是，目标的极其模糊为这个程序引入了两种不同的自由裁量权：对于管理者来说，可以预测立法机关的意图；对于法院来说，可以对比管理者的解释和他们自己对立法意图

的判断。

由此，从法律的意义上讲，立法意图提供了判断一个项目成败的标准。但它并没有提供一个客观的标准，因为正如罗沙赫（Rorschach）所证明的，每个人只根据他希望看到的来理解“立法意图”。为了解决这一疑虑，分析者经常对行政行为运用两种额外的措施。

经济学家一直以来都认为效率是判断行为的首要标准。无论立法机关的目标是什么，我们都期望公共项目运行得有效率。对于既定的投入来说，它的产出是多少？对于相同水平的投入来说，不同的行政途径是否有更多的产出（或较少的投入能有同样水平的产出）？效率标准的引入带来了判断执行情况的一个尺度。

除了效率之外，我们同样期望项目是回应迅速的。执行是否反映民意？而谁又 288
代表民意？是民选官员还是受项目影响的那些人？当然，问题在于强调效率的策略常会牺牲回应性。例如，让那些受决策影响的人有足够机会来使其观点被听取的成本是昂贵的，效率和责任是相互替代的，一方的增长会导致另一方的减少。[15]

因此如何判断执行的问题已成为美国政府中较广泛的问题：虽然我们都用效率和回应性这一广泛的标准来衡量政府机构的绩效，可是我们当中许多人仍对个案中这些标准的含义有非常不同的想法。另外，一个项目的目标几乎总是模糊不清的。因此对于项目的成败很难有始终如一的回答，因为这样的判断因人而异。然而，我们仍在追求“成功”和避免“失败”。我们希望项目是有效率而不是无效率的，希望项目能达成目标。即使我们不能在这些标准的含义上达成一致，这些标准已界定了引发激烈的有关争论的全部脉络。

11.2 绩效问题

哪些要素最能导致执行的差别？如果政策制定者期望某一个特定的结果，那么什么因素将会影响他达到这一结果的几率？下面是即将阐述的五个问题：

- □ 围绕项目的不确定性。
- □ 完成工作的资源。
- □ 决定官僚机构对问题反应度的组织特征。
- □ 带领官僚机构解决难题的领导能力。
- □ 各级政府间和政府与私人部门以及非营利部门间不断发展的相互依赖关系。

不确定性

难题可能没有已知的解决办法。如果确实如此，满足明显需要的急迫感很可能会导致那些仅仅看似可行、近来较流行，或得到最强大拥护的项目的通过。然而问题是永远存在的。尼克松总统内阁的一位成员，埃利奥特·理查森（Elliot Richardson）写道：

289 我们对于治愈社会弊病的迟缓感到不满，这一不满加强了“不要只站在那儿，要做些什么”的冲动。（这种症状）使我们产生幻觉，以为我们懂得如何解决酗酒、吸毒和对犯人进行改造。事实上，我们并不能。目前这些领域的技巧不过是有关乔治·华盛顿时代治疗发烧的方法在哪里的问题。[16]

当我们承诺要消灭贫困，给每个美国家庭提供满意的住房，攻克癌症，使国内的河流湖泊适于钓鱼和游泳，保证每个人都能够得到充分的医疗照顾，消除种族、性别、国籍、年龄和生理残疾上的歧视时，我们表达的是一种可能容易破灭的崇高愿望，因为我们还未学会如何去做这些事情。正如研究医疗补贴的创始人所说：“理想主义者制定法律，而现实主义者去执行它们。”[17]

即使当这种不确定性是技术上的，巨大的挑战依然存在。苏联切尔诺贝利核灾难和 1986 年 1 月挑战者号宇宙飞船的悲惨爆炸都生动地表明，在从未涉足的体系内把复杂的工程任务结合起来是十分困难的。当问题属于社会问题而非技术问题时，例如福利项目，这种关于如何解决复杂问题的不确定性是不同于技术上的不确定性，但也同样棘手。

困难在于不完善的知识，尤其是在用法规引导机构解决新问题或用新的（但并不指定的）方式去解决老问题的时候。另外管理者也并非如普通公民所想象的那样精明，更不用说技术专家了。以减少主要农作物超产为目的的项目让一些土地休耕的同时向农民提供补贴。于是农民一方面让他们最贫瘠的土地休耕，另一方面则不断提高其他土地的产量，所以减产这一全国性目标并未实现。纳税人在国税局大量的规定中寻找漏洞时的想象力是惊人的。即使管理者试图去预测他们行动中那些无法预测的后果，他们的判断永远也无法超越那些成千上百万把寻找漏洞视为己任的聪明的律师、会计师和其他专家的创造力。

因此，不确定性经常阻碍项目的执行。一些更为复杂的技术，从宇宙飞船到核反应堆，都带来了难以预料的问题。人与人之间及政府与公民之间的相互作用更难以预测和施加影响。我们经常并不懂得如何去做我们想要做的事情，这不仅仅表现在政府内部，在复杂社会的许多方面亦是如此。就算我们确实知道，我们也不懂得如何去做，这些不确定性损害了政府项目的绩效。

290 资源的匮乏

资源，包括资金和专业人才，在执行立法机关制定的宏伟项目时往往是匮乏的。当然，愤世嫉俗者认为政府中充斥着多余的官僚，尤其在联邦层次上。但是，宏伟目标与达到这些目标所用的资源之间的不平衡有广泛的文件可以证明。

资金

当埃利奥特·理查森在卫生、教育及福利部（后分立为卫生及公众服务部和教育部）任部长一职时，他发现国会批准一项新的老年人营养项目的 1 亿美元资金仅能惠及有资格享用的老人的 5%，而社区卫生项目仅能惠及 20%的准受益人。他要求属下估算1972财政年度该部所有项目惠及每位合资格者时的花费，发现总共需要2 500亿美元，远远超出当时的全部联邦预算额。他写道："大部分时候，新的立法仅仅是公布一项需要，却从未创造过满足这一需要的手段或资源。"[18]

国会能够并且经常在没有增加机构拨款额的同时向机构强加新的任务，扩张旧的任务以及要求更精密的程序。总统同样能试图阻止基金的发放或引导机构最先处理个别计划，却不考虑这些行为对机构全部法定责任的影响。州和地方政府也同样经常发现联邦政府要求它们按全国性的指导方针行事时却没有提供相应的资金。例如1986年中期，犹他州圣乔治的官员们由于没有达到联邦的污水处理标准而面临着每天25 000美元的罚款。他们计划建立的一个新污水处理厂可以帮助该市达标。该市的官员们已经花费了10万美元试图取得获取联邦补助金的资格，从而为该工厂1 300万美元的成本提供75%的补助金。与此同时，里根政府正在全面取消补助项目。"我们这么多年来一直在争取环境保护署（EPA）的补助"，圣乔治公共工程的负责人拉里·布洛克（Larry Bulloch）说道："它就像绳子上挂着的胡萝卜，我们还是没能得到它。"[19]项目目标与其资金之间的差距往往是相当大的，随着联邦赤字的增长而成为一大问题。

人员

正如我们在第7章中提到的，联邦雇员的人数远远落后于人口、联邦支出和要实施项目的增长。即使在州和地方一级，政府职责远远超出政府雇佣人员的情况。相对其职责来说人数太少的工作人员在解释法规、制定起草和修正规则、答复信 291
函、与顾客组织协商、付款给项目津贴的申请者、将资金流向详细记入账簿方面会有很大压力。另外，一个人员不足的组织很难分配足够人员去监控项目的绩效或检查项目是否被滥用和发生错误。

组织的问题

运作项目的部或机构很大程度上影响着项目成功的可能性。一些机构对新项目十分合作，而另外一些机构则对新项目置之不理。经常是一个项目找不到合适的运作机构，而现行的部可能也并不会更合适，或者其他一些因素阻碍了将项目分配给更好的机构。在这样的情况下，了解这些障碍以及了解项目很可能由于保护性措施而遭受部分反对是十分有用的。以下三种常见的组织上的设置揭示了这一问题。

首先，将管制责任赋予以服务为首要职能的机构是十分冒险的。考虑到促进行业发展和提高就业水平这一任务，许多州建立了管制实体来控制行业活动，这样的管制意味着政府机构和被管制的行业之间实际存在（或潜在）的敌对性关系。与此相对应的是，促进行业的发展又要求政府机构与其顾客之间密切友好的合作。没有一个机构能够很好地服务于这个双重目标。

其次，将项目放置在其工作成员并不支持该项目的机构中是十分冒险的。[20]例如，在里根政府的早期，由于EPA的高级官员对政府管制商业持否定态度，使得许多环境项目受到打击。另外，很容易假定的是任何新项目都需要富有想象力和充满活力的行政人员，而在一个老式的，其公务员已服务多年的部门中是不可能找到这种活力的。而且，正如我们所知，政府机构的增加导致了新的问题：机构间的冲突越厉害，就越需要主要行政长官之间的合作（无论是总统、州长、县长，还是市长），权力就越集中在主要行政长官的工作人员手中。

最后，把相关的项目分配给不同的机构也是十分冒险的。项目管理者的策略取决于其对手的策略和行动，官僚主义的目标也倾向于取代公共政策目标。在争取
292 “顾客”的竞争中，管理者很可能对那些也参与其他项目的顾客给予过多服务或放松管制。经典的案例包括陆军工程兵（隶属于国防部）和开采局（隶属于内政部）之间修筑水坝的竞争，以及地方政府在能够给予污水处理工程补助金的联邦机构（农业部、商务部、住房及城市发展部和环境保护署）之间进行多方参考、比较。在管制这一竞技场上，就有三家联邦机构监督银行：通货检察局（隶属于财政部）、联邦储备系统的州长董事会和联邦储蓄保险公司（二者皆是独立管制机构）。联邦储备系统的一位主席说，结果是“令人思维混乱的有关管辖权的混战”并且助长了“散漫状态下的竞争有时候会放松约束，有时候会延误正确的措施。有时候使机构之间互斗以坐收渔利”[21]。这种混战导致了 80 年代后期解决“结余和贷款”危机的措施复杂化。

领导能力

格言大师拉尔夫·沃尔多·埃默森（Ralph Waldo Emerson）下了这样一个定义：“一个机构是一个人被拉长的身影。”[22]在官僚世界中，一个特别突出的行政管理者能够对一个项目的成功产生影响。对于一代人来说，FBI 实质上就是 J·埃德加·胡佛（J. Edgar Hoover）“被拉长的身影”。和平队早期的成功要归功于萨金特·施赖弗（Sargent Shriver）精力充沛的领导和詹姆斯·E·韦布（James E. Webb）在 60 年代成功组织那次著名的登月计划。官僚企业家们已经运用他们的头脑和能力激进地变革了政府机构。[23]这些“核心者”将成为摆平那些执行程序中不可避免地会出现的问题的关键。[24]但是，正如詹姆斯·Q·威尔逊（James Q. Wilson）指出的，这样的领导人仍十分缺乏：“有能力和有经验的行政人员的供应速度远比不上公共政策中已出现问题数量的增长。”他接着说：“政府——至少公开地——看起来似乎可以无限度地提供有能力的政治行政官，尽管建立新机构的人们私底下承认他们已对人才的短缺感到失望和害怕，以至于唯一困惑的是为何灾难来得如此之晚。”[25]

其效能取决于个别领导的项目，一旦领导离开便会趋于衰退。商业部的经济发展署（EDA）原先将重点放在农村，后来在加州的奥克兰通过2 300万美元的公共工程来降低失业率，这表明其重心转移到城市发展。尤金·P·弗利（Eugene P. Foley），这位被描绘为“热情的、好动的、富有想象力的领导着 EDA 的商业部
293 助理部长”在 1966 年 4 月领导了这场变革。五个月之后，他辞职了，一些关键工作人员也相继离开。没有了他的领导，这个项目又回到了华盛顿的正常渠道中，

“它的优先地位和独特的重要性已减弱”。普雷斯曼和韦达夫斯基说道，“无论是商业部部长科纳（Corner）还是弗利的继任者罗斯·戴维斯（Ross Davis），都感到奥克兰计划是弗利的个人计划，他们无法分享弗利那种大幅推动 EDA 计划在城市地区实行的热情。”该项目很快就失败了。[26]

依靠他人

当我们思索政府项目的执行时，我们会想到执行这些项目的政府官员。然而，现代公共行政的一个基本原理是公共活动与私人活动日益变得相互融合。正如经济学家默里·L·韦登鲍姆（Murray L. Weidenbaum）所说：“在某种意义上说，联邦政府的活动领域与其他经济领域的分界限，即使没有消失的话，也正变得日益模糊。”[27]一方面，政府在为整个社会制定政策时，从向穷人提供最低生活费到制定整个行业竞争条件，都扮演着日益重要的角色；另一方面，政府已经越来越依赖第三部门——政府的其他层次、非营利组织和私人组织——来执行项目。因此，执行已经成为处理政府和许多为其实施项目的代理人之间相互关系的一项复杂事务。[28]

原因是多种多样的。政府活动的纯粹范围使得由任何一个单一团体来执行任务是不可能的，所以把行政任务“分出去给别人做”是不可避免的。联邦政府已经把许多项目分散给各州和地方政府来做，以使它们更接近民众并由此更具回应性。许多项目日益增长的技术复杂性使政府觉得雇佣承包商来帮助解决难题很有吸引力。

政府与其代理人之间的相互关系是天生充满着问题的。对于机构高层管理人员来说，控制底层下属的行为是十分困难的。而当项目执行的详细情况掌握在非机构人员的手中时，管理者要控制这个项目就变得更加困难。公共部门与私人部门之间越是联系紧密，并且“公共”活动与“私人”活动之间的界限越模糊，则高效和回应迅速地执行项目就变得越困难。

根本问题在于不同机构有着不同的目的，为机构工作的人们自然追求各自不同 294
的目标。只要政府依靠代理人来提供服务，它就面临着试图将它的目标强加在代理人十分不同的目标之上的任务。这一过程所产生的最小结果是冲突，最大结果是导致政府目标与代理人目标之间的偏差。这一策略的两个多样性提出了执行的特殊问题：政府间关系以及政府与私人部门的合同。

11.3 政府间关系

联邦政府把它的许多项目的执行分出去给州和地方政府做，尤其是在 60 年代，当联邦政府试图推进诸如分权、地方自治、社区权力之类的价值实现时，这种策略有了十分明显的增长。当联邦补助金曾主要流向州的时候，60 年代这种直接联邦—地方补助金的扩大使得地方政府成为联邦项目中完全而直接的执行伙伴。但这其中也存在着困难。如果政府间的项目提高了州和地方的价值，那么什么才是联邦政府的政策目标？在这样的伸臂管理中，联邦政府很可能会超出它所管辖的范围，而替代的曲臂方法，也同样不能令人满意。当自治的州和地方政府将自由裁量权交还给联邦政府时，他们很可能会发现自己的优先权已经变形。对于处在政府间体系底层的地方政府来说，问题经常更为糟糕，既然它们接受了州和联邦政府的政府间补助，那么它们必须试着去迎合州和联邦二者的目标。

政府间执行策略有三种：补助项目，在这些项目中，高层政府对低层政府做它所要做的事情时会给予补助金；管制项目，这些项目有时与补助有关，有时则不，这一项目会微妙地促使政府行为的改变；预算外项目，如税式支出和贷款项目为政府目标的实现提供额外支持。

补助项目中的行政管理

在第 2 章中已看到，补助金是政府支出的一个重要组成部分。自从 70 年代后期以来，赤字政治削减了原先大幅度增长的补助金支出，尤其是在联邦这一层次上。但是，政府间补助项目仍是各级政府行为的重要部分，它既增加用于政府自身目标的资金，又吸引接受者参与一系列广泛的管制项目，特别是，联邦政府利用补
295 助金来获得州政府在医疗补贴项目中对穷人进行医疗保健的支持，而州政府补助金也为许多地方教育项目提供资金。

联邦补助金在美国体制中扮演着十分重要的角色。虽然，正如行政管理与预算局承认的："州和地方政府在提供政府服务方面具有重要的宪政作用"，但这些政府却经常缺乏资源——金钱和人员——来完成这些工作。因此，行政管理与预算局指出："联邦政府直接促成这一作用——通过提供补助金、贷款和税收补贴给州和地方政府。"[29]联邦政府把州和地方政府当作它的行政代理人。马撒·德西克（Martha Derthick）写道："补助体系的核心在于通过代理人来实现联邦目标。"[30]州对地方政府的补助亦是如此，把地方政府当作州项目的行政代理人。

在 1978 年州和地方政府得到的高水平联邦补助中，大约有 500 个补助项目。[31]里根政府在 80 年代早期就开始花大力气削减补助支出和巩固项目。到了 1986 年，补助项目的数量降到 340 个，而 85%的联邦支出则只集中在 25 个项目上。[32]虽然州对地方政府的补助很难达到类似的数目，但绝大部分州补助金用于资助地方学校。

补助项目可以从三种重要的途径来区分：一是通过其一般功能：二是通过项目的范围；三是通过项目分配的方式。

功能

事实上，大约一半的联邦补助金是政府对个人支付这个复杂体系的一部分，在实施联邦补助项目时，州和地方政府总是在某种程度上成为联邦政策的代理人，但这些支付项目可以使它们更公正、诚实地担任联邦领域代理人的角色。州政府运作诸如医疗补贴、儿童营养等联邦项目。自从 70 年代中期以来，这些对个人支付的联邦补助金占全部联邦补助金的份额有着十分快速的增长，部分原因在于国会提高

了对这些项目的支出，部分原因在于其他项目惨遭削减。到1993财政年度，对个人支付的补助金（主要是医疗补贴）已由1971年占全部补助金的35%增至64%。

其他联邦补助金则用于资本项目如修建公路和污水处理厂，这些大约占全部联邦补助金的16%。最后，一系列项目如社会服务、教育、工作培训，占剩余的联邦补助金的20%。[33]结果是形成微妙地经历过重要变化的联邦补助体系。联邦补助开始有比例地减少对州和地方政府自选项目的资助，而增加对执行联邦政府设计项目的资助，尤其是收入转移项目。 296

范围

按补助金的运作范围来划分，联邦补助金十分明显地分为两类。[34]分类补助金是用于专门的、小范围的目的。例如，联邦公路补助金向州提供用于道路建设的资金，环境保护署对污水处理厂的修建给予补助。与此相对应，地区补助金则用于广泛的目的，并且通常是加强相关分类补助金的结果。1993财政年度，分类补助金占所有联邦补助资金的88%，而地区补助金总共只占10%。（普通目的的联邦援助，如对哥伦比亚地区的补助金，占其余的2%。）[35]

地区补助金已成为改革家的至爱。地区补助金通过将相关项目归类在一起来减少繁文缛节，提高了州和地方政府在决定如何开支上的自由决定权。在整个70年代早期，地区补助金作为尼克松政府改革举措的一部分有了十分迅速的增长。10年后，里根政府运用地区补助金作为减少联邦补助策略的一部分，尤其是对地方政府。它通过承诺给州和地方政府在支出方面更大的灵活性来诱使他们接受减少补助这一举措。然而，联邦政府对减少在州和地方事务上干预的承诺很快被某些补助项目上的大幅度削减这一更大的问题所抵消，这样反过来破坏了地区补助金这一策略。正如一位研究政府间关系的分析者所指出："曾经一度被公认为简化补助管理的政治中立技术，如今可能被看作是保守的意识形态的工具。"[36]这一点在1995年有关福利改革和将社会服务补助金并入地区补助金的广泛争论中被证明是尤其正确的。

资金的分配

联邦资金的分配或是通过公式或是通过计划。以公式为基础的项目，其统计程序决定谁有资格取得资金以及取得多少。地区补助金和个人支付补助金（主要是医疗补贴）的增长导致了以公式为基础的补助的迅猛增长。1984财政年度，联邦政府按公式分配了87%的补助，相比之下1975财政年度只分配了大约三分之二。这些项目中的绝大部分是比较新的：1985财政年度中142个以公式为基础的项目只有34个是1965年以前就存在的。[37]

通过项目分配资金则是明显的不同。每个符合资格要求的州和地方政府才可以申请补助。申请者详细描述它所提议的计划、它实施该计划的能力，以及给公众的预期收益。随后联邦机构选择那些它将资助的计划（在它的预算限额内）。所以，以计划为基础的项目是将会产生失意的败落者的竞争，同时它也有其他问题：强加给申请者大量的书面工作负担，赋予联邦官员极大的自主权来决定谁能真正得到资助。同样以计划为基础的项目也有不太明显的好处：它们允许有限的联邦资金集中 297

在认为会发挥得最好的领域中。

以公式为基础的项目的增长和计划补助的相对降低反映了早先对联邦补助体系的指责。批评家抱怨“补助技术”问题，即企业家型的州和地方管理者利用计划体系以获得最大限度的资助金。[38]然而，以公式为基础的补助的迅速增长转移了有关补助分配的基本斗争的焦点：从行政程序转到立法程序，在立法程序中分配公式是由法律制定的。补助技术问题的减少被公式中新的不确定性所替代。公式经常是复杂得惊人。根据行政管理与预算局（OMB）的说法，它们涉及将近500个不同的统计因素，从人口到收入再到特殊“需求”群体的人数，其中许多因素的“精确性是有争议的”。公式含有一系列令人迷惑的数学运算——缺乏理性地运用加法、乘法和平方——这些都经常导致令人不满意的结果，造成公共行政不力的印象。以公式为基础的项目已在激增，但这些数据经常停滞或不准确。机构经常不能提前预测公式将产生什么样的结果，所以各级政府的长期计划和预算都是残缺不全的。[39]

通过管制的行政管理

政府间补助体系不仅仅是转移资金的一种手段。每个补助项目都伴随着一揽子规则和命令来进一步扩大联邦对州和地方政府活动的影响。美国宪法第十次修正案保留了州的权力而不是相反的把权力交给联邦政府，并且禁止联邦政府直接命令州从事许多活动。补助金不可抗拒的诱惑使得联邦政府能够绕过上述障碍：获得资金要服从一定的条件，这样联邦政府就可以让州和地方政府做它们在其他情况下不愿去做的事情。[40]

298 每一项目都有自己特殊的规则。潜在的医疗补贴接受者必须符合一定的收入标准，联邦公路基金只能用在特定种类的计划中。另外，联邦政府已经颁布了简明规则——59∶1 (fifty-nine by one count)[41]——适用于所有的补助金项目。自然，接受者必须正确说明自己如何使用资金，但他们同时也必须调查自己所计划的项目将产生的环境效应，在资金如何使用上不能带有偏见，以及必须使项目易于残疾人的参与。

另外，州和地方的接受者必须服从交叉制裁：不能达到一个项目的标准将导致在另一个项目上受到惩罚。例如，在70年代的能源危机中，国会禁止交通部部长批准在那些车速限制在每小时55公里以上的州实行公路修建计划。由于许多州，尤其是在西部，它们的公路车速限制为每小时65公里，所以他们面临着降低车速限制或是失去补助资金这两种选择。[42]选择是显而易见的，从车辆污染检查到21岁的最低饮酒年龄，这些交叉制裁是一种促成统一的国家标准的令人喜爱的工具。[43]

联邦政府有时候也会运用一种混合的管制策略，即“部分优先权”[44]。联邦机构制定州和地方政府必须遵从的标准，例如立法规定了水质量的最低标准。如果联邦层次以下的政府不能达到这些标准，那么联邦政府将会介入并且亲自执行该项目。因此，在某些州，项目是由州或地方政府官员运作的，而在另一些州则由联邦一级的官员来执行。例如，职业安全与健康管理局（OSHA）在30个州亲自进行检查和实施规则，同时只批准并监控20个州政府运作项目。项目中的资金结构也是同样地复杂。

这些被称为“命令”的规则在1995年成为一场热门的政治斗争，终结没有联邦资助的命令成为众议院议长纽特·金格里奇（Newt Gingrich）工作的中心。地方官员把无资助的命令看作头号问题，排在犯罪、校园暴力、黑社会和毒品的前面。[45]没有人确切知道这些命令到底花费多少。一些分析者认为它们已达到州和地方预算的2%到20%之间的程度。[46]但如果整个支出不是很清楚的话，对个别政府的影响是巨大的，如加州圣巴巴拉市市长哈尔·康克林（Hal Conklin）抱怨说该市不得不关闭了所有的公园并花费40万美元来购买新的娱乐设备以达到美国残疾人法案的标准。他说这些钱是从儿童抚养设施和弱势青年的课外项目中取出的。他 299
说：“我们不得不停止其他许多有价值的项目就是为了达到那些特定的联邦标准，这些标准在没有任何资金的情况下也被通过。”[47]在佛蒙特州的拉特兰，联邦安全饮水法案要求地方官员修建一座耗资600万美元的水处理厂，这反过来使得水利账单在三年内增长了240%。市长杰夫·温伯格（Jeff Wennberg）埋怨说：“我们面临着被要求花费几百万美元实现这些效率，而并没有人证明这些效率会对公众健康有任何好处。”[48]

对这些命令进行攻击是容易的，但提出解决办法则困难得多。绝大部分改革不仅没有收回现存的命令却只会使推行新的命令更为艰难。然而在命令被推行之前对其花费进行的估算是一个极端困难的技术问题。另外，许多利益集团发现在华盛顿组织起来对全国性的统一政策施压远比在50个州的首府进行分散斗争要容易得多。许多商家对要试着适应50套独立的法律和标准感到担忧，觉得统一的标准更合乎期望。

预算外项目中的行政管理

除了补助金（和它们相关的规则）以外，联邦政府还运用一系列复杂的预算外策略来实现它的目标。例如，联邦政府允许个人从他们的联邦应税所得中扣除支付地方财产税的部分。这样做的结果是给予纳税人和地方政府好处。扣除意味着联邦政府分担了地方税收的部分成本并且对纳税人来说任何税率都会比其他情况下更轻一些。不计列联邦所得税提供了另一种重要的补助形式。例如那些从州和地方政府债券中获得利息的人，不用接着缴纳联邦所得税。因此政府不用支付它们本来要支付的那么高的利率，结果是实实在在地节省了利息成本。

同样，联邦政府也向州和地方政府提供信贷，对诸如农村发展和院校住房之类的项目给予直接贷款，还保证对州和地方政府的其他贷款。联邦政府保证对其他项目中的低租金公共住房和印第安人服务提供私人贷款。[49]这些项目的执行取决于联邦政府为政府和公民创造的激励。通过给院校宿舍提供贷款或对体育领域给予特殊税收减免，联邦政府已经创造了行为上的激励，因此强有力地影响了执行程序。 300

执行的问题

即使在近乎整个美国历史上都使用了政府间关系策略，执行问题依然存在。在本章中，我们讨论其中四个问题：不公平、分裂、功能主义、松懈的联邦控制。[50]

不公平

只要州和地方政府在参与或不参与一个补助项目，设定项目资格的标准，以及确定项目所提供的福利水平上有自由选择权，那么你的住处将决定你能获得什么。在早些年，许多州和地方政府拒绝参与某些联邦项目，如食品券和医疗补贴等这些提供食品和医疗补助给穷人的项目。最近，有子女负担的家庭补助计划（AFDC）这一基本福利项目所提供的州补助发生了极大的变化。补助体系因而加剧了州之间财富上现存的差异。[51]

分裂

社会问题极少有遵从地理或项目界限的。被污染的河水和空气穿越了州的边界。许多大都市容纳了100多个地方政府，芝加哥地区就超过1 000个。全国性项目依赖于州和地方政府来执行，而每个地方政府仅是整个地理拼图中的一小块。另外，纷繁复杂的联邦补助项目，每个都有自己的目标和规则、程序和形式，这都造成了极大的复杂性。地区补助金的增长减少了一些混乱，但资金的减少同时也降低了补助接受者处理问题的能力。因此，产生失望、僵局和半途而废这些结果是不足为奇的。

功能主义

授权，这种联邦政府对州和地方政府执行项目的依赖，主要取决于二者之间的相互信任。当被授权者与授权者步调一致的时候才会有更多的信任。联邦项目管理者很自然地宁愿选择和那些在类似机构工作、有共同价值观、经历过同样的训练、能够迅速回应联邦的目标的州和地方官员打交道。例如，联邦、州和地方的卫生机构在确保各级卫生机构自主权的同时，形成了共同利益。因此，政府层级剥离之
301 后，成为了垂直机能的“独石”，每一块都对与其他机构合作向公众综合提供相关服务进行抵制，并且还抵制当选的行政长官和政府协调与控制机构的领导。

松懈的联邦控制

联邦机构颁布了大量的规则和指导方针，而州和地方官员则抱怨它们的激增。矛盾的是，联邦对州和地方执行的控制却是微弱的，在地区补助项目中，这种控制是有意削弱的，因为扩大自主权是联邦政府的核心目标。联邦政府可以要求每个州和地方政府对补助金的使用做出计划并报告补助金的分配和使用情况，但它不能质询资金的用途，除非该用途明显地违背了法律或规则。事实上，对地区补助金的非法和琐碎的使用很可能不会遭受检查和惩罚，原因在于联邦政府充分信任参与项目的政府所作的报告，不充分的审计和匮乏的执行人员，以及在联邦体系中下移决策权的最主要的承诺。

松懈的联邦控制同样也扩展至分类补助项目中，使得一些分类补助项目事实上

转变为地区补助项目。联邦机构虽然强加了大量程序上的要求，但对州和地方决策的实质内容以及项目目标的实际成果的控制通常是微弱的。对执行问题的最重要的约束是扣留补助金，这是一种难得采用的严厉手段，除此之外，联邦官员在其他方面也很少有影响力。“在我们的联邦体系中”，迈克尔·里根（Michael Reagan）说：“联邦政府不能开除一个州政府官员。”[52]

即使联邦政府在资金的使用和对不良执行的有效约束方面确实有一个很好的报告体系，仍然很难决定补助金将产生什么样的结果。美元还是美元，彼此可以互换。一个州或城市本来要花在一个项目上的资金很可能被一项联邦补助所替代，而这些未花的资金反过来可用于降低税收或改善其他领域的服务。实际上，服务于某一目的的联邦补助已扩展至另一个领域的服务，从而产生了公认的替代性问题。因此，联邦资金的用途和效果经常很难加以充分评价。

执行的基础

在一个授权行政的体系中，大部分依赖于授权者与被授权者扮演各自角色的有效性。联邦政府运作这一体系时的缺陷有很多。[53]州和地方政府也有各自的问题。然而，政府间项目仍有着明显的吸引力，州和地方政府是联邦项目天生的合作伙 302
伴，即使有时它们也不大情愿。正是依靠它们，联邦政府才能推进美国人珍惜的迅速回应的自治原则。[54]因此，尽管由于预算削减而导致政府间体系的缺陷和限制，这个授权行政的体系依然存在。

11.4 签订合同

美国政府中的签订合同比政府本身还要历史悠久，乔治·华盛顿在努力组建他的部队时，就不得不一直和那些牺牲他手下士兵来寻求快速获利的给养供应者打交道。[55]

联邦政府通过与私人公司、研究机构和个体顾问签订合同获得了自己运转所需的大量实实在在的产品和服务。这样的采购是通过每年14%的联邦开支和2 000万个合同完成的。国防部通过合同支出大约三分之二的资金，能源部和国家航空航天总局（NASA）也相继成为联邦政府中最大的签订合同者。[56]联邦合同覆盖了一系列广泛的活动，从购买用品和设备到服务、研究和发展。

毫无疑问，签订合同已经成为州和地方政府的一个主要特征。从道路修建到监狱管理，从图书馆到消防，几乎每个州和地方的职能都已成为不断增加的合同的目标。例如，在加州的拉米兰达，市政府只有60个雇员，而60个承包商提供从消防、警备到公众服务、公共工程等所有产品和服务[57]，明尼阿波利斯（Minneapolis）雇用私人组织来管理学校，并把它的报酬同教育目标的绩效联系起来。

联邦政府已经制定了一项普遍政策，“依靠竞争性私人企业来提供它所需的工商业产品和服务”。然而，政府同样承诺亲自履行这些“政府固有的天然与公共利益紧密联系的”职能。[58]这一政策就什么是政府自身应该做的，而什么是应该让外部做的这一争论留下了极大的空间。

优点

降低成本

对于签订合同的倡导者来说，签订合同最大的好处在于节约。里根政府时代，
303 总统委员会得出结论，许多产品和服务的“私营化”将改善它们：政府只需“提供而不用生产服务”，即通过合同承包出去。[59]实际上，委员会主席J·彼得·格雷斯（J. Peter Grace）认为，“政府无效率的主要表现之一在于它试图包揽一切”，他断言，通过签订合同把更多的服务承包出去，政府三年内可节约74亿美元。[60]然而，节约成本的程度受到激烈的争论。1987年，国会预算局较保守地估计：通过签订合同承包出去的更大尝试可以在五年内减少联邦支出2亿美元，这仅是格雷斯委员会估算数据中的极小部分。[61]尽管数据变化极大，但绝大部分分析者都赞同通过承包出去合同可以节约资金。

获得特殊的专业知识

合同可以使政府获得非其工作人员的专家们的服务。一个机构可能没有那些掌握所需技能的人，或者拥有的只是那些完全担当常规工作的人。从一些工作来看，最能干的专家可能是在政府外部工作，或是因为报酬更高，或是他们更喜欢大学、研究机构和私人公司中的工作环境。

避免繁文缛节

通过签订合同承包出去同样可以避免那些阻碍大型政府机构的官僚症状。那些设计用来推动公平、能力和责任的官僚规则会妨碍解决问题时有效而迅速的行动。一个独立的组织能够组成一支整体协调的队伍来研究多方面的问题，而在政府内部，这种努力经常遭遇局之间和部之间合作上的所有困难。另外，许多项目是短期的，而合同（标有固定的终止日期）可以避免为了暂时的问题而建立永久官僚单位的此类问题。

签订合同之所以经常有吸引力，还因为承包者的工作人员不算作政府雇员，而且不用服从那些管理公务员的规则。当预算限制对机构规模进行封顶，并且当当选的官员对“政府官僚主义”问题很敏感时，政策制定者可以通过签订合同将官僚增加减至最少。因此，政府触及的范围可以扩展得更大而无需增加人员。而且，因为承包者不受制于许多政府规则，尤其是在雇佣、解雇和人员工资标准方面，所以许多政府管理者十分欢迎签订合同的机会。

304 问题

尽管有以上的优点，签订合同也存在着问题。某些合同只是所期望的优点的镜

像。绝大部分问题可以归结为两个问题：如何选择承包者，如何控制他们的绩效以保证达成政府目标？在面临政府试图控制时，承包者又如何保持自己的独立性？简而言之，签订合同同样面临着我们在考虑联邦补助时发现的控制对自主的问题。

选择承包者

与政府签订产品和服务合同的组织是多种多样的。一些是以营利为目的，而其他一些（例如大学）则是非营利组织。对于一些承包者来说，为政府工作仅是他们全部活动的一部分，而其他一些则完全依靠政府合同。许多有其他收入的组织，包括大学和私人公司，政府合同收入对于它们的生存来说是必不可少的。签订合同理论是通过开放政府项目进行招标，承包者之间的相互竞争可以降低价格并提高质量。然而，许多联邦合同，尤其是较小的合同，不是通过竞争授予的，三分之一的联邦合同资金是非竞争性地授予的。[62]大的合同有时太复杂以至于几乎没有什么企业能具备招标所需的专业知识。联邦政府历史上最昂贵的合同之一是竞争价值45亿美元的一项政府电话新系统，从仅有的两个竞标集团那儿获得持续的利益，并且该合同是如此复杂以至于即使AT&T也不能完全靠自己的力量来承担这个项目。[63]即使在有竞争的地方，政府经常也不能充分利用它。例如，只有两个美国公司有建造潜水艇的装备，五角大楼相信在生意中保持两个公司是对国家有益的，所以它经常拆开合同或轮流授予合同，以确保战略性公司能够生存下来。

虽然证据是混杂的，但签订合同制度看起来鼓励企业家精神多于所展示的能力。[64]大公司尽管有过代价昂贵的失败，缺乏有资格特定项目的人员，以及有利益上的冲突，它们仍会接受新合同并扩展旧合同。有时政府机构会对那些支持项目的企业，不可能指责其执行的企业，过去与关键机构人员有交情的企业，或是对他们前途有利的企业有所偏爱。

过于具体化 305

政府合同，尤其是关于武器的合同，倾向于描述用来对付任何潜在威胁或超越任何潜在问题的“额外”特征。政府当然想要最好的产品，尤其是给它的士兵，但采购机构经常有一种“镀金”详细说明书的特殊技巧。[65]爱德华·N·勒特瓦克(Edward N. Luttwak)在《五角大楼和战争艺术》一书中指出，这个问题是高级军官过多而导致管理过滥的结果，他说，这产生了“一种极端的例子，即一个厨房中厨师过多——更确切地说，是大幅度扩张厨房来容纳更多的厨师围在较少的锅边。”[66]令人奇怪的是，当问题在合同的期限内改变时，合同的目标同样也会发生改变——并且把结果同目标对比衡量的问题也变得更加复杂。

绩效低下

美国州、县和市雇员联会（AFSCME）担忧合同的增长会剥夺政府雇员联盟成员的工作，因此搜集了大量滥用合同的清单，例如，AFSCME发现，由承包者提供的学校午餐盒饭，约30%缺乏基本的维生素。“结果将是儿童吃了这些盒饭——尤其在有经常浪费的情况下——不可能获得足量的铁质和维生素A，这里，十分关键的是要记住缺铁性贫血症是我们（营养）不良疾病中最常见的。”在34份由一位承包者提供的午餐中，14份是汉堡包，“花样翻新地进行装饰”，8份是热狗，孩子们在两个月时间内只有 6 次吃到蔬菜。[67]

会计总署（GAO）调查了由总务管理局（GSA）三年内发布的合同后发现，政府已经通过合同给予那些老是不符合合同详细规定和送货进度表的供应商超过 10 亿美元的资金。尽管存在这些问题，“GSA 仍继续与执行水平低下的供应商做生意。”GAO 发现了两个原因，第一，GSA 的管理者往往很难得到关于供应商过去绩效的信息。管理者如果不知道哪些是差劲的供应商的话就很难避免与他们合作。第二，GSA 在决策时并不总是强调产品质量。GAO 得出结论：“在 GSA 供应合同中绩效低下已经是一个长期存在的问题。”[68]

管制过多

承包者面对一大堆困惑又不得不服从的规则。一个小型合同后简单列出所有规则的附件比合同本身的详细规定说明书还要长，这并不少见。另外，在军事武器方
306 面，承包者必须服从一系列复杂的 MIL-SEPCS（军事详细说明书的简称），这份说明书详细描述的仅是如何进行装备，关于一架军用飞机的详细说明书就有 24 000 份文件，其中的一份是有关电子部件的，要参考 235 份其他文件，这些文件接着又要参考1 374份文件，其中一半是十多年前的文件。准确地服从这些规则意味着在先进装备中安装过时的组成部件。[69]

约束

监控私人承包者的政府官员在加强约束的时候面临着他们的同事监控联邦补助时面临的同样问题。削减合同弊大于利，同时也剥夺了政府所需的产品和服务。当宇宙飞船挑战者号由于固态火箭推进器的缺陷而爆炸后，国家航空航天总局（NASA）至少在几年内找不到其他的供应商。通过取消推进器合同对承包者莫顿·西奥科尔（Morton Thiokol）进行的惩罚本来差点要搁浅飞船计划，直到新的承包者准备好它的运作。即使在更常规的服务中，像垃圾收集，政府经常只有较少的几个承包者可供选择。

腐败

授予利润丰厚的合同经常会诱发牺牲政府利益换取眼前利益的可耻行为，正如 AFSCME 的研究提出的：“政府合同和腐败是老朋友”。[70]例如纽约州的十个道路修建公司被指控在招标中舞弊：在它们自己当中安排好谁在哪个合同中投标多少，这一行为使得它们 8 年内从合同中获得的利润增加超过了 1 亿美元。[71]州和地方合同中的腐败也有着悠久的历史。承包者长期以来通过付给政府官员回扣和贿赂来获得合同，并且自己内部相互勾结投标作弊和分享政府丰厚的合同奖金。近来，公共和私人部门之间日益模糊的界限增加了利益冲突的问题，政府雇员从中进行操纵，把业务给那些在过去——或可能在将来——与他们有业务联系的公司。被一些专家称为“新赞助”的形式有了大量增长。某位华盛顿利益集团的官员指出：“当政府以签订合同作为节约资金的途径时，发生不良行为的机会也在大量增加。”[72]一位联邦律师解释道，“招标舞弊所赚得的钱比抢劫银行和做毒品生意要多得多。”[73]

307 合同丑闻并不只是发生在州和地方政府，在里根政府时期，韦德蒂奇（Wedtech），纽约的一个小型模具制造商，任意使用每一个装置，以此在政府合同中获得

超过2.5亿美元的收入。该公司承认在提交联邦政府付款的发票中伪造了600多万美元。另外，联邦公诉人指控该公司高级职员利用他们与高层行政官员的交情来赢得合同，这其中包括总统顾问及后来的司法部长埃德温·米斯（Edwin Meese）。但是，直到16位牵涉该丑闻的人士，从前任白宫助理林·诺夫齐格（Lyn Nofziger）到国会议员、众议员马里奥·比亚吉（Mario Biaggi）（纽约州民主党议员）到小企业管理局纽约地区主管被指控后，该公司才最终倒闭。[74]

从上述很容易得出愤世嫉俗的结论：这样的腐败是政府合同的流行病。当然，事实并非如此。绝大多数承包者是诚实和努力工作的，绝大部分政府官员都在为尽量利用公众的税收而努力。然而，不断发生的合同教训强调了合同执行中的两个更大的教训：第一，合同并不能自动轻易地解决政府机构直接执行项目时所发生的问题。相反，它只是使一系列行政问题取代了另一系列行政问题。第二，为了更好地管理，签订合同要求运用一系列精密复杂的不同行政工具，这些工具必须适于解决签订合同中特殊的执行问题。[75]并且它需要由廉洁、能力强的政府官员来管理合同。

11.5 政府的困境

正如我们所见的执行，是研究如何执行法律。它涵盖了行政的所有形式，但研究执行的学者特别关注依赖代理人的行政策略，即在这些策略中，如补助金和合同，对项目结果的最终责任都落在管理项目的官僚机构之外。因此，执行是一个混乱的领域，部分原因在于政府通过补助金和合同招募的组织的多样性，部分原因在于政府文化和复杂动机以及同它打交道的代理人的内部组织寿命之间的不适，还有部分原因在于对责任的要求与对独立性的要求之间无法解决的冲突。

当政府选择由外部的人来执行时会牺牲很多东西，它不能培养起自身做这一工作的能力。尽管伴随着代理人联邦主义和签订合同的常是吹捧其低价高质量，但代 308
理人的策略有时更费钱、更低效，甚至比由政府直接来做更缺乏回应性。更关键的是，由外部机构取代政府自己的官僚机构来执行项目，政府只有放松对受补助人和承包者的控制。签订了合同的政府机构普遍缺乏有能力评判承包者绩效质量的工作人员。

最主要的问题在于联邦—州—地方和公共—私人在社会中的角色不断相互融合。布鲁斯·L·R·史密斯（Bruce L. R. Smith）说道："美国政治，如果曾一度拘泥于政策争论的狭窄范围内，那么现在它看起来就有一个范围广阔的议程。通过以奇怪的形式贯穿整个政治领域的价值分裂，争论框架不但没有简单化反而变得极度复杂。"[76]尤其自第二次世界大战以来，公共与私人部门之间，各级政府之间的界限就变得更加模糊，现在更少有活动可以界定为纯粹的"公共"或"私人"，政府更加依赖私人机构来追求公共目标，而同时，私人机构也日益依赖于政府对自身生存的支持。

执行问题的出现并非是政府政策和行政失败的结果，而是政府项目不断扩张的野心和政府与私人部门之间日益增长的相互依赖，以及社会本身更大复杂性的结果。当政策制定与执行超越组织界限——公共与私人，联邦、州和地方之间的界限时——在应该追求何种目标以及收集关于产生何种结果的信息方面更难达成一致。

目标是什么？

“成功”与“失败”之间有时会互相转换。60年代，东北走廊引进的AMTRAK's Metroliner（一种高速列车服务）开始是成功的。然而，到了70年代后期，由于粗糙的路基（私有铁路的后遗症），列车运行晚点，80年代重新修建的路基帮助恢复了列车的运行状况，但也激起了保守派的抱怨，他们认为政府一开始就不应该介入铁路行业。目标是会随着时间变化的，所以，绩效和我们用来判断绩效的行为和标准也一样会变化。事实上，观察同一现象的两个观察者能够得到两个非常不一样的
309 结论，一条新公路很可能使商家实现更好地接近消费者的梦想，而环境保护主义者却会指责公路对当地分水岭的威胁。

按照国会预算局前任局长（克林顿的预算主管）艾丽斯·M·里夫林（Alice M. Rivlin）的说法，有时项目失败是因为“在有限资金的情况下获得何种结果抱有十分可笑的高期望值”[77]。里夫林另外解释说：“现今社会问题之所以难以解决是因为它们涉及到几乎每个人都持有的目标之间的冲突。”[78]不同组织中不同的人对同一目标很可能持有不同的观点，这就造成了有关在项目如何执行上达到一致的严重问题。除此之外，就是政府在确保公开确定的目标放在第一位上的极端困难，因此，执行问题的根本之一在于目标妥协的问题。

信息是什么？

收集有关项目产生何种结果的信息也是同样重要且困难的。例如，调查1986年“挑战者”号宇宙飞船灾难的总统委员会认为这是“有历史根源的事故”。即使NASA的管理者和莫顿·西奥科尔（制造火箭的承包商）知道O环问题，垫圈的故障导致了飞船爆炸，而NASA的高级官员并不清楚问题的严重性。调查小组认为，“如果他们知道问题的重要性的话，Y51-L的发射（‘挑战者’号的致命飞行）就可能不会发生。”问题部分归结于“Marshall（负责管理固态燃料火箭的航天中心）的管理，他们倾向于隐藏潜在危险的问题，试图进行内部解决而不是预先进行交流。”[79]承包者与它的政府监督者之间的关系阻碍了关键信息到达高层管理者。

信息的问题是一个关键问题，在官僚机构中信息扭曲是极其普遍的问题。当信息必须超越官僚机构界限时，问题就更加严重。组织之间经常相互隐瞒信息，当损失可能是失去补助金或合同时，隐藏有关绩效低下报告的企图就会增长。所以，当管理者不能准确知道项目结果时就很难对执行进行有效管理。

运行中的项目 310

虽然我们很容易产生愤怒和无用的感觉，但是一些项目仍运行着——而且运行得很好。许多常规项目就是显著成功的典范。尽管我们在抱怨，邮件仍天天送到，并且绝大部分邮件都很准时，在马萨诸塞的皮茨菲尔德，一位邮政承包者成为传奇人物，因为即使在暴风雪和恶劣天气他也从未错过递送时间。[80]在绝大部分时候，联邦社会保障的受领人都能按时得到付款，并且顾客对服务质量的评价很高。[81]尽管1986年发生了明显的问题，NASA在航空方面的成功记录仍是显著的。

非常规项目同样也运行得很好。十分明显的例子是由住房及城市发展部（HUD）提供资金，通过给巴尔的摩市的一项补助金来执行的住房修复项目——与其他陷入里根政府时期丑闻的HUD项目相比，其结果更加显著。[82]当地方住房的官员告诉HUD，他们将在怀南斯山计划中修复140座公共住房单元，比由私人承包者做的要价要少10%。这是一个少见的雄心勃勃的项目，巴尔的摩市的官员计划雇佣低收入工作培训项目中的参与者来修复他们自己的公寓。由于该计划已闲置了几个月的时间，许多房间已被破坏，墙壁、地板、厨房和浴室都不得不重新装修。

非熟练工人、破损的公共住房和工作培训项目，三者的综合看起来将成为执行失败的因素。然而，到最后每个人都以胜利告终。HUD在该计划中节约了大约25万美元，并得到了高质量的工程——有时甚至比私人承包者所做的还要好。该市官员认为，正因为许多受训人员是该计划中的住户，所以这个计划在将来萎缩的可能性较少，不像其他许多公共住房社区中的不幸的例子一样，因此，该市用来维修的成本就可能会少些。

受训者也同样产生了自豪感，正如怀南斯山计划的负责人所说的，受训人员“感到他们对社区作出了贡献，他们为自己所做的事感到骄傲”。孩子们会指着工程说：“看，这是妈妈做的。”另外，40个城市贫民、四分之三的受救济者，都得到了建筑技能方面的训练，同样重要的是，他们养成了良好的工作习惯。“我一开始就十分喜欢这项工作”，一位已经接受5年福利救济的参与者说：“当他们把尺子交到我手中，当我把膝盖弄脏的时候，我就喜欢上了这个工作了。”项目结束时，该市官员对绝大部分参与者有固定工作并摆脱救济充满希望。

如何解释该项目不可置疑的成功？该市的官员把项目置于他们管理范围之内。 311
该项目是小型的——培训限制在仅40人～50人——并且十分灵活，社区合作十分紧密。正如当地社区组织的领导者所解释的，“它就像一个家庭一样。”另外，该市官员赢得了社区领导者的支持，一个领导者解释说：“关键在于社区领导者也卷入其中，十分希望项目运作起来”，社区领导者帮助招募工人，当项目开始运行时他们成了最大的拉拉队队长。项目负责人十分清楚受训人员得到的只是一个机会，任何成果都得由工人努力获得——而一旦获得，也是属于工人的。

项目始于基本技能的训练课程，任何受训者一旦迟到三次就要被淘汰——结果是没有一个人被开除。受训者对他们所学到的东西感到很兴奋，“我们感到十分兴奋”，一位参与者说：“你感觉到别人需要你。”毕业典礼是在众人的眼泪中结束的，计划中的工作是十分枯燥和困难的，开始时的修复工作超出了预算和时间安排，但是，到计划完成的时候，HUD得到了修复费用比由私人承包者来做要便宜得多的公共住房单元，城市获得了更多的高质量住房，而工人得到了有价值的新技能。

计划也有较黑暗的一面，消耗太大。计划开工一年后，一半的最初参与者退出，一些是因为出勤或态度问题，一些则没有给出理由，而另一些是找到了待遇更好的私人部门工作。项目工资是很低的，一些参与者失去了福利和医疗补贴的利益。但项目仍是一个成功，尤其与一些类似的、但却产生灾难后果的培训项目相比。正如一位参与者所说的，“我没有想过我会毕业，更没有想过我会走得那么远，我以为真的会很难……我现在十分开心，太开心了。”项目成功的原因在于所有参与者都能够在所追求的目标中找到共同点，也在于管理者用来纠正问题的信息都能到手。因此，怀南斯山项目克服了通常会使执行遭受厄运的双重障碍。

11.6 反馈的重要性

能否有效驾御项目执行的关键在于管理者能否得到良好的行政反馈，赫伯特·考夫曼（Herbert Kaufman）说过，问题在于“只有当管理者升入天堂的时候，他们才发现在自己负责的组织中的下属才会不变地、乐意地、充分地做他们被要求做
312 的事。而在地球上是不会出现这种情况的”[83]。事实上，属下和机构代理人的不顺从已成为一种常规而非例外，命令与结果之间的不配合是常见的。全部执行文献是基于这样一种观点，即普雷斯曼和韦达夫斯基那平实的副标题所揭示的，“对华盛顿巨大的期望如何在奥克兰受挫”[84]。

另外，即使预料到目标和结果之间不会正好一致，管理者还是经常难以发现坏消息。我们在第9章中提到，大量的官僚病症阻碍和扭曲了信息，从组织的底层（或从外部代理人）流向高层，尤其是关于问题的信息。例如，1988年末，能源部及其前身——原子能委员会（AEC）的高层官员否认曾被告知该部的萨瓦纳河核电厂存在严重的安全问题，很显然，最高层官员并未意识到1970年电厂有局部熔化问题，这只是30起事故中的一起。[85]

行政的反馈

这样的信息阻塞只会给执行者带来严重问题。既然困难的发生是不可避免的，那么希望管理者在第一时间得知情况就显得不合情理。实际上，执行的关键问题不在于避免问题而在于发现并解决问题。如果管理者不能发现问题，那么很显然要解决问题是不可能的，因此，好的执行者必须完善获得反馈的策略。

一些反馈来自于日常的行政监控。例如，考夫曼界定了有关执行信息的五个主要来源：（1）项目进展报告的跟踪，这能提供关于执行的有价值的线索；（2）个人

考察，这使监控者从办公室中走出来，实地考察执行过程所发生的情况；（3）与机构外部的个人接触，这能使行政人员绕过内部信息问题；（4）调查，这使行政人员可以探查到个别问题；（5）某些事务上的集权，尤其是资料收集，这能够对问题提出较早的警告。

非预期的信息来源同样可以提供有价值的反馈。顾客埋怨的模式能够暗示出级别较低的官僚机构存在的障碍。新闻媒体的报道能够有助于重要的资料的露面，例如《纽约时报》1988 年对能源部核电厂问题的调查。深感不满的雇员，有时被称为“腐败内幕揭发者”，会制造出引起争论的出乎意料的事件[86]。例如，1863 年 313
通过的《联邦虚报法案》，其目的在于惩罚那些欺骗军队的承包者，它授权政府对索价过高或有欺诈的承包者处以 3 倍金额的罚款，而检举揭发者有权得到政府奖励的 15％～25％。千万美元奖金的诱惑，促使国防承包者的一些雇员和以前的雇员挺身而出，提供对其老板极为不利的证据。[87]

正式的项目评估

但是，这种反馈无论多么有用，充其量也会有大的不足，因此管理者经常完善评估的正式体系来提供定期的、高质量的反馈。卡罗尔·H·韦斯（Carol H. Weiss）认为：“根据项目结果的客观信息，在预算分配及项目规划上就可以作出明智的决策，产生好结果的项目会扩展，而那些表现不好的项目则会被抛弃或进行大幅修改。”[88]面对信息太多或太少而产生的不可避免的矛盾，行政官员通过正式的评估策略来寻求定期和可靠的反馈。

正式的评估有明显的优点，管理者可以设计评估来准确测试他们所想要的以及获得正是他们所需要的信息。另外，与其他政策研究相比，进行评估研究的一套方法体系已被广泛接受并且效果显著。[89]平衡这些细致实验的潜在利益是一种冒险，即当实验结束的时候，收集到的可能只是尘土。细致的项目评估要求有受到控制的实验及漫长的测试，政治领域有时并不能容忍这种控制，如让有些集团获得项目而其他集团则没有。绝大部分公共项目被认为是有利可图的，并且很难为了实验的目的而剥夺一些项目的潜在优势。另外，进行细致研究所要求的长时间意味着结果有时要在新项目中的原有利益出现几年之后才出现，也可能在作出决策的几年之后才出现。管理者有时通过快速而不诚实的研究提供有用的反馈（虽然不总是完全科学有效）来作出反应。他们也同样能够设计更直接地融入管理决策的评估策略。[90]但是，即使评估不能直接影响项目决策，它们也会通过塑造建构未来决策的理念来影响有关项目的学术争论，如贾恩多梅尼科·马琼（Giandomenico Majone）认为“发展强调学习和适应性而不是表达成功或失败的总结性判断的评估方法”[91]。

逆向规划 314

对什么运行得如何——以及什么不能运行的理解——能够为政策制定者提供有

关如何从头开始更好地设计项目的线索。[92]当然，典型的是，管理者首先决定他们想要达成什么目标，接着不断详细地界定执行程序中每一步骤的责任。理查德·F·埃尔莫尔（Richard F. Elmore）称之为“顺向规划”，他认为这种做法经常会导致问题，因为执行者不能控制所有影响程序的因素。他声称，要纠正这些问题，管理者就应该从终点，即“行政行为与私人选择的交叉点”开始。从这一点开始，管理者试图理解什么将会影响这种关系以及什么是管理者所希望的行为，然后，管理者接着向后推，留意每一限制和约束，计划如何才能最好地确保最佳构建达成这种行为的体系。[93]

逆向规划的关键在于：政策程序中没有哪一部分是独立运作的，要运作得最佳，程序中的每一阶段就必须与其他阶段相配合。评估能够教会管理者什么问题是执行者可能面临的。有了这些信息，管理者就能够重新设计执行程序以减少这些风险。更为普遍的是，评估的结果能够提供有价值的反馈，来重新制定推动该程序的目标。评估有时会因为提供信息太少、太迟而遭到摒弃，马琼指出，这种观点忽略了评估真正的重要性，评估的最佳效用在于它提高了适应性，而不是做出了关于成败的简单结论。

11.7 结　论

因此执行的前景是混杂的，在目前的观点中是喜忧参半，以下三种考虑可能会使天平部分地倾向于乐观。

首先，许多我们认为是执行问题的问题实际上反映了更大的问题，我们所谓的“失败”很可能是来自于我们对目标不赞同和对结果不喜欢。如果把执行独立出来并界定为“项目运作”的话，那么许多“失败”原来并不是执行实际程序中的失败而是低劣的政策选择、结果达到项目构想中的高期望的不可能性以及对执行策略立法时效的错误判断的结果。实际上，有时一个水平低下的政策、项目或立法上有缺
315 陷的策略的执行效率越高，失败就更显而易见，因此，执行的“失败”经常反映出政策程序中其他部分的问题。

其次，我们主要关注的是美国政府的执行。对政府失败的过分渲染往往使人容易忘记私人部门也是极少有干净的记录的。任何曾为私人组织工作过的人都确信私人组织中资源的巨大浪费、处理文件中缺乏效率的方式以及官僚主义问题绝不亚于公共部门。上百万汽车由于缺陷被收回，引进的药品不久就被发现有危险性，计算机时常发生故障，生产车间、服务、原材料方面的问题也大量存在。这种认为在任何地方都不成功的观点并不是要加重我们的悲观情绪，相反，它对我们认识到执行问题并不纯粹是公共部门的问题有重要作用，在政府项目中绝大部分的无耻欺诈、浪费、滥用事件都与那些试图利用公共项目捞取油水的私人组织相关。

最后，许多执行问题来源于美国社会不断增长的复杂性，而不是因为政府自身的缺陷。公共部门与私人部门之间，联邦、州和地方政府之间的界限越模糊，项目

越依赖于所有这些组织之间的相互关系，真正的“成功”就越难以实现。

这三种考虑因素中没有一种意味着美国政府的执行是它所应该的样子。相反，证据表明，执行不仅是经常令人不满意，而且它的完善也被忽略——被国会、总统、执行机构以及研究机构所忽略，所以，需要做的第一步就是纠正这种忽视态度。[94]

注释

[1] Jeffrey L. Pressman and Aaron B. Wildavsky，*Implementation*（Berkeley：University of California Press，1973）. 他们将债务引用至马撒·德西克（Martha Derthick）一本有关执行的早期著作 *New Towns In Town*（Washington，D. C.：Urban Institute，1972）.

[2] Ibid.，xv.

[3] Randall B. Ripley and Grace A. Franlin. Policy Implementation and Bureaucracy，2d.（Chicago：Dorsey Press，1986），2.

[4] Daniel A. Mazmanian and Paul A. Sabatier，*Implementation and Public Policy*（Glenview Ill.：Scott，Foresman，1983），277. See also Eugene Bardach，*The Implementation Game*：*What Happens After a Bill Becomes a Law*（Cambridge Mass.：MIT Press，1977）.

[5] Brain H. Hogwood and B. Guy Peters，*The pathology of Public Policy*（Oxford：Clarendon Press，1985）.

[6] 有关失败文献强有力的反驳，参见 Sar A. Levitan and Robert Taggart，*The Promise of Greatness*（Cambridge：Harvard University Press，1976）. See also Henry J. Aaron，*Politics and the Professors*：*Tat Society in Pershe Grepective*（Washington，DC：Brookings Institution，1978）；Robert H. Haveman，ed.，*A Decade of Federal Antipoverty Programs*：*Achievement*，*Failures*，*and Lessons*（New York：Academic Press，1977）；and Malcolm L. Goggin，Ann O'M. Bowman，James P. Lester and Laurence J. O'Toole，Implementation Theory and *Practice*：*Toward a Third Generation*（Glenview，Ⅲ：Scott，Foresman/Little，Brown，1990）.

[7] See Daniel P. Moynihan，*Maximum Feasible Misunderstanding*：*Community Action in the War on Poverty*（New York：Free Press，1970）.

[8] Housing and Community Development Act of 1974，88 U. S. Statutes 633.

[9] Ripley and Rranklin，*Policy Implementation and Bureaucracy*，22-23.

[10] Martin A. Levin and Barbara Ferman，*The Political Hand*：*Policy Implementation and Youth Employment Programs*（New York：Pergamon Press，1985），72-73.

[11] Norman R. Augustine，*Augustine's Laws*（New York：Viking，1986），313.

[12] Stephen Percy，*Disability*，*Civil Rights*，*and Public Policy*：*The Politics of Implementation*（University：University of Alabama Press，1990）.

[13] See Giandomenico Majone and Aaron Wildavsky，“*Implementation as Evolution*” in JeffreyL. Pressman and Aaron Wildavsky，*Implementation*，3d ed.（Berkeley：University of California Press，1984），163-180.

[14] Paul Berman，“*The study of Macro and Micro-Implementation*，” *Public Policy* 26（Spring 1978）：165.

[15] See Arthur M. Okun, *Equality and Efficiency: The Big Tradeoff* (Washington, D.C.: Brookings Institution, 1975).

[16] Elliot Richardson, *The Creative Balance* (New York: Holt, Rinehart and Winston1976), 128.

[17] Robert Stevens and Rosemary Stevens, Welfare Medicine in America: A Study of Medicaid (New York: Free Press, 1974), 73.

[18] Richardson, *Creative Balance*, 130, 132-134.

[19] W. John Moore, "Mandates Without Money," *National Journal*, 4 October 1986, 2366.

[20] See Mazmanian and Sabatier, *Implementation and Public Policy*, 24.

[21] Quoted in Louis M. Kohlmeier, "Banking Reform Chances Grow Dimmer", *National Journal*, 20 September 1975, 1341.

[22] Ralph Waldo Emerson, "Self-Reliance," in Emerson, *Essays* (Boston: Houghton Mifflin, 1865, 1876, 1883), 62.

[23] See Jameson W. Doig and Erwin C. Hargrove, eds, *Leadership and Innovation* (Baltimore: Johns Hopkins University Press, 1987); and John Kingdon, *Agendas, Alternatives, and Public Policies* (Boston: Little Brown, 1984), 129-130.

[24] Bardach, *Implementation Game*, 274-275. See also Levin and Ferman, *Political Hand*, 5.

[25] James Q. Wilson, "The Bureaucracy Problem," *Public Interest*, no. 6 (Spring 1967): 7. See also his *Bureaucracy: What Government Agencies Do and Why They Do It*" (New York "Basic Books, 1989).

[26] Pressman and Wildavsky, *Implementation* 1, 31, 48, 100，所有引文来自此处。

[27] Murray L. Weidenbaum, *The Modern Public Sector: New Ways of Doing the Government's Business* (New York: Basic Books, 1969), 4. See also Bruce L. R. Smith, "Changing public-Private Sector Relation: A Look at the United States," *Annals of the American Academy of Political and Social Sciences* 466 (March 1983): 149-164.

[28] See Lester M. Salamon, "Rethinking Public Management Third-Party Government and the Changing Forms of Government Action"; *Public Policy* 29 (1981); 255-275 ; and Donald F. Kettl, *Government by Proxy (Mis?) Managing Federal Programs* (Washington, D.C.: CQ Press, 1988).

[29] Office of Management and Budget (OMB), *Budget of the United States Government, Fiscal Year* 1988: *Special Analyses* (Washington, D.C.: Government Printing Office, 1987), H-1.

[30] Martha Derthick, *The Influence of Federal Grants: Public Assistance in Massachusetts* (Cambridge Harvard University Press, 1970), 197.

[31] Advisory Comission on Intergovernmental Relations, *A Catalog of Federal Grant-in-Aid Programs to State and Local Governments: Grants Funded FY*1978 (Washington DC.: Government Printing Office, 1979).

[32] OMB, *Budget, Fiscal Year* 1988: *Special Analyses*, H-25.

[33] OMB, *Budget, Fiscal Year* 1988: *Special Analyses*, H-23, *and Budget, Fiscal Year* 1991, A-303.

[34] 第三类总目标补助金事实上在1986年终止，当时国会无法重新授权为所有州及实行总目标的地方政府提供几乎没有限制的补助金的总收入分配署。少数总目标补助金仍保留，例如对哥伦比亚地区的联邦支付款项，但是总目标补助金现在已成为政府间相对来说不太重要的部分。

[35] U.S Advisory Commission on Intergovermental relations, *Characteristics of Federal Grant-in-Aid Programs to State and Local Governments: Grants Funded FY*1993 (Washington, DC: Government

Printing Office, 1994), 7.

[36] David R. Beam, "New Federalism, Old Realities: The Reagan Administration and Intergovernmental Reform", in *The Reagan Presidency and the Governing of America*, ed. Lester M. Salamon and Michael S. lund (Washington D. C.: Urban Institute, 1985), 427.

[37] Gerneral Accounting Office, *Grant Formulas: a Catalog of Federal Aid to States and Localities* (Washington, D. C.: Government Printing Office, 1987), 12.

[38] See General Accounting Office, *Fundamental Changes Are Needed in Federal Assistance to State and Local Governments* (Washington, D. C.: Government Printing Office, 1975), 12.

[39] GAO, *Grant Formulas*, 13.

[40] See, For example, Donald F. Kettl, *The Regulation of American Federalism* (Baltimore: Johns Hopkins University Press, 1987); Advisory Commission on Intergovernmental Relations, *Regulatory Federalism: Policy, Process, Impact and Reform* (Washington, DC: Government Printing Office, 1984); and Edward I. Koch, "The Mandate Millstone," *Public Interest*, no. 61 (Fall, 1980): 42-57

[41] OMB, *Managing Federal Assistance in the* 1980's (Washington, D. C.: Government Printing Office, 1980), 20-26.

[42] 国会1996年自行取消原先决定，并允许各州将车速限制回升到每小时65公里。

[43] 另一项管制策略"部分优先权"建立了联邦标准但允许各州自行采用至少同样严厉的标准。

[44] For an examination, see Joseph F. Zimmerman, *Federal Preemption: The Silent Revolution* (Ames: Iowa State University Press, 1991).

[45] John M. Goshko, "Unfunded Mandates Top Cities List of Problems" *Washington Post*, 19 January 1995, A13.

[46] BruceD. Mcdowell, "*Federally Induced Costs: Mandate Relief Comes Of Age*," Intergovernmental Perspective, Summer-Fall, 1994, 21.

[47] Rochelle L. Stanfield, "Thanks a Lot for Nothing, Washington," *National Journal*, 26 March 1994, 726-727.

[48] Margaret Kriz, "Cleaner Than Clean?" *National Journal*, 23 April 1994, 947.

[49] OMB, *Budget, Fiscal Year* 1990: *Special Analyses*, H-41-42.

[50] For an full review of administrative problems of the grant system, see Advisory Commission on Intergovernmental Relations, *Improving federal Grants Management* (Washington, D. C.: Government Printing Office, 1977).

[51] See Martha Derthick, *Uncontrollable Spending for Social Services Grants* (Washington, D. C.: Brookings Institution, 1975).

[52] Michael D. Reagan, "Accountability and Independence in Federal Grants in Aid," in *The New political Economy: The Public Use of The Private Sector*, ed. Bruce L. R. Smith (New York: Wiley, 1975), 206.

[53] See National Governors' Conference, *Federal Roadblocks to Efficient State Government*, 2 vols. (Washington D. C.: Government Printing Office, 1976, 1977); and Advisory Commission on intergovernmental Relations, *Improving Federal Grants Management*.

[54] Robert P. Stoker, *Reluctant Partners: Implementing Federal Policy* (Pittsburgh: University of Pittsburgh Press, 1991).

[55] See John D. Hanrahan, *Government by Contract* (New York: Norton, 1983), esp. chap. 3.

[56] Federal Procurement Data Center, *Federal Procurement Data System Standard Report: Fiscal*

Year 1993 *Fourth Quarter*（Washington，D. C.：Government Printing Office，1994）.

[57] *National journal*，1 March 1986，504. See also Harry P-Hatry，*A Review of private Approaches for Delivery of Public Services*（Washington. D. C.：Urban Institute Press，1983）；and Philip E. Fixler，Jr，Robert W. Poole，Jr，and Lynn Scarlett，*Privatization* 1987：*Second Annual Report on privatization*（Santa Monica，Calif：Reason Foundation，1988）.

[58] OMB，Circular No. A-76 revised，29 March 1979.

[59] 总统对私人部门成本控制的调查，*report on privatization*（Washington，D. C.：Government Printing Office，1983），可对比参见总统私有化委员会的调查，*Privatization*；*Toward More Effective Government*（Washington D. C.：Government Printing Office，1988）.

[60] J. Peter Grace，*Burning Money*：*The Waste of Your Tax Dollars*（New York：Macmillan，1984），175.

[61] Congressional Budget Office，*Contracting Out*：*Potential For Reducing Federal Costs*（Washington，D. C.：Government Printing Office，1987），vii-ix.

[62] General Services Administration，Federal Procurement Data Center，*Federal Procurement Data System*：*Fiscal Year*1993（Washington，D. C. Government Printing Office，1994），13.

[63] Steve. Coll and Judith Haveman，"Dispute Threatens U. S. Phone Contract，" *Washington Post*，31 July 1987，B1. See also Donald F. Kettl，*Sharing Power*：*Public Governance And Private Markets*（Washington，D. C：Brookings Institution，1993），chap. 4.

[64] 有关严厉的评论，参见 Garry Brewer，*Politicians*，*Bureaucrats*，*and the consultant*（New York：Basic Books，1973）；Daniel Guttman and Barry Wilner，*The Shadow Government*：*The Government's Multi-Billion-Dollar Giveaway of Its Decision-Making Powers to Private Management Consultants*，"*Experts*，" *and Think Tanks*（New York：Patheon，1976）；and Hanrahan，*Government by Contract*. 有关对证据广泛的考察，参见 John D. Danahue，*The Privatization Decision*：*Public Ends*，*Private Means*（New York：Basic Books，1989）.

[65] U. S. Congress，Senate，Armed Services Committee，*Defense Organization*：*The Need for Change*，staff report，99th Cong.，1st sess.，1985，558. For one example，see Nick Kotz，*Wild Blue Yonder*：*Money*，*Politics*，*and the B-I Bomber*（New York：Pantheon，1988）.

[66] Edward R. Luttwak，*The pentagon and the Art of the War*（New York：Simon and Schuster，1984），184.

[67] American Federation of State，County，and Municipal Employees，*Passing the Bucks*（Washington，D. C：AFSCME，1983），38.

[68] General Accounting Office，*General Services Administration*：*Actions Needed to Stop Buying Supplies from Poor-Performing Vendors*，GGD-93-34，January 1993，2，4.

[69] *New York Times*，15 June 1986，sec. 3，4.

[70] AFSCME，*Passing the Bucks*，69-70.

[71] Selwyn Raab，"U. S. Indicts Ten Road Contractors on Bids，" *New York Times*，26 June 1987，B1.

[72] W. John. Moore，"Grass-Roots Graft" *National Journal*，1 August 1987，1963，1966.

[73] AFSCME，*Passing the Bucks*，69-70.

[74] Josh Barbanel. "Wedtech：Rise and Fall of a Well-Connected Bronx Company，" *New York Times*，19 January 1987，B1；George Lardner，Jr.，"Wedtech Going Out of Business，" *Washington post*，25 July 1987，A5.

［75］有效的签订合同承包出去需要细致的管理，有关该问题的讨论，参见 John A. Rehfuss，*Contracting Out in Government：A Guide to Working with Outside Contractors to Supply Public Services*（San Francisco：Jossey Bass，1989）.

［76］Bruce L. R. Smith，"Changing Public-Private Sector Relations，152.

［77］Alice M. Rivlin，"Social Policy：Alternate Strategies for the Federal Government，" Woytinsky Lecture，Department of Economics and Public Policy，University of Michigan，Ann Arbor，1973，10-11. 关于伟大社会项目"有巨大的、压倒一切的有利影响"的论点生动、证明充分的论据，参见 Levitan and Taggart，*Promise of Greatness*. 绝大部分作者不同意此观点。

［78］lice M. Rivlin，"Why Can't We get Things Done，" Brookings Bulletin，9（Spring 1972）：6.

［79］Presidential Commission on the Space Shuttle *Challenger Accident*，*Report to the President*（Washington，D. C.：Government Printing Office，1986），103.

［80］"Never Missed a Day or a Delivery，" *Washington Post*，28 December 1987，A5.

［81］U. S. Comptroller Gerneral，*Social Security*：*Clients Still Rate Quality of Service High*（Washington D. C.：Gerneral Accounting Office，1987）.

［82］这个讨论，包括问题在内，均引自 Kitty Krause，"Hammers and Nails in Mt. Winans，" *Washington Monthly* 18（April 1986）：21-26.

［83］Herbert Kaufman，*Administrative Feedback*：*Monitoring Subordinates'Behavior*（Washington D. C.：Brookings Institution，1973），2.

［84］Pressman and Wildavsky，*Implementation.*

［85］Keith Schneider，"Ex-Nuclear Aides Deny Being Told of Plant Mishaps"，*New York Times*，5 October 1988，A26.

［86］Kaufman，*Administrative Feedback*，chap. 3. See also Myron Peretz Glazer and Penina Migdal Glazer，*The Whistleblowers*：*Exposing Corruption in Government and Industry*（New York：Basic Books，1989）.

［87］James Hirsch，"Singer Case Whistle-Blower Says Decision Was Difficult，" *New York Times*，16 March 1989，D1.

［88］Carol H. Weiss，*Evaluation Research*：*Methods of Assessing Program Effectiveness*（Engewood Cliffs，N. J.：Prentice Hall，1972），2.

［89］See，for example，ibid.；Donald T. Campbell and Julian C. Stanley，*Experimental and Quasi-Experimental Designs for Research*（Chicago：Rand Mcnally，1966）；and Joseph S. Wholey，Harry P. Hatry，Kathryn E. Newcomer，eds.，*Handbook of Practical Program Evaluation*（San Fracisco：Jossey—Bass，1994）.

［90］See Harry P. Hatry ，Richard E. Winnie，and Donald M. Fisk，*Practical Program Evaluation for State and Local governments*，2d ed.（Washington，D. C.：Urban Institute Press，1981），and Joseph S. Wholey，Kathryn E. Newcomer，and Associates，*Improving Government Performance*：*Evaluation Strategies for Strengthening Public Agencies and Programs*（San Francisco：Jossey-Bass，1989）.

［91］See Giandomenico Majone，"Policy Analysis and Public Deliberation，" in *The power of public Ideas*，ed. Robert B. Reich（Cambridge，Mass.：Ballinger，1988），173.

［92］See，for example，Stephen H. Linder and B. Guy Peters，"from Social theory to Policy Design，" *Journal of Public Policy* 4（1984）：237-259.

［93］Richard F. Elmore，"Backward Mapping：Implementation Research and Policy Decisions，" in

Walter Williams and others, *Studying Implementation: Methodological and Administrative Issues* (Chatham N. J: Chatham House, 1982), 21, and, more generally, 18-35.

[94] for One effort, see James D. Carroll, "Public Administration in the third Century of the Constitution: Supply-Side Management, Privatization, or Public Investment?" *Public Administration Review* 47 (January/February 1987): 106-114.

第5篇

民主制中的行政

- 第12章　行政的立法控制
- 第13章　管制与法院
- 第14章　结论

在民主制中建立官僚机构会产生两类问题。我们不仅希望看到项目能得到高效的管理,而且也希望项目执行的过程与结果具有回应性和责任制。在这一部分中,我们将考察官僚机构与更大的政治系统之间,特别是与立法机关、法院之间关系的动力学。最后,我们将详细考察围绕民主制中的官僚机构的关键问题,以及公共行政人员如何追求能够在效率和责任两个竞争性目标之间获得平衡的道德行为。

第 12 章

319

行政的立法控制

许多观察家把政策程序分为两部分：立法机关制定政策，行政机关执行政策。当然，我们知道立法和执行的作用远比这要复杂和纠缠不清。在联邦层次上，宪法确立了精致的制约与平衡，而不仅仅是分权。此外，正如一位研究国会监督的学者所指出的："在许多方面是先前制定政治的延续。"[1]美国各州的宪法反映了这种制衡原则的安排。不同形式的地方政府创建了有关联但往往又更不清楚的制度。

宪法授予国会控制行政的权力。总统负责忠实地执行法律，而法律由国会制定，因此官僚机构是总统和国会关系的产物。国会创建各官僚在其中开展工作的组织结构。它批准他们的职位和他们所管理的项目，它拨出专项资金用于支付他们的报酬，同时保留调查他们如何开支及运作项目的权利。[2]国会授予官僚机构执行法律的权力，总统被赋予忠实地执行法律的职责，监督官僚机构既是一种国会特权，也是一种行政特权。[3]在州和地方层次也大致如此。

立法机关与行政机关之间的关系是一种相互关系，但是正如我们所看到的，监督的矛盾使这种关系变得错综复杂。

320

12.1 监督的悖论

正如一个专家小组所指出："监督渗透到国会的活动中。"[4]

事实上，国会的大部分所作所为都可解释为对行政活动的监督，从制定法律和预算到为国会职能机构（如会计总署）的项目审查举行委员会听证会。从调查一个项目的综合绩效到调查项目活动最详细的细节，这些监督层次的变化程度是很值得一提的。1987 年，参议院对一项批准国务院预算的议案附加了 86 条修正案，政策问题的范围从中国政府对西藏喇嘛的待遇，到华盛顿特区由外国权贵长长的、鸣着喇叭的车队造成的交通阻塞。[5]

事实上，批评家早已指责国会对许多国防系统问题实行“微观管理”。例如，1985 年，五角大楼向国会提交了 24 000 页的证明文件，作为对以前立法中订立的 458 项不同报告规定的回应。国防部官员估计，诸如此类的报告从 1970 年以来增加了 10 倍。[6]而且，国会对细节问题的偏好增加了高层行政官员的负担。比如，前国务卿亨利·基辛格（Henry Kissinger）和赛勒斯·万斯（Cyrus Vance）抱怨道：“肯定有比让国务卿和国防部长在重复的国会证词上花费他们超过四分之一的时间更好的行政机关和立法机关的磋商方式。”[7]

然而，有大量的证据表明：在国会议员的优先权中，控制行政传统上一直排在很低的位置上。议员首要关心的是否能再度当选。许多日常监督对增加议员在其选区的名声起不到什么作用。通过立法，表明对问题的立场；通过社会工作照顾选民的需要吸引了议员的注意力。[8]执行监督极少有合乎规定的程序。[9]比起调查过去所发生的差错，议员向来对决定不远的将来更感兴趣，除非过去的差错已臭名远扬，因此通过调查可赢得广泛的注意并使反对党陷入尴尬境地。尤其是设计纠正措施来改善行政组织、行政程序和行政人事管理的艰巨任务是不可能引起立法者的兴趣的。

这不仅仅是议员只关心大局而不关注细节的问题。在他们的职员的协助下，议院把大量精力花在社会工作上以回应来自选民的要求和投诉，没有比这更复杂繁琐的工作了。通常，选民希望在获得社会保障、残疾津贴、医疗保险赔偿款、准许进
321 入退伍军人医院和服役期间探家等方面能得到帮助。社会工作虽不是国会监督的一种直接形式，但它经常向立法者提供有关采用何种直接监督方式的信息，尤其是当它显露出问题模式的时候。密切相关的是立法者参与批准和推进在各自选区实施的项目——公路、大坝、经济发展和社会服务项目，这些项目都要依靠联邦补助金和贷款。

这表明了监督的内在悖论，当国会的几乎所有活动都被认为是监督的一种形式时，这样的监督很少能获得长期存在的有关行政管理不善问题的有用信息。对行政执行中重大失误的怀疑，尤其是对这些失误进行的调查有望作为报纸的头版头条和安排在晚间新闻中时，常可以激发议员的兴趣。特别是当这些问题为国会议员提供了一个把反对党主席置于尴尬境地的机会时，监督的兴趣常会大增。[10]不过，在进行监督时，更可能是不彻底的、零星的、不连贯的、反复无常的和临时的，并建立在危机基础之上。[11]

事实上，有两个观察家把这种监督命名为“火警”式监督，在这种监督中，国会议员在投诉出现时才做出反应，相反，“警察巡逻”式监督是国会议员主动进行

日常巡查。观察家认为，事实上，“火警”式监督“以很小的代价来服务国会议员们的利益”，并且它提供的是更加有效的监督。通过由外在问题引起的定期干涉，国会议员能更清晰地界定他们心中的目标。而且，他们认为问题一旦出现就作出反应比保持一种日常“警察巡逻”式监督更有可能查明问题。[12]虽然这个观点值得商榷，但它至少表明国会监督行政是一个比正式制衡制度所建议的程序更加微妙的程序。

监督的目的

即使监督是间断和临时的，它还是能为国会议员实现许多重要目标而服务。[13]

1. 确保国会的意图得到支持。国会议员自然希望确保行政人员的行为与国会在制定法律时的意图相一致。当然，有时这很难控制，因为国会法案以它们的不精确而出名。事实上，国会通常直到看到所得到的东西，它才决定自己想要什么。在这些情况下，监督更清楚地、往往是非正式地向行政人员传达国会期望获得什么的 322
结果提供了机会。

2. 调查欺诈、浪费和滥用权力。这种讨厌的三合一行为是国会调查的经常性目标。从五角大楼高价购买铁锤到为印第安人保留区服务的承包者不规范的建议、无效和非法的指控都会经常激起国会对其进行监督的欲望。

3. 收集信息。既然许多项目必须重新批准通过，那么国会监督使议员及其职员获得基本资料有助于他们决定应该如何改变法律和制定什么样的新法律。

4. 评估项目效能。监督还能给国会提供关于项目执行效果的信息。这种信息能帮助国会决定如何最好地提高机构效能。

5. 保护国会的特权。国会议员有时还会运用监督来保护他们认为属于自己的宪法规定的权力与特权，以免受到行政机关的侵蚀。制衡制度经常引发分界限争端，而监督给了国会议员保护自己观点的机会。

6. 个人拥护。监督通常为国会议员提供“暴徒的讲台”，从而推进对他们有利的项目并吸引人们的注意力。有些议员通过为一些深受支持的理想奋斗来树立起名望，而其他议员则会利用电视台转播听证会来推动自己事业的发展。

7. 纠正不受欢迎的行为。最后，监督为议员提供了迫使各机构纠正不受欢迎的决定的力量。通过暗示性的恫吓和直接的对抗，国会能发出信号给行政人员，什么行为是不可接受的以及可以做什么，以此来赢得议员的关心。

国会通过多种途径进行监督，在本章中我们将考察的监督途径有：国会委员会及其职员的工作，会计总署实施的项目审查；立法否决权及其变种。

12.2 委员会对行政的监督

国会除了其立法工作以外，更多的是倚重它的委员会来监督行政机构及其对项 323

目的执行。

实际上，国会委员会和行政机构的关系是政府中最重要的关系之一。[14]国会委员会委员与官僚彼此都很重视。委员会委员制定法律并为官僚必须执行的项目提供资金。官僚的决策会影响委员会委员对政府行为信任的能力。这是一种交换关系："每一方实现自己目标的能力至少部分地依赖于对方的行为"，R·道格拉斯·阿诺德（R. Douglas Arnold）如此认为。[15]

国会议员拥有强大的制裁权但它们的运用各有不同。有些委员会更多的是进行监督，尤其是那些监督每年须获得拨款的机构的委员会。有些委员会在批准预算方面比别的委员会更费劲。另外，有些委员会主要由以服务选区内选民为目标的议员组成。通过提供服务，官僚能建立强有力的联盟。当一个委员会有一个广泛的全国性议程，如教育或劳工，而不是只关注选区内的选民时，监督会更粗糙。[16]然而，"参众两院的委员会倾向于更多地关注对广泛的政策问题进行调查，而不大愿意对机构的项目执行情况进行调查。"[17]

委员会审查的种类

三种常设委员会有立法审查（立法监督的官方术语）的职责，它们是正规的立法委员会（通常又称为授权委员会，因为它们制定授权项目的法律）、拨款委员会和政府运作委员会。

授权委员会可以发起、审查和颁布特定领域（如劳工、商业、教育、外交事务）的议案和决议。每个委员会都有审查管辖权内法律执行情况的监督职责。虽然有些立法委员会行使广泛的监督权，但总体趋势是立法委员会将注意力更多地集中在新法律的通过上，而较少注意对现有法律执行的审查。监督机会的进一步减少是因为获得永久性授权的项目的增加（正如我们在第10章所看到的）。既然项目负责人不需要定期出面要求继续项目，监督的机会也就减少了。有些委员会情愿采用更长
324 期的重新授权来减少委员会的工作负荷，但是，如此一来就减少了监督的机会。[18]另外，有些立法委员会（和小组委员会）想友善地对待"它们的"机构和项目，因此不急于对这些机构和项目的行政管理不善和项目的无效做深入细致的调查。

拨款委员会有最令人信服的资格控制行政管理，拨款委员会有良好的声誉、广阔的覆盖面、强大的权力和能力。委员会委员，尤其是他们的职员，向来掌握的对机构和项目的熟悉程度可以同职业行政人员相匹敌，并超过政治执行官。然而，国会不能主要依靠拨款委员会来履行它的监督职能。委员会委员负担很重，他们在年度拨款程序的时间压力下展开工作，他们的着眼点是美元的数目及以前年度的渐进增量。一位委员会委员曾说，众议院拨款委员会的监督广而不深，而立法委员会的监督深而不广。[19]而且，随着综合法案和调解措施的增加（第10章有讨论），拨款委员会对预算和国会监督的影响已经减少。拨款委员会以增加更多的"附件"来作为反映有关拨给单个项目的资金能如何被使用的详细规定，但是，总体上说，拨款委员会的有效性仍是混杂的。

参议院政府事务委员会和众议院政府改革与监督委员会对监督行政活动有最广泛的职责和最强有力的权力。自 19 世纪初以来，国会就有这样的委员会来负责立法委员会和拨款委员会一般控制难以涉及的领域。它们是国会的监督委员会，它们的管辖权不受一般部或委员会界限的约束。[20]

虽然它们有巨大的潜能，但是它们的绩效却不相配。两个委员会的名望传统上一直相对靠后。[21]结果之一是委员的主要兴趣在其他方面，尤其是对他们还任职的主要委员会感兴趣。两个委员会几乎没有采用任何策略来指导监督工作，而其他国会委员会则忌妒地保护它们的管辖范围免受审查。当调查结果有望成为头版头条时，其他委员会会迅速抓住此议程。在选择接受审查的行政活动中，两个委员会都有高度的选择性和不连贯性，大体上反映了委员会立法管辖权的特定领域（比如，行政重组和政府间关系），对公众丑闻作出反应，或记录委员会主要委员特别关心的事项。它们极少能进行深入持久的调查，因为它们的资金有限。[22]

对信息的需求 325

国会监督问题肯定不是缺少有监督职责和监督机会的委员会。实际上，委员会的多样性和它们管辖权的重叠，为行政活动的立法影响提供了多种途径。然而，国会逐渐加强的分权制度扩大了与行政机关的接触面和增加了听证会的数量，“同时，它又弱化了国会进行重大监督和行政控制的能力。”行政活动日益增加的复杂性、获取有关项目绩效的有用信息的难度和利益集团权力的平衡结合在一块，减少了国会对行政机关的直接影响力。[23]在州和地方层次上也出现了类似的现象。

重复累赘的现象实际上增加了而不是解决了国会的监督问题。预算程序的变化已使机构接受审查的次数倍增并使每个委员会的职责模糊不清。正如乔治城（Georgetown）大学一位研究国防监督的学者所认为的，“国会审查程序的重复累赘加重了监督问题”。重复累赘的步骤意味着“国会极少对任何问题采取决定性活动”，一位参议院军事委员会委员在报告中作出这样的结论。[24]一项估计表明各助理部长要花费 40%的工作时间来准备国会证词和对国会议员的调查作出回应。[25]国会的委员会结构和运作规则经常阻碍而不是促进对行政的监督。

国会对行政活动监督的效用取决于它对信息掌握的程度，而信息绝大多数来源于行政机关。一方面，存在获得有关行政机关现状的信息的重大障碍；另一方面，立法者总是淹没在资料中。有效的监督要求将真正有用的信息从堆满了华盛顿、州首府和市政厅的“文山”中分离出来。这真是一个森林与树木的问题：从一大堆详细的资料中提炼出关键问题。

获取信息的障碍

秘密

秘密尤其是在执行外交事务、军事战略战术计划和从事情报活动中是最难以克服的障碍。[26]极少有人会认为这些事务能在公众或535位国会议员的视野内进行。问题是，在国家秘密的幌子下，行政人员有可能把他们选择的任何文件都分类为
326 “绝密”、“秘密”和“机密”。一旦对文件进行了分类就很难撤销，尽管分类的理由是多么的繁琐和不恰当。例如，在第二次世界大战中，经常对文件进行秘密分类，因为这可以加快它们传递到政府各部的速度。在国防部，新闻剪报都盖上了“秘密”印章，就连强调较少使用“绝密”分类的备忘录也被归类到绝密中去。[27]

40年以后，托尔委员会（Tower Commission）对里根政府出售武器给伊朗、确保释放被扣押在中东做人质的美国人、用出售武器所得的资金资助尼加拉瓜反叛者的精心计划进行调查。他们得出结论：“对保护最初行动秘密的关心为抛弃审慎程序找到了借口。”[28]而且，国会调查员发现保守秘密的考虑大大增加了调查的难度。行政官员认为外交关系需要有灵活性，他们原本打算在人质释放后再告知国会。参议员威廉·S·科恩（William S. Cohen，新墨西哥州的共和党人）承认总统办事需要有灵活性，但是“灵活性常被当作官方的许可，之后它合理化为一种国会不可能削弱或减少的宪法上的权力”。他得出结论：“礼让是重要的，但在宾夕法尼亚州大道上它不得不朝两个方向发展。”[29]

秘密分类问题有两个层次：一是拒绝为国会提供事实上没有作为秘密或机密的国家安全要求的信息；二是拒绝为国会提供虽然是秘密或绝密的信息，但这些信息对国会的决策和有关国家外交关系、军事态度及收集情报的监督是必要的。典型的“解决办法”是将已分类信息只提供给行政会议上少数挑选出来的委员会（尤其是众议院和参议院的情报委员会），或只提供给这些委员会的主席和少数委员，或仅提供给亲五角大楼的委员。里根政府高层官员秘密地把出售武器给伊朗所得的资金用来资助政府的中美洲项目这一公开了的秘密表明这种解决办法往往是多么不充分。五角大楼预算中不断增加的份额给了只有经过挑选的国会议员知道的“黑色”项目（见第10章），这也同样证明这种解决办法不完善。

行政特权

第二个障碍是行政特权。行政特权从未在宪法中提及，但被宣称是总统权力固有的一种特权。总统声称行政特权类似于“法律上特许不予泄露的内情”，如夫妻
327 之间、医患之间、律师与委托人之间、牧师与礼拜者之间的交流。在政府中，这个理论已最有力地运用到保护总统与他的白宫助理之间的口头和书面交流机密之上，特别是在尼克松政府的水门事件发生期间。

行政机密

国会获得信息的第三个障碍是“行政机密”，这个障碍比前面两个障碍要小些。“行政机密”一词包含两种不同的意思：一是保护私人信息，诸如个人的纳税申报表、填好的官方调查表、调查机构文件中可能诽谤的信息、职业中涉及的贸易秘密和金融资料。上述信息通常是在政府机构保证不泄露机密的前提下收集的，因此，行政机构经常拒绝委员会获取上述这些记录的要求。行政机构认为，在国会巨大的压力下，滥用机密会损害政府获取完整、准确信息的能力。

行政机密的第二种含义涉及到草案、备忘录和其他与机构通过或不通过审慎考

虑作出的决策有关的“内部记录”。过早地披露这些内部记录可能导致扭曲公开性和公众的误解（许多备忘录中有下属机构人员提出的但事实上将被高层否决的建议，然而，报纸的头条会给人以行政机构将采纳此建议的印象）。同等重要的是（与赞成总统层次的行政特权的理由相类似的是），存在这么一种可能性：在国会委员会使部领导所依靠获取有创见观点和坦率建议的那些人灰心之前，机构不得不保护它们的备忘录。然而，国会委员会及其职员经常迫不及待地希望参与决定机构政策，部分原因在于一旦这些政策公布就很难更改。[30]

其他因素

秘密、行政特权和行政机密都卷入了本质上用分权同制衡制度相抗衡的争论之中。除此之外，还需要考虑道德、谨慎和现实因素。一方面是政府文档中有关个人信息的机密与公民利益相关，总统和各部领导需要他们的直接助手给予坦率的建议，披露不成熟提案所产生的影响，以及在影响国防和外交事务的事情中保密的特殊需要。另一方面掩盖秘密活动的可悲结局，人民拥有以便他们能够参与民主政府 328
的知情权，国会承担作为各机构及其项目的缔造者、授权者和资金提供者的职责，国会还扮演行政机关中的腐败、违法、不合伦理道德行为的调查者和揭露者。有如此多的宪法、道德、谨慎和现实的因素相互冲突，不论方案多么复杂都不可能提供解决办法。

职员支持

尽管获取信息时常会遇到困难，但国会仍淹没在来自行政机构的信息中。大部分信息以法规所要求的正式报告形式——年度、季度和月度报告获得。这种信息过量实际上主要是国会自身的结果。五角大楼早期的报告只是国会不断坚持要行政机构提供有关它们活动的正式报告并答复详细、间歇调查的一种标志。例如，环境保护署每年必须回复来自国会要求提供信息的 4 000 多封信件。[31]另外，“有些经过行政机构精心设计的公共关系项目向国会委员会提供比它们可能掌握的更多的‘信息’（常常是不相关的信息），这在程序中会使问题模糊不清并扭曲事实。”[32]国会的信息问题部分源于联络的“矫枉过正”的审慎机构策略。更普遍的是，国会的信息问题反映了国会兴趣同行政机构组织和总结信息的方式之间缺乏“配合”。政府活动的许多领域中科技特征不断增强，这进一步使问题变得复杂。[33]

多年来，国会通过迅速扩大自身人员的规模来解决信息问题。在全国各州立法机关采取的行动中，国会试图通过三个步骤来消除它和行政部门之间的“专业知识差距”：为议员增加个人职员；为委员会雇佣更多的职员并增强为国会服务的四个职能机构（国会研究服务部、国会预算局、技术评估局和会计总署）。[34]迈克尔·J·马尔宾（Michael J. Malbin）认为：“如果国会想要获得作出有见识决策所需要的信息，则很明显的是连专门委员会的委员也需要帮助，因此，国会职员要增加”，“如果没有足够的职员，国会将立刻变成行政机关和利益集团外部信息来源的囚犯。”[35]

从 1965 年到 1985 年的整整 20 年中，国会委员会职员增加了三倍。1993 年，国会职员总数为26 784人。[36]1995 年，作为共和党人掌管国会的一部分举措——共
329 和党人大幅度削减职员，但从全球的标准来看仍然队伍庞大，世界上人员第二多的立法机关——加拿大议会的人员数只是美国国会的十分之一。[37]

有了这些职员的帮助，国会议员有更多时间用于选区内选民的社会工作。当选民写信投诉收到社会保障支票的时间太晚，投诉地方补助金接受者的不法行为，或控告受到在军队任指挥官的亲戚辱骂时，信件都将转到一位国会议员办公室的工作人员手中。国会的邮件在政府部门获得特殊待遇，通常在顶端写上特殊的、鲜艳的“备忘录”字样；绝大多数机构都要将答复迅速传阅几遍，同时，机构的国会联络处将监督机构的回应，从而确保送出的答复迅速而准确。

国会议员和行政人员严肃对待这些来信，因为谁也不想看上去似乎对选民漠不关心。然而有证据表明，这样的工作分配常常不能有效地解决问题，“因为通常是由最初收到投诉信的机构的同级机构（常常由同一位官员）负责处理这些来信”。另外，因为选民投诉的事情是随机的，而且特别详细琐碎，它们极少能提供有效的证据来监督广泛的行政问题。他们偶尔提出一些不同的投诉或特别不寻常的问题，但通过这样的社会工作经常找不到不法行为的证据。[38]

没有人真以为委员会能够或应该同其管辖权内各机构及其职员的专家化相匹敌。即使委员会职员的适度增加也意味着国会小官僚机构的重叠增加，每一个小官僚机构需要委员会或其主席加以指导和协调，并对那些工作繁忙而又无多大才能的国会议员负责。在缺乏这种控制的情况下，职员早已知道可按自己的意愿行事、影响机构官员和实际上参与机构决策。此类职员声称是代表委员会，但实际上可能仅仅代表他本人。

问题不再是职员助手的数量而是他们的素质和他们接受委员会或其主席的指导并完成其工作的效能。一位观察家注意到在招收委员会职员时，已从有经验的、作为精通委员会领域的中立专业人士的文官向寻求合同的年轻律师转变。职员们对具体问题一无所知却迫切地吸引领导的注意力，从而成为给委员会议程提出一些富有
330 创见想法的精力旺盛的企业家。但是这些职员不久就成为管制委员会的委员、走上行政机构的岗位，或成为国会议员的候选人，或成为从事游说的华盛顿公司的一员。[39]就监督活动而言，既需要中立的专业人士，也需要积极的党派支持者，问题是打破了这种恰好的平衡。

取代增加委员会职员的另一种选择是增加对国会支持机构的依赖性，包括国会预算局和国会研究服务部。它们主要将信息和分析研究集中在待解决的立法提案和未来的政策选择上，而不是集中在调查行政工作上。它们还未充分发挥协助国会监督活动的潜能。人们对这两个机构在优先考虑的事务、工作质量和内部行政上的观念有不同的评价。第三个支持机构会计总署（GAO）在参议院政府事务委员会看来，是“国会最有价值的监督支持机构”。国会研究服务部前主任欧内斯特·S·格里菲思（Ernest S. Griffith）进一步指出：“会计总署是世界上任何一个国家中充当官僚机构监督者最好的工具，并能使议会或立法机关有效地控制它——如果 GAO

愿意这样做的话。"[40]我们将在下一节考察它。

12.3　会计总署

1921 年国会把政府审计职能从财政部转移到新的会计总署（GAO），而财政部从 1789 年开始就有审计职能。[41] GAO 由美国审计长领导，他由参议院提议和批准，并由总统任命。国会要确保 GAO 不受行政机关干预，所以审计长有长达 15 年的任期（除终身制的联邦法官外，审计长的任期是政府中最长的），而且只有经国会联合决议或受到弹劾才能撤换。

GAO 行使的职能有行政和立法两个依据。GAO 通过审计行政机关各机构的开支而履行立法机关的职责；通过核准各机构的付款额和结算它们的账户而履行行政机关的职责。这种模棱两可的地位成为持续不断的矛盾冲突的根源。在里根政府期间，1984 年的订约竞争法赋予 GAO 终止有争议合同的权力。可里根总统反对 GAO 拥有这种权力，于是司法部长威廉・弗伦奇・史密斯（William French Smith）命令行政机关各机构不要遵守该规定。但联邦地区法官裁定史密斯的行为非法，国会扣留司法部长办公室的全部资金直到他同意这项法律为止，以此来支持联邦地区法官的裁决。史密斯的继任者埃德温・米斯三世（Edwin Meese Ⅲ）作出 331
了让步。同时，联邦上诉法院赞成国会的意见并坚持认为 GAO 是一个"混合机构"，在合同履行之前它可以行使诸如审核合同这样的行政职能。然而，正如第 10 章所指出的，1986 年，最高法院在审理鲍谢尔诉辛纳（Bowsher v. Synar）一案中认为审计长是国会的代理人，因此，从宪法上来说，不能在宪政上行使削减预算的行政权力。[42]如此一来，GAO 是一个在宪法上地位很模糊的混合体。

详细控制的时代

1921 年预算与会计法案中对 GAO 权力进行界定的两项主要条款成为大部分摩擦的主要来源。[43]一项条款是："审计长应为一些部和机构的会计以及为对财政官员的账目及违背美国的要求进行行政检查规定形式、制度和程序。"这意味着政府的会计制度在设计意图上主要是符合 GAO 的需要，而不去考虑执行各部、财政部、预算局的会计核算需要，以牺牲行政机关的内部控制需要来满足 GAO 的外部控制需要。

第二项主要条款是："美国政府的所有要求和需要或反对它的所有要求和需要，以及所有涉及到美国政府的账目，不管是作为债务人还是债权人，都应当由 GAO 来结算和调整。"这显然意味着（第一任审计长如此解释）除非得到 GAO 的特别批准，否则政府的任何财务往来都不能依法完成。各机构官员继续花钱购买产品和劳务，但所有交易凭证都要从世界各地传送到华盛顿供 GAO 审查。如果 GAO 不批准某项开支，那么批准这项开支的官员就要依法对此承担个人责任。[44]这种个人责任的风险是如此有威胁性，以至于负责开支的官员经常事先征求 GAO 的意见，GAO 逐渐增加对开支的事前审计。结果，GAO 不但拖延了行动而且较少作为事后审计员，而是积极参与到它将审计的交易中去。

最初的 15 年中，审计长珍惜他的“财政监督者”角色。他通常对补助金的开
332 支权力作狭义上的解释，而对法规的限制作广义上的解释。在此，解释是关键的一环，但在外部控制的讨论中常被忽视。正如我们早先看到的，法定条款常有不同的解释，其含义取决于谁有最后发言权。[45]来自机构和财政部的律师可能用一种方式来解释一项条款，一旦有疑惑，就向司法部长请教以获取官方的意见。但审计长却不把司法部长的裁决当作有约束力的裁决。如果 GAO 认为某项开支“违背了法律”，那么这项裁决一直有效，除非行政机关把此争端诉诸法院。将最后发言权给予外部控制官员，则确实可以阻止为审计长不支持的项目提供机会。[46]

重新定位

最近几十年发生了显著变化。虽然 GAO 仍有对一些个人交易进行审计的权力，但 GAO 开始强调强化机构的内部审计和控制制度，内部审计和控制制度的效能反过来又减轻了 GAO 审计每笔交易的工作量。相反，GAO 可将精力集中在那些财务条件很重要的项目和那些引起批评和国会感兴趣的项目上。简而言之，GAO 已从成本会计转移到项目审计上，从检查资金运行的轨迹转移到评估项目绩效上。GAO 关于武器采购上过度花费的报告引起了极大轰动。在对各机构的日常性审计中，GAO 用统计抽样调查和其他策略来检验内部控制制度的有效性，由此又卸下了 GAO 二次推测每笔交易的负担。绝大多数审计都是现场进行的——也就是说，在各机构及其地方办事处进行，这样一来，不再需要用货车将单据凭证运送到华盛顿的 GAO 手中。这些及另外一些变化使得 GAO 的职员从 1946 年的 15 000 人减少到现在的 4 400 人。

GAO 已变为适应各种状况的外部控制机构。前任审计长埃尔默·B·斯塔茨（Elmer B. Staats）指出：政府审计“不再是这样一种功能，即主要关注政府活动，相反，还关注政府组织是否实现了授权项目和可使用资金的目标，是否经济和高效，是否遵守可适用的法律和规章”[47]。20 世纪 70 年代制定的法规强调 GAO“应该审查和评估政府项目和活动的结果”[48]。GAO 的审查以详细、多样而著称，正如一报告样本所示：

333 □“军队中的妇女：提议的立法对向妇女开放更多的作战支持职位和单位的影响。”

□“土地交易：在林业局的土地上开发度假胜地的收费制度问题。”

□“公路：州政府机构如何采取新的铺路技术。”

□“海产品的安全：问题的严重性和保护消费者的努力。”

□“艾滋病（AIDS）教育：推广到较高风险的人群。”

另外，几轮总统选举过后，GAO 还经历了一系列的转变，为国会议员和新当

选的总统提供范围从预算赤字、公共服务到 NASA、国防等主题的建议。

因此，GAO 的地位显赫。它是对行政机构行使委任控制权的直接国会机构。另外，它拥有数量众多、有技术从事调查和分析的职员，他们能帮助国会委员会监督机构的绩效，有时还主动进行审查。

GAO 有两个障碍，但并非不可克服。[49]第一个是它的“绿色遮光眼罩”形象。该形象部分是由历史造成，部分是由会计人员的优势，特别是他们在行政层次上所占的优势造成的（直到转向项目审计为止，它的职员事实上一直戴着当时在记账员中流行的绿色遮光眼罩）。但随着商业和公共行政专家、经济学家和其他社会学家、工程师、计算机和信息专家加盟 GAO，这种职员模式正在改变。第二个障碍是调查、完成审计和其他研究所需要的时间。这多半源于 GAO 所承诺的准确、彻底和客观，但结果往往是 GAO 的报告不能及时赶上国会议程。尽管如此，GAO 的“蓝皮”报告和他们手头上总结了关键调查结果的“令人落泪的材料”是国会听证会和关于政府活动的新闻报道中至关重要的部分。GAO 的计算专家提供了大量资料用来追踪里根支持奥利弗·诺思（Oliver North）把出售武器所得资金转移给中美洲的游击队员这一秘密的财政转移。另外，GAO 的影响力已渗透到各州，许多州的立法机关已建立起它们自己的“小型 GAO”来评估州政府项目。

批评

不过，GAO 大肆扩张业务已激起了相当多的批评，尤其是对它的客观性和公 334
正性的批评，甚至连 GAO 最忠实可靠的兄弟机构也不例外。由主要国会委员会授权的国家公共行政学院（NAPA）在 1994 年的一份报告中提出了几个重要问题。[50]第一，NAPA 发现 GAO 的业务“越来越广泛，越来越多样化，已超越了作为政府中心审计和评估机构的范围”，而且其所作所为已“脱离了 GAO 的核心目标、技术和资源”。NAPA 建议 GAO 应将注意力更多地集中在问题的根本原因上并增强核心的专业知识。它建议 GAO 要小心被拖进政策分析发展的困境之中，即使国会议员对此提出了要求，也应谨慎对待。第二，虽然 GAO 对国会的调查作了回应，但它通过一种外人（包括国会议员及其职员）看不见的内部战略性规划程序来专心思考自己的工作。因此，NAPA 建议 GAO 应将它集中精力进行规划的领域进一步公开。第三，NAPA 发现 GAO 的工作质量经常不稳定。第四，NAPA 发现 GAO 传统上的对外审计与它作为各机构管理分析和技术支持来源的角色之间有冲突。

最后，国会的要求已使“GAO 逐渐卷入政治与政策矛盾冲突之中，从而危及它的公正角色和制度化的参谋作用”。结果，

> 最近 20 年来，国会与行政单位之间不断增加的敌对关系和国会内部的竞争使得 GAO 很难客观地完成工作——人们认为 GAO 能公正办事。对 GAO 的任何利用只要侵蚀到它的公正性和客观性就会减少它的用处。

NAPA 建议国会应更小心那些由 GAO 引入的问题；建议 GAO 在报告中避免使用“蛮干的”方法；建议 GAO 应更加努力地营造一个非党派的工作环境。

这项研究部分地批评 GAO 的行为大大超出了其资源和能力的范围，部分地批评国会把 GAO 拖入逐渐损坏其长期形成的公正气氛的政治问题之中。但最主要的是，报告指出 GAO 及其程序、职能和任务需要重新界定。GAO 已告别了早期时代而进入了一个有时仍会被错误界定的新时代。从财务和程序控制演进到更广泛的分析、评估和管理支持，对 GAO 来说已是一个不容易的成长历程，在 20 世纪 90 年代中期它为找到一种新的平衡而奋斗。

335 12.4 立法否决权

立法否决权是国会控制行政的一种最终形式，该形式一直处于激烈的争议中。长期以来，国会议员对只审查事后的行政行为感到闷闷不乐。他们渴望找到一种参与行政决策和阻止他们不同意的被提议采取的行政行为的机制。为寻找一种使即将出台的行政决策或行政行为无效的方法，国会制定了极其复杂的立法否决权条款。

立法否决权有四种形式：（1）一院否决，参议院或众议院均可采用决议反对一项行政行为；（2）两院否决，参众两院都必须通过否决一项行政行为的决议；（3）委员会否决，参议院或众议院（有时是两院）中的一个委员会否决一项行政行为；（4）国会委员会主席拥有否决权。[51]

早期的形式

这种策略源于 1930 年，当时赫伯特·胡佛（Herbert Hoover）希望有权重组政府而不必把每项计划都提交国会预先核准，国会不愿意授予他如此广泛的权力，而只同意胡佛发布重组的行政命令，行政命令在 60 天内生效，除非参众两院中的任何一个投票反对这项命令。路易斯·费希尔（Louis Fisher）解释道：由于国会创建了立法否决权，胡佛“实际上无须经国会批准就能够‘制定法律’”[52]。国会继续更新总统的重组权，对它作了一些终止和修改。

立法否决权是一种在专业领域而非重组中受欢迎的国会策略，因为，正如费希尔所指出的：它提供了“一种简单的交换条件，允许行政机关无须经过任何立法行动就可制定法律，同样，也给予国会通过另一项公法就可收回对政府的控制权”[53]。到 1983 年春为止，126 部法规中有 207 条关于立法否决权的条款。否决权适用于应急石油供应、铁路、对纽约市的财政援助、出售武器给中东、出口控制、备用汽油定量配给和联邦贸易委员会的所有规则。[54]特别是在 70 年代出台了立法否决权的重要文本，这主要是因为国会对理查德·尼克松（Richard Nixon）总统行使权力的方式感到恼火。

当尼克松宣称指挥军队是总统的权力时，国会作为回应通过了 1973 年的战争权力决议。该决议要求总统在 48 小时内将派遣军队作战的计划告知国会。国会有 60 天的时间来宣战或延续 60 天的期限。否则，国会要求总统撤回军队。一年后， 336
国会通过法案限制总统使用政府经费的权力。尼克松拒绝支付国会的拨款，国会认为尼克松的这一行为威胁到它的经济权力。1974 年的扣押款项控制法规定：如果总统暂时决定扣留开支（通过“递延”），参议院或众议院可以否决此项决定，迫使总统支付国会的拨款。如果总统希望永久性的削减开支，则他必须获得国会同意（通过“撤销”）。[55]

立法委员会运用立法否决权的逻辑，通过种种正式或非正式的安排，扩大其对行政行为的权力。有些法规明确地把否决权授予委员会；许多法规要求所提议的政府行为须得到参众两院相关委员会的正式批准。其他法规则禁止拨款委员会在没有获得相关立法委员会的事先批准的情况下，将资金包括在任何项目或合同的议案内。

查哈案及其后果

1983 年最高法院突然裁定立法否决权是违反宪法的。最高法院在审理移民归化局诉查哈一案中裁定：立法否决权违反宪法中的分权条款。国会的职责是通过立法并将它提供给总统签署。最高法院认为国会可能发觉立法否决权是监督行政行为的一种简便而有效的方法，但是，否决权却违背了宪法的制衡原则。正如首席大法官沃伦·伯格（Warren Burger）在最高法院的意见中写道：“为保护制约和维护分权，对每个机关的权力仔细确定的界限必须不被侵蚀。”[56]而持异议的大法官拜伦·怀特（Byron White）指出：最高法院一下子废除的法律比其整个历史以来所废除的法律还多。[57]

然而，有些立法否决权的支持者则对最高法院的裁决提出了强烈抗议[58]：裁决的强硬语气从一开始就终结了立法否决权。立法否决权被认为是一种非常方便的发挥立法影响力的工具——它的形式多样——而最高法院的裁决却葬送了它。费希尔解释道：“行政官员仍希望在管理授予的权力上有相当大的自由，而立法者仍坚持不必通过另一项法律就能维护其控制权。”事实上，到 1988 年底，也就是查哈案 337
判决五年之后，国会创设了 140 多项新的立法否决权。许多新法规包括了“报告与等待”条款，在该条款中，国会赋予行政人员采取一些行动的自由裁量权，如重新安排资金或发布规章，但是要求这样的行动在一定期限内，如 30 天或 60 天后生效。等待期限为国会提供了发表不同意见或在行政人员行动之前采取更强有力行动的机会。其他法律包含这样的条款：在采取行政行为之前，国会必须通过联合决议，而且只有总统签署之后才有效。[59]该条款的适用范围从优先批准环境保护署建筑补助金的规定到为特工处提前批准资金的规定。[60]

立法否决权得以继续存在是因为它为国会和总统都带来了有用的灵活性。1987 年一个案例证明了它的实用性。对外援助法案多年来一直运用立法否决权：“根据该法案可以使用的任何一项基金都没有义务进入拨款账户，该账户在没有得到拨款委员会的事先书面批准，基金是无法拨入的。”该条款允许对外援助行政人员在账户之间划拨资金，条件是它们要先得到拨款委员会的批准。然而，1987 年里根政府的行政管理与预算局局长詹姆斯·C·米勒三世（James C. Miller Ⅲ）根据查哈案的判决决定质询该条款，认为它是违宪的。米勒的行为激起了两党对国会的愤怒。主要小组委员会主席谴责米勒的言论“意味着我们再也没有栖身之地了，所以，让它见鬼去吧”。国会议员决定取消灵活性并迫使行政人员按国会所拨款项开支。OMB 当时作了一定的让步，正如费希尔指出的，它意识到“那是一味蛮干，反而伤及自身”[61]。

立法否决权及其在查哈案之后的变种因此相互服务于有用的目的。它们给行政人员带来了更广泛的自由裁量权，并允许国会议员选择性地干预他们不赞成的决策。尽管决策遭到这样的反对，但几乎没有哪一个机构敢冒风险继续进行而弄得委员会不愉快。[62]另外，正式磋商为国会审查提供了别的机制。行政官员通常在作出敏感性决策之前与国会委员会协商，尤其是有关建筑工程、不动产交易、购货合同的报酬和关闭联邦设施等方面的决策。在正常情况下，委员会委员把这些提议行动的每一项都提交给来自受影响地区的国会议员和来自受影响州的参议员，以确保他们对此不加以反对。[63]

338 12.5 结　论

行政的立法控制是建立在这样一个合理的命题的基础之上的——立法者，而不只是行政人员，有责任对“法律得以忠实地执行”予以合法关注。立法者能借助法律确定执行他们所授权项目的目标及方法，决定向每个项目提供的资金量，组建或重组机构。他们能限定项目授权和拨款的期限。通过各委员会和会计机构，如 GAO，他们能自己调查机构的绩效。整个周期由授权法规的立法修改、拨款及组织共同完成，以使各机构今后的行为更符合国会的意图。

正如小克里斯托弗·H·福尔曼（Christopher H. Foreman，Jr.）在研究国会对管制政策的监督之后所发现的：

> 监督有时候是磋商和重新推想的一个痛苦、不可避免的自利程序，这使得对关心或受管制政策影响的人们和团体所担心的行政敏感性得到相当好的保持。作为监督机构决策和坚持已核准程序的一种制度——即作为一套加强有关机构行为及政策选择责任的机制——监督取得了成功。

虽然整个程序时常很混乱并有着模糊的管辖边界和不确定的影响，但整个环境包括了“一种复杂和给人印象深刻的屏障或‘防火’制度”[64]。这是一种对抗轻而易举的描述或理性组织的制度，但是这种复杂的关系却为立法对行政活动的影响提供了一系列令人印象深刻的正式和非正式的信息及力量。它还是这样一种制度，在其中，国会议员能传达有关他们对行政人员行为的期望或迟钝或精致的信号。

我们发现了两个重要问题。第一个问题是国会和其他层次的立法机关在其监督职责中表现出来的有限度的兴趣和平庸的才能。监督顶多是断断续续的，国会很少持续关注重要的行政问题。第二个问题是有时为了增进自身利益，立法者（尤其是委员会及小组委员会）有过分干预行政的危险。[66]立法者不应该以遵从宪法和行政效率为借口，否则会混淆他们的角色，使他们实际上成为机构和项目的共同管理 339
者。如，众议院海军事务委员会一位长期任职的主席被称为"海军部部长"。法官干预行政引起了同样的问题。我们将在下一章中讨论。

注释

[1] Christopher H. Foreman, Jr., *Signals from the Hill: Congressional Oversight* and the *Challenge of Social Regulation* (New Haven; Yale University Press, 1998), 12. For a thorough and careful look at oversight, see Joel D. Aberbach, *Keeping a Watchful Eye: The Politics of Congressional Oversight* (Washington, D.C.: Brookings Institution, 1990).

[2] See Richard E. Neustadt, "Politicians and Bureaucrats," in *The Congress and America's Future*, 2d ed., ed. David B. Truman (Englewood Cliffs, N.: Prentice Hall, 1973), 119.

[3] 关于国会与政府的关系史，参见 James L. Sundquist, "Congress as Public Administrator," in *A Centennial History of American Public Administration*, *ed.* Ralph Clark Chandler (New York: Free Press, 1987), 261-289.

[4] National Academy of Public Administration, *Congressional Oversight of Regulatory Agencies: The Need to Strike a Balance and Focus on Performance* (Washington, D.C.: National Academy of Public Administration, 1988), 1.

[5] Nathaniel C. Nash, "Telling State Dept. How to Run Foreign Policy…," *New York Times*, 12 October 1987.

[6] J. Ronald Fox with James L. Field. *The Defense Management Challenge: Weaposn Acquisition* (Boston: Harvard Business School Press, 1988), 76. See also David C. Hendrickson, *Reforming Defense: The State of American Civil-Military Relations* (Baltimore: Johns Hopkins University Press, 1988), 30-34. More broadly, see Louis Fisher, "Micromanagement by Congress: Reality and Mythology," *in The Fettered Presidency: Legal Constraints on the Executive Branch*, *ed.* L. Gordon Crovitz and Jeremy A. Rabkin (Washington, D.C: American Enterprise Institute, 1989), 139-157.

[7] Henry Kissinger and Cyrus Vance, "Bipartisan Objectives for American Foreign Policy." *Foreign Affairs* 66 (Summer 1988): 901.

[8] See David R. Mayhew, *Congress: The Electoral Connection* (New Haven: Yale University Press, 1974).

[9] See Seymour Scher, "Conditions for Legislative Control," *Journal of Politics* 25 (August 1963): 526-551.

[10] Ibid., 527.

[11] 这些及同样的术语散见于 U.S. Senate, Committee on Government Operations, *study on Federal Regulation*, *Vol.* 2, *Congressional Oversight of Regulatory Agencies*, committee print 95th cong., 1st

sess.，1977. 尽管标题上有所限制，但此卷是众议院和参议院监督管制机构和非管制机构机构绩效与问题最好的评论之一。还可参见 National Academy of Public Administration，*Congressional Oversight of Regulatory Agencies*，也得出了结论。

[12] Mathew D. McCubbins and Thomas Schwarz，"Congressional Oversight Overlooked：Police Patrols versus Fire Alarms，" *American Journal of Political Science* 28 (Fall 1984)：169，172.

[13] 这个条目来自 National Academy of Public Administration，*Congressional Oversight of Regulatory Agencies*，7-9.

[14] See Hugh Heclo，"Issue Networks and the Executive Establishment，" in *The New Political System*，*ed.* Anthony King (Washington，D. C.：American enterprise Institute，1978)，87-124.

[15] R. Douglas Arnold，*Congress and the Bureaucracy*：*A Theory of influence* (New Haven：Yale University Press，1979)，35.

[16] Ibid.，67-68.

[17] Lawrence C. Dodd and Richard L. Schott，*Congress and the Administrative State* (New York：Wiley，1979)，170. More generally，see Morris S. Ogul，*Congress Oversees the Bureaucracy*：*Studies in Legislative Supervision* (Pittsbergh：University of Pittsburgh Press，1976).

[18] National Academy of Public Administration，*Congressional oversight of Regulatory Agencies*，9.

[19] See Foreman，*Signals from the Hill*，chap. 4.

[20] Dodd and Schott，*Congress and the Administrative State*，166.

[21] 1973 年之前，以委员与其他委员会交流为基础，众议院政府运作委员会在 20 个主要委员会中排名第 18。它在参议院相对应的委员会在 16 个主要委员会中排名第 13。See Lcroy N. Rieselbach，*Congressional Politics* (New York：McGraw-Hill，1973)，60-61n.

[22] Dodd and Schott，*Congress and the Administrative State*，168.

[23] Ibid.，173-184.

[24] U. S. Senate，Committee on Armed Services，Stsff Report，*Defense Organization*：*The Need for Change*，committee print，99th Cong.，1st sess.，1985，581-582. 这个报告中引用的乔治城大学的研究。

[25] Thomas P. Murphy，"Political Executive Roles，Policymaking，and Interface with the Career Bureaucracy，" *Bureaucrat* 6 (Summer 1977)：107.

[26] 关于一个利益集团对这些问题的讨论，参见 Stephen L. Katz，*Government*：*Decisions without Democracy* (Washington，D. C.：people for the American Way，1987).

[27] 不正确的分类和其他问题由众议院议员、政府运作委员会审查，Executive Classfication of Information. *Third Report*，House Rpt，93-221，1973.

[28] 埃德蒙德・S・马斯基对委员会的资助情况作了总结，in John Tower，Edmund Muskie，and Brent Scowcroft，*The Tower Commission Report* (New york：Bantam Books，1987).

[29] Christopher Madison，"Flexibility v. Congress's Right to Know，" National journal，4 july 1987，1727.

[30] 1972 年，司法部和白宫都拒绝提出 11753 号行政命令（按文件分类）的草案给众议院政府运作委员会，它们争辩说，它只是一个制定中的草案。这一切发生在一家报纸披露了草案的细节之后。See U. S. House Committee on Government Operations，*Executive Classfication of information … Third Report*，53.

[31] National Academy of Public Administration，*Congressional Oversight of Regulatory Agencies*，24.

[32] Frederick C. Mosher and others, *Watergate: Its Implications for Responsible Government* (New york: Basic books, 1974), 115.

[33] 对早期国会努力应付科学和技术方面的问题作了极好介绍的是 Thomas P. Jahnige, "The Congressional Committee System and the Oversight Prosess: Congress and NASA," *Western Political Quarterly* 21 (June 1968): 227-239; and U. S. House, Committee on Science and Aeronautics,, Subcommittee on Science, Research, and Development, *Technological Information for Congress*, 92d Cong., 1st sess., 1971.

[34] Francis E. Rourke, "Bureaucracy in the American Constitutional Order," *Political Science Quarterly* 102 (Summer 1978): 217-232.

[35] Michael J. Malbin, *Unelected Representative: Congressional Staff and the Future of Represenitive Government* (New York: Basic Books, 1979), 5. 有关职员在帮助国会完成社会工作中的作用，参见 Morris P. Fiorina, *Congress: Keystone of the Washington Establishment* (New Haven: Yale University Press, 1977)。还可参见 Harrison W. Fox and Susan Webb Hammond, *Congressional Staffs: The Invisible Force in American Lawmaking* (New York: Free Press, 1977).

[36] Norman J. Ornstein, Thomas E. Mann, Mann, Michael J. Malbin, Allen Schick, and John B. Bibby, *Vital Statistics on Congress* (Washington, D. C.: American Enterprise Institute, 1984), 121; and Richard E. Cohen, "The Hill People," *National Journal* 19 (6 May 1987): 1171; and congressional sources.

[37] Malbin, *Unelected representatives*, 10.

[38] Dodd and Schott, *Congress and the Administrative State*, 270-271.

[39] Michael J. Malbin, "Congressional Control of Committee Staffs: Who's in Charge Here?" *Public Interest*, No. 47 (Spring 1977): 16-40. 关于委员会、个人及立法机构职员的全面介绍，参见 Fox and Hammond, *Congressional Staffs*.

[40] U. S. Senate Committee on Government Operations, *Study on Federal Regulation*, 2 : 71; Ernest S. Grifflth, in U. S. Senate, Commission on the Operation of the Senate, Congressional Support Agencies, 126.

[41] 关于会计总署的历史、发展及作用的研究，参见 Frederick C. Mosher, *THE GAO: The Quest for Accountability in American Government* (Boulder, Colo.: Westview Press, 1979).

[42] See Louis Fisher, *The Potics of Shared Power: Congress and the Excutive* , 2d, ed. (Washington, D. C.: CQ Press, 1987), 125-129; and Bowsher v. Synar, 106 Supreme Court Reporter 3181 1986).

[43] Budget and Accounting Act of 1921, See 309, 305 (31 u. s. Code 49, 71).

[44] 这些官员尽力从受领者那里收集不被允许的付款；如果失败，他们可以寻求通过国会法案将钱退还给他们。20世纪40年代，大约有100万联邦雇员每年付200万美元给保险公司，以弥补因公共基金不允许支付带来的相应责任。最终，在1995年，国会授权给各机构为他们的雇员购买全部保险。参见 U. S. Senate, Committee on Government Operations, *Financial Management in the Federal Government*, 92d Cong, Is sess,. 1971, 2: 233-238.

[45] 为了更好地阐述这个观点，也为了更好阐述审计员心胸狭窄地怀疑大使和其他官员的裁决，是 Gerald C. Schulinger 进行的案例研究，*The General Accounting Office*: Two Glimpses, Inter university Case No. 35 (Syracuse, N. Y.: Inter university Case Program, 1956). For a full set of case studies illustrating past and current practice, see Cases in Accountability: *The Work of the GAO, ed. Easmus H. Kloman* (Bouldre, Colb.: Westview Press, 1979).

[46] See the classic study, Harvey C. Mansfleld, The Comptroller General (New Haven: Yale University Press, 1939).

[47] General Accounting office, *Standards for Audit of Governmental Organizations, Programs, Activities & Functions* (Washington, D. C.: Government Printing Office, 1973), i.

[48] Congressional Budget Act of 1974, 88. Stat. 3276; 31 U. S. Code of Federal Regulations 1154. (Emphasis added.).

[49] These and other problems are treated by Joseph Pois and Ernest S. Grifflth in U. S. Senate, Commission on Operation of the Senate, *Congressional Support Agencies*, 31-54, 126-133; Joseph Pois, "Trends in General Accounting Office Audits," and Ira Sharkansky, "The Politics of Auditin," in Smith, *The new Political Economy*, 245-318; and John T. Rourke, "The GAO: An Evolving Role," *Public Administration Review* 38 (September—October 1978): 453-457. A full history and analysis is Mosher, *The GAO.*

[50] National Academy of Public Administration, *The Roles, Mission, and Operation of the U. S. General Accounting Office* (Washington, D. C.: National Academy of Public Administration, 1994), esp. i-ix.

[51] 关于立法否决权的分析，参见 Fisher, *Politics of Shared Power*, 94-104; Fisher, *Constitutional Conflicts Between Congress and the President*; Commission on Federal Paperwork, *Rulemaking* (Washington, D. C.: Government Printing Office, 1977), 59-79, 101-110; U. S. Congress, House of Representatives, Committee on Rules, *Studies on the Legislative Veto*, 96th Cong., 2d sess., 1980: John R. Bolton, *The Legislative Veto: Unseparating the Powers* (Washington, D. C.: American Enterprise Institute, 1977); and Robert J. Spitzer, *The Presidential Veto: Touchstone of the American presidency* (Albany: SUNY Press, 1988).

[52] Fisher, *Politics of Shared Power*, 95.

[53] Fisher, "Micromanagement by Congress," 147.

[54] Sundquist, "Congress as Public Administrator," 281.

[55] 有关分析，参见 Fisher, *Politics of Shared Power*, 86-89, 108-109。

[56] *Immigration and Naturalization Service* v. Chadha, 462 U. S. 919, 957-958.

[57] 关于查哈的案例研究，参见 Barbara H. Craig, Chadha: *The Story of an Epic Constitutional Struggle* (New York: Oxford University Press, 1988).

[58] 一些学者强烈反对法院的裁决，例如，参见 Louis Fisher, "The Administrative World of *Chadha and Bowsher*," *Public Administration Review* 47 (May/June 1987): 213-220.

[59] National Academy of Public Administration, *Congressional Oversight of Regulatory Agencies*, 12.

[60] 对否决数目的估计来自费希尔正在进行的立法否决权研究，也可参见 Louis Fisher and James Saturno, *Legislative Vetoes Enacted After Chadha* (Washington, D. C.: Congressional Research Service, 28 April 1987).

[61] The story is told in Fisher, "Micromanagement by Congress," 148-149. 查哈案裁决之后举行的国会听证会对此案的结果提供了有用的看法，参见 U. S. House of Representatives, *Legislative Veto After Chadha*, Hearings, 98th Cing., 2d sess., 1984.

[62] Joseph P. Harres 更强烈地指出："如果委员会反对所提议的行动，政府各部就只会暂缓行动或修改计划以适合委员会的意图。" Harris, Congressional Control of Administration (Washington, D. C.: Brookings Institution, 1964), 233. 例如，参见 Donald F. Kettl, *The Regulation of American Federal-*

ism (Baltimore: Johns Hopkins university Press, 1987), 143-146.

[63] See Michael W. Kirst, *Government without Passing Laws*: *Congress' Non-statutory Techniques for Appropriations Control* (Chapel Hill : University of North Carolina Press, 1969).

[64] Foreman, *Signals from the Hill*, 6, 7. See also McCubbins and Schwartz, "Congressional Oversight Overlooked."

[65] 国会角色复杂化是在分隔政府时代，差不多在越战后的所有时间里，不同的政党控制国会和总统。See James L. Sundquist, "Needed: A Political Theory for the New Era of Coalition Government in the United States,." *Political Science Quarterly* 103 (Winter 1988-1989): 613-635.

[66] Judith H. Gruber, Controlling Bureaucracies: *Dilemmas in Democratic Governance* (Berkeley: University of California Press, 1987), 57.

第 13 章

340

管制与法院

所有政府都要规范个人和组织的行为。它们的主要目标是当追求自身利益的私人和公司可能损害其他人——消费者、竞争对手、供应商、经销商、工人和未来几代人的利益时，政府就要改变私人和公司的行为方式。[1]第二个极重要的目标是要规范政府机构及其雇员如何着手执行它们的行政任务，尤其对那些涉及管制私人行为的任务。在追求这两个目标时，三个特征是最重要的。第一个特征是管制权的来源，即赋予机构行政自由裁量权，并指明这种自由裁量权的权限及控制其运用的条件的立法。第二个特征是国会和总统可用于机构履行其管制职责的资源。上述两个特征常发生摩擦，也就是说，国会可能扩大机构的职责却不增加它的拨款，总统可能强行限制工作人员的规模从而损害机构的有效性。第三个特征是管制私人行为的职责与国会、总统和法院为管制机构及其雇员的行为制定的规则之间的相互作用、相互影响。这些规则试图让管制者负责任并迅速回应，以保证一个法治的政府而不是人治的政府，这些规则是如此复杂，以至于管制决策纠缠于繁文缛节之中，它们的颁布推迟了好几年。在本章中我们主要关注上述三个特征：立法权的授予、资源的充足和管制程序。

对私人行为进行管制的范围很广。一个极端是速度限制和交通指示灯，另一个极端是对商业或专门职业准入的限制和对价格与工资的管制。管制同样也很古老。
341
1789 年宪法赋予国会这样的权力："保障作者和发明者在限定时间内对他们各自著作和发

明的专有权利，以促进科学和实用技术的进步。”[2]通过美国版权局给本书颁发的证书可以保护本书免受剽窃，因为美国版权局执行一项以宪法的这一条款为依据的法规。1988 年，执行依据同一宪法条款制定的法规的专利与商标局把世界上第一项动物发明专利授予哈佛大学，因为哈佛大学的科学家通过基因处理将一只老鼠变形。[3]

政策争论的一个焦点是什么样的私人行为才适合管制。这个问题涉及立法机关的睿智，超出本书的范围。我们关注的焦点是有关管制法律的实施。不过已通过的管制项目，尤其是较新的项目，仍是生动的政治争论的主题。这势必影响到它们的实施。如果政策获得广大公众的支持或得到被管制行业的默认，则管制机构在追求其目标时有一个相对稳定的环境。当公众的支持很少或是如此分散以至于无法聚集，同时被管制行业反对管制政策并很好地组织起来，那么机构就面临着威胁它的项目甚至可能威胁它的存在的不利环境。[4]一项保护已成立的航空公司免受新的竞争对手加入的航空公司管制项目，在行业的支持下持续了几十年。相比之下，增加做生意成本的污染控制项目就遭到许多受影响公司的抵制。

公众对管制的看法是矛盾的，从总体上来看是怀有敌意的。三分之二的人认为政府对商业的管制通常是弊大于利，超过 40%的人认为政府对经济管制得太多。这些看法并不会影响到公众对特定管制项目的态度。当被问及两个主要领域时，90%的人认为应有更多或大致相同数量的对工人健康和安全的管制，90%的人对环境管制持同样的看法。[5]

由于一般看法和特定政策看法都来自全国的样本，他们忽视了三分之一的机构和项目需要支持。接受可能会对特定地区、社区和行业产生不利影响的管制主动权的强烈反应会导致成本增加、竞争优势丧失和失业。这些反应被强有力地传达给来自受影响地区的参议员和众议员，发起机构为了继续获得国会的支持可能需要减轻它的管制力度。即使提议的管制符合法律的字面意义也需要谨慎行事，在几十年前更需要这样的谨慎。对工业管制的支持很分散，拥护的组织（如支持环境保护的那 342
些组织）缺乏耐力和积聚资源反对削弱执行机构法定项目的能力。但上述情况已发生了变化，因此各机构不能轻易地缓解工业和被局部化了的压力，除非它敢冒犯所谓的公共利益集团及其国会同盟者。

戴维·沃格尔（David Vogel）曾写道：“美国的管制方式独一无二，这是每项全国性管制研究所得出的一致研究结果。”为了解释这一点，他预先论述了我们在本章中要阐述的许多内容：

> 美国的管制制度在下列方面具有特色：司法机关和国家立法机关执行监督的力度；制定规则和执行程序的形式；对执行的依赖性；公众可获得的信息量；向非工业选区提供参与机会的范围……美国对影响公共卫生、安全和娱乐的法人行为的限制至少与其他资本主义国家采用的限制同样严格，在很多情形下比其他资本主义国家更严格。结果导致没有哪一个国家中的管制者与被管制者之间的关系像美国这样一贯紧张。[6]

13.1 管制工作

管制机构所实施的管制种类各不相同。[7]它们在既含糊又十分具体的法定命令下运作，它们在特定领域内比国会、总统办公厅和法院这些在管制中扮演重要角色的机构更内行。在许多问题上，国家所拥有的科学技术知识的不确定性限制了它们的专长。

管制的种类

人们习惯于将政府管制看作是由经济管制和社会管制两部分组成。经济管制的扩张始于州政府，联邦政府从 1887 年才开始扩大经济管制，当时成立了州际商业委员会来管制铁路。[8]直到 20 世纪 60 年代，这都是管制的主要形式。它的典型活动有两类：一类是试图通过防止垄断和不公平竞争的方法（包括欺骗消费者）来确保竞争。这些“反托拉斯法”包含了所有可能出现这样的恶行的行业，反托拉斯法
343 由司法部和联邦贸易委员会执行。另一类活动仅限于特定行业，主要集中在两个问题上：商业的准入（颁发或不颁发“便利和必要的证书”，这些证书是做生意和为某些路线或地区服务的许可证）和限定价格（确定最高收费标准和在某些情况下确定收费标准）。[9]通常由联邦和州政府的独立管制委员会来承担这一职责。每个委员会把单个行业或几个相关行业作为自己的顾客，有时委员会可能被那些应该受到管制的行业所支配。在缺乏有效的消费者组织时，“虏获”现象是人们关心的一个主要话题，目前还没有纠正的方法。[10]

社会管制虽在本世纪初已出现（与童工、食物、药品管制同时出现），但直到 20 世纪 60 年代和 70 年代才得到长足发展。社会管制通过诸如环境保护，工人健康与安全的保护，消费品安全与质量的保障，禁止种族、肤色、性别、年龄及残疾歧视这样的活动来关注生活质量。进行社会管制的职责主要不是由独立委员会来承担，而是由各部门内的局或像环境保护署（EPA）由部门外的一个首长负责制机构来承担。这些局和机构的管辖不是只局限于单个行业而是覆盖所有可能发生威胁健康、安全、公平就业、环境行为的行业。虽然社会管制忙于追求生活质量，而不是调整市场的经济缺陷，但它同样有市场效应。它限制了商业公司完全按照自身利益来行事的自由，并且经常增加公司的成本，由此影响它的利润率。

维护政府干预依赖于外部性这个经济学概念，有时称为“外部效应”。如果一家造纸厂把污染物排进河里，那么下游地区为了保证它们的居民喝上干净的水必须支付治理河流或净化水源的费用，而且下游的游泳者、渔民和船夫都得付出放弃享乐的代价，污染降低了生产成本，对公司来说是理性行为，但下游的人却要为此付出高昂的资金、审美及其他成本。经济学家对生产者的节余与下游地区

付出的成本进行比较，如果后者的成本很高，那么就会利用管辖权限制造纸厂排放污水，由此增加它的生产成本。这样的管制将迫使公司把外部性内在化。[11]“外部性”方法有广泛的适用性。如政府限制公司出售不安全的药品、食物或玩具的自由，也限制雇主危害工人健康与安全的自由，因为此类行为会增加这些自 344 由企业的成本。

经济管制与社会管制并不是一枚硬币的两个面。至少在政治领域内，它们是两枚不同的硬币。否则就很难解释 20 世纪 70 年代晚期和 80 年代所发生的变化。在放松经济管制的同时，社会管制扩大了。政府从货车业、航空公司、电信及金融服务的大规模管制中退出。[12]与此同时，环境、工人的健康与安全、消费品首先在卡特政府时期得到更精心的保护。在里根政府时期，尽管有里根的反对压力，但它们仍得到更精心的保护。在这两种情形中，国会和司法机关都是主角，同时，告别过去的管制模式还得到了受影响机构不同程度的支持。

虽然经济和社会项目的分类有助于我们避免把管制看成是毫无区别的活动的集合，但是每一类项目反过来掩盖了管制项目和机构之间的重要差异。法律要求一些机构，如食品和药物管理局（FDA），一旦发现市场上的某种食品或药物会造成死亡或严重的疾病时必须立即行动，而且必须遵守程序上的细节，而不是在接到命令之前把产品从货架上撤下来。有些项目仅仅要求披露信息。这样的例子有香烟上醒目的“吸烟有害健康”的标志，以及工厂每年报告在厂房和周围社区使用有毒化学物品的情况。[13]一个有趣的案例是要不要在冰冻比萨饼盒子上面的清单上而不是以小字体印刷的配料清单上标明奶酪的替代品，FDA 要求在所有表面上不加肉的比萨饼上给出这样的标识，而有权管理表面上加肉的比萨饼的农业部则要求只有当比萨饼中奶酪替代品用量超过 90%时，才给出这样的标识。[14]

各机构在执行标准的选择上差别很大（如允许的最大排污量），这让公司可以选择服从的方式和工业技术规定（如要求在电力事业的烟囱中安装过滤器以减少污染）[15]。当一些机构宣布提起诉讼或举行听证会时，它们可能对受管制公司造成不利影响。这种影响就类似于一起诽谤官员或私人诉讼的影响，在证明有罪之前只能作无罪推定。一些机构的新闻稿、通讯稿可能影响消费者的偏好，如那些列出不同品牌香烟的焦油含量、不同品牌汽车的每公里耗油量、各航空公司航班准时到达的百分率的稿件。一些机构派出大量的检查员视察工厂、饭店、私人疗养院及别的一些地方，只有他们可以查出违反法规的情况并命令它们改正。[16]其他机构（检查员 345 人数有限的上述机构）则依靠公司主动汇报工人事故和健康损害情况，但是促使老板准确汇报的激励机制很微小。[17]

上述事例几乎没有反映出变化的范围，但它们足以表明管制的各种模式不能同时适合于一种类别或几种大类别，然而，一个长期存在的问题是，政府系统在对公民权利的一般原则、公正的程序及为控制官僚组织的制度安排施加有效的影响力时，如何适应这些变化。国会倾向于对项目和机构进行立法，然后按它认为合适的方式进行区分。不过，在更一般性的立法中，它合并了许多项目和机构，法院和总统在设计对制度的控制时也是这样做的。

州和地方的管制

虽然我们集中讨论了联邦政府，但管制同样是州和地方政府的一项重要活动。它们的管制工作有两种：一种是实质上的自治，无须联邦政府的参与。州政府有公用事业委员会控制州际间的价格和服务，有金融部门管制州特许银行，有“柠檬法”将披露和担保的必要条件强加在二手汽车经销商身上，还有最低工资和反歧视法、瓶子的存放与循环处理法、健康与安全法规，这些法规涵盖了广大的企业组织——从工厂的环境到私人疗养院、饭店、酒吧到农民使用的杀虫剂。尽管保险公司是在全国范围内经营，但是保险公司由州政府而不由联邦政府来管制。地方政府的管制范围也很广泛，参与确保健康与安全保护和度量衡的准确（如称杂货的秤和油泵）。地方政府管理土地使用分区布局，试图控制建筑的位置、结构特色及其用途。

美国对大约 800 种职业进行管制，每个州对其中的 20 种职业进行管制（从律师、医生和药剂师到理发师、美容师和房地产代理人）。[18]为褒扬这些群体中的少数从业人员，一半以上的州政府管制殡葬主持人、私人司机、牛奶取样员、水管修理工和助听器经销商。特许法总是限制专门职业和其他一些职业的准入，专门职业协会常为这些职业的准入进行游说，拥有相当大的自主权并且其成员实际上由这些协会提名的特许委员会对这些职业的准入进行管理。虽然社会管制是合理的，但是
346 为了保护接受此类服务的消费者的健康和安全，特许制度倾向于经济管制，通过限制准入而限制竞争。

州和地方政府的第二种管制活动是：管理国家管制项目。[19]国会有权抢在州管制活动之前，以联邦官员直接执行的项目取而代之。但在许多情况下，国会选择部分优先权。[20]诸如环境保护、职业安全与健康、肉类与家禽的检疫和能源管制这些领域中，“部分优先权集中在政策制定上，但它也会和州一道参与政策执行。”[21]在这种安排中，联邦政府决定管制标准，每个州可以：（1）选择执行那些规定的标准；（2）建立和执行自己的标准，只要这些标准至少同联邦政府的标准一样严格。如果一个州不符合上述情况，则由合适的国家机构直接在该州内管理它的国家项目。事实上，州政府可作灵活变通。1987 年，加利福尼亚州终止执行它的职业健康与安全项目，而把该项目的执行转交给 OSHA 进行直接的全国管理。但两年后，加利福尼亚州试图获得 OSHA 的允许，拥有州政府自己的项目，包括重新获得执行职责。[22]部分优先权现已成为管制制度的一个显著部分。它允许按当地的情况作适当的改变，让各个州政府在管制制度中选择自身扮演的角色。它具有允许州制定比国家法规标准更严格的优点，而完全国家优先权则不允许这样做。同时它还具有所有将国家政策的执行承包出去的做法的通病——联邦对不服从国家指令的“第三方”进行制裁的软弱无力。[23]

法定命令

经济管制与社会管制在立法命令的内容上有很大的差别。在联邦和州两个层次

上，经济管制法规都赋予各管制机构广泛的自由裁量权。颁发进入商业领域所需要的许可证是为“公共利益、便利或必要”而服务，限定价格是为了“公正与合理”，联邦贸易委员会是为了消除“不公平的竞争方法”和“欺骗行为”。

国会的社会管制法规，虽然也包含宽泛的措辞[24]，但却十分详尽。最著名的特定条款是食物、药品和化妆品法案中的德莱尼（Delaney）条款。在普遍要求FDA 只批准“安全”的物质后，该条款规定食品添加剂、色素添加剂或用于食用 347
动物的药品“不应当被认为是安全的，如果在人或动物食用之后发现它会致癌，或……在正确评估（非服用的）添加剂安全性的试验作出之后，发现它会使动物或人致癌。”[25]通俗地讲，一旦发现添加剂使动物致癌，那么 FDA 就必须禁止它，即使调查结果表明人服用或使用添加剂没有严重的危险——也不管制造商和经销商的成本如何。虽然 FDA 尽力规避绝对的标准（如当人类面临的风险被认为是百万分之一或更小），但法院仍坚持要遵守法规。[26]奇怪的是，虽然 FDA 服从法律禁止了糖精和一种糖的替代品（在早先禁止代替糖之后），但是国会在糖尿病患者和相关企业的压力下，通过了一系列暂缓执行该禁令的决议。

其他许多有关法令的细节源自国会管制保护新成立的机构免受被管制企业的迷惑和尼克松、福特及里根政府的弱化意图。例如，环境保护署（EPA）必须遵照执行名为特定的空气和水污染物的社会管制法规。最富有创新精神的举措是国会规定机构完成法定目标的最后期限。联邦水污染控制法的 1972 年修正案规定：适航水域到 1983 年要能够钓鱼和游泳，并且到 1985 年要禁止所有向适航水域排放污染物的行为，到 1977 年要采用最可行的控制技术，而到 1983 年要采用最有效的技术。该修正案的措辞相当大地限制了 EPA 考虑被管制利益集团的成本。1984 年，国会为 EPA 对管理和处理当前产生的有害废物的管制确定了超过两打的具体法定截止日期。[27]EPA 的法律总共包含了 38 个关于规章发布的法定截止日期和有关研究、方针及报告的 36 个截止日期。[28]虽然国会延长了许多截止日期，但是直到颁布修正案，它们被迫采取行动如同法律，所以它们为环境和其他团体提出对机构的控诉提供了一个借口。即使最后未能按截止日期完成任务，它们也是督促行动的一种驱动力。

专家化

无论是独立管制委员会还是首长负责制机构都有管制的职责，它们明确的重要特征是相同的[29]，都受有理由注意总统政策偏好的总统任命官的领导。与总统办公厅、国会和司法机关相比较，管制机构最明显的特征是它在私人行为（企业、社 348
会问题及两者的结合）的有限领域上的专业化和职员的专家化。这两个特征正在相互强化。长期以来，机构把注意力集中在所关心事情的有限议程上，这增加了它对指派的工作领域内什么行得通、什么行不通的经验，这种专家化同那些自命为机构事务干预者的人不相配。然而，这并不意味着毫无缺陷。专业化机构可能目光短浅，这会阻碍它看到自己的主动行动与那些其他机构已经实施或正在仔细考虑的主动行动之间的关系，并且它可能忽视总统办公厅对公共政策一贯方向的兴趣，而此类公共政策反映了已知的选举人授予总统的权力。随着时间的推移，机构忠于实现法定目标的一种方式和忠于从受影响的利益集团获得投入的一整套程序的难度加大。然而对机构最有影响力的“顾客”，无论是被管制的利益集团还是公共利益集团或专门职业协会，都会强有力地增强这种效忠。

管制机构的专家化是一个重要的设想，至少不是因为法院长期以此作为尊重机构意见的一个理由。这个设想对绝大多数机构职员都有效力。最大的管制机构环境保护署有 14 000 位雇员，分散在各办公室，负责管制大气污染、水污染、固体废弃物、有害废物、有毒物质、放射性物质和杀虫剂，以及其他有关政策分析、研究、执行和其他法律事务。其中有大量的科学家、工程师、经济学家、律师和其他专家。机构内这些专家之间冲突的动力有助于抵消固守建立已久的传统途径的危害。[30]

专家化设想的独特性在于它忽视了更高职位的非职业官员，虽然他们决定机构的议程和作出关键决策。独立管制委员会委员都是政治任命官，其中很多委员都没有委员会活动领域的背景。首长负责制的 EPA 有 13 位总统任命官和 14 位非职业高级行政官。其中有些官员已碰到了麻烦。在里根政府中，该机构领导在许诺一家炼油厂说不会对其正违反铅含量规则的行为加以处理之后，在各方面的压力下只好辞职。她手下负责有害废物清理的头头被监禁，因为她负责处理的有关案子牵涉到她以前就职的公司，而她却向国会撒了谎。[31]比这些导致他们离职的事件更重要的
349 原因是，为了使管制对私人企业的冲击力减少到最低限度，总统和其他官员选择让他们离职。鸡笼里的狐狸能够使专家化设想成为泡影。

当国会知道自己想获得什么的时候，它会想办法提早而不是推迟获得它。但在绝大多数社会管制中，它很少考虑科学和技术的不确定性。我们不知道什么东西将伤害我们，而且在许多管制项目中，专家缺乏关于原因、后果及补救方法的扎实的知识。时间也是一个问题的组成部分，空气和水中有几十种、有时有几百种可疑的污染物，工厂有几十种甚至几百种致癌物质和其他有害健康和安全的元素。在几年之内对所有这些污染物和有害物质进行调查研究并对它们的威胁进行鉴定是不可能的。[32]科学界也经常拿不出解决办法。同样，消灭或减少已知威胁的技术也很难找，最新发展的技术使得早先的决策变得过时。

成本—效益分析在管制项目中已发挥重要作用。这多半归因于政府中经济学家不断增加的影响力和最近几届政府致力于减轻企业的管制负担。此外，一项提议的政府管制显然应该是效益大于成本这个基本主张具有吸引力。从表面上看，这是必然的事情。有些法规要求考虑成本，而其他法规则认为有些恶行是如此之严重以至于不管成本如何，也要消灭或减少它们。总统办公厅强烈要求各机构接受成本—效益分析，并用这种分析来审核所提议的方案。然而，成本—效益分析本身就有许多不确定性。它的计算是定量的，但是有些成本尤其是有些效益难以用货币额来表示。人的生命价值是多大？未破坏的国家公园和森林的价值几许？无轰鸣的低空飞行飞机影响的大峡谷风景的价值、可钓鱼和游泳的河流价值、没有歧视的职业价值

又是多少呢?[33]把这些转换成美元数额，就是霍姆斯法官在另一种情况下所说的“妄想的精确”。考虑到这样的缺陷，成本—效益分析的数据只能被扭曲地服务于政治目标。

风险评估作为一种可能的专业化的管制方法与成本—效益分析一起被采用。我们总是不断地面临风险。有些风险比其他风险更大些，而且，一些人面临的风险比其他人多。然而有些风险是进步所必须付出的代价，甚至是为了获得更大的安全而必须付出的代价。[34]什么样的风险政府应该消除或减少，什么样的风险政府不该去管？像成本—效益分析一样，测量与损益权衡应该能为我们提供答案。充分报告制度应该告诉我们哪种行业和职业的工人受伤率和死亡率最高，有多少儿童被伪劣玩具所害，有多少儿童玩草坪标枪而受伤。凭借智慧我们可以对风险进行比较。例 350
如，通过这些努力得到的结果表明：(1) 同样的旅程，乘汽车比乘固定航班死亡的可能性增加了70倍；(2) 一次X光胸透检查，一次上千英里的定期航班，在核反应堆5英里范围内生活50年，死亡都是有可能的。但一个烦人的问题是：公众所觉察到的风险相对程度与机构专业职员风险评估的结果不一致。因此，环境保护署和消费品安全委员会的议程优先关注公民所关心的事，而不是它们的职员认为风险最大的事。[35]

尽管社会管制机构很老练，但它仍免不了陷于烦琐的法定命令之中，包括不切实际的行动截止日期和由科学、技术及经济知识的不充分而产生的不确定性。进步是可能的，但是没有满足期望也几乎是肯定的。国会所作出的回应是一种奇异的混合：一方面是有关命令的更多详细规定；另一方面却是对以前规定的截止日期的延长。

13.2 管制程序

第五和第十宪法修正案禁止联邦政府、州（包括它们的地方政府）非经正当程序，不得剥夺任何人的生命、自由和财产。这一术语被认为是把公司当作“人”来看待，并且把剥夺财产看成是包含政府拒绝给予从财产的谨慎管理中赚取公平报酬的机会。历史上，法院在两个方面运用此条款，一是要求采取剥夺行动之前，经过公正程序的明显条款；二是用来反对法规和管制命令，它不是程序性条款而是实质性条款，剥夺财产或剥夺从中获得的公平报酬在法院看来本身必须是“合理的”，然而，当谨慎的法官考虑到进一步立法和各管制委员会的费率固定命令时，事实上法院的观点是经不起检验的。法院多半放弃直接的实质途径，虽然有时它被伪装成程序问题来获得。[36]在管制行政的案例中，法院通常避开参照宪法修正案，而相信有关法令规定的程序是充分的或引用正当程序作为一般概念，并且增加法院自认为需要的必要条件，以保证它们自身的审查职能。

程序机构必须根据它们是制定规则（适用于整个行业或所有行业）还是对个案作出决定（如一个适用于单个公司或个人的命令）来灵活运用程序。这两大类大都 351

类似于颁布法令和法院裁决双方（其中一方当然是政府或政府机构）纠纷的普通案子之前的立法机构的委员会听证会。立法和司法类推影响到应当需要何种程序的想法。因此，制定规则比行政裁决所需要的正式、精致程序要少。

通过两个渠道可以了解国会制定规则的规定和特定机构的裁决程序。通过信息自由法案和阳光下的政府法案对 1946 年的行政程序法（APA）进行修订。[37] APA 普遍适用。二是通过建立机构和确定其职能的组织法及其他有关单个项目的法规。这两个渠道相互交叉，因为有些 APA 条款取决于特定机构法规实际上的规定。[38]

制定规则

把立法权授予行政机构是我们政治体制的一大公认特征。但并不是从来就是如此。宪法规定："本宪法所授予的全部立法权均属于合众国国会。" 1935 年，最高法院因新政的两项措施违反了这一条款而认为它们是违宪的。也就在这一年，法院以这个理由宣布一项法规无效。[39]

除非机构的法规要求正式程序（类似于法院的听证会），否则 APA 显然只会对制定规则提出不多的必要条件。在大多数情况下，此类行为被称为"非正式的制定规则"，因为它不具有司法性质。正在考虑颁布一项规则的机构必须：（1）在联邦公报上发布一项关于它所提议制定规则的通告。联邦公报是登载所有影响公众的规则和通告的日刊[40]；（2）为有关的当事方提供一个提交书面资料、意见或理由的机会；（3）通盘考虑所提交的相关材料后，公布最后规则，并附上制定本规则的根据及目的"简明的一般说明"。[41] APA 在制定规则时不要求进行口头听证会和反质证人（裁决程序的关键要素），除非机构的特定法规对此有规定。

机构广泛地制定规则是最近才出现的新情况。绝大多数经济管制机构更喜欢在对案件逐个进行裁决的基础上开始制定规则。这种模式受到了批评，因为它忽视了行业所依赖的普遍政策的发展和声明需要；再者，由于委员会成员的变更，它将导
352 致这些从个人决策中推断出来的政策之间的不连续性和相互矛盾。社会管制机构面临众所周知的需要在全社会中立即纠正的弊病（如工厂、学校和其他公共场所的石棉），它们不可能通过缓慢的个案处理办法来解决自己所面临的问题。于是，它们选择用一般规则来进行管制。自觉遵守一般规则有助于实现主要目标。正式的个案处理方法仅限用于违反规则的案子上。

制定规则的司法审查

如有人（或公司）质问机构行为，认为存在法律侵权行为、产生不利影响或不公平，则 APA 就要对该机构行为进行司法审查。[42] 除保护宪法规定的公民权利外，由此而介入的法院一旦发现"独裁、反复无常、滥用自由裁量权或违反法律"，它将认定机构行为不合法。这些措辞因为与制定规则相关而实际上限制了规则的司法审查，并且与审查机构个别裁决的标准形成对照。它们显示出对官僚机构不应该随意行事的关注，还体现了一种特殊的考虑：请求法院按照它对证据的看法来裁定机构的裁决是否大体正确。

涉及制定规则的绝大多数案例向机构行为提出了挑战。不过，无作为也是一个问题。APA 授权法院“禁止行政机关不合法的行为或无故推迟”。这使得消费者、环境保护者、有安全意识的市民和团体通过法院向拖后腿的机构施加压力，使它们履行制定规则的职责。尤其是当国会在特定项目法规中已经包括明确的命令，且规定了截止日期时，会出现这种机会。[43]

法院在审查非正式规则时碰到一个难题，它们需要机构制定规则的记录以便有审查的内容——甚至是为了检测机构行为的随意性或其他不良行为。因为法规对口头听证和反质证人不作要求，制定规则就形成不了法院所熟悉的那种记录。制定规则的“记录”包括所收到的大量杂乱的书面评议，而它们常常是一大堆既有重要评议又有琐碎评议的记录。尽管这些评议繁杂，但法院仍想要这些记录。法院还想知道机构如何就每一项对所提议规则的“重大”异议作出反应。这一行为结果对原本非正式的管制程序是一个相当大的负担。它已超出了机构提供制定规则的根据及目的的简明的一般说明的职责范围。法院一旦持有相关证据的记录，它就会把机构没能令人满意地处理好一项或另一项重大异议看做是武断的迹象。因此，机构的忍耐 353
程度可能差别很大，这取决于法院是否选择强调并遵从管制机构的专家化。

行政裁决

规则的执行主要靠自愿遵守，如果被管制公司不愿遵守，机构就得与被管制公司进行谈判和妥协（如延长遵守的截止日期）。这些谈判和妥协说明管制有效性程度通常是被低估的。从表面上看，谈判和妥协是独立于正式程序的必要条件，但是，根据过去的事件，只有当被管制公司在机构裁决或法院审查中有获胜机会的希望时，它们才会发生。从另一方面看，谈判和妥协适用的频率反映了正式化途径的负担。一个急于实现目标的机构更愿意通过谈判与妥协的方式而不愿借助受律师支配、拉锯战式的听证会和向法院系统上诉的方式使规则得以充分遵守。

当机构召唤被点名的违规者或当后者违抗机构的命令时，机构裁决才会发生。当机构法规要求一项命令的发布（而不是规则）要“根据机构听证后的记录来决定”时，才适用 APA 的裁决规定。绝大多数类似的法规都作了如此要求（但有的机构强调发布命令，而有的机构强调制定规则）。结果，导致机构裁决的程序必须与法院的程序非常相似。绝大多数程序由人们所公认的公正的“行政法法官”来控制，行政法法官的人数超过了 1 000 人。[44] 他们由机构任命并获得人事管理局（OPM）的批准。他们的报酬由 OPM 和功绩制保护委员会来决定，其中报酬“独立于机构的建议或评定等级”。裁决之前的程序包括口头听证和反质证人，这些与文件证据全部记录在案。通常情况下，行政法法官作出判决和“初始决定”（除非向机构领导上诉，否则就是最终决定）。另一种方式是：机构领导在接受行政法法官所建议的决定后再作决定。[45]

裁决决定的司法审查

法院以两种方式审查机构的裁决决定。一是程序。如果所作出的决定不遵守

APA 和其他法规的程序规定，那么法院将不承认已作出的决定。更概括地说，法
354 院有时援引“正当程序”的一般概念。二是与 APA 一致，法院决定是否审查它们，
以发现“不为大量证据支持的机构行为、调查结果和结论”的整个记录。有些法规
规定的审查比 APA 还要严格。

13.3 法院对管制者的管制

法院对管制体制进行管制有多种方式。通常，如前所述，法院通过对机构规则和具体决定提起上诉进行管制。有时，法院通过对机构提出诉讼，要求它们颁布法规规定或暗含的规则。机构有时起诉一个公司以对该公司不服从规则或命令的行为进行惩罚，并获得要求公司服从法院命令。除了这些涉及机构的诉讼外，还有私人当事人之间的诉讼，其中某公司作为被告被指控违反了法规或规则。

我们来考察一系列同时发生的关于管制石棉的案例。它们都发生在纽约市的市区。1987 年 11 月，因为石棉暴露，200 名公司雇员起诉联合爱迪生公司，要求几百万美元的损害赔偿费（石棉是一种能导致癌症和肺病的有害空气污染物，症状要在许多年之后才出现）。1988 年 1 月，EPA 对联合爱迪生公司提起民事诉讼，要求该公司支付超过 100 万美元的民事罚款，同时，由法院下令要求该公司完全遵守大气净化法；被控告的违法行为是没有遵照规定的石棉清除程序，且没有完全、迅速地向 EPA 汇报清除石棉的情况。几天之前，政府对 23 家清除石棉原料公司的高级职员提起了刑事诉讼，指控他们贿赂负责监督违反联邦规则行为的联邦监察员。[46]这里包含了三起诉讼：由平民提起的请求损害赔偿的民事诉讼、政府提起的民事诉讼和政府提起的刑事诉讼。虽然这三起诉讼都与 EPA 及其规则有关，但没有一起诉讼是由机构提出的。

因此，在司法领域显然有好几条进入的途径，但首先必须克服一个障碍，即在什么情况下谁有“诉讼资格”。这个法律问题体现了一个很实际的问题：谁能够承担诉讼费用？

诉诸法院的权利收缩和自由化导致了一个更基本的问题：法院在审查管制机构
的政策制定和执行活动中应如何成为干预者？这里有两类因素需要评定。一是司法
制度与管制机构在其中运作的行政制度之间的差别；二是我们希望在管制带有公共
355 利害关系色彩的私人事务中反映出来的各种价值。我们如何平衡这些因素关系到我
们在管制机构与法院之间的偏好选择所达成的平衡。

通向法院之路

决定诉讼权的法律原则已发生了动摇，所以我们必须考虑这些原则的扩展和收缩。许多特定项目领域的法规都专门提供了对机构行为进行司法审查的机会。另外，1946 年的行政程序法有总括性授权：“对由于机构行为而遭受法律侵权行为，

或在相关法律意义范围内采取机构行为而受到不利影响或侵害的人，有申请司法审查的权利。”不过，这一明显广泛的授权是有条件的，因为它不适用于：“(1) 法规排除司法审查；(2) 机构行为符合法律赋予机构的自由裁量权。”它同样不适用于那些虽然对机构的决定不满意，但没有遭受“法律侵权行为”的人。直到1989年，国会才使退伍军人管理局按照退伍军人津贴法拒绝索赔一事不再接受联邦法院的审查。[47]总之，尽管对APA的主要条款作了大量的司法解释，但对权利受到非法侵害的当事人来说，通向法院之路并不像最初看到的那么宽广。

集团诉讼

借助集团诉讼对同一阶层的公民来说已被证明是很重要的，他们中的绝大多数人遭受经济损失很小，以至于不值得每个人都请一位律师在法律诉讼中进行陈述，但是整个受影响个人阶层的损失（和公司的利润）总数达几百万美元。这是一起关于经济损失的私人诉讼案件，通常是状告个人或公司。虽然积极的原告向来只是遭受损失的一个或少数几个人（可能非常愤慨并有钱请律师），但是诉讼是作为所有受影响个人的代表提起的。集团诉讼对我们很重要，因为原告经常要求赔偿是以被告违反了法规或规则为理由的。因此，集团诉讼能弥补政府机构的执法力度不够，或当机构失职时，代替机构执法。在其他损害赔偿诉讼（如汽车伤害案）中，被告宁愿庭外调解而不愿冒险让法院（尤其是陪审团）作出高额赔偿的判决。被告公司把集团诉讼看做是“合法化的敲诈”，但是它们和其他同行将可能痛改前非，以遵守法规和避免惹上新的集团诉讼。 356

20世纪70年代初，集团诉讼受到普遍欢迎，别无选择的公民可以通过这种方式来阻止法人损害他们的利益，而且可以间接地催促机构执行法规保护他们的利益。然而，1974年最高法院的一项决议认为：原告不能为他自己及其他同一阶层的600万人索求赔偿，除非他首先通知其中已知道姓名的200多万人。[48]发送这些通知要花去他225 000美元。而他自己的损害赔偿请求只是70美元，法院附加了这么一个通知规定，几乎没有人愿意冒险提起集团诉讼，即使索赔可能是因为违反了反托拉斯法和安全法规（如在本案中）或者违反了其他保护公众的法律。1988年，在质询内政部的剥采规则（strip mining regulations）① 时，上诉法院要求国家野生动物联盟花几万美元从各成员手中获得1 300页的宣誓陈述书以树立起良好的名望。[49]像别的一些领域一样，在这个领域中，法院的决定是如此前后不一致，以至于模式几乎无法识别。最富戏剧性的集团诉讼是代表15 000多名指定的人起诉7家公司，这些人声称因受军队在越战期间使用一种名为橙剂的除草剂的影响，他们患有严重疾病或他们的孩子有生理缺陷。1985年，该案以历史上最大的民事侵权案宣告终结，赔偿1.8亿美元，另加利息。[50]

私人司法部长

个人和组织可以扮演“私人司法部长”的角色。这种诉讼不是为了经济赔偿，相反，他们试图迫使政府机构或公司做或停止做影响广泛公共利益或团体的事情

① 剥采：一种不爱护矿藏资源，一味追求利润的开采法。——译者注

(如环境、消费者等)。近年来，两个主要法律问题是：(1) 诉讼资格；(2) 原告法律费用的支付。

为了具备诉讼资格，传统的规则是原告必须证明涉及“法律侵权行为”，也就是说，他必须看似合理地表明自己遭受了不受宪法、法规或普通法保护的侵权行为。APA 声明了这项传统规则并将这一资格延伸到“在相关法规意义范围内受到不利影响或侵害的”任何人。这一条款的解释在 20 世纪 60 年代和 70 年代初更为开明。不利影响或侵害行为不仅指经济上或身体上的，还包括娱乐、环境或审美方面。[51]始于 70 年代的特定机构立法经常授予任何人起诉行政人员的权利，控告他
357 们的越权行为或没有履行非自由裁量职责（如那些法律规定的职责）。在自由化时期，法院经常判定默示补偿权，即使它不是法规规定的。

私人司法部长的角色已被许多新老组织和私人律师所接受。全国有色人种进步协会和美国公民自由联盟很早以前就发现诉讼对创设和保护宪法规定的公民权利的价值，不管是行政行为还是立法颁布。其他行动团体已兴起采用或转用诉讼策略。拉尔夫·纳德组织（Ralph Nader）、消费者联盟、自然资源保护委员会、环境保护基金会和 Sierra 俱乐部就是最好的例证。除了这些主要组织以外，地方和特别群体获得了质询行政机构行为的权利。赫德森风景保护协会起诉联邦电力委员会，控告它批准在赫德森河上建设斯托姆·金（Storm King）电站。（联邦委员会把赫德森风景保护协会描述为“鸟的看护人、大自然的伪造者和发展的好战敌人”。）一群乔治·华盛顿大学法学院的学者准予质询州际商业委员会关于提高运费的决定；他们认为增加运费会妨碍运输可回收利用产品，这样会导致砍伐更多的树木和更严重的环境污染，其中一些问题在学者们研究过的华盛顿地区国家公园中发生过。

然而，在 20 世纪 70 年代末和 80 年代，最高法院缩小了诉讼资格的范围，依靠专门法规授予那些受到由于这些法规采取的机构行为“间接”影响的个人或团体进行诉讼的权利。

政府和官员的侵权行为责任

侵权行为诉讼是就被告对原告所造成的尚未证实的伤害索求经济赔偿的民事诉讼。[52]美国的大部分侵权行为诉讼来自汽车事故。[53]侵权行为诉讼还广泛地用于状告声言产品有危险或损害健康的生产商，状告把工人置于对健康或生命有危害的环境之中的雇主。从 1976 年到 1986 年，联邦法院产品责任侵权案件增加的数量中，石棉诉讼占 60%。[54]产品责任和工作条件诉讼补充或替代了政府的直接管制。

政府及其官员的侵权行为责任在复杂的历史中演变，今后还会继续演变。[55]简单地说，没有得到联邦和州政府的同意，不能以侵权行为起诉它们（“国王无过失”），但可以起诉它们的官员和雇员。许多限制条件适用上述规定。决定官员责任
358 的法律原则不仅适用于通常管制领域内的人员，而且还适用于这些领域外的人员。学校教师、警察、FBI 和麻醉剂代理商经常是侵权行为诉讼的对象。

政府可以放弃它们的主权豁免（sovereign immunity），同意被起诉。1946 年的联邦侵权行为索赔法规定部分放弃主权豁免，在联邦雇员的职业范围之内，由于联邦雇员的“疏忽、违法行为或失职”而造成人身伤害、死亡或财产损失的，允许当

事人对政府提起赔偿诉讼。[56]法定限制条件及例外严格地限制了放弃豁免的范围。最值得一提的是，如果政府雇员“在执行法规或规则时，不管该法规或规则是否有效都给予应有的注意”，或者当政府雇员正在履行或没有履行“联邦机构或某一雇员的自由裁量职责……不管这一自由裁量权是否涉及被滥用”，政府都可不为该行为或失职负责。[57]

20 世纪 60 年代，当联邦官员履行法律规定的控制或监督职责时，法院授予他们在侵权行为诉讼中的绝对豁免权。[58]20 世纪 70 年代，最高法院来了个大转变，它认为如果官员知道或有理由应当知道他们的行为正在侵犯宪法规定的公民权利，那么他们要对自己的侵权行为承担责任。[59]最高法院假定官员应当知道宪法所保护的公民权利。这个假定受到批判，因为官员不可能全部掌握由法院裁决解释的每种公民权利，况且法院裁决还将继续对每种公民权利进行解释。1988 年，最高法院认为联邦雇员要对由疏忽行为或未履行非自由裁量行为而造成的损害承担个人责任(如本案中在处理和储藏有害材料方面的过失)。国会对此作出反应，通过了一项规定此类诉讼的被告应为政府而不是政府雇员的法规。[60]

宪法第十一修正案规定，州政府在联邦法院受理的损害赔偿诉讼中享有豁免权，地方政府却无此待遇。依一项 1871 年的法案，州和地方官员应承担责任，它规定：“在任何州的任何法规或规则下，每个剥夺了任何公民受宪法和法律保护的任何权利、特权或豁免权的人，在法律上都要对诉讼中的受害当事人承担责任。”[61]这个条款就是著名的第 1983 项（在美国法典中的位置）。与最高法院限制政府官员的辩护一致，从 1961 年起，联邦法院按照第 1983 项审理的侵权行为诉讼案不断增加。现在政府官员的主要辩护缺少对宪法和法律相关条文的了解或推定的了解。

如果不清楚许多法院意见中所表达的困境，就不能够理解侵权行为法律的进 359
化。一方面，由于那些过分热心、疏忽、心怀不轨的政府官员和雇员对公民造成损害，公民有获得经济赔偿的权利。此外，法院中的胜诉方会把威慑力加在其他“官僚”身上。另一方面，执行法律和规则需要迅速有效的行政行为，需要相当大的自由裁量判决范围。一些人把威慑影响看做一种效力，这也会使官员避开风险，甚至不服从上级的命令（因为此类命令并不免除个人责任）。结果导致了行政制度和实现立法目标职责的严重弱化。很明显，解决问题的办法就是放弃侵权行为诉讼中的政府豁免权和大幅度免除政府官员和雇员的个人责任。虽然，这意味着政府机构有足够强有力的行政制度来控制下属官员和雇员的行为，但是考虑到机构领导与“基层官僚”[62]之间较大的等级距离和自由裁量权授权的需要，本书的读者可能怀疑能否获得这个严格的纪律环境。

诉讼费用

单独诉讼或集体诉讼的私人律师和作为主要组织工作人员之一的律师具有为公共利益起诉案件的职业天赋。社会良知和为穷人提供法律援助的传统是对律师的一种激励。但是如果没有职业收入，很少有律师负担得起成为律师的费用。因此，维护公共利益法律的一个关键条件是有补偿原告法律费用的资金。1975 年，最高法院规定，联邦法院不能判决由被告支付律师费用给获胜的代表公共利益的原告，除非提起诉讼所依据的法规对此有明文规定。有些法规，尤其是有关民事权利和环境权利的，确实允许补偿这种费用。但一般来说，它们要求“适当的数额”。1980 年以来平等诉讼法（the Equal Access to Justice Act）授权法院，如果律师为个人、公司或有不多净值的组织或有少数几个雇员的组织或有免税身份的非营利组织打赢了官司，应判给“合理的律师费用和开支”。[63]这些费用是建立在普遍的市场费用率基础之上，但不能超过每小时 75 美元的标准，除非法院因生活费用增加或有资格接该诉讼的律师稀缺，而判定更高的费用是公平合理的。这为法院留下了相当大的自由裁量权。律师界有个普遍的标准（通常是每小时 150 美元到 200 美元），但
360 没有法定的最高限额。不过，20 世纪 80 年代末，里根政府的司法部和一些法官趋向限制性裁决。司法部提议费用应与它自己的公职律师的薪金相同（但是，私人律师得为秘书支付工资，得花钱买办公用品和支付别的经常开支，而文职人员不需要支付这些费用，虽然文职人员的薪金也低于在私人部门工作的那些人）。[64]90 年代，这一运动继续发展并进一步努力限制赔偿费。

制度和价值

比对管制机构的司法监督细节更重要的是司法制度与行政制度之间的差异，以及个人权利与实现公共政策目标的紧迫性之间的冲突。

司法制度和行政制度

在管制行政中，法院与机构是一对陌生的伙伴。两种机构有不同的传统而且配备的人员也大相径庭。[65]法院是被动的，依赖于当事人把案子摆到它们面前。正因为如此，再加上法院广泛的管辖权，法院按顺序审理相互之间没有可识别联系的各个案子，其中许多案子与政府管制无关。除极少数例外（哥伦比亚特区的联邦地区和上诉法院），在通常的管制和特定管制项目上它们都不敢自称专家化。法官缺少熟练的助手，反而依靠双方律师提供的证据和分析。

司法介入管制领域的最重要特征是法院集中关注待审的单个案子。问题是在单一时间点上作出影响单个人、单个公司或单个群体的单一机构决策的合理性。的确，合理性问题被列在一套法律原则和判例中。但是，特定机构决策怎样配合机构用有限的资金及人员实现项目目标的全部职责多半被忽视。相反，法院在审理案件中可能要求强调项目的预算和人员，而没有考虑到这将减少用于机构其他项目的资源。

绝大多数机构都很积极，通过形成优先议程来平衡它们的资源和产生重大影响的相关机会。他们通盘考虑后才作出决策，把每一个问题都与其他问题联系起来综合考虑以确保技术基础与项目效果协调一致。因为有这个议程和着眼点的连续性，它们的职员忙于收集事实材料、进行分析和向相关个人和组织咨询磋商，所有这些
361 都是发布或不发布管制规则和命令的基础。与法院形成鲜明对照的是，机构专门研究自己所分配的职能并且拥有一大批精通经济、科学、工程和法律的职业人员。除

了机构律师外，法官和机构职员是“跟着不同的鼓手齐步前进”[66]。如果两者能保持步伐一致则是一个奇迹。

最近，两者出现了相互适应的趋势。[67]有两种强大的推动力可以刻画这种适应的特征。首先，法院力劝机构拓宽相关公民和群体参与规则的制定。[68]尽管不甚明确，法院已经为这些相关的当事方拓宽了通向法院的道路。其次，法院想“制定法律”，并把这种意图归因于法规术语不明白的国会身上。[69]机构认为这些推动力是有益的。不断增加的参与对努力支持机构使命的环境和其他“公共利益”团体有益。在法律规定不甚明确的项目活动中增加法律的分量，无形之中法院扩大了机构的管辖权。谢普·梅尔尼克（Shep Melnick）在报告中指出，“在抱怨一些裁决的同时，EPA 官员通常相信法院提高了机构的能力，改进了机构的项目。”[70]两种制度的协调也提上了议事日程，因为杰里·马肖（Jerry Mashaw）把最高法院的特征描述为“20 世纪 70 年代初程序上的干涉主义者态度的重大转变”[71]。

价值：冲突或协调？

管制行政本质上包含三种价值：程序公正、裁决的实质正确和实现公共政策目标。没有人会对下述主张提出异议：为机构发布（或不发布）规则或个别命令做准备的程序也该是公正的。法院可能会说：“行政机构为什么不能更像我们？”这个问题主要适用于机构的裁决程序，虽然法院在心里也有这种愿望，希望对一般规则的制定施加必要条件，而不管它典型地类似于立法程序，而不是司法程序。就机构裁决而言，APA 和许多特定部门法规都有如我们所看到的支持法院的观点——需要告知口头听证和反质证人。自然，这些不如普通法院案件要求的那么严格。尽管如此，它们又十分相似：律师起主导作用、堆积如山的文书工作和公司面临管制行动时惯用的拖延策略。

第二种价值不是程序上的而是实质上的：裁决的正确性。从理论上讲，我们的制度所应该确保的是一个“正确的”裁决，并且，如果机构不能作出正确裁决，那么法院应该作出正确裁决。但是，法院与机构不敢保证它们的裁决是完全正确的，尤其当问题被科学和技术的不确定性所困扰时。机构下属系统和法院系统都有机会 362
向各自的上级寻求帮助。但即使是司法机关也不能保证最高法院的裁决就是正确的。充其量，目标是把错误限制在一个可容忍的低水平，而决不是零。法官自我约束要通过尊重机构专业知识来加强，这允许机构按照这个目标运用自由裁量权。

在司法制度内，依据证据作出何种结论是普通陪审团或审判法院法官（要注意有例外）的事。事实问题与法律问题之间有根本的区别。在有陪审团参加的审判中，陪审团决定事实问题，法官决定法律问题。在上诉案件中，上诉法院尊重审判法院的事实裁定，仅对有争议的法律焦点作出裁决。如果在管制事务中采用这些模式，机构可能类似于审判法院的陪审团，或当机构直接把案件上诉至联邦上诉法院（多数是如此）时，联邦上诉法院对待机构就像对待审判法院一样。也就是说，机构的事实裁定将是不可重新审查的。但这遗留了法律问题，复杂性也因此而产生。

许多问题结果都是事实和法律的混合，以至于法院在没有裁定事实问题的情况下不可能裁定法律问题。历史上，法院通过用自己的判决代替下级法院的判决来利用这一点，并把它当作法律问题来看证据是否充足地支持下级法院的判决。不管法院只是注意决定胜诉方是否有确保裁决的实质证据，还是通过权衡双方的证据来对下级法院进行完全的二次推想，它们的法律原则都在不断变化。在后一种情况下，对重要证据有异议就足以推翻下级法院的判决。在审查机构裁决中，法院运用实质证据检查法，但是它们的检查很艰难，就机构裁决而言，法院要检查全部记录（正如 APA 所规定的）而不是只检查胜诉方的记录。

第三种价值是实现公共政策目标。这里隐藏着一种危险，两种不同的制度——司法制度与行政制度——发现它们各自的传统运转模式常发生矛盾。程序的过分正式会使行政管制感到困惑，导致拖延、耗费预算资金和人力资源、增加繁文缛节和增加机构追求政策目标过程中的被动性。有些机构对司法驳回风险的反应是采用比法院可能要求的程序更麻烦的程序。有些机构试图用收集的大量文件来证明用于裁
363 决的证据的真实性。甚至在规则制定过程中，法院坚决要求机构对个人、群体和公司提出的每项“重要”反对意见作出回应，这就增加了机构的负担，并且，这一负担可能由于机构无法确定哪些反对意见会被法院可能认为是“重要”的而被夸大。同时，国会要求机构全面快捷地执行项目，这一项目未执行好，机构就要受到国会的惩罚。

有些机构的任务繁重，它们的规模使得完全类似法院的程序显得不适合。在管制领域之外有一个极端的例子，向社会保障管理局（SSA）要求残疾津贴的最初申请达到每年超过 100 万起。典型的一年，有 250 000 位津贴最初申请被拒绝的残疾人上诉要求重新予以考虑。这个时期的拒绝残疾津贴申请行为导致 150 000 起案件要求举行有行政法法官参加的听证会。之后，有 250 000 起案件上诉到上诉委员会，有 10 000 起案件送到联邦地区法院。[72] 单单有关 SSA 的案件数就相当于联邦司法系统的全部负担，比如，1987 年，联邦地区法院受理案件 279 000 起，上诉法院受理案件 36 000 起，最高法院审理了 4 340 起案件。[73]

三种价值——公正的程序、审慎的裁决和政策的实现，相互联系、相互冲突。重要的是，避免把其中的任何一种提升到绝对的地位，虽然每种价值都希望享有此待遇。管制程序的公正足以排除独立法院审查所作出裁决正确性的需要。放松管制程序必须相当大地类似于法院程序的要求，这才足以有效地实现政策目标。上述三种价值得以协调的办法开始成为法院尊重机构专家化的原则。这不是理想的办法，因为法院在以下各方面存在意见分歧：要延迟多少才是合适的？特殊机构如何专门化？一个特定的裁决是否大量依靠专家化而不是其他因素？在这种情况下，关于管制问题的司法理论进一步发展完善，并反映司法任用不断变化的模式，也就不足为怪了。

13.4 总统对管制者的管制

总统试图控制管制机构，坚持认为管制机制是行政机关的一部分，因此必须对

总统负责。否则，管制机构在国会广泛授权之下根据规章来制定政策，将会轻视政府的民主制度。这种观点建立在下述三个理念之上：以免机构彼此间相互矛盾或相互重叠的协调需要；与总统的政策议程保持一致的需要；节约和效率的需要。这些 364
是作为最高行政长官的总统的职责。本书的前几章对这些理念已作阐述。

现有模式的几个要素很清晰。总统与行政机关各机构——部及其局处的关系比与模糊的独立管制委员会的关系更密切。对上述两种组织，总统都有权任命其高层官员，在他的年度预算提案中确定其预算估计数，规定它们职员规模的最大限额。在所有的行政机关各机构中，总统能撤换高层官员。这些权力似乎足以对管制热忱或管制的软弱无力产生影响力。[74]但总统希望对具体的管制决策有更大的影响力。总统详细控制的主动性集中在行政机关各机构，它们的任务是进行社会管制，通常取代了委员会，而这些委员会当中的绝大部分都是从事经济管制。

制定规则是个焦点。总统直接或通过身边的助理试图干预机构作出裁决，这将激起强烈的抗议来要求从政治上取消所寻求的任何利益。实际上，即使干预规则制定也会引起矛盾，尤其是当它达到忽视特殊项目的法定指令，或取消 APA 和法院有关的制定规则的程序标准的后果时更是如此。

审查制度

尼克松、福特、卡特、布什和克林顿政府都建立了中央审查各机构所提议的重大规则的程序，并要求各机构预先分析它们的影响力。然而，这些程序并未赋予中央机关干预机构作出决定的自由裁量权。里根政府进一步完善了审查程序。里根政府的行政命令（直到改变之前一直有效）首先要求各机构准备并把每项所提议的重要规则的成本—效益分析交给 OMB 进行审查，并在法律允许的限度内不执行规则，除非规则的社会收益超过社会成本，净收益达到最大值以及在备选方案中现在社会净成本最小的那个方案。只有 OMB 的审查结论出来之后，各机构才能公布所提议规则的通告，同时，只有 OMB 局长发表了对所提议规则的看法，并在机构作出回应后，机构才能公布最终规则。其次，里根政府的行政命令要求每个机构每年准备并把详细说明每项“已规划好或正在实施”的重大机构管制措施（后来被定义为“规则”），以及解释它们如何与“政府政策和优先权”一致的管制方案提交
OMB。任何提议的没有包括在早先管制方案中的管制行动和与项目要求有实质性 365
差别的管制行动，都必须提交 OMB 审查，并且必须被延迟到完成审查为止，除非出现法定或司法截止日期的特殊情况或其他紧急情况。就管制方案和后来经过深思熟虑所提议的措施而言，OMB 局长都可能退还机构并要求重新考虑。[75]

如此建立的“管制管理”程序引起了不少摩擦。[76]OMB 不仅有权审查制定规则的最后几个阶段，而且有权审查诸如开始探索研究这样的早期阶段，这意味着促使机构要考虑是否开始制定规则的程序。[77]延迟几个月甚至几年成为有些审查的特点。OMB 信息与管制事务办公室中的小型审查小组，由受过经济学、商业管理、法律专门教育的人员组成，他们年轻又缺乏对他们所监督机构项目的优先了解。因

此，不难理解，各机构的专家群对有时吹毛求疵的反对意见或强加的审查会大为恼火。OMB向各行业代表质询（布什政府已大大削减了这项活动）且经常打电话与机构官员联络，不过在制定规则的记录中却没有反映出这样的接触及其内容。由于总统的放松管制政策，各机构有见识和偏爱地运用国会赋予它们的职责让位于一些放弃、拖延和修改所提议规则的行为。[78]

尽管里根政府的做法有一些缺陷，但对该制度进行的主要独立研究建议："在这样的界限内，有法律所规定的例外情形，管制管理应当是总统管理的一个基本要素。"研究小组建议："国会可通过法律来构建管制管理的基本要素"[79]，包括"决策规则"（如怎样鉴别和评估成本与效益），及一个机构一个机构地决定在这个程序中是否要包括独立管制委员会。[80]这导致了国会中的共和党人特别提出了新的建议：对所提议的规则进行成本—效益管制。他们希望通过这种方式阻止或拖延大量规则的颁布。

13.5 结　论

366 对私人和公司行为进行管制以免损害他人是政府的一项主要职责。管制的范围和模式是公共政策中富有争论的问题。不过，要解决这些问题毫无疑问要赋予管制机构一定的自由裁量权，并且有滥用自由裁量权的倾向。立法机关、法院和主要行政长官都试图减少滥用这些权力的机会。但是，在行使此种控制权的时候，他们往往试图发展自己的政策偏好，或者施加有意或无意会阻碍管制有效性的管制程序。

有效管制与无效管制之间的平衡不时地变换，多半反映了舆论、选举和行政人员及法官的任命与态度。随着2000年的临近，转向有效管制的迹象已显露，在环境保护和工人健康与安全领域表现得最为清晰。然而成功的迹象几乎不能保护管制机构免受政治攻击。1995年，管制机构遭到了一些来自国会共和党人的最大削减。

行政裁量权只有当不被滥用时是可以忍受的，但也存在一个重要问题。一位研究公共行政有关法律方面问题的学者指出："我们如何才能确保为公共利益服务并确保行政权力不被滥用是行政职责问题…… ［同时］，正式的法律约束力已得到最多的关注……过度关心如何避免诉讼的风险将导致我们忽视许多与职责问题同等重要或更重要的方面"。[81]我们将在最后一章探讨这些被忽视的方面。

注释

［1］经常引起争论的另一个目标是：减少成年人伤害自己的自由，如吸烟、用麻醉剂、忘记系上汽车安全带，或过多地购买风险极大的股票和债券。管制针对生产者和销售者（以"伤害别人为前提"），但通常仅仅要求全面揭露其危险性，而对公民危害其自身的健康、安全或钱财的行为置之不理。

［2］Article I，See. 8（8）. 现行的法规允许他人"公平使用"已取得版权的资料。这一术语的内涵

根据个案作司法界定。

[3] Keith Schneider, "Biotechnology Advances Make Life hard for Patent office," *New York Times*, 17 April 1988.

[4] 有关更进一步的分析，参见 *The Politics of Regulation*, ed, James Q. Wilson (New York: Basic Books, 1980), 364-372.

[5] 尽管回答"管制太多"是最多的一类，但这需要一定的条件，因为有 24%的人说"不是"，35%的人认为"正好"，总数为 59%。我们的数据包括"不知道"和"不确信"的回答，这两类人占 11%。从 20 世纪 30 年代中期到现在对这个问题的调查结果都是一致的。See Seymourmartin Lipser and William Schneider, *The confidence Cap: Business, Labor, and Government in the Public Mind*, rev. ed. (Baltimores: John Hopkins University Press, 1987), 221-256. See also karlyn H. Keene and Everett C. Ladd, "Government as VillainLHas the Era Ended? —What the Public Says," *Government Executive* 20 (January 1988): 11-16, at 15 (reporting 1987 surveys by the Gallup Organization and NBC News/*Wall Street Journal*).

[6] David Vogel, *National Styles of Regulation: Environmental Policy in Great Britain and the United States* (Ithaca, N. Y.: Cornell University Press, 1986), 267.

[7] 关于每个管制机构活动包括所遇到的问题最好的入门书是 *Federal Regulatory Directory*, 5th ed. (Washington, D. C: Congressional Quarterly, 1986)。更概括的，参见该书第 1～77 页有关管制程序的部分。

[8] 关于 1920 年 ICC 铁路管制的进展情况，参见 Stephen Sknowonedk, *Building a New American State: The Expansion of National Administrative Capacities*, 187-1920 (New york: Cambridge university Press, 1982), 248-284.

[9] 第三个问题涉及安全和服务标准。

[10] 虏获现象的经典著作是 Marver. H. Bernstein, *Regulating Business by independent commission* (Princeton, N. J.: Princeton University Press, 1955).

[11] Our treatment draws on Michael D. Reagan, Regulation: *The Politics of Policy* (Boston: Little, Brown, 1987), 38-40.

[12] 有关非管制运动的一项有洞察力的总结和分析，参见 Martha Derthick and Paul Quirk, *The Politics of deregulation* (Washington, D. C.: Brookings Institution, 1985).

[13] 即使似乎适中的规则也可能遭到受影响的工厂的强烈反对。See A. Lee Fritschler, *Smoking and Politics*, 4th ed. (Englewood Cliffs, N. J: Prentice Nall, 1989). 有时，尽管工厂欢迎联邦关于披露信息的要求，但就化学工厂来说，或者是因为他们用统一的国家标准来取代含糊不清的州和地方规则，或者因为他们强调负有责任的公司要为他们还不清楚但应受谴责的行为承担责任。关于人和社区的"知情权"的法律，参见 Margat E. Kriz, "Fuming Over Fumes," *National Journal*, 26 November 1988. 3006-3009.

[14] General Accounting Office, *Food Marketing: Frozen Pizza Cheese-Representative of Broader Food labeling Issues* (Washington, D. C.: Government Printing Office, 1988).

[15] 有关 EPA 对燃煤工厂管制的生动描述，参见 Bruce A. Ackerman and William T. Hassler, *Clean Coal/Dirty Air or How the Clean Air Act Became a Multibillion-Dollar Bail-Out for High-Sulfur Coal Producers and What Should Be Done About It* (New haven: Yale University Press, 1981).

[16] 管制检查员的作用与绩效，主要参见 Eugene Bardach and Robert A. Kagen, *Going by the Book: The Problem of Regulatory Unreasonableness*, a Twentieth Century Fund report (Philadelphia: Temple University Press, 1982).

[17] See General Accounting Office，Occupational Safety & Health：Assuring Accuracy in Employer injury and Illness Records（Washington，D. C.：Government Printing Office，1988).

[18] See Reagan，Regulation，203-204；and Kenneth J. Meier，*Regulation：Politics，Bureaucracy，and Economics*（New York：St. Martin's Press，1985)，有关职业准入、特性，参见第175～201页。

[19] See，especially，Reagan，*Regulation*，178-202；Donald F. Kettl，*The Regulation of American Federalism*（Baton Rouge：Louisiana State University Press，1983)；and Advisory Commission on Intergovernmental Relations，*Regulatory Federalism：Policy，Process，Impact and Reform*（Washington，D. C.：Government Printing Office，1984).

[20] Advisory Commission on intergovernmental Relations，*Regulatory Federalism*，9-10，82-88.

[21] Ibid.，82.

[22] 政府必须说服OSHA：它的项目将会通过适当的立法标准设置、执行程序、足够的资金及大量能干的执行人员来保证工人的安全和健康。General Accounting Office，*Occupational Safety and Health：California's Resumption of Enforcement Responsibility in the Private Sector*（Washington，D. C.：Government Printing Office，1989).

[23] 然而，个人按照联邦法规申请获得津贴的权利，如果州政府无法提供这一津贴，他们为了自己和其他人能够获得诸如公民权利性津贴这样的津贴而起诉。Maine v. Thiboutot，448 U. S. 1（1979).

[24] EPA将颁布这样的规则来处理"危险的废物……这对保护人的健康和环境是必要的"；劳工部长被命令"最大限度"地减少工人暴露于有毒的物质中，有毒的物质会损害健康；消费品安全委员会将"保护公众免受与消费品有关的不合理的伤害风险"。

[25] 21U. S. Code of *Federal Regulations sec*. 348，360b，576.

[26] *Public Citizen v. Young*，831 F. 2d [Federal Circuit Court for the District of Columbia，1987] 1108. 有关FDA的修订尝试和法院裁决的充分描述，参见Richard A. Merrill，"FDA's Implementation of the Delaney Clause：Repudiation of Congressional Choice or Reasoned Adaptation to Scientific Progress?" *Yale Journal on Regulation* 5（Winter 1988)：1-88.

[27] Reagan，*Regulation*. 96-97.

[28] Lee M. Thomas，EPA administrator，address to the National Academy of Public Administration，6 June 1986. Cf.，有关EPA和其他机构的最后截止日期，参见*Congressional Oversight of Regulatory Agencies：The Need to Strike a Balance and Focus on Performance*（Washington，D. C.：National Academy of Public Administration，1988)，20.

[29] 关于"独立管制委员会"独立性的削弱，参见第4章。

[30] See R. Shep Melnick，*Regulation and the Courts：The Case of the Clean Air Act*（Washington，D. C.：Brookings Institution，1983)，38-43，258-261；and William F. West，"The Growth of Internal Conflict in Administrative Regulation，" *Public Administration Review* 48（July/August 1988)：773-782.

[31] "Scandals，Etc.，from A to Z，" *National Journal*，14 January 1984，92-93.

[32] 癌症研究以老鼠做试验，老鼠的病态并不完全表明人的易受感染性，人类的经历在文献中很少有记载（虽然估计有四分之一的美国人在工作时暴露于致癌物质中），部分原因在于不良影响（症状）要在暴露于致癌物质后的几十年才会显现出来。有关科学家对臭氧（烟雾的主要成分）对肺造成的影响的观点不一致，参见"Clean Air? Don't Hold Your Breath，" *Science* 244（5 May 1989)：517-520.

[33] 有关详细的批评，参见Reagan，*Regulation*，123-131.

[34] 在众多有争议的观点中，有一种的提出者是Aaron Wildavsky，*Searching for Safety*（New Brunswick，N. J.：Transaction，1988). 风险评估的文献很多，可通过韦达夫斯基了解和把握风险评估问题。Charles Perrow，*Normal Accidents*：Living with *High-Risks Technologies*（New York：Basic

Books，1984)；and Leroy C. Gould et al.，*Perceptions of Technological Risks and Benefits* (New York：Russell Sage Foundation，1988).

[35] Peter Passell，"Life's Risks：Balancing Fear Against Reality of Statistics，" *New York Times*，8 May 1989，and "Making a Risky Life Bearable：Better Data，Clearer Choices." *New York Times*，8 and 9 May 1989；Adam Clymer，"Polls Show Contrasts in How Public and EPA View Environment，" New York Times，22 May 1989；Cathy Marie Johnson，"New Agencies：What They Do and Why They Do It—The Case of the Consumer Product Safety Commission，" Paper prepared for the 84th Annual Meeting of the American Political Science Association，1-4 September 1988.

[36] 有关法院对管制机构行为进行实质审查的争论，参见 Martin Shapiro，"The Supreme Court's 'Return' to Economic Regulation，" in *Studies in American Political Development* (New Haven：Yale University Press，1986)，1：91-141；and idem，*Who Guards the Guardians? Judicial Control of Administration* (Athens：University of Georgia press，1988).

[37] 5 *U.S. Code of Federal Regulations*，551-559；and 702-706 (司法审查).

[38] 例如，只有当机构的法规要求其案例必须"按举行机构听证会之后所作的记录来决定"时，APA 的裁决规定才适用。

[39] 有关对授权问题发展的评价，参见 Louis Fisher，Conflicts between Congress and the President (Princeton，N.J.：Princeton University Press，1985)，99-139；and Theodore J. Lowin，The End of Liberalism：The Second Republic of the United States，2d ed. (New York：Norton，1979)，后者对"法律规则的终结"有一项强烈的批评。我们应该指出法院倾向于从狭义上解释法规，否则很容易造成攻击宪法。

[40] See Office of the Federal Register，National Archives and Records Administration，*The Federal Register：What It Is and How to Use It*，rev. ed. (Washington，D.C.：Government Printing Office，1985).

[41] 另外，利益相关的当事人有权请求机构颁布、修正或废除一项规则。

[42]"在机构行为保证按照法律遵守机构自由裁量权时"，APA 关于司法审查的条款不适用。最高法院认为，"这是一个勉强的例外，'只有在那些法规用词皆是广义上的以至于一个给定的案子无法律可适用'的极少数情况才适用。" (quoting the Senate Report on the APA). *Citizens to Preserve Overton Park，Inc.* v. Volpe，401 U.S. 402 (1971).

[43] 有关与"法定职责"概念相联系的问题，参见 Shapiro，*Who Guards the Guardians?* 115-124。

[44] 5 *U.S. Code of Federal Regulations* 3105，5372，7521. 1978 年以前，他们的头衔是"听证官"，大约有 700 人在社会保障管理局；有关 SSA 的公正的压力，参见 Martin Tolchin，"Judges Who Decide Social Security Claims Say Agency Goads Them to Deny Benefits，" and "Are Judge and Agency Too Close for Justice?" *New York Times*，8 January and 5 February 1989.

[45] 机构领导通过举行听证会和作出决策来规避这些制度安排。考虑到案件的数量及召开听证会所需要的时间，这与一般情况不一样。

[46] Leonard Buder，"U.S. Is Suing Con Edison Over Asbestos，" *New York Times*，8 January 1988.

[47] VA (现在是内阁的一个部) 有一项迅速发展、非正式的程序，包括内部的上诉，在内部上诉中，退伍军人获得每项有疑问的津贴。退伍军人组织 (其成员在索赔诉讼过程中代表退伍军人的利益) 反对 1988 年法令中的改变，而律师支持这种改变，同时还撤销了每个案子只收 10 美元律师费的法定限制。也可参见 Jerry Mashaw，*Due Process in the Administrative state* (New Haven：Yale University Press，1985) 264-267，他认为："自从 King Solomon 对其所敬重的对象给予救济金和公正以来，VA 是最称职的、最人道的社会服务机构。"

［48］Eisen v. Carlyle Jacquelin，417U. S. 156（1974）.

［49］Rochelle L. Stanfield，"Out-Standing on Court，" *National Journal* 20（13 February 1988）：388-391. *National Wildlife Federation v. Hodel* 案（早期名为 In *Re*：*Permanent Surface Mining Regulation Litigation*），在哥伦比亚特区的联邦和上诉法院审理，该案件从 1979 年起就在法院受审。

［50］See Peter H. Schuck，*Agent Orange on Trial*：*Mass Toxic Disasters in the Courts*（Cambridge：Harvard University Press，1986）. 1989 年，退伍军人事务部没有上诉，而是服从联邦法院的裁决，该项裁决使得政府要向 35 000 名因橙剂而致残的退伍军人支付赔款。Charles Mohr，"U. S. Not Appealing Agent Orange Case，" *New York Times*，12 May 1989.

［51］*Data Processing Service Organizations v. Camp*. 397 U. S. 150（1970）. 此案提出"利益地带原则"：即使原告不能直接就其损害找到一项特定法令或宪法条款，但只要原告的利益"在由法令或宪法相关保证人保护和管制的利益地带之内"，诉讼就要进行。Ibid.，151-152.

［52］违反合同的诉讼被排除在侵权行为范围之外。

［53］因而出现了类似于"救护车追逐"的律师。最近针对医生和医院的侵权行为诉讼数量在增加，这导致了昂贵的责任保险政策，该政策又增加了病人的医疗成本。

［54］General Accounting Office，*Product Liability*：*Extent of "Litigation Explosion" in Federal Courts Questioned*（Washington，D. C.：Government Printing Office，1988）.

［55］有关历史，参见 Phillip J. Cooper，*Public Law and Public Administration*，2d ed.（Englewood Cliffs，N. J.：Prentice Hall，1988），363-389，一项附有关于增加政府责任的建议的极佳评论是 Peter H. Schuck，*Suing Government*：*Citizen Remedies for official Wrongs*（New Haven：Yale University Press，1983），我们的观点主要来自这本书和 Jerry L. Mashaw and Richard A. Merrill，*Administrative Law*（St. Paul：West，1992），783-843. 也可参见 Jeremy Rabkin，"Where the Lines Have Held：Tort Claims Against the Federal Government，" in *New Directions on Liability Law*：*Proceedings of the Academy of Political Science* 37，no. 1，ed. Walter Olson（New York：Academy of Political Science，1988），112-125.

［56］28 U. S. Code of Federal Regulations 1346，2674，2680. 1974 年的修正案突出强调通过联邦"调查或法律执行官员"而实施的行为的民事侵权责任：强暴、殴打、错误关押、不当逮捕、滥用程序、恶意的控告。

［57］其他有意义的限制是：（1）政府仅在私人按照有关州的法律应承担的范围内承担责任（虽然有些政府行为没有私人相对应）；（2）政府在判决之前不承担利益责任，也不承担惩罚性赔偿金（这仅仅区别于补偿性赔偿），而私人被告可能要承担这两类责任。

［58］The leading case is *Barr v. Matteo*，360 U. S. 564（1959）.

［59］*Bivens v. Six Unknown Named Agents of the Federal Bureau of narcotics*. 403 U. S. 388（1971），and *Wood v. Strickland*，420 U. S. 308（1975）. 奇怪的是，绝对的豁免权继续保护法官。行政法法官和检察官免于民事诉讼（虽然不免于刑事控告）。最高法院的理由似乎仅仅是服务于其机关的成员或其伙伴的私利，这一理由受到批判，因为这无异于保护行政官员随意的判决却不承担任何风险。

［60］*Westfall v. Erwin*，108 Supreme Court Reporter 580（1988）. 联邦雇员责任和侵权行为赔偿法，102 U. S. Statutes 4563。关键问题变成了雇员是否在他职责"范围之内"行事，而不是其职责是随意的或是不随意的。

［61］42 U. S. *Code of Federal Regulations* 1983.

［62］See Michael Lipsky，*Street-Level Bureaucracy*：*The Dilemmas of the Individual in Public Services*（New York：Russell Sage Foundation，1980）.

［63］94 U. S. Statutes 2325，就其后的修正案，参见 28 U. S. *Code of Federal Regulations* 2412. 个

人的净值在 20 万美元以下，公司和组织的净值在 700 万美元以下，其雇员（可变动）必须不超过 500 人。

[64] 关于费用补偿的批评，参见 Grover Rees Ⅲ，“Foul Play in ‘Public Interest’ Litigation：The Joy Attorneys’ Fees，” *Regulation*，*January/February* 1985，19－55.

[65] 关于这种矛盾进一步发展的情况，参见 Donald:. Horowitz，*The Courts and social Policy* (Washington，K. C.：Brookings Institution，1977).

[66] 因此机构律师和司法部的职员要求（不总是能成功）诉讼权垄断。有关矛盾的态度，参见 Donald L. Horowitz，*The Jurocracy*：*Government lawyers*，*Agency Programs*，*And Judicial Decisions* (Lexington，Mass：Lexington Books，1977). 有关机构律师的态度和驱动力，参见 Eve Spangler，lawyers for hire (New Haven：Yale University Press，1986)，107－143.

[67] See Phillip J. Cooper，“Conflict or Constructive Tension：The Changing Relationship of Judges and Administrators，” *Public Administration Review* 45 (Special Issue，November 1985)：642－652.

[68] 对法院强调的广泛参与机构程序的经典分析是 Richard B. Stewart，“The Reformations American Administrative law，” *Harvard Law Review* 88 (June 1975)：1667－1813.

[69] 法院此意图源于一部法令的立法史，关于这不愉快地夸大了国会小组委员会及其职员编辑立法史（报告、发言陈述和听证）的作用的争论，参见 R. Shep Melnick，“The Politics of Partnership，” *Public Administration Review* 45 (Special Issue，November 1985)：651－660。

[70] Melnick，*Regulation and the Courts*. 379. Melnick 的著作是对法院监督设施方面发展政策理论的出色评论。

[71] Mashaw，Due Processes，160－161. 在这本书中转变的态度得到很好描述与赞扬。关于更多的细节，参见 Mashaw and Merrill，*Administrative law*.

[72] Jerry L. Mashaw，*Bureaucratic Justice*：*Managing Social Security Disability Claims* (New Haven：Yale University Press，1983)，18. 1988 年，SSA 在机构内部和法院的申诉减少了 50%（丧失能力或其他类型）。Irvin Molotsky. “Plan to Curb Benefit Appeals Is Rejected，” *New York Times*，4 December 1988.

[73] Chief Justice Rehnquist’s annual report，quoted in “Rehnquist Taking Stock of the Federal Judiciary，” *New York Times*，6 January 1988.

[74] 两项基于资料的研究争论说明：里根过分地使用这些权力和强制性地发起管制审查，并未明显削弱各机构的执行管制法令的热情。*American Political Science Review* 82 (March 1988)：213－234；William J. Piclsticker，“Presidential Control of Administrative Rule Making：Its Potential and Its Limits，” paper delivered at the 1988 Annual Meeting of the American Political Science Association，Washington，D. C.，1－4 September，1988.

[75] Executive orders 12，291，3 *U. S. Code of Federal Regulations* (1981 Compilation) and 12，498，ibid. (1985 compilation).

[76] Major assessments are Morton Rosenberg，“Regulatory Management，” in U. S. Senate Committee on Governmental Affairs，*Office of Management and Budget*：*Evolving Roles and Future Issues*，98th Cong.，2d sess，Senate print 99－134 (February 1986)，185－223；*Presidential Management of Rulemaking in Regulatory Agencies*：*A Report by a Panel of the National Academy of Public Administration* (Washington，D. C.： “National Academy of Public Administration，January 1987)；and Pielsticker，“Presidential Control of Administrative Rule Making.” See also General Accounting Office，*Regulatory Review*：*Information on OMB’s Review Process* (Washington，D. C.：Government Printing Office，1989).

[77] 根据 1980 年的文书工作法案，OMB 的权力加强了审查和反对机构收集信息的提案。但是最高

法院推翻了 OMB 使用该法案阻碍各机构要求雇主向雇员披露信息（如暴露在有害物质中）的规则。*Dole v. U. S. Steelworkers of America*，110 Supreme Court Reporter 929（1990）.

[78] 1985 年 1 月 5 日，总统给各机构的备忘录说："这种监督不会干扰法令授予各机构领导的权力的实施。"并且通过行政命令使之正式化。但实践中并未得到遵循，OMB 甚至忽略了起诉各机构的最后法令期限。

[79] 此制度是里根在无具体法令授权的情况之下制定的，虽然他声称是依据"美国宪法和法律授予我作为总统的权力"而行事的。

[80] *Presidential Management of Rulemaking*，vii and passim.

[81] Cooper，*Public law and Public Administration*，398-399.

结 论

让我们回到本书开头就阐述的官僚责任这一主题。在一个合乎宪法的民主制度里，没有比这更基本的问题了。但是如何界定这种责任和如何实现这种责任却比说起来有多得多的问题。“官僚冲击”只会带来怨恨、道德败坏和创新的衰竭。官僚制下的“专家”要求按照自己的立场，执行对自己最有利的公共政策环节，这种要求与我们对民主制度的理解不相符。实现合适的平衡并非易事。

官僚责任有两种基本要素。一种是责任：忠实地服从法律、高级官员的指令、效率和经济标准。另一种是符合伦理的行为：遵从道德标准，避免出现不道德的行为。这两种要素相互重叠，通常是相容的，但并不总是这样。伦理可能要求不服从上级，或向上级的上级、向立法者，或向公众揭发上级不道德的行径。所以，一般类型的官僚责任与伦理之间的分歧困扰着我们的事业。

我们面临的问题从一开始就困扰着美国共和制。亚历山大·汉密尔顿曾委任一名臭名昭著的投机商为财政部副部长。他从未返还挪作私用的那 20 万美元。[1]

14.1 官僚责任

宪政体制下的政治必须使下级官僚服从由法院解释的宪法和法律的命令和约束，服从行政机关等级制上级的指令。民主体制

368 下的政治必须使下级官僚服从人民及其立法上或行政上的民选代表。虽然，这些观点是毋庸置疑的，但它们的理论阐释和实践领悟却困难重重。在本书中，我们已在多处涉及官僚责任问题，尤其是在有关立法和司法控制的章节中。

理论研究途径

在理论层面上，这一问题经多种形式得到系统阐述。一种是我们在第 1 章已阐述的正式法律学说（legal-formal doctrine）：官僚的权力是由立法主体或（和）主要的高级官员授予单位领导的权力，或通过等级制授予下级单位及其工作人员的权力。这种研究途径的“重点放在官僚个人对等级制、上级命令、明确的法令、规章和对上级与其他合法的政治当局建立的程序的严格服从上”[2]。虽然，这种理论不能详细地包含现实世界的所有条件，但它是将行政管理与宪法制度、民主制度联系起来的最基本方法。

第二种途径将民主和效率视为两种相互冲突的价值。[3]保卫民主不是为了建立最有效的体制，而是通过遵从多数原则的方式（与少数人权力相联系，包括那些使少数人的努力成为多数人目标的权利）来实现人民统治的唯一途径。在缺乏强大政党约束的情况下，决策就会变成一个充满利益集团压力、变化的立法联盟、对议员适应各自选区的特殊要求的回应和总统（同其被任命人）对投他票的团体和党内议员的关注的凌乱过程。争辩和妥协是这种政治过程的特点。相反，行政管理追求着效率。人事管理的功绩制、需要专业知识职业的增加和管理领域的复杂性现在通过政府不断增强能力和提高效率需求联系在了一起。实际上，行政效率被普遍要求，但这缺乏理由来让按民主原则制定的政策受挫。考虑到民主与效率的价值冲突，以及两个阵营的人们在技能、动机上的明显差距，和解看来遥遥无期。

第三种途径综合考虑前两种研究途径，并试图通过建立一方寻求另一方资源的相互依赖实现和解。[4]例如，正如我们在第 9 章所见到的，官僚掌握着有关项目、过程和结果的较多信息，为了实行有效干预的战略，那些试图控制官僚的人需要这
369 类的信息。可以说服那些有意隐瞒信息的官僚将信息与他人分享，因为这会令他们获得好处：消息灵通的控制者将更不可能进行破坏性和误导性的干预。[5]总之，行政官员和他们的控制者存在着类似市场的交换关系。

另有两种途径对控制问题轻描淡写。一种强调组成官僚的人的代表性。[6]正如我们在第 8 章所看到的，美国高级公职人员是有代表性的精英；各部领导职位的重要性比得上国会议员领袖。从阶层来源和其他特征看，整个文官系统高度代表了美国大众。从这一观点出发，可以证明，代议官僚制不是对民主的威胁，实际上，可以将大量的裁量权授予他们。

不太关心控制问题的另一途径则强调官僚制的分散化。我们有多个官僚机构，而不只有唯一的、无所不包的官僚机构。机构的管辖权重叠，当其他机构行动失败时，一些机构就会积极利用机会争取主动；它们会积极反抗兄弟机构的侵犯；不论在机构间还是在一个机构及其特殊职员中，重大决策都要求有明确的程序。甚至在

精英层次上，高级行政官也不是单一的管理者，而是以机构为基点的官员的松散集合。一个机构里的职业雇员可能因抨击政治领导人违背了职业文官珍视的规范而出名。例如，在1982年，司法部人权局的一百多名律师联名写信，对司法部要求最高法院给予私人学校与其他学校一样的税收豁免权一事进行抨击；1989年，大约五十名职业律师批评司法部要求最高法院修改收养权决定一事。[7]有一点已得到证明：机构之间、它们的下级单位之间和不同系列官员之间的竞争为防止不成熟的行政行为提供了一种内在防范机制。

然而，经验表明，无论是民选代表，还是分散化的官僚机构都不能排除通过外部控制这一机制加强官僚责任的必要性。

复杂的情况

理论家常设想只存在一个控制者和一个官僚或机构。但这并不是美国政府的现实。控制者众多，国会、总统和司法机关都是控制者。然后，每个控制者又扩展为 370
许多组成部分和附属物。所以，也存在着许多官僚和机构。适合一组织的控制手段可能不适合其他的组织。

国会包括动力截然不同的众议院和参议院。通过委员会和小组委员会，两院承担了包括监督（即控制）在内的大量工作。国会议员和会计总署等机构帮助两院行使监督工作。参议员和众议员个人广泛从事“社会工作”，代表需要帮助的选民干预各机构。在监督活动中，这些行动者相互独立——这与制定法规的共同努力形成对比。[8]

总统只有一个，他必须将控制官僚组织的权力授予他人——白宫工作人员、行政管理与预算局和他在各部及各机构的政治任命官。等级制比国会更能创造一个有条不紊的世界，但是，控制者的分歧可能扰乱其控制，就如同OMB和某机构领导发生冲突的情况一样。

司法机关由许多部分组成，一旦活动它们就承担起控制职责。司法机关也有严格的等级制，但它在短期内也会有负面的误导效应。联邦地区法院经常在涉及同一机构和同一法规会对类似的案子作出不同的判决，上诉法院也一样。这种案件如能送抵最高法院，分歧则可能得到解决，但当最后判决未定时，一个机构可能面临来自不同地区不同法院的不同控制命令。

多种多样的控制者和控制手段使得确保有效控制官僚机构的任务大大复杂化。来自不同控制者的相互冲突的命令迫使官僚在没有权威指导的情况下做出选择。当总统与国会或参众两院中的一院分属不同党派时，绝大多数时候是这样，那么对机构施加的优先考虑事项肯定是不同的。[9]同样，任何重大的、符合法律规定的、但拨款不足的指令会使官僚无法忠实地执行法令，他们必须选择应完全遵守哪些命令，最低限度地遵守哪些命令，和对哪些命令置若罔闻。相冲突和资金不足的指令导致官僚们在没有明确指令的情况下独自行使裁量权——这正是控制原本要避免的现象。

机构间的分歧引发了更复杂的情况。我们已知道不同机构有不同的文化。朱迪思·格鲁伯（Judith Gruber）提出，机构的技术和外部环境的主要差异表明，控制
371 应该集中在机构程序上，还是应该集中在机构决策内容上，密集的控制是否会过分削弱机构所必需的灵活性，控制者是否可能带来矛盾的约束。[10]不同类型的任务还提出了不同的风险。

事实是，在界定和纠正实践的偏差时，行政当局借助的大量精确的控制手段和不成熟的手段一样多。政策和项目的有效执行要求赋予行政裁量权灵活的空间，否则严格依照繁文缛节的规定会使积极的努力实现不了政策和项目的目标。[11]

控制系统

控制可以是积极的，也可以是消极的。立法机关和司法机关对未发布的规则或未开始实施的项目的关注可以激发一个迟钝机构的活力，而对其他方面的关注则可以约束精力过于充沛的机构。消极的罪恶和积极的罪恶都会受到调查、批评、教育和制裁。虽然，发现官僚的错误并要求其纠正是控制工作的主要着眼点——但在很大程度上，这是一种消极的途径。同样由于其他原因，这种消极成分逐渐占上风。首先，积极的罪恶比起消极的罪恶更容易被发觉和受到批评。其次，外部控制主体（例如国会）指出须纠正的行为，比强迫遵守某个策略容易得多。虽然没有对它进行专门讨论，但我们应密切关注外部控制的负面效应：外部控制者认为对官僚行为的纠正不利于公众。

如果我们假设控制的最大化是合意的目标，那么我们就能够更容易地解决控制问题。严格的指导方针和严密的监督可以为行政人员指明明确的方向（事实上，我们不想要这样的控制）。这种体制里的行政官员将不得不在弥漫着不信任的气氛下工作，这使得行政人员士气低落，而我们又不得不依靠这群人来完成公共项目。再者，在许多情况下，正确的行政活动要求有专业的判断。反应停药和食品的环酶添加剂将造成人类畸形的可能性有多大?[12]如何才能最有效地清理危险的化学垃圾?

过度的控制会干扰连续的行政管理并导致不公平。过度的控制增加了审查提议的规定，增加了繁文缛节，并延误了行动。将大量精力花在试图控制行政活动上，以致实际用于完成手头工作的时间和资金寥寥无几。因而，过度控制可能使行政当
372 局对公众的回应性下降。一位英国学者彼得·塞尔夫（Peter Self）已简洁地阐述了这种观点："职责或'责任'要求和有效行政行为要求之间的紧张关系，可以被合理地描述为公共行政的传统困境。"[13]

就如我们在前几章所看到的，自由裁量权是行政行为中不可或缺的部分。立法机关不可能详细说明行政人员在决策时必须权衡的所有因素。即使他们能够做到，达成立法妥协的需要也会使得这种指导模糊，有时甚至相互冲突。并非所有情况都一样，好的行政管理要求采用一般政策来满足特殊需要。因而，有效的行政管理总是需要自由裁量权。同时，还必须有控制手段来确保立法意图的实现。由于控制手段是不可缺少的，所以即使外部控制是不完善的，我们也必须探讨控制的要素。[14]

控制要素

控制系统至少包括四种要素：自愿服从、标准的确定、监督和制裁。

控制的基础是自愿服从。既然人非天使，绝大部分人在多数时候就得自愿遵守对其行为的众多重大约束。他们之所以这样做，是出于从伦理标准、中立默认到自利的种种原因。出于对自利的普遍默认，出于不同的原因和伦理尺度，大部分人都会自愿遵从。或者，正如马克斯·韦伯强调的，他们之所以这样做，是因为他们深信权威系统的合法性。假使依赖充分的自愿服从是不现实的，那么控制制度的范围和强度将无可忍受。

确定标准有两个目的。一是告知个体哪种行为是合适的，反之，就是个体需要知道哪种行为被认为是违背预期的，并由此受到制裁。另一个目的是明确控制机构应该关切的事情——并使它们专注于这些事情，因为控制机构自身也需要受到控制。

有些标准是显而易见的。几乎没有人需要被告知"偷窃违背了预期"，然而微不足道的羞耻事——从把政府办公用品带回家到滥用政府复印机复印喜爱的食谱——却很普遍。另一极端是标准如此之多、如此详尽，以至于个人无法知道所有适合任何特定情形的标准。一线的行政人员不可能查阅规章，相反，他们在解决潜在问题的过程中，经常依靠机构律师、采购专家和会计规则能手来指明方向。

然而，一味遵守标准会变得呆板和烦琐。几乎每个与行政人员打过交道的人都 373
经历过这样的事情，行政人员因受到条条框框和程序的困扰而迷失了公职的基本使命。标准的范围可以从宪法和法令确定的基本规则，到试图准确界定公正内涵的道德。对行政人员来说，关键在于确保对细节的过度关注不至于取代公职人员对其应尽责任的真诚奉献。

任何控制系统都必须监督是否达到标准。有时，必须先经上级（包括控制者）同意，行政人员才能采取有目的的行动。有时在行动获准之前，必须由国会在60天内酝酿成熟；同时，委员会委员可能（或不可能）试图说服这一机构放弃行动。其他类型的监督要求评估已完成的行动。例如，监督者常对财务往来情况进行事后审计，并评估向福利受益人支付款项时的错误率。审计人员可以批评任何不正当的行为，并要求行政机构在以后改正其行为。外部控制系统大多建立在有追溯效力的途径上，它们评价过去的活动并试图改变将来的行为。

监督可以是综合的或有选择性的。[15]人们认为发现所有的错误并尽可能纠正它们是诱人的。然而，有时监督的成本比节约下来的资金还多（从时间、金钱、琐事和道义上衡量）。行政人员因而采用三种选择性监督方式。第一种是直接作出反应，监督者调查有关管理不善或诸如贿赂、欺骗性要求等非法行为的投诉（由公众、记者、国会委员会或雇员提出）。[16]第二种是抽样检查，也就是说，抽查每五个案件中的一个或在每五年的一年检查一个机构单位所有的案件。这时目标自然从纠正个人错误转向鉴别那些行为模式如此糟糕以致需要进行系统改革的机构或单位。第三种方式要求对最容易作出非法或其他不正当行为的机构、项目或一系列官员进行集中监督。授予政府合同就属于这种范围。颁发、扣留、暂停或吊销许可证则是另一种情况。在这些广泛的领域内，注意力应集中在特定的环境中。政府官员必须经常与因世俗的而非道德习惯行为而出名的公民、工商企业和劳工组织打交道。滥用自
374 由裁量权的风险也确定了监督员工作的特点（如建筑、工厂、采矿、饭店等监督员）。对“基层官僚”（警察、社会工作者等等）而言，有效控制则很成问题。[17]

最后，控制系统需要制裁手段，否则它将失去可信性。然而，这方面问题也相当多，惩罚常常可能与罪行不相符。微妙的任务是必须设计出受行政人员认真重视的强有力的处罚手段，但又不能处罚太重而干扰了机构的使命，不能因处罚太重而无法施行，或因处罚太重以至于用不着要求符合证明的标准。这些问题都困扰着联邦道德法规的实施。[18]

如果某一联邦机构或其官员冒犯了国会，并且国会以大量削减预算作为报复，那么可能就得减少重要公职的职位数。相反，可供利用的制裁手段也可能因太温和、作用迟缓或使用不当而无法产生足够的惩罚或威慑效应。机构可能根本不重视那种只形成一份批评报告的立法调查。高级官员鼓励（而非明确指示）下属做出受到刑事起诉的行为，但他可以不受惩罚。具有讽刺意味的是下级也可以逃避惩罚，例如，NSC 工作人员奥利弗·诺思就因为陪审团认为他只是做上级想让他做的事而逃脱了对他的主要指控。[19]

相互关系

大组织的控制系统实际上包括了众多不同的控制系统。它们的相互关系代表着分析层次和实践层次上的难题。我们首先考虑外部与内部控制之间的关系，然后再探讨外部控制自身之间的关系。

一个机构的内部控制系统越有效，越不需要外部控制。不过，机构有时会利用高度发达的内部控制系统来抵制外部控制。它不仅为放松外部控制提供了正当理由，而且可以隐瞒或歪曲外部控制机构想要获取的信息。有严密控制系统的机构可能会被诱导处罚有公共精神而起来揭发腐败内幕，向国会委员会、政府审计员或新闻界揭发机构不正当行为的雇员。例如，在国防部，A·欧内斯特·菲茨杰拉德（A. Ernest Fitzgerald）持续十多年同其五角大楼的上司进行抗争。1969 年，他在国会听证会上指控空军低估了新型 C—5A 喷气式运输机造价的一半。尼克松总统曾说：“我想解雇那家伙”，五角大楼最终照办了。为了恢复原职，菲茨杰拉德抗争了多年。在里根执政期间，联邦法院最终下令让他恢复原职。[20]

375 我们应该理解，起来揭发腐败内幕的行为有两种表现形式：（1）雇员可能真正是在曝光不道德行为的动机下起来揭发内幕；（2）雇员也可能蓄意、毫无根据地利用这种行为来为难他所怀恨的上级，或利用它来保护自己免受有正当理由的人事行动——例如开除、绩效等级低评或不同意升职与增加工资——宣称这种行动是对揭发腐败内幕行为的真正报复。在 1989 年的保护揭发腐败内幕工作人员的法案里，国会认为应保持制衡以鼓励和保护起来揭发腐败内幕的工作人员。[21]这使得特别委员会办公室（Office of Special Counsel）（原先属于功绩制保护委员会）成为一个独特的机构，据说，它的首要作用是“保护雇员，尤其是那些起来揭发腐败内幕的雇员免遭禁止性人事行动的伤害”。特别委员会有两个主要功能：第一个是由其办公

室和相关机构对雇员提供的信息进行调查，这些信息包括“雇员合理地认为是违反法律、法规或条例的证据；……或严重的管理不善、严重的资金浪费、滥用权力，对公众健康或安全的实质性和特定危害”。第二个职能与功绩制保护委员会共同承担，保护任何因揭发机构错误而受到或可能受到机构人事行动惩罚的腐败内幕揭发者。它要求机构取消对腐败内幕揭发者惩罚的指控。“如果特别委员会已证实所揭发的……是导致机构采取人事行动的一个因素”，它就可以下令采取纠正行动，除非该机构能拿出清晰而且有说服力的证据来证实没有发生这种揭发的事情，它也会采取同一人事行动。“导致因素”和“清晰而且有说服力的证据”之间的实质性差距有利于揭发腐败内幕的雇员。尽管有这些艰苦的努力，但揭发腐败内幕者仍面临着重重困难。虽然，愿意举报问题的联邦雇员增多了，但因举报问题而受报复或报复威胁的雇员人数也因此增多。[22]实际上，众多揭发腐败内幕的人在这一过程中接连受挫，心情沮丧。[23]

外部—内部的区分是过于机械的。外部控制机构无法取代一个机构自己的内部控制。再者，外部控制系统常依赖机构自身内部系统收集的信息，依法令设置并由总统在26个部和机构任命的总督察长的工作很好地说明了这种情况。[24]他们的审计和调查报告递交给国会和他们的机构领导。最后，外部和内部的控制者经常共同使用同种雇员（例如会计、律师或人事专家）；他们所共享的职业目标和价值将他们联结在一起，但这种联结有时会鼓励严格的调查活动，有时则会束缚调查活动。376
当置身于交流有助于合作的网络之中，外部和内部的控制者会相互支持起来。

我们如何才能确保外部控制者将强有力地开展工作并实现其未被腐蚀的使命？我们如何才能保证外部控制者不会试图将其权力转化来对其控制单位进行不合适的支配？我们如何才能确保多重的外部控制者不会发送相互冲突的信息？罗马讽刺作家朱维纳（Juvenal）在两千年前就提出了这一关键性问题：“谁来监督监督者?”[25]美国的情况提供了两种相矛盾的答案。一是独立，使每一个监督机构的自治权与那些可能腐蚀它的人和权力相分离；另一个是重设，增加监督机构并赋予它们重叠的职责。

独立是确保正直的良方，或者它至少有助于确保正直免受来自那些企图与它妥协的人的压力。在设计上，立法机关和司法机关都是控制政府的重要工具，宪法规定它们独立于行政机关。法令规定，作为国会首要控制机构的会计总署“独立于行政各部”。

对履行控制其他机构及其官员和雇员职能的行政机构而言，情况并非如此明朗。司法部长负责通过刑事诉讼和民事诉讼来实施法律。但是，司法部长和司法部的其他高级官员都是政治任命官，并且司法部长一般是总统的政治密友和参谋。当1987年对里根政府秘密援助尼加拉瓜的反叛者一事进行调查时，国会议员们提出司法部长埃德温·米斯（Edwin Meese）与总统的长期伙伴关系与此产生了利益冲突，使他无法全力以赴调查此案。

20世纪70年代早期的水门丑闻中也出现过相似的问题。实际上，尼克松政府的司法部长也是最终被判有罪的人之一。1978年，国会创设了由法院不时指派特别检察官的程序，后又改名为“独立检察官”，调查对政府高级官员的指控。

重设是一种比独立更复杂的做法，它靠多重机构和权限重叠来实现控制。[26]虽然，一个控制机构可能腐化或失灵，但职能重叠的几个控制机构会增大发现并解决问题的可能性。如果一个机构不行，那么另一机构可能会进入这些被忽略的领域。
377 当长期设立或不受外来压力束缚的机构妨碍了行动迟缓的控制机构的初期工作时，这点就更为重要。而且，控制机构间的竞争激发了所有控制机构的灵敏度和活力。

然而，重设并非没有问题。如果几个控制机构发出相冲突的指令，一个部门为了遵守这些指令而做出混乱的举动将会降低部门的绩效和控制水平。[27]当几个控制机构中的任何一个都能拥有对特别棘手案件的裁决权时，每个机构就会观望其他机构的行动——最终，无所作为。如果几个控制机构对同一上级负责，重设就只是个假想的保护方法。只要上司一声令下，大家便会停止行动。最后，重设具有明显的成本问题：重复监督是昂贵的，在某些地方，成本超过了其所产生的收益。

控制目标

不管对于什么目标，控制系统的要素都是一样的，但是控制技术却相差甚远。一种可用的区分办法是将其分为财政责任、程序责任和项目责任。[28]财政责任是最传统的，即使在今天仍是最普遍的。通过研究财务往来情况的记录，控制者可以发现常见的腐败现象，在确定哪些支出是合法的以及确保立法机构维护其财权。审查财务记录是调查者揭发和起诉合同回扣与滥用福利项目的关键工具。在揭发水门和伊朗门丑闻中，紧接着的“金钱审判”是关键性的因素。

程序责任涉及机构如何执行它们的任务。虽然效率、经济和程序公正的内涵是有争议的，但绝大多数人可以辨别出它们之间的悬殊差异。政府雇佣上的歧视或道路建设中的浪费等事情会促使细心的人们去发现和纠正不正当行为。

项目责任是控制系统最新和最难的目标。政府基金和程序仅是实现目标的手段，并且效率不能等同于有效性。项目责任集中在结果上：项目是否实现了法定的目标？与会计总署和州一级类似监督机构一样，项目分析家被用来促进低效的机
378 构。然而，人们难以掌握标准，因为预期结果很少是明确的，执行项目常带来意想不到的或好或坏的结果。再者，一般很难找到凭借其资源使用权来衡量组织成就的方法。

谁将被控制

最后一种复杂情况是控制系统所关注的人和组织的多样性。“官僚机构的控制”是一种过于简单化的表述。正如我们在第 11 章所见到的，大规模的政府代理人使政府官僚机构拓展到了私人部门和非营利部门。当然，问题不在于这些代理人是否应该提供迅速回应、有效和高效的政府服务。相反，问题在于政府官员如何敦促代理人提供这些服务。看透这些机构的复杂性是很困难的。国会也无法搞清州、地方、私人和半私人这些法令执行者组成的混乱队伍（尤其在这些执行者不配合国会调查的时候）。联邦审计员面对的是一个很不合理的会计制度，这一制度被用来从同一组织实施的特殊的地方或私人活动中清理出哪些是由联邦发起的活动。当州和地方政府把任务委托给代理人时，这些问题更为复杂突出。然而，一旦伙伴关系

（联邦—州—地方或公共—私人）得以拓展，高层的政府伙伴就需要某种保护措施以防范来自每种伙伴关系的危险——一个伙伴可能浪费双方共同的财富。

解决方法?

很明显，我们的问题不容易解决。我们可以从两方面来回避开始出现的问题：一是责任法定原则；二是行政裁量权必须受这一原则修正形式的约束。行政人员将尽可能地遵守前一原则。当指令相冲突或资源不足削弱了严格服从的可能性时，行政人员将：(1) 做出判断，找出控制者的初衷；(2) 同控制者协商，努力减少指令者需要作出的选择的不确定性。[29]

这不是变戏法。因为控制者有好几个，他们可能在一个机构优先处理哪些事情时意见不一致。当国会的法令同总统削弱法令执行力度的愿望相冲突时，由总统任命的机构领导必须做出服从谁的决定；在做出明确的抉择时，忠实执行法律的部领导可能被更服从总统意愿的人所取代。当法院下令将一个机构的资金挪作他用时，通常是它也可能找不到求助对象。[30]并且当机构领导要求对相冲突或拨款不足的合法指令作出澄清时，“国会”也不可能回答。只有国会的委员会或其主席能作出回应，但是他们的解释可能与作为整体的国会的观点不一致。 379

这表明，现实世界的情况令行政人员对解决即使控制系统尽职尽责仍存在不确定性负有责任。裁量权的运用依赖于行政官员的内在指针——品质、为公职奉献的精神和对忠实执行法律的尊重。当控制者发生急剧冲突时，行政人员也面对着忠诚的冲突和做出“表达意愿”或“退出”的选择。如果他们选择表达意愿，他们就留在职位上，并谋划着要服从谁的指令（并且，他们也冒着被辞退的风险）；如果他们选择退出，他们就辞职，并公开抨击其指令被他们所谴责的控制者。[31]

为了负责任地运用裁量权，行政官员需要具备个人素质，公职人员的社会化、同辈的榜样力量和职业特性标准常常强化了这些素质。一个重要的素质是遵守伦理。政府维系伦理行为的努力是官僚责任的进一步发展。在此，正如我们在前面就已论述的，正式指令和控制机制可以取得多大成绩，在多大程度上依赖于被委以公共责任的人的所谓“内在指针”，仍是不明晰的问题。[32]

14.2 伦 理

公职人员必须有比那些在某些职位上占上风的政治任命官更高的伦理标准。[33]正如卡尔文·麦肯齐（Calvin Mackenzie）写道：

> 在他们的职业生涯中，大多数工商业领导时不时在自己的公司里为家庭成员或朋友谋求工作，与有财务利益的公司订立合同，或接受与其有业务往来的商业伙伴的大量礼物……然而，公共官员一旦有类似的行为，就违背了法律。[34]

这一现实要求审查可能被任命的人，并监督他们在政府中的行为，以及在他们离开政府后限制他们的活动。1978 年的《政府伦理法案》就打算包括这些防范性
380 措施，它还建立了政府伦理办公室，由总统任命领导，机构里的伦理官员监督这些限制条款的实施。[35]

20 世纪 80 年代的丑闻和随之而来的过于严厉的要求阻碍了有才能的人来接受政府的任命，这导致了改革。1988 年由国会通过了一项议案，但被里根总统搁置否决。任命一个伦理法规改革委员会是布什总统就职后最早采取的行动之一，在提交给国会的议案中，他采纳了这一委员会的多数建议。[36] 1989 年的《伦理改革法案》改变了先前的条件要求，但却没有明显地放宽这些条件。[37] 主要问题依然是：如何在伦理维持措施与吸引有才能的人进入政府队伍的需求之间实现平衡。

审查未来的任命官

刚刚当选为总统的乔治·布什“听说了有才干的男性和女性，虽十分诚实可靠，但拒绝来政府工作，因为他们顾虑着严厉复杂的联邦伦理法规，担心一个小小的、诚实上的失误将导致一个众人皆知的噩梦”[38]。1989 年法案中的审查条件是最令人害怕的东西之一。财务公开要求适用于 GS—16 级和此级以上的每个人或是行政官、高级行政官、外务官和其他系列的政府工作人员。未来的任命官必须完整填写财务公开报告，一份重要的调查将这报告的特点描述为“灰白、发青的怪物……一个令人胆怯、困惑、过于详尽的障碍，在第一次填写报告时，很少有总统任命官有能力解决这些问题”[39]。每个人必须报告自己在前一年度的收入，包括每笔 200 美元或 200 美元以上的收入数目和来源，其中股息、租金、利息和资本收益则按 8 个等级（不超过 1 000 美元；1 000 美元至 2 500 美元；……超过 100 万美元）而不是确切的数目来报告。不动产、股票或债券的买卖以及超过 1 000 美元的债务按七个等级（从接近 15 000 美元开始）报告。财产和投资资产（除非这一任命官没有管理这些资产）必须按同样方法报告。这份报告还必须包括有关配偶及子女收入和财产交易情况的简单可比信息。公众包括新闻媒体都可以获知所有这些信息。

这些要求意味着杜绝各种努力以确保任命官的个人财务状况不会变成潜在的利益冲突。200 美元的收入或 1 000 美元的财产都不可能影响执行官的决定，并且填
381 写详尽的收入项目和每一类别中持有的财产只是增加了问题的复杂性，而无助于提高察觉利益冲突的可能性。

进行了投资的未来任命官被认为是利益冲突领域的可疑分子，他们有几种选择。他们可以卖掉这些资产，为当年膨胀的收入缴纳大笔的资本利得税。布什的伦理委员会报告道：“虽然资产剥离是消除利益冲突最简单、最直接和最有效的手段，但对剥离资产取得的资本收益的税收重负却是抑制剥离活动的重要因素。税收法规因而是阻止人们接受政府中高层决策职务的重要原因。”[40] 替代剥离的两种主要选择是对资产进行保密信托或放到广泛投资基金中。[41] 1989 年选择投资基金成为一种可供利用的方案。在这方案没有通过之前，第一任里根政府中任命官的 32%不得

不卖掉股票或其他资产，12%进行了保密信托。[42]

任命官可以通过两种方式避免采取这些主要选择。他可能会提出一个“回避”声明，承诺不参与影响自己资产的决策（例如，公司股票由特定机构监管）。第一任里根政府中17%的任命官发表了这种回避声明。[43]任命官也可能选择请求放弃在现工作机构的权利（例如，任命官因股份太少被认为无法影响决策）。

混乱现象是普遍的。一些任命官需要有使自己放弃带有利益冲突性质的资产、收益和董事会成员资格的激励因素，这可能源自最近对标准的强化，尤其是避免出现（不同于实际情况）利益冲突。真心寻求避免出现这一现象的另外一些人不遵守这一法律要求也能做得很好。还有一些人大量使用回避以至于放弃了在他们职位上正常的决策权。

联邦调查局对总统考虑任命的每个人选进行全面调查，这一活动耗时2周至8周，包括对候选人的朋友、邻居和同事进行30次以上的访问。中心主要围绕这些被访问者看到或听到的有关违反刑法、国家忠诚、毒品使用、性生活和其他行为的问题。联邦调查局只提交所有未经整理、琐碎的调查资料。即使如此，还是没能发现不符合条件的行为。如果能将大量的资源尤其是在任命高峰期投入这一活动；如果对调查材料进行消化整理；如果调查范围集中在重要人物身上，那么就可以减少延误，扩大这一进程的效果。[44]传统上，联邦调查局的报告被当作秘密文件，只能 382
由总统及白宫少数高级官员传阅。然而，在1989年，参议院议员的压力使得布什政府不得不与参议院共同传阅联邦调查局有关约翰·G·托尔（John G. Tower）的大宗文件，文件的内容在参议院拒绝认可托尔的国防部长任命中起到了作用。

监督在职行为

行政机关的所有高级官员必须每年提交涉及前一年度财务细节的财务公开报告。机构的伦理办公室将审查和质疑这些报告，然而，其审查有时并不充分。[45]

所有的联邦雇员被禁止采取任何可能导致下列情况的行动：（1）利用公职谋取私利；（2）优待某人；（3）妨碍政府效率和经济；（4）没有保持完全的独立或公正；（5）以非官方渠道做出政府决策；或（6）削弱公众对政府公正的信心。有一些违法行为的条款得到了详细说明，违反者将受到民事和刑事处罚（例如，对在官方活动时索取或收受贿赂的人，将处以1万美元的罚款，或两年的监禁或两者并罚）。不过，违反行为必须是确实发生并被发现和举报过的行为。

对行政机关的雇员来说，有一些要求是苛刻的。雇员的膳食、点心、旅行或娱乐花费都不能由寻求官方支持行动的人或由与政府有业务往来的人来支付，或由其活动为政府机构管制或由雇员履行或不履行官方责任对其有实质性影响的人来支付。这些都是礼物，因此被禁止。虽然，规定可能有例外情况，但雇员却不知如何处理与其机构委托人的关系。[46]考虑到政府雇员与工商业经理、私人律师和院外活动家在收入上的差距，看来他们只能以费用分摊的方式在适当的饭店里就餐了。

在限制性法规与实施条款范围内和在利益冲突很普通的领域内，州政府和地方政府的做法不太一样。在一次棘手的工作中，联邦调查局只接受调查 105 起纽约州市政官员涉嫌受贿的案件，第 106 起案件因太小而被拒绝立案调查。[47]在别处，具有采购和授予合同权力的地方民选官员却要求并接受供应商和合同订立者的佣金。在俄克拉荷马州，联邦法院宣布 231 名有这种行为的县一级民选官员中的 175 名有
383 罪，密西西比州也出现过类似的事情。[48]这三种情况的一个显著特征是，由联邦调查局、联邦检察官和联邦法院而非它们在州和地区一级的对应部门进行调查、起诉和宣判工作。

离开政府部门后的活动

对任命官离开政府后活动的约束与对未来的和在任的任命官的严重压抑相称。谨慎的前瞻可能使人们不敢接受政府职位。根据以前在职的工作责任和级别，法令的强制力及其适用期限各不相同。（1）任何政府事务（例如案件、合同）的前任雇员永远不能亲自并实质性介入，代表另一党派或对事务施加个人影响。（2）在离开政府岗位的两年内，他不可以干预离职前最后一年职责范围内的事务，即使这些事务由其下级而非本人亲自处理。（3）更宽泛的是，在离职后的一年内，任何高级官员（GS—17 级及此级以上的）不可以代表其他人影响他先前所在机构的官方行动（不管他是否涉及，或对相关问题负有责任）。（4）最后，在离职一年内，任何前任的重要高级官员（内阁部长级官员或总统行政办公厅里的高级行政官）不可以以相同方式影响任何高级行政官及其曾领导的机构，违反者将受到刑事和民事惩罚。[49]

所有这些都没有关上使离职后的官员在与其任职期间有往来的公司里找到工作的“旋转门”。[50]但 1988 年的法案实际上对国防部和 NASA 的采购官员关上了这扇门。它规定那些参与联邦采购活动或批准授予及变更采购合同的人在离职后的两年内，不能以任何方式在合同协商过程中担任与政府签约一方的代理人，也不能为了供应商的利益，亲自并实质性参与这种采购合同的履行。[51]这一法律的执行是无力的，鉴于它对国防部招募和留用采购官员的负面影响，国会两次暂停实施该法律。[52]

这些条款的首要目标是防止政府工作人员采取摇摆的立场。它们也是为了提供一个冷却期，使前任雇员无法利用在工作中形成的伙伴关系和认识的熟人影响机构的决策过程。律师和未来的院外游说者可能发觉，对离职后日常活动的约束是阻止
384 他们接受公职的因素，因为有能力的候选人可能不愿使自己失去以后在私人部门工作的机会。大约 12 000 名前国防部雇员为防务承包商工作，三分之一在部里承担责任的人为防务承包商做工作，包括五分之一的人在与其国防部工作时相同的项目上为防务承包商工作。[53]

一些被指控为以公谋私的重要事例阐明了防止前任官员利用公职谋取私利的必要性。1987 年 12 月，迈克尔·K·迪弗（Michael K. Deaver），里根总统的密友和前任副总参谋长，因在接受当事人每年 25 万美元或更多的酬劳并为其游说白宫和其他官员事情上欺骗大陪审团和国会委员会而被判刑。1989 年 6 月，对林·诺夫齐

格（Lyn Nofziger）这位前白宫政治顾问因违反离职后不得游说禁令而被判有罪的宣判，由于伦理法规上模棱两可的规定，在上诉时被推翻。[54]没有法律可以制裁前内政部长詹姆斯·瓦特（James Watt），他与住房及城市发展部部长塞缪尔·R·皮尔斯（Samuel R. Pierce）进行了半个小时的会谈，还八次致电住房及城市发展部请求政府补助低收入阶层住房项目的开发商，并且从中收取了30万美元的酬金。[55]

大约一半的州政府都有这种旋转门式的法律，其中一些不仅涉及州政府的工作人员，也涉及地方政府的工作人员。但是，一旦缺乏这些法律和地方条例，或者这些法律和地方条例软弱无力，那么任何事情都会发生。[56]

困境

把公共官员的伦理当做通过任前取消资格和禁止不道德行为来保证的东西，是一种消极的途径，带有不信任人类本性的浓厚色彩。公正得不容置疑的公共官员并非靠假定他们不会做出法律明确禁止的行为而树立名声的。正如威尔弗雷德·希德（Wilfrid Sheed）的一个剧中人所说的："我不知道，也许你不得不像小提琴手那样一开始就行为得体。"[57]也许，招募政治执行官应将对品质的要求高度集中在任命的资格条件上。这与通过联邦调查局的调查和其他征询方式试图发现候选人过去是否有一旦进入公共领域，将给行政当局造成政治麻烦的污点的做法不一样。

然而，候选人和高层政府任命官增加，其中有些人的品格就令人担忧。[58]为了使他们不能获得公职，或禁止其在政府中的不道德行为，就需要辅助性的防范措施。另一方面，詹姆斯·麦迪逊写道：

> 这可能对人类本性产生坏的印象，但为控制政府滥用权力，这种设置似乎是必要的。但是，政府本身除了是导致人类本性坏印象的最大组织外，它又是什么呢？……建构一个人管人的政府，最大的困难在于：首先，你必须使政府有能力控制被治理的人；下一步，必须使政府能控制自己。依靠人们无疑是控制政府的首要办法；但经验已告诉人类辅助防范措施是必要的。[59] 385

这些防范措施的不足，在于它们过于详尽、令人难以忍受，在于许多受人尊敬的男性和女性在获得公职前，必须与少数有污点的候选人一样经历繁琐复杂的程序，在于它们无疑打击了能力强的人愿意被委任的热情。正如艾伦·韦达夫斯基（Aaron Wildavsky）指出的，"我们是如此艰难努力地防范恶行，以致也使好人难以在政府中和为政府尽心尽职。"[60]我们需要不牺牲公共利益保护机制而节制这些阻碍因素的改革。

就所关注的后一问题，一位特别检察官在一起离职后游说案例中向国会提出了建议，"目前的（1978）《政府伦理法案》基本上无法实施，而且它对公众的保护不过是种幻觉"，他说，这法令充斥着"隐晦的定义和无意义的豁免情况，使得这一法令陷入潜在的合理的被质疑的困境。"[61]尽管存在着这一法令，一位历史学家得出结论："里根政府在有关利益冲突的指控和丑闻方面汇集了自艾森豪威尔政府以来最糟糕的纪录"。[62]

14.3 公　职

最后，让我们回到对公职充满热忱、尊重官僚责任与道德行为要求、熟知并忠诚于宪政与民主制度的文官的招募和留用问题上。逐渐灌输这些价值是社会的任务，这依赖于家庭、学校和一代同龄人的相互交流。沃尔克委员会（Volcker Commission）发现各级教育当局都不重视这一任务。[63]奇怪的是，虽然更关心社区服务的一代大学生已代替了"我优先"的一代，但大学生们的职业选择仍受财富追求的严重影响。1987 年，76%的大学新生认为"富有是重要的"，比 1966 年的 41%
386 提高了许多。[64]"在 10%平均为 3.5 年级的高年级学生中，只有 2%的人打算进入公职。在重要学院的高年级优等学生中，不到 5%的人愿意选择在政府工作，而超过三分之一的人希望到大公司工作。"[65]这与欧洲文官的招聘情况形成了鲜明的对比。

如果美国政府打算招募并留住数量颇多的国家优秀人才，就必须做好大量的事情。对美国政府而言，最迫切的要求是提供合理的薪金，即使不能完全做到，也应提供可与私人部门相竞争的工作机会。大学和学院要鼓励文官接受再教育和安排研究生与本科生课程以使学生具备政府职业能力。[66]同过去相比，这些能力包含着更多的内容。公共行政主要不再是政府纲要的实施。如今，公共行政的大部分工作由代理人进行管理，它主要是对第三部门——州政府与地方政府、以营利为目的的企事业单位和非营利性组织的活动进行授权和监督。这要求相当的精密度，并使我们不断地意识到凌驾于非官方代理人之上并吸取它们能量的政府的责任是不同的。

政府需要提供吸引最有才能的公民加入公职并热爱它的激励机制和机会。这样，绝大多数有才华的人将乐于迎接这样的挑战，帮助"建立一个更完善的联邦，树立正义，确保内部安宁，提供共同防御，增进公共福利，并保证我们自身和子孙后代的自由和幸福"[67]。受这些机会的鼓舞，他们将认识到，正如布什总统所说的，公职是"最高尚和伟大的职业"[68]。

注释

[1] *Responses of the Presidents to Charges of Misconduct*, ed. C. Vann Woodward (New York: Dell, 1974), 9.

[2] John P. Burke, *Bureaucratic Responsibility* (Baltimore: Johns Hopkins University Press, 1986), 10. 他声称，这一理论看来太冒失了，"正式法律学说的基本观点之一是官僚在制定或执行政策时都没有裁量权"（第 11 页）。正式法律学说的一个较可比的概念是主要代理人关系法定理论，它允许代理人代表自身主要利益来运用裁量权。

[3] See Douglas Yates, *Bureaucratic Democracy: The Search for Democracy and Efficiency in American Government* (Cambridge: Harvard University Press, 1982), esp. 8－61; and Arthur M. Okun, *Equality and Efficiency: The Big Tradeoff* (Washington, D. C.: Brookings Institution, 1975).

[4] Judith E. Gruber, *Controlling Bureaucracies: Dilemmas in Democratic Governance* (Berkeley: University of California Press, 1987), esp. 202－214.

[5] 这点没有保证。正如第 13 章提出的，行政管理和预算局要求管制机构提交建议的研究和 OMB 审查之用的规则，这导致里根政府时期的 OMB 拒绝了一些重要的、使法定命令紧密协调的管制创意。

[6] Norton Long, "Bureaucracy and Constitutionalism," *American Political Science Review* 46 (September 1952): 814. Cf. Samuel Krislov and David H. Rosenbloom, *Representative Bureaucracy and the American Political System* (New York: Prager, 1981).

[7] Michael Wines, "Justice Department Lawyers Assail Anti-Abortion Effort," *New York Times*, 26 March 1989.

[8] William F. West and Joseph Cooper, "Legislative Influence v. Presidential Dominance: Competing Models of Bureaucratic Control," *Political Science Quarterly* 104, no. 4 (1989－90); 581－606; Christopher H. Foreman, Jr., *Signals from the Hill: Congressional Oversight and the Challenge of Social Regulation* (New Haven: Yale University Press, 1988).

[9] 在从 1955 年到 1990 年的三分之二时间里，政府由不同政党把持。"政党政府"理论的含义，参见 James L. Sundquist, "Needed: A Political Theory for the New Era of Coalition Government in the United States," *Political Science Quarterly* 103 (Fall 1988): 613－635.

[10] Gruber, *Controlling Bureaucracies*, 121－148.

[11] Bernard Rosen, *Holding Government Bureaucracies Accountable* (New York: Praeger, 1982); *Revitalizing Federal Management: Managers and Their Overburdened Systems*, A Panel Report of the National Academy of Public Administration (Washington, D. C.: National Academy of Public Administration, 1983).

[12] See Burke, *Bureaucratic Responsibility*, 7 and 152. 然而，在第 8 章中，他提醒人们小心对专业技能的过度依赖。

[13] Peter Self, *Administrative Theories and Politics* (London: Allen and Unwin, 1972), 277－278. (Emphasis in original).

[14] "对如何使责任在现代环境下变成现实的最重要想法的需要很迫切，但是，必须承认，尽管对事务现状和过去的责任概念非常不满，我们仍严重缺乏这样的想法。"参见 *The Dilemma of Accountability in Modern Government*, ed. Bruce L. R. Smith and D. C. Hague (New York: St. Martin's Press, 1971), 28.

[15] 参见第 11 章有关"反馈的重要性"的讨论。

[16] 有关这种内部控制途径的普遍性和不足，参见 U. S. Comptroller General, *Federal Agencies Can and Should Do More to Combat Fraud in Government Programs* (Washington, D. C.: Government Printing office, 1978); Jerome B. McKinney and Michael Johnston, eds., *Fraud, Waste, and Abuse in Government: Causes, Consequences, and Cures* (Philadelphia: Institution for the Study of Human Issues, 1986)。

[17] Michael Lipsky, *Street-Level Bureaucracy* (New York: Russell Sage Foundation, 1980).

[18] *Serve with Honor: Report of the President's Commission on Federal Ethics Law Reform*, March 1989 (Washington, D. C.: Government Printing Office, 1989), 104－108. 绝大多数违反者是重罪犯，被处以最高 25 万美元的罚款和 2 年监禁。该委员会提出并在 1989 年的《伦理改革法》中增加了民事处罚和禁令救济条款。

［19］“艾克曼辩护”（一个纳粹认为自己没有罪，因为他只是做了上级让他做的事情）在美国对其的刑事指控辩护中不能成立。在诺思的案子中，联邦地区法官发布命令想影响陪审团。然而，陪审团不理睬这些命令，法官的审判建立在诺思只是做了上司要他做的事情的事实上。后来，诺思的上司，阿德迈瑞拉·约翰·波德克斯特因向国会撒谎而被判有罪。

［20］James Coates and Michael Killian, *Heavy Losses: The Dangerous Decline of American Defense* (New York: Viking, 1985), 103; A. Ernest Fitzgerald, *The Pentagonists: An Insider's View of Waste, Mismanagement, and Fraud in Defense Spending* (Boston: Houghton Mifflin, 1989). 更广泛的内容参见 Myron Peretz Glazer and Penina Migdal Glazer, *The Whistleblowers: Exposing Corruption in Government and Industry* (New York: Basic Books, 1989).

［21］Public Law 101-102, 10 April 1989.

［22］U. S. Merit Systems Protection Board, *Whistleblowing in the Federal Government: An Update* (Washington, D. C.: Government Printing Office, 1993).

［23］General Accounting Office, *Whistleblower Protection: Reasons for Whistleblower Complainants' Dissatisfaction Need to be Explored*, CGD-94-21, November 1993.

［24］Inspector General Act of 1978, Public Law 95-452. 其他 32 名总检察长由其他机构首长任命。See General Accounting Office, *Inspectors General: Information on Vacancies and Previous Experience* (Washington, D. C.: Government Printing Office, 1990); Eileen Siedman, "Toothless Junk-Yard Dogs?" *Bureaucrat* 18 (Winter 1989-1990): 6-8; and Sherman Funk and Eileen Siedman, "Are Inspectors General Toothless Junk-Yard Dogs?" *Bureaucrat* 19 (Spring 1990): 7-8.

［25］"Quis custodiet ipsos custodes?", Juvenal, Satires, line 347. 比起 "Who'll be guarding the guards?" "Who is the keep guard over the guard?" 等标准译法，我们的译法更直接、更少歧义——尤其当朱维纳的用意是指不能信任宦官能监督好某男的情妇。

［26］关于行政组织和程序的重设的经典论证参见 Martin Landau, "Redundancy, Rationality, and Problem of Duplication and Overlap," *Public Administration Review* 29 (July-August, 1969): 346-348。

［27］例如，直到 20 世纪 50 年代，会计总署、财政部和预算局才各自规定机构会计制度必须提供的信息的种类。

［28］Smith and Hague, *Dilemma of Accountability*, 29.

［29］我们不应像一个学者所说的那样来解释：“官僚不应决定他们应该遵守哪些相互竞争的命令，他们也不应自己降低不可能的过高预期。但是，他们不应该拒绝‘将事情做好’，他们应该鼓励上级作出合适的决定。”并且，“官僚有责任确保政策制定者为他们的政策工作提供所需的资源。”Burke, *Bureaucratic Responsibility*, 51, 82.

［30］如果法院要求解释某一法令（不是宪法），这一机构可以寻求国会修改该法律。但是，这种事情不可能成功，除非它有着决定性的影响。

［31］Albert O. Hirschman, *Exit, Voice, and Loyalty: Responses to Decline in Firms, Organizations, and States* (Cambridge: Harvard University Press, 1970). 流行的文献总体上夸大了退出的轻易。立刻失去收入的前景和在私人部门工作的不确定性，使拉家带口的文官不会轻易辞职。相反，大多数高级政治任命官员凭借其树立的名声和与私人部门的广泛联系，辞职后可找到一份工资更高的工作。也要考虑到：辞职官员造成的影响通常只相当于某一天的新闻小事。

［32］See Carl J. Friedrich, "Public Policy and the Nature of Administrative Responsibility," in *Public Policy*, ed. Carl J. Friedrich and E. S. Mason (Cambridge: Harvard University Press, 1940), 3-24; and Herman finer, "Administrative Responsibility in Democratic Government," *Public Administration Review* 1 (Summer 1941): 335-350.

[33] 20世纪80年代的道德崩溃是有关政府道德规范文献大量出现的部分原因。See John A. Rohr, *Ethics for Bureaucrats: An Essay on Law and Values*, 2d ed. (New York: Marcel Dekker, 1989); James S. Bowman and Frederick A. Elliston, eds., *Ethics, Government, and Public Policy: A Reference Guide* (Westport, Conn.: Greenwood Press, 1988); Robert N. Roberts, White House Ethics: *The History of the politics of Conflict of Interest Regulation* (Westport, Conn.: Greenwood Press, 1988).

[34] G. Calvin Mackenzie, "'If You Want to Play, You've Got to Pay': Ethics Regulation and the Presidential Appointments System, 1964 - 1984," in *The In-and-Outers: Presidential Appointees and Transient Government in Washington*, ed. G. Calvin Mackenzie (Baltimore: Johns Hopkins University Press, 1987), 77.

[35] 对政府道德办公室的评价各异，一位国会议员说它"就像Valium上一只无牙的狸"，又有人认为考虑到其工作人员的数量很少，它的工作已很突出（1988年有27人；后来有所增加）。Clifford D. May, Office of Government Ethics: Taking Lots of Heat from and about Meese, *New York Times*, 8 July 1987; Government Accounting Office, *Ethics: Office of Government Ethics' Policy Development Role* (1988), and *The Public Service: Issues Affecting Its Quality, Effectiveness, Integrity, and Stewardship* (Washington, D.C.: Government Printing Office, 1989), 49.

[36] *To Serve with Honor: Report of the President's Commission on Federal Ethics Law Reform*, March 1989, (Washington, D.C.: Government Printing Office, 1989); *Weekly Compilation of Presidential Documents* 25 (12 April 1989): 525–534. See also Executive Order 12674, 12 April 1989, ibid., 526–528.

[37] Public Law 101–194, 30 November 1989. 这一法案的确涉及立法和司法机关绝大多数的道德要求，并随制度差异而调整。

[38] "Remarks to the American Society of Newspaper Editors," 12 April 1989, in *Weekly Compilation*, 531–534, at 532.

[39] *Leadership in Jeopardy: The Fraying of the Presidential Appointments System* (Washington, D.C.: National Academy of Public Administration, 1985), 13.

[40] *To Serve with Honor*, 25.

[41] 假如资金要公开交易或基金的资产多样化，并且在任何情况下，任命官员不能控制基金的资产买卖。这种基金可能是一种互助基金，受管制的投资公司、养老金或分期补偿计划、或是其他投资基金。

[42] Mackenzie, "If You Want to Play," 85–86.

[43] Ibid.

[44] *Leadership in Jeopardy*, 11–12. 这份报告指出："农业部负责农村发展的助理部长的候选人要接受与国防部长候选人一样的背景调查。"

[45] General Accounting Office, *Ethic Enforcement: Filing and Review of the Attorney General's Financial Disclosure Report* (Washington, D. C.: Government Printing Office, 1987).

[46] 例如，一份年度财务公开报告只需列明总计250美元或250美元以上的礼物的来源。An intendedly clarifying, but confusing, document: Inspector General, Department of Defense, *Defense Ethics: A Standards of Conduct Guide for DOD Employees* (Washington, D.C.: Government Printing Office, 1989).

[47] Ralph Blumenthal, "Public Officials Around the State Accepted 105 of 106 Bribes Offered, the FBI Says," *New York Times*, 12 August 1987. New York City was in 1986 - 1987 beset with corruption problems. See "Tangled Strands: Anatomy of the New York City Scandals," *New York Times*, 23 March 1987. 有关州政府1987年伦理法的实施的情况，参见 Elizabeth Kolbert, Once-Feared, Albany Ethics

Law Leaves Mainly Annoyance，*New York Times*，3 September 1989.

[48] Ronald Smothers，"Political Graft Charges Mounting in Mississippi，" *New York Times*，20 October 1987.

[49] 18 *U. S. Code of Federal Regulations* 207.

[50] 一个尴尬的问题是，刑法禁止他们参与可能影响他们想谋职的公司财务利益的政府事务。考虑到他们在以后的日子里将有很多谋职的机会，解决办法是要他们在辞职前几个月提出辞职要求。

[51] 102 U. S. Statutes 4065；10 *U. S. Code of Federal Regulations* 2397 b and c.

[52] General Accounting Office，*DOD Revolving Door：Few Are Restricted from Post-DOD Employment and Reporting Has Some Gaps*（Washington，D. C.：Government Printing Office，1990）；Andrew Rosenthal，"Worry on Government Recruiting Prompts Vote to Delay Ethics Law，" and "House，Like Senate，Votes to Delay Ethics Law，" *New York Times*，13 and 16 May 1989.

[53] General Accounting Office，*DOD Revolving Door：Post-DOD Employment May Raise Concerns*（Washington，D. C.：Government Printing Office，1987）.

[54] "Deaver Abandons Appeals on Convictions for Perjury，" *New York Times*，5 February 1989. 他的判决是 10 万美元罚款和 1 500 小时的社区工作，editorially criticized as "a slap on the wrist." "Justice Blinked for Michael Deaver，" *New York Times*，28 September 1988；Martin Tolchin，"Court Overturns Guilty Verdict in Nofziger Case，" *New York Times*，28 June 1989. The later 1989 Ethics Reform Act precludes defense claims like Nofziger's.

[55] Philip Shenon，"What Details Role for ＄400 000 Fees，" *New York Times*，10 June 1989. 1989 年的伦理改革法禁止前任内阁成员在离职后的一年里为总统候选人进行游说。Jason DeParle，"Robin HUD' Given a Stiff Sentence，" *New York Times*，23 June 1990.

[56] Neal R. Peirce，"Locals，Too，Exit through the Revolving Door，" *National Journal* 18（21 June 1986）：1556.

[57] 引自 Wilfrid Sheed 的评论，*The Boys of Winter*（New York：Knopf，1987），*New York Times Book Review*，2 August 1987.

[58] 一个报告说，在 6 年中超过 100 名的里根政府雇员面临着道德上或法律上的指控。这个数字是史无前例的。"Morality Among the Supply-Siders，" *Time*129，（25 July 1987）：18-20，at 18. Individual cases are detailed there and in "Scandals，Etc.，From A to Z，" *National Journal* 13（14 January 1984）：92-93. 1988 年 3 月 30 日，众议院文官委员会女主席 Patricia Schroeder 宣布了一份里根时期 242 名违反道德法官员的名单，当然，有些认定缺乏证据。

[59] No. 51 of *The Federalist Papers*，ed. Jacob E. Cooke（Middletown，Conn.：Wesleyan University Press，1961），349. 麦迪逊在这里论证了检察与制衡制度。

[60] Aaron Wildavsky，"Ubiquitous Anomie：Public Service in an Era of Ideological Dissensus，" *Public Administration Review* 48（July/August 1988）：753-755，at 754.

[61] Whitney North Seymour，Jr.，quoted in Martin Tolchin，"Deaver Prosecutor Asks Tougher Conflict Laws，" *New York Times*，19 December 1987. Seymour 以伪证罪而不是违反关于离职后游说的道德规定起诉 Deaver，因为政府道德办公室依据其行政自由裁量权向九个单位派出了政府道德办公室的分支机构，Deaver 所接触的没有一个是"他的"前任机构，除了白宫。General Accounting Office，*Ethics Regulations：Compartmentalization of Agencies Under the Ethics in Government Act*（Washington，D. C.：Government Printing Office，1987），13-17. 1989 年的伦理改革法排除了行政办公室分离的情况。

[62] Carl M. Brauer，*Presidential Transitions：Eisenhower through Reagan*（New York：Oxford University Press，1986），232. 一位《纽约时报》的编辑甚至说："里根总统指挥的是有史以来最腐败的政

府——这与格兰特、哈丁和尼克松政府不能相比，也没这个必要。”也可参见“The Reagan Swamp,” *New York Times*, 26 June 1989.

[63] *Leadership for American*: *Rebuilding the Public Service*, Report of the National Commission on the Public Service (Lexington, Mass.: Lexington Books, 1989), 25, and Task Force Report, 178-179, 199.

[64] Ibid., Task Force Report, 177.

[65] Derek Bok, "'A Daring and Complicated Strategy,'" *Harvard Magazine*, May-June 1989, 47-58, at 49. 博克是沃尔克委员会教育与培训工作组的主席。

[66] Ibid; and *Leadership for America*, Task Force Reports, 185-191. 博克的文章、他的 1987—1988 年度校长报告提供了一种对哈佛大学肯尼迪政府学院的肯定而又重要的评论。

[67] Preamble to the Constitution of the United States.

[68] "Remarks to the Members of the Senior Executive Service," 26 January 1989, *Weekly Complication of Presidential Documents* 25, 117-119.

缩 语 表

ACLU　American Civil Liberties Union　美国公民自由联盟
ACWA　Administrative Careers with America　美国行政职业
AEC　Atomic Energy Commission　原子能委员会
AFDC　Aid to Families with Dependent Children　有子女负担的家庭补助计划
AFSCME　American Federation of State, County, and Municipal Employees　美国州、县和市雇员联合会
AIDS　Acquired Immune Deficiency Syndrome　艾滋病
AMTRAK　National Railroad Passenger Corporation　全国铁路乘客公司
APA　Administrative Procedure Act　行政程序法
BOB　Bureau of the Budget　预算局
CBO　Congressional Budget Office　国会预算局
CEA　Council of Economic Advisors　经济顾问委员会
CEQ　Council on Environmental Quality　环境质量委员会
CFR　Code of Federal Regulation　联邦管制准则
CPI　Consumer Price Index　消费价格指数
CPSC　Consumer Product Safety Commission　消费品安全委员会
DIA　Defense Intelligence Agency　国防部情报局
DOD　Department of Defense　国防部
DOE　Department of Energy　能源部
DOEd　Department of Education　教育部
DOT　Department of Transportation　交通部
EDA　Economic Development Administration　经济发展署
EEOC　Equal Employment Opportunity Commission　平等就业机会委员会
EOP　Executive Office of the President　总统行政办公厅

EPA	Environmental Protection Agency	环境保护署
FBI	Federal Bureau of Investigation	联邦调查局
FDA	Federal Drug Administration	联邦药物管理局
FDIC	Federal Deposit Insurance Corporation	联邦储蓄保险公司
Fed	Federal Reserve Board	联邦储备委员会
FEI	Federal Executive Institute	联邦行政学院
FLRA	Federal Labor Relations Authority	联邦劳工关系局
FPC	Federal Power Commission	联邦电力委员会
FTC	Federal Trade Commission	联邦贸易委员会
GAO	General Accounting Office	会计总署
GDP	Gross domestic product	国内生产总值
GRH	Gramm-Rudman-Hollings Act	格拉姆—拉德曼—霍林斯法
GS	General Schedule of Classification and Pay	一般行政级分类工资表
HCFA	Health Care Financing Administration	医疗照顾补贴署
HEW	Department of Health, Education, and Welfare	卫生、教育及福利部
HHS	Department of Health and Human Services	卫生及公众服务部
HUD	Department of Housing and Urban Development	住房及城市发展部
ICC	Interstate Commerce Commission	州际商业委员会
IRS	Internal Revenue Service	国税局
MBO	Management by Objectives	目标管理
MSPB	Merit System Protection Board	功绩制保护委员会
NAACP	National Association for the Advancement of Colored People	全国有色人种进步协会
NAPA	National Academy of Public Administration	国家公共行政学院
NASA	National Aeronautics and Space Administration	国家航空航天总局
NCSL	National Council of State Legislatures	全国州立法机关委员会
NEA	National Education Association	国家教育协会
NIH	National Institutes of Health	国立卫生研究所
NIMBY	"Not in my back yard"	"禁入后院"
NPR	National Performance Review	国家绩效评估委员会
NRA	National Recovery Administration	国家复兴委员会
NRDC	National Resources Defense Council	自然资源保护委员会
NSC	National Security Council	国家安全委员会
NSF	National Science Foundation	国家科学基金会
OASDI	Old Age, Survivors, and Disability Insurance	老年人、遗属和残疾人保险
OD	Organization Development	组织发展
OECD	Organization of Economic Cooperation and Development	经济合作与发展组织
OGE	Office of Government Ethics	政府伦理办公室
OMB	Office of Management and Budget	行政管理与预算局
OPA	Office of Price Administration	价格管理局
OPM	Office of Personnel Management	人事管理局
OSHA	Occupational Safety and Health Administration	职业安全与健康管理局
OTA	Office of Technology Assessment	技术评估局

PACE	Professional and Administration Career Examination	专业与行政职业考试
PPBS	Planning-Programming-Budgeting System	规划—计划—预算制度
RIF	Reductions in force	有效精简
SEC	Securities and Exchange Commission	证券和交易委员会
SES	Senior Executive Service	高级行政官制
SSA	Social Security Administration	社会保障管理局
TQM	Total Quality Management	全面质量管理
TVA	Tennessee Valley Authority	田纳西流域管理局
USCG	U. S. Coast Guard	美国海岸警卫队
USDA	U. S. Department of Agriculture	美国农业部
USPS	U. S. Postal Service	美国邮政管理局
VA	Veterans Administration	退伍军人管理局
ZBB	Zero-base budgeting	零基预算

术语索引

本索引根据原英文版索引制作而成，所引页码为英文页码，即本书边码。“n”表示原文的注释；“[ ]”中的数字，表示该注释所在的章。

人名索引

本索引根据原英文版索引制作而成，所引页码为英文页码，即本书边码。
“n”表示原文的注释；“[ ]”中的数字，表示该注释所在的章。

人大版公共管理类翻译（影印）图书

公共行政与公共管理经典译丛

书名	著译者	定价
公共管理名著精华：“公共行政与公共管理经典译丛”导读	吴爱明　刘晶　主编	49.80 元

经典教材系列

书名	著译者	定价
公共管理导论（第三版）	［澳］欧文·E·休斯　著 张成福 等　译	39.00 元
政治学（第三版）	［英］安德鲁·海伍德　著 张立鹏　译	49.80 元
公共政策分析导论（第四版）	［美］威廉·N·邓恩　著 谢明 等　译	49.00 元
公共政策制定（第五版）	［美］詹姆斯·E·安德森　著 谢明 等　译	46.00 元
公共行政学：管理、政治和法律的途径（第五版）	［美］戴维·H·罗森布鲁姆 等　著 张成福 等　译校	58.00 元
比较公共行政（第六版）	［美］费勒尔·海迪　著 刘俊生　译校	49.80 元
公共部门人力资源管理：系统与战略（第四版）	［美］唐纳德·E·克林纳 等　著 孙柏瑛 等　译	49.80 元
公共部门人力资源管理（第二版）	［美］埃文·M·伯曼 等　著 萧鸣政 等　译	49.00 元
行政伦理学：实现行政责任的途径（第五版）	［美］特里·L·库珀　著 张秀琴　译　音正权　校	35.00 元
民治政府——美国政府与政治（第二十版）	［美］詹姆斯·麦格雷戈·伯恩斯 等　著 吴爱明 等　译	69.80 元
比较政府与政治导论（第五版）	［英］罗德·黑格　马丁·哈罗普　著 张小劲 等　译	48.00 元
公共组织理论（第五版）	［美］罗伯特·B·登哈特　著 扶松茂　丁力　译　竺乾威　校	32.00 元
公共组织行为学	［美］罗伯特·B·登哈特 等　著 赵丽江　译	49.80 元
组织领导学（第五版）	［美］加里·尤克尔　著 陶文昭　译	49.80 元
公共关系：职业与实践（第四版）	［美］奥蒂斯·巴斯金 等　著 孔祥军 等　译　郭惠民　审校	68.00 元
公用事业管理：面对 21 世纪的挑战	［美］戴维·E·麦克纳博　著 常健 等　译	39.00 元
公共预算中的政治：收入与支出，借贷与平衡（第四版）	［美］爱伦·鲁宾　著 叶娟丽　马骏 等　译	39.00 元
公共行政学新论：行政过程的政治（第二版）	［美］詹姆斯·W·费斯勒 等　著 陈振明 等　译校	58.00 元
公共和第三部门组织的战略管理：领导手册	［美］保罗·C·纳特 等　著 陈振明 等　译校	43.00 元
公共行政与公共事务（第十版）	［美］尼古拉斯·亨利　著 孙迎春　译	52.00 元
公共管理案例教学指南	［美］小劳伦斯·E·列恩　著 郄少健 等　译　张成福 等　校	26.00 元

书名	著译者	定价
公共管理中的应用统计学（第五版）	[美] 肯尼思·J·迈耶 等 著 李静萍 等 译	49.00 元
现代城市规划（第五版）	[美] 约翰·M·利维 著 张景秋 等 译	39.00 元
非营利组织管理	[美] 詹姆斯·P·盖拉特 著 邓国胜 等 译	38.00 元
非营利组织战略营销（第五版）	[美] 菲利普·科特勒 等 著 孟延春 等 译	58.00 元
公共财政管理：分析与应用（第六版）	[美] 约翰·L·米克塞尔 著 白彦锋 马蔡琛 译 高培勇 等 校	69.90 元
企业与社会：公司战略、公共政策与伦理（第十版）	[美] 詹姆斯·E·波斯特 等 著 张志强 等 译	59.80 元
公共行政学：概念与案例（第七版）	[美] 理查德·J·斯蒂尔曼二世 编著 竺乾威 等 译	75.00 元
公共管理中的量化方法：技术与应用（第三版）	[美] 苏珊·韦尔奇 等 著 郝大海 等 译	39.00 元
公共与非营利组织绩效考评：方法与应用	[美] 西奥多·H·波伊斯特 著 肖鸣政 等 译	35.00 元
政治体制中的行政法（第三版）	[美] 肯尼思·F·沃伦 著 王丛虎 等 译	78.00 元
政府与非营利组织会计（第 12 版）	[美] 厄尔·R·威尔逊 等 著 荆新 等 译校	79.00 元
政治科学的理论与方法（第二版）	[英] 大卫·马什 等 编 景跃进 张小劲 欧阳景根 译	38.00 元
公共管理的技巧（第九版）	[美] 乔治·伯克利 等 著 丁煌 主译	59.00 元
领导学：理论与实践（第五版）	[美] 彼得·G·诺斯豪斯 著 吴爱明 陈爱明 陈晓明 译	48.00 元
领导学（亚洲版）	[新加坡] 林志颂 等 著 顾朋兰 等 译 丁进锋 校译	59.80 元
领导学：个人发展与职场成功（第二版）	[美] 克利夫·里科特斯 著 戴卫东 等 译 姜雪 校译	69.00 元
二十一世纪的公共行政：挑战与改革	[美] 菲利普·J·库珀 等 著 王巧玲 李文钊 译 毛寿龙 校	45.00 元
行政学（新版）	[日] 西尾胜 著 毛桂荣 等 译	35.00 元
官僚政治（第五版）	[美] B·盖伊·彼得斯 著 聂露 等 译	39.80 元
理解公共政策（第十二版）	[美] 托马斯·R·戴伊 著 谢明 译	45.00 元
公共政策导论（第三版）	[美] 小约瑟夫·斯图尔特 等 著 韩红 译	35.00 元
公共政策分析：理论与实践（第四版）	[美] 戴维·L·韦默 等 著 刘伟 译校	待出
应急管理概论	[美] 米切尔·K·林德尔 等 著 王宏伟 译	55.00 元
公共行政导论（第六版）	[美] 杰伊·M·沙夫里茨 等 著 刘俊生 等 译	65.00 元
城市管理学：美国视角（第六版）	[美] 戴维·R·摩根 等 著 杨宏山 陈建国 译 杨宏山 校	49.00 元

书名	著译者	定价
公共经济学：政府在国家经济中的作用	[美] 林德尔·G·霍尔库姆 著 顾建光 译	69.80 元
公共部门管理（第八版）	[美] 格罗弗·斯塔林 著 常健 等 译 常健 校	75.00 元

公共管理实务系列

书名	著译者	定价
新有效公共管理者：在变革的政府中追求成功（第二版）	[美] 史蒂文·科恩 等 著 王巧玲 等 译 张成福 校	28.00 元
驾御变革的浪潮：开发动荡时代的管理潜能	[加] 加里斯·摩根 著 孙晓莉 译 刘霞 校	22.00 元
自上而下的政策制定	[美] 托马斯·R·戴伊 著 鞠方安 等 译	23.00 元
政府全面质量管理：实践指南	[美] 史蒂文·科恩 等 著 孔宪遂 等 译	25.00 元
公共部门标杆管理：突破政府绩效的瓶颈	[美] 帕特里夏·基利 等 著 张定淮 译校	28.00 元
创建高绩效政府组织：公共管理实用指南	[美] 马克·G·波波维奇 主编 孔宪遂 等 译 耿洪敏 校	23.00 元
职业优势：公共服务中的技能三角	[美] 詹姆斯·S·鲍曼 等 著 张秀琴 译 音正权 校	19.00 元
全球筹款手册：NGO 及社区组织资源动员指南（第二版）	[美] 米歇尔·诺顿 著 张秀琴 等 译 音正权 校	39.80 元

政府治理与改革系列

书名	著译者	定价
新公共服务：服务，而不是掌舵	[美] 珍妮特·V·登哈特 罗伯特·B·登哈特 著 丁煌 译 丁煌 方兴 校	28.00 元
公共决策中的公民参与	[美] 约翰·克莱顿·托马斯 著 孙柏瑛 等 译	28.00 元
再造政府	[美] 戴维·奥斯本 等 著 谭功荣 等 译	45.00 元
构建虚拟政府：信息技术与制度创新	[美] 简·E·芳汀 著 邵国松 译	32.00 元
突破官僚制：政府管理的新愿景	[美] 麦克尔·巴泽雷 著 孔宪遂 等 译	25.00 元
政府未来的治理模式（中文修订版）	[美] B·盖伊·彼得斯 著 吴爱明 等 译 张成福 校	38.00 元
无缝隙政府：公共部门再造指南（中文修订版）	[美] 拉塞尔·M·林登 著 汪大海 等 译	48.00 元
公民治理：引领 21 世纪的美国社区（中文修订版）	[美] 理查德·C·博克斯 著 孙柏瑛 等 译	38.00 元
民营化与公私部门的伙伴关系	[美] E.S. 萨瓦斯 著 周志忍 等 译	39.00 元
持续创新：打造自发创新的政府和非营利组织	[美] 保罗·C·莱特 著 张秀琴 译 音正权 校	28.00 元
政府改革手册：战略与工具	[美] 戴维·奥斯本 等 著 谭功荣 等 译	59.00 元
公共部门的社会问责：理念探讨及模式分析	世界银行专家组 著 宋涛 译校	28.00 元

书名	著译者	定价
公私合作伙伴关系：基础设施供给和项目融资的全球革命	［英］达霖·格里姆赛 等 著 济邦咨询公司 译	29.80 元
非政府组织问责：政治、原则与创新	［美］丽莎·乔丹 等 主编 康晓光 等 译 冯利 校	32.00 元
市场与国家之间的发展政策：公民社会组织的可能性与界限	［德］康保锐 著 隋学礼 译校	49.80 元
建设更好的政府：建立监控与评估系统	［澳］凯思·麦基 著 丁煌 译 方兴 校	30.00 元

学术前沿系列

书名	著译者	定价
公共行政的精神（中文修订版）	［美］H·乔治·弗雷德里克森 著 张成福 等 译 张成福 校	48.00 元
后现代公共行政：话语指向（中文修订版）	［美］查尔斯·J·福克斯 等 著 楚艳红 等 译 吴琼 校	38.00 元
公共行政的合法性：一种话语分析（中文修订版）	［美］O.C. 麦克斯怀特 著 吴琼 译	待出
公共行政的语言：官僚制、现代性和后现代性（中文修订版）	［美］戴维·约翰·法默尔 著 吴琼 译	待出
官僚制内幕	［美］安东尼·唐斯 著 郭小聪 等 译	38.00 元
领导学	［美］詹姆斯·麦格雷戈·伯恩斯 著 常健 孙海云 等 译 常健 校	69.00 元
官僚经验：后现代主义的挑战（第五版）	［美］拉尔夫·P·赫梅尔 著 韩红 译	待出
制度分析：理论与争议（第二版）	［韩］河连燮 著 李秀峰 柴宝勇 译	待出
情绪劳动	［美］玛丽·E·盖伊 等 著 周文霞 等 译	待出

案例系列

书名	著译者	定价
公共管理案例（第五版）	［美］罗伯特·T·戈伦比威斯基 等 主编 汪大海 等 译	28.00 元
组织发展案例：环境、行为与组织变革	［美］罗伯特·T·戈伦比威斯基 等 主编 杨爱华 等 译	29.00 元
公共部门人力资源管理案例	［美］T·赞恩·里夫斯 主编 句华 主译 孙柏瑛 统校	22.00 元
非营利组织管理案例与应用	［美］罗伯特·T·戈伦比威斯基 等 主编 邓国胜 等 译	23.00 元
公共管理的法律案例分析	［美］戴维·H·罗森布鲁姆 等 著 王丛虎 主译	33.00 元
公共政策分析案例（第二版）	［美］乔治·M·格斯 等 著 王军霞 等 译	待出

学术经典系列

书名	著译者	定价
新公共行政	［美］H·乔治·弗雷德里克森 著 丁煌 方兴 译 丁煌 校	23.00 元

公共政策经典译丛

书名	著译者	定价
公共政策评估	[美] 弗兰克·费希尔 著 吴爱明 等 译	38.00 元
议程、备选方案与公共政策（第二版）	[美] 约翰·W·金登 著 丁煌 方兴 译	38.00 元
公共政策工具——对公共管理工具的评价	[美] B·盖伊·彼得斯 等 编 顾建光 译	29.80 元
第四代评估	[美] 埃贡·G·古贝 等 著 秦霖 等 译 杨爱华 校	39.00 元
政策规划与评估方法	[加] 梁鹤年 著 丁进锋 译	39.80 元

当代西方公共行政学思想经典译丛

书名	编译者	定价
公共行政学中的批判理论	戴黍 牛美丽 等 编译	29.00 元
公民参与	王巍 牛美丽 编译	45.00 元
公共行政学百年争论	颜昌武 马骏 编译	49.80 元
公共行政学中的伦理话语	罗蔚 周霞 编译	45.00 元

当代世界学术名著

书名	著译者	定价
政策悖论：政治决策中的艺术（修订版）	[美] 德博拉·斯通 著 顾建光 译	58.00 元
公共行政的语言——官僚制、现代性和后现代性	[美] 戴维·约翰·法默尔 著 吴琼 译	49.80 元
公共行政的精神	[美] 乔治·弗雷德里克森 著 张成福 等 译	45.00 元
公共行政的合法性——一种话语分析	[美] O.C. 麦克斯怀特 著 吴琼 译	48.00 元

卓越领导

书名	著译者	定价
领袖	[美] 詹姆斯·麦格雷戈·伯恩斯 著 常健 等 译	49.00 元
特立独行：从肯尼迪到小布什的总统领导艺术	[美] 詹姆斯·麦格雷戈·伯恩斯 著 吴爱明 等 译	39.80 元
创新型领导艺术：激发团队创造力	[英] 约翰·阿代尔 著 吴爱明 等 译	25.00 元
创造性思维艺术：激发个人创造力	[英] 约翰·阿代尔 著 吴爱明 等 译	25.00 元

公共管理英文版教材系列

书名	作者	定价
公共管理导论（第三版）	[澳] Owen E. Hughes （欧文·E·休斯） 著	28.00 元
理解公共政策（第十二版）	[美] Thomas R. Dye （托马斯·R·戴伊） 著	34.00 元

书名	作者	定价
公共行政学经典（第五版）	［美］Jay M. Shafritz（杰伊·M·莎夫里茨）等 编	59.80 元
组织理论经典（第五版）	［美］Jay M. Shafritz（杰伊·M·莎夫里茨）等 编	46.00 元
公共政策导论（第三版）	［美］Joseph Stewart，Jr.（小约瑟夫·斯图尔特）等 著	35.00 元
公共部门管理导论（第六版）	［美］Grover Starling（戈文·斯塔林） 著	49.80 元
政治学（第三版）	［英］Andrew Heywood（安德鲁·海伍德） 著	35.00 元
公共行政导论（第五版）	［美］Jay M. Shafritz（杰伊·M·莎夫里茨）等 著	58.00 元
公共组织理论（第五版）	［美］Robert B. Denhardt（罗伯特·B·登哈特） 著	32.00 元
公共政策分析导论（第四版）	［美］William N. Dunn（威廉·N·邓恩） 著	45.00 元
公共部门人力资源管理：系统与战略（第六版）	［美］Donald E. Klingner（唐纳德·E·克林纳）等 著	待出
公共行政与公共事务（第十版）	［美］Nicholas Henry（尼古拉斯·亨利） 著	39.00 元
公共经济学：政府在国家经济中的作用	［美］Randall G. Holcombe（林德尔·G·霍尔库姆） 著	62.00 元

更多图书信息，请登录 www.crup.com.cn/gggl 查询，或联系中国人民大学出版社政治与公共管理出版分社获取

地址：北京市海淀区中关村大街甲 59 号文化大厦 1202 室
邮编：100872
电话：010－82502724
传真：010－62514775
E-mail：ggglcbfs@vip.163.com
网站：http：//www.crup.com.cn/gggl

The Politics of the Administrative Process
James W. Fesler and Donald F. Kettl-2nd ed.

图书在版编目（CIP）数据

公共行政学新论：行政过程的政治：第 2 版/(美）费斯勒，（美）凯特尔著；陈振明，朱芳芳译校. —北京：中国人民大学出版社，2012.12
（“十二五”国家重点图书出版规划　公共行政与公共管理经典译丛. 经典教材系列）
ISBN 978-7-300-16812-8

Ⅰ.①公…　Ⅱ.①费…②凯…③陈…④朱…　Ⅲ.①行政学-研究　Ⅳ.①D035

中国版本图书馆 CIP 数据核字（2012）第 304031 号

公共行政与公共管理经典译丛
经典教材系列
“十二五”国家重点图书出版规划项目
公共行政学新论：行政过程的政治（第二版）
[美] 詹姆斯・W・费斯勒（James W. Fesler）
　　　唐纳德・F・凯特尔（Donald F. Kettl）　著
陈振明　朱芳芳 等　译校
Gonggongxingzhengxue Xinlun

出版发行	中国人民大学出版社		
社　　址	北京中关村大街 31 号	**邮政编码**	100080
电　　话	010－62511242（总编室）		010－62511398（质管部）
	010－82501766（邮购部）		010－62514148（门市部）
	010－62515195（发行公司）		010－62515275（盗版举报）
网　　址	http://www.crup.com.cn		
	http://www.ttrnet.com(人大教研网)		
经　　销	新华书店		
印　　刷	北京宏伟双华印刷有限公司		
规　　格	185 mm×260 mm　16 开本	**版　　次**	2013 年 1 月第 1 版
印　　张	25 插页 2	**印　　次**	2013 年 1 月第 1 次印刷
字　　数	576 000	**定　　价**	58.00 元
